Detlef Nakath/Gerd-Rüdiger Stephan

Countdown zur deutschen Einheit

Eine dokumentierte Geschichte
der deutsch-deutschen Beziehungen
1987-1990

Detlef Nakath/Gerd-Rüdiger Stephan

Countdown zur deutschen Einheit

Eine dokumentierte Geschichte
der deutsch-deutschen Beziehungen
1987-1990

Dietz Verlag Berlin

Nakath, Detlef/Stephan, Gerd-Rüdiger: Countdown zur deutschen Einheit :
Eine dokumentierte Geschichte der deutsch-deutschen Beziehungen
1987-1990 / Detlef Nakath/Gerd-Rüdiger Stephan. – Berlin :
Dietz Verl. GmbH, 1996. – 383 S.

ISBN 3-320-01930-9

Schutzumschlag : Brigitte Bachmann
(Foto: Bildarchiv Neues Deutschland, Burkhard Lange)
Die Satzvorlage lieferten die Autoren
Druck und Bindearbeit: Druckerei zu Altenburg GmbH
Printed in Germany

Inhalt

9

11

Einführung

Als SED-Generalsekretär Erich Honecker am späten Nachmittag des 11. September 1987 aus München kommend, wieder in Berlin-Schönefeld landete, hatte er nach dem Staatsbesuch in der Bundesrepublik das Gefühl, eines seiner wichtigsten politischen Ziele erreicht zu haben: Er war in Bonn mit allen protokollarischen Ehren, einschließlich militärischem Zeremoniell, empfangen worden, hatte offizielle Gespräche mit Bundespräsident Richard von Weizsäcker, Bundeskanzler Helmut Kohl, weiteren Regierungsmitgliedern sowie Vertretern der Bundestagsparteien und Spitzenvertretern der westdeutschen Wirtschaft geführt. Dem folgte eine Rundreise, die ihn in die Bundesländer Nordrhein-Westfalen, Rheinland-Pfalz, Saarland und Bayern zu Gesprächen mit den jeweiligen Ministerpräsidenten führte. Honecker, der das diplomatische Protokoll besonders schätzte, wähnte sich auf dem Höhepunkt seines Einflusses.

Die Schwierigkeiten für das Zustandekommen dieser Reise waren zuvor beträchtlich. Die Auffassung der Bundesregierung, Beziehungen zur DDR trügen zwar staatlichen, jedoch innerdeutschen Charakter, war kaum hinderlich. Die Reise mußte vor allem gegen hartnäckigen Widerstand der Sowjetunion durchgesetzt werden. Mehrere Male war das Vorhaben Honeckers von der sowjetischen Führung bereits im Vorfeld gestoppt worden.[1] Im April 1983 hatte der SED-Chef erstmals einen geplanten Besuch in der Bundesrepublik absagen müssen. Auch 1987 sah KPdSU-Generalsekretär Michail Gorbatschow Honeckers Reiseplänen mit gemischten Gefühlen entgegen. Die Visite erfolgte, obwohl sich zwischen Moskau und Ost-Berlin das Verhältnis „brüderlicher Freundschaft" weiter abkühlte.

Im Gemeinsamen Kommuniqué über den Bonn-Besuch betonten SED-Generalsekretär Honecker und Bundeskanzler Kohl, „daß das Verhältnis der beiden Staaten zueinander ein stabilisierender Faktor für konstruktive West-Ost-Beziehungen bleiben muß".[2] Sie stellten

---

1   Vgl. Fred Oldenburg/Gerd-Rüdiger Stephan: Honecker kam nicht nach Bonn. Neue Quellen zum Konflikt zwischen Ost-Berlin und Moskau 1984. In: Deutschland Archiv, H. 8/1995, S. 791 ff.

2   Gemeinsames Kommuniqué über den offiziellen Besuch des Generalsekretärs des ZK der SED und Vorsitzenden des Staatsrates der DDR, Erich Honecker, in der Bundesrepublik Deutschland vom 7. bis 11. September 1987. In: Der Besuch von Generalsekretär Honecker in der Bundesrepublik Deutschland. Dokumentation. Hrsg. vom Bundesministerium für in-

weiter fest: „Unter Berücksichtigung der Gegebenheiten und unbeschadet der Unterschiede in den Auffassungen zu grundsätzlichen Fragen, darunter zur nationalen Frage, ist es die Absicht beider Seiten, im Sinne des Grundlagenvertrages normale gutnachbarliche Beziehungen zueinander auf der Grundlage der Gleichberechtigung zu entwickeln und die Möglichkeiten des Vertrages weiter auszuschöpfen."[3]

Diese gemeinsame Position von DDR und Bundesrepublik war ein Kompromiß, der zwar seine Wurzeln in den Verfassungen bzw. programmatischen Dokumenten beider Seiten hatte, im Detail jedoch zum Teil erheblich davon abwich. Diese Dokumente wiesen in ihren entscheidenden Aussagen zur Deutschlandpolitik gravierende Unterschiede, ja Gegensätze, auf.

Grundsatzpositionen zur deutschen Frage

Bereits seit dem 23. Mai 1949 heißt es in der Präambel des Grundgesetzes für die Bundesrepublik Deutschland: „Das gesamte deutsche Volk bleibt aufgefordert, in freier Selbstbestimmung die Einheit und Freiheit Deutschlands zu vollenden."[4]

Während die DDR-Verfassung vom 6. April 1968 noch den Anspruch artikulierte, „der ganzen deutschen Nation den Weg in eine Zukunft des Friedens und des Sozialismus zu weisen", und die DDR im Artikel 1 als „ein sozialistischer Staat deutscher Nation" definiert wurde, wies die veränderte Fassung vom 7. Oktober 1974 aus: „Die Deutsche Demokratische Republik ist ein sozialistischer Staat der Arbeiter und Bauern. Sie ist die politische Organisation der Werktätigen in Stadt und Land unter Führung der Arbeiterklasse und ihrer marxistisch-leninistischen Partei."[5] Jeder Bezug auf die Fortexistenz einer gemeinsamen deutschen Nation war nunmehr aus der DDR-Verfassung getilgt worden, während man den Führungsanspruch der SED hinzufügt hatte.

---

nerdeutsche Beziehungen. Bonn 1988, S. 37 ff.; auch in: Ein Erfolg der Politik der Vernunft und des Realismus. (Ost-) Berlin 1987, S. 37 ff.

3   Ebenda, S. 39.

4   Grundgesetz für die Bundesrepublik Deutschland. Textausgabe. Bonn 1989, S. 11. Vgl. außerdem Dieter Haack u. a. (Hrsg.): Das Wiedervereinigungsgebot des Grundgesetzes. Köln 1989. Dieser Band enthält Beiträge von Helmut Kohl, Hans-Jochen Vogel, Wolfgang Mischnick, Johannes Rau, Dorothee Wilms und Richard von Weizsäcker.

5   Siegfried Mampel: Die Sozialistische Verfassung der Deutschen Demokratischen Republik. Kommentar. Frankfurt a. M. 1982, S. 31 und 81.

Zwischenzeitlich arrangierten sich die Regierungen beider deutscher Staaten vertraglich. Dies entsprach dem herrschenden Zeitgeist, der von Entspannungspolitik und dem Streben nach Zustandekommen einer Europäischen Sicherheitskonferenz geprägt war. Nach dem Transitabkommen (17. Dezember 1971) und dem Verkehrsvertrag (26. Mai 1972) schlossen DDR und Bundesrepublik am 21. Dezember 1972 den „Vertrag über die Grundlagen der Beziehungen" (Grundlagenvertrag) ab. In dessen Präambel legten beide Seiten dar, daß sie diese Vereinbarung „unbeschadet der unterschiedlichen Auffassungen der Bundesrepublik Deutschland und der Deutschen Demokratischen Republik zu grundsätzlichen Fragen, darunter zur nationalen Frage" schließen würden.[6] Am Tage der Unterzeichnung übergab ein Mitglied der westdeutschen Verhandlungsdelegation in der Poststelle des DDR-Ministerrates einen Brief des Verhandlungsführers Egon Bahr an den Leiter der DDR-Delegation, Staatssekretär Michael Kohl. Die Annahme dieses Briefes wurde formlos bestätigt. Dabei handelte es sich um den „Brief zur deutschen Einheit", der für die Bundesregierung die verfassungsmäßige Absicherung ihrer Berechtigung zur Unterzeichnung des Grundlagenvertrages mit der DDR darstellte. Der inzwischen zum Bundesminister für besondere Aufgaben in Willy Brandts Kanzleramt avancierte Egon Bahr argumentierte im Namen seiner Regierung, „daß dieser Vertrag nicht im Widerspruch zu dem politischen Ziel der Bundesrepublik steht, auf einen Zustand des Friedens in Europa hinzuarbeiten, in dem das deutsche Volk in freier Selbstbestimmung seine Einheit wiedererlangt".[7]

Die DDR betrachtete den „Brief zur deutschen Einheit" als einseitige Angelegenheit und notwendiges Legitimationsbedürfnis der Bundesregierung und setzte ihre Abgrenzungspolitik unbeeindruckt fort. Auf dem SED-Parteitag im Mai 1976 verabschiedete die Partei ein neues Programm, in dem sie von der Entwicklung der „sozialistischen deutschen Nation" ausging. Diese sei „ein untrennbarer Bestandteil der Gemeinschaft sozialistischer Nationen".[8] Unter der Überschrift „Kampf um friedliche Koexistenz" widmete das Parteiprogramm dem Verhältnis der DDR zur Bundesrepublik einen kurzen Abschnitt, in dem es u. a. heißt: „Die Sozialistische Einheitspar-

---

6   Ingo von Münch (Hrsg.): Dokumente des geteilten Deutschland. Bd. II: seit 1968. Stuttgart 1974, S. 301.

7   Ebenda, S. 316. In der DDR wurde der „Brief zur deutschen Einheit" bis Anfang 1990 nicht veröffentlicht.

8   Programm der Sozialistischen Einheitspartei Deutschlands. In: Protokoll der Verhandlungen des IX. Parteitages der SED. Bd. 2. Berlin 1976, S. 251.

tei Deutschlands tritt dafür ein, daß die Beziehungen zwischen der sozialistischen Deutschen Demokratischen Republik und der kapitalistischen Bundesrepublik Deutschland als Beziehungen zwischen souveränen Staaten unterschiedlicher Gesellschaftsordnung auf der Grundlage der Prinzipien der friedlichen Koexistenz und der Normen des Völkerrechts entwickelt werden."[9]

Zwischenzeitlich hatte sich der Zweite Senat des Bundesverfassungsgerichtes mit den deutsch-deutschen Beziehungen beschäftigt. In einem Urteil vom 31. Juli 1973 wies er eine Klage des Freistaates Bayern gegen den Grundlagenvertrag zurück und stellte darüber hinaus zum Wiedervereinigungsgebot der Präambel des Grundgesetzes fest: „Kein Verfassungsorgan der Bundesrepublik Deutschland darf die Wiederherstellung der staatlichen Einheit als politisches Ziel aufgeben, alle Verfassungsorgane sind verpflichtet, in ihrer Politik auf die Erreichung dieses Zieles hinzuwirken – das schließt die Forderung ein, den Wiedervereinigungsanspruch im Inneren wachzuhalten und nach außen beharrlich zu vertreten – und alles zu unterlassen, was die Wiedervereinigung vereiteln würde."[10]

Diese gegensätzliche rechtliche bzw. programmatische Sicht auf das Verhältnis beider deutscher Staaten blieb bis zum Honecker-Besuch und darüber hinaus bis zu seinem erzwungenen Rücktritt im Herbst 1989 die konstitutive Grundlage der Deutschlandpolitik beiderseits von Elbe und Werra.

Im Spannungsfeld jener konträren Positionen, vor dem Hintergrund der sich in der zweiten Hälfte der achtziger Jahre wandelnden Großmachtinteressen an der Spitze von NATO und Warschauer Pakt hatten sich die Akteure auf dem schwierigen Feld der deutsch-deutschen Beziehungen auch nach dem Herbst 1987 zu bewegen.

Deutsch-deutsche Besuchsdiplomatie nach der Honecker-Visite in Bonn 1987

Zunächst konnten Beobachter der deutsch-deutschen Szene den Eindruck gewinnen, als würde vom Honecker-Besuch eine Aufbruchstimmung in den bilateralen Beziehungen ausgehen. Die Reisediplomatie zwischen Bonn und Ost-Berlin setzte sich 1988/89 ungebremst fort. Begegnungen des SED-Generalsekretärs mit Spitzenpolitikern von Regierungsparteien und Opposition waren längst zum politischen Alltag in der DDR-Hauptstadt geworden. Wenn es sich um Politiker der Regierungsparteien CDU/CSU und FDP handelte, liefen solche Treffen mit Honecker zumeist nach demselben

---

9   Ebenda, S. 254 f.

10   Ingo von Münch: Dokumente des geteilten Deutschland. Bd. II, S. 359 f.

Ritual ab: Der Leiter der Ständigen Vertretung der Bundesrepublik, Hans Otto Bräutigam, signalisierte auftragsgemäß seinen Gesprächspartnern im DDR-Außenministerium, Vizeaußenminister Kurt Nier bzw. Abteilungsleiter Karl Seidel, die Besuchsabsicht, verbunden mit einem Gesprächswunsch bei Honecker. Das DDR-Außenamt informierte sofort Honeckers Büro. Da die Beziehungen zur Bundesrepublik Chefsache des SED-Generalsekretärs waren, entschied dieser zumeist selbst und kurzfristig, ob er es für richtig hielt, den jeweiligen Gast persönlich zu empfangen oder ihn an andere Politbüromitglieder „weiterzureichen". War Honecker zu einem Gespräch bereit, ließ er von der Abteilung BRD des Außenministeriums ein Informationspapier für den jeweiligen Dialog vorbereiten. Die Zuarbeiten informierten über den aktuellen Stand der Beziehungen, über das jeweilige Bundesland und über den persönlichen Werdegang der Gesprächspartner.

Zu Beginn jeder Begegnung tauschten die Gesprächspartner längere grundsätzliche Erklärungen aus, die sich mit der weltpolitischen Sicherheitslage, Abrüstungsfragen und beiderseits interessierenden bilateralen Themen beschäftigten. Dabei wurde zumeist betont, daß es grundsätzlich trennende, aber auch viele gemeinsame bzw. ähnliche Positionen gäbe. Von westlicher Seite wurden Übereinstimmungen hervorgehoben; Divergierendes wollte man dem SED-Generalsekretär offensichtlich nur in begrenztem Maße und überdies diplomatisch verklausuliert zumuten. Allenfalls übergab man Honecker bzw. seiner Begleitung eine Liste von Personen, die den Wunsch hatten, aus der DDR auszureisen. Die DDR-Seite sagte zumeist eine Prüfung der Fälle zu, was häufig dazu führte, daß nach Einhaltung einer Schamfrist die gewünschte Ausreise genehmigt wurde. Zum Ritual gehörten ebenfalls Fernsehinterviews der Besucher unmittelbar nach dem Gespräch mit Honecker sowie die Wahrnahme eines Fototermins für die Pressevertreter.

Entgegen mancher heutigen Behauptung wurde auf dieser Ebene nur selten „Tacheles" geredet. Es überwog diplomatische Zurückhaltung, schließlich war Honecker für viele Politiker aus der Bundesrepublik ein gefragter, medienwirksamer Gesprächspartner.[11]

---

11 Seit November 1982 hatte SED-Generalsekretär Erich Honecker rund 80 offizielle Gespräche mit Politikern aus der Bundesrepublik geführt. Die auffindbaren Gesprächsvermerke der DDR-Seite, ergänzt durch einige wenige Parallelaufzeichnungen von Seiten westdeutscher Politiker, wurden dokumentiert. Vgl. Heinrich Potthoff: Die „Koalition der Vernunft". Deutschlandpolitik in den 80er Jahren. München 1995. Vgl. auch Detlef Nakath/Gerd-Rüdiger Stephan: Von Hubertusstock nach Bonn. Eine dokumentierte Geschichte der deutsch-deutschen Beziehungen auf höchster Ebene 1980 - 1987. Berlin 1995.

Die Gesprächsvermerke über Honeckers Begegnungen mit westdeutschen Politikern sind zumeist vom Kanzleichef des Staatsratsvorsitzenden, Staatssekretär Frank-Joachim Herrmann[12], oder vom langjährigen Leiter der Abteilung BRD im DDR-Ministerium für Auswärtige Angelegenheiten, Karl Seidel, angefertigt worden. Seidel äußerte sich in einem Interview für das Fernsehmagazin „Kontraste" vom 20. Januar 1994 zum Charakter und Inhalt der von ihm gefertigten Gesprächsvermerke: „Sie waren nicht geschönt, sie geben natürlich im wesentlichen, will ich mal sagen, Ablauf und Inhalt dieser Gespräche wieder. Im wesentlichen heißt, das waren keine Wortprotokolle, also soweit reichten meine Stenographiekenntnisse nicht. Es waren Zusammenfassungen, aber sie spiegeln schon den Ablauf und auch den Inhalt dieser Gespräche wider. Insofern sind sie glaubwürdig. Sie sind also keineswegs verfälscht worden, das hätte ja auch gar keinen Sinn gehabt. Das waren ja Arbeitsniederschriften, also wem hätte das nützen sollen, wenn man irgendwas geschönt hätte. Es ging ja darum, daß man damit arbeiten konnte. [...] Ich habe sie dann an Honecker weitergegeben. Was er damit gemacht hat, weiß ich nicht. Möglicherweise hat er Niederschriften von wichtigen Gesprächen zur Kenntnis ins Politbüro gegeben. Und ich habe natürlich auch jeweils ein Exemplar für mich behalten, denn auch für uns war es Arbeitsmittel."[13]

Tatsächlich zeichnete Honecker in der Regel die Vermerke ab und leitete sie zur Information an die Politbüromitglieder weiter bzw. legte fest, wer aus seinem unmittelbaren Umfeld die Information erhalten sollte. Im vorliegenden Band wird – mit wenigen Ausnahmen – auf die Wiedergabe bereits publizierter Gesprächsdokumente aus Platzgründen verzichtet.

Archivalische Quellen und Zeitzeugen über die deutsch-deutschen Beziehungen in den späten achtziger Jahren

Seit Anfang der neunziger Jahre ist die wissenschaftliche Beschäftigung mit der Endphase der DDR-Geschichte intensiv betrieben

---

12 Vgl. Frank-Joachim Herrmann: Der Sekretär des Generalsekretärs. Honeckers persönlicher Mitarbeiter über seinen Chef. Ein Gespräch mit Brigitte Zimmermann und Reiner Oschmann. Berlin 1996.

13 Interview mit Karl Seidel am 20. Januar 1994. In: Jochen Staadt: Versuche der Einflußnahme der SED auf die politischen Parteien der Bundesrepublik nach dem Mauerbau. In: Materialien der Enquéte-Kommission „Aufarbeitung von Geschichte und Folgen der SED-Diktatur in Deutschland" (12. Wahlperiode des Deutschen Bundestages). Hrsg. vom Deutschen Bundestag. Bd. V/3. Baden-Baden/Frankfurt a. M. 1995, S. 2450 f.

worden. Zahlreiche Publikationen widmen sich der inneren Situation der DDR, ihrem politischen und wirtschaftlichen Verhältnis zur Sowjetunion und zum Ostblock oder werten Akten des SED-Parteiarchivs und des Bundesbeauftragten für die Unterlagen des Ministeriums für Staatssicherheit („Gauck-Behörde") über die Tätigkeit der Repressivorgane der DDR aus. Weniger häufig wurde die Außenpolitik der DDR und die Geschichte der Beziehungen der DDR zur Bundesrepublik thematisiert. Neben Dokumentenpublikationen und Erinnerungsberichten von Politikern und Unterhändlern aus Ost und West liegen die stenographierten Anhörungen der Enquéte-Kommission des Deutschen Bundestages und die für dieses Gremium angefertigten Expertisen,[14] die Materialien des Bonner und Münchener Schalck-Untersuchungsausschusses[15] sowie einige historische bzw. sozialwissenschaftliche Untersuchungen vor.[16]

In der für die Forschung einmaligen Situation des nahezu uneingeschränkten Zugangs zu den Archiven ergab sich seit 1990/91 die Möglichkeit zur Auswertung der wichtigsten DDR-Unterlagen über das Verhältnis zur Bundesrepublik. Eine – wesentliche – Ausnahme bilden lediglich die Akten des DDR-Außenministeriums.[17]

Die SED-Akten sind jedoch für die hier behandelte Thematik in Qualität und Quantität höchst beachtlich und stellen eine äußerst wichtige Grundlage für historische Forschungen dar, wenngleich nicht genau zu verifizieren ist, ob und in welchem Umfang Unterlagen aus dem SED-Politbüro und der ZK-Abteilungen vor Überfüh-

---

14 Vgl. ebenda. (9 Bde. in 18 Teilbänden.)

15 Vgl. die beiden Abschlußberichte in: Deutscher Bundestag. Beschlußempfehlung und Bericht des 1. Untersuchungsausschusses nach Artikel 44 des Grundgesetzes. Drucksache 12/7600; Bayerischer Landtag. Schlußbericht des Untersuchungsausschusses betreffend bayerische Bezüge der Tätigkeit des Bereichs „Kommerzielle Koordinierung" und Alexander Schalck-Golodkowski. 12. Wahlperiode. Drucksache 12/16598 vom 6. Juli 1994.

16 Vgl. Timothy Garton Ash: Im Namen Europas. Deutschland und der geteilte Kontinent. München/Wien 1993; Peter Bender: Episode oder Epoche? Zur Geschichte des geteilten Deutschland. München 1996; Dieter Dowe (Hrsg.): Die Deutschlandpolitik der SPD in der Opposition 1982-1989. Bonn 1993; Konrad H. Jarausch: Die unverhoffte Einheit. 1989-1990. Frankfurt a. M. 1995; Richard Kiessler/Frank Elbe: Ein runder Tisch mit scharfen Kanten. Der diplomatische Weg zur deutschen Einheit. Baden-Baden 1993; Dietrich Staritz: Geschichte der DDR. Frankfurt a. M. 1996; Andreas Vogtmeier: Egon Bahr und die deutsche Frage. Zur Entwicklung der sozialdemokratischen Ost- und Deutschlandpolitik vom Kriegsende bis zur Vereinigung. Bonn 1996.

17 Vgl. Hermann Weber: Die aktuelle Situation in den Archiven für die Erforschung der DDR-Geschichte. In: Deutschland Archiv, H. 7/1994, S. 690 ff.

rung in das Zentrale Parteiarchiv vernichtet worden sind. Egon Krenz zufolge habe Honecker ihm über Vieraugengespräche mit Bundeskanzler Kohl berichtet, in denen unter anderem das DDR-Grenzregime thematisiert worden sei.[18] Über diese „sensiblen Gespräche", so Krenz, gebe es „gewiß kaum noch Notizen". Honecker habe selbst entschieden, welche Papiere zu vernichten seien.[19]

Neben den von Krenz vermißten Dokumenten fällt auf, daß bisher stenographische Mitschriften über Telefongespräche zwischen Honecker und Kohl lediglich aus dem Jahre 1983 aufgefunden worden sind.[20] Da in den Akten über die Sitzungen des SED-Politbüros aus den folgenden Jahre an verschiedenen Stellen Bezüge zu geführten Telefongesprächen zwischen beiden Politikern auftauchen, ist zu vermuten, daß die stenographischen Mitschriften über diese Telefonate später dem Reißwolf zum Opfer fielen. Ob und in welchem Umfang auch andere bisher nicht aufgefundene Dokumente aus dem hier behandelten Zeitraum ab 1987 das gleiche Schicksal erlitten, muß derzeit offen bleiben. Vor allem in den Akten der Büros von Generalsekretär Honecker und anderer Politbüromitglieder (Mittag, Herrmann) ist der bisherige Stand der Überlieferung lückenhaft. Abhilfe könnte eine bisher ausgeschlossene Öffnung der Akten des Ministeriums für Auswärtige Angelegenheiten der DDR liefern, die jedoch wegen vermeintlicher bzw. tatsächlicher Interessenkollisionen mit gegenwärtigen oder zukünftigen Belangen der Bundesregierung erst nach Ablauf der gesetzlichen Sperrfrist zu erwarten ist. Darüber hinaus wäre die Öffnung der Akten des Bundeskanzleramtes, des Ministeriums für innerdeutsche Beziehungen und der Bundestagsparteien, soweit sie das Verhältnis zur DDR betreffen, interessant und für einen Vergleich mit den DDR-Akten wichtig. Dies alles ist vor Ablauf von 30 Jahren unwahrscheinlich.

Dessen ungeachtet haben die DDR-Akten entgegen mancher Spekulation über Manipulationen einen für die wissenschaftliche

---

18   Als Möglichkeiten für solche Vieraugengespräche kommen allerdings nur drei Termine in Betracht: 1. Das Treffen zwischen Honecker und Kohl am 13. Februar 1984 am Rande der Trauerfeierlichkeiten für den verstorbenen KPdSU-Generalsekretär Juri Andropow. 2. Das Treffen zwischen Honecker und Kohl am 12. März 1985 am Rande des Begräbnisses des KPdSU-Generalsekretärs Konstantin Tschernenko. 3. Die Begegnungen zwischen Honecker und Kohl während des Staatsbesuchs des SED-Generalsekretärs vom 7. bis 11. September 1987 in der Bundesrepublik.

19   Vgl. Neues Deutschland (ND), 24. Mai 1996.

20   Vgl. Detlef Nakath/Gerd-Rüdiger Stephan: Von Hubertusstock nach Bonn, S. 114 ff., S. 126 ff., S. 159 ff. Die Telefonate sind auch abgedruckt in: Heinrich Potthoff: Die „Koalition der Vernunft", S. 101 ff., S. 112 ff., S. 224 ff.

Forschung hohen Aussagewert. Bisherige Forschungsergebnisse, die auf der Grundlage eines direkten Vergleichs beider deutscher Überlieferungen angefertigt werden konnten, bestätigen sowohl Inhalt als auch Aussagekraft der DDR-Akten als authentisch.[21]

Deutschlandpolitik 1987/88

Nachdem Erich Honecker von seinem Besuch in der Bundesrepublik im September 1987 zurückkehrte, normalisierte sich das Verhältnis zwischen beiden deutschen Staaten zunächst weiter. Als Ergebnis der Reise standen neben den am 8. September 1987 in Bonn unterzeichneten drei Staatsverträgen (Abkommen über Wissenschaft und Technik, Umweltschutzabkommen, Abkommen über Strahlenschutz und Reaktorsicherheit) und dem Gemeinsamen Kommuniqué vor allem das gewachsene internationale Ansehen der DDR.

Im zeitlichen Umfeld des Honecker-Besuchs hatten zwei weitere Vorgänge das Interesse der Öffentlichkeit erregt. Nach längeren Verhandlungen veröffentlichten am 27. August 1987 in Bonn und Ost-Berlin SPD und SED ihr gemeinsames Strategiepapier „Der Streit der Ideologien und die gemeinsame Sicherheit".[22] Das DDR-Fernsehen strahlte am 1. September 1987 erstmals eine Livediskussion mit den SPD-Politikern Erhard Eppler und Thomas Meyer sowie ihren SED-Partnern Otto Reinhold und Rolf Reißig aus.

Außerdem verkündete die DDR bereits im Vorfeld des Honecker-Besuches eine Amnestie aus Anlaß des 38. Jahrestages der DDR, die am 7. Oktober 1987 in Kraft trat. Damit war sie Forderungen bundesdeutscher Politiker nachgekommen, die in Unterredungen mit Honecker immer wieder die Freilassung von politischen Gefangenen aus DDR-Gefängnissen forderten.

Die Bundesregierung verfügte ihrerseits am 26. August 1987 die Erhöhung des Begrüßungsgeldes für Besucher aus der DDR von

---

21 Vgl. ebenda. Potthoff erhielt Dokumente von Hans-Jochen Vogel, Richard von Weizsäcker, Eberhard Diepgen und Helmut Schmidt. Vgl. außerdem die parallele Auswertung von DDR- und BRD-Akten über die Verhandlungen im innerdeutschen Handel (DDR-Außenhandelsministerium und SED-Zentralkomitee sowie Bundeswirtschaftsministerium und Treuhandstelle für den Interzonenhandel) in: Detlef Nakath: Zur politischen Bedeutung des Innerdeutschen Handels in der Nachkriegszeit (1948/49-1960). In: Christoph Buchheim (Hrsg.): Wirtschaftliche Folgelasten des Krieges in der SBZ/DDR. Baden-Baden 1995, S. 221 ff.

22 Vgl. Harald Neubert: Wie kam es zum Gemeinsamen Dokument von SED und SPD „Der Streit der Ideologien und die gemeinsame Sicherheit" im Jahre 1987 und welche Bedeutung kommt ihm zu? (hefte zur ddr-geschichte, 18). Berlin 1994.

bisher 30 DM auf 100 DM pro Jahr, was die DDR-Führung kommentarlos zur Kenntnis nahm.

Die DDR-Bevölkerung hatte sich von den Ergebnissen des Honecker-Besuchs vor allem Verbesserungen im Reiseverkehr versprochen. Aus einem Bericht der „Zentralen Auswertungs- und Informationsgruppe" (ZAIG) des Staatssicherheitsministeriums über Bevölkerungsreaktionen auf den Besuch Honeckers in der Bundesrepublik vom 16. September 1987 ging hervor, daß die Reiseproblematik den „absoluten Schwerpunkt" in den Erwartungen der DDR-Bürger bildete. „Übersiedlungsersuchende" rechneten nach Erkenntnissen des MfS sogar mit einer bevorstehenden „Ausreisewelle".[23]

Das SED-Politbüro legte am 15. September 1987 Maßnahmen in Auswertung der Honecker-Reise in die Bundesrepublik fest. In diesem Papier ging man zunächst von einem Zehn-Punkte-Katalog „im Hinblick auf Friedenssicherung, Abrüstung und Entspannung" aus. Der für das Verhältnis zur Bundesrepublik konkrete Teil des Beschlusses enthielt noch drei der früheren vier Geraer Forderungen Honeckers vom 13. Oktober 1980.[24] Im diesem Beschluß ist von „Respektierung der Staatsbürgerschaft der DDR" ebenso die Rede wie von der Forderung nach unverzüglicher Aufnahme von „intensiven Verhandlungen" in der Grenzkommission DDR/BRD zur „einvernehmlichen Regelung der Elbe-Grenze Mitte Strom".[25] Außerdem forderte das SED-Politbüro die Auflösung der Zentralen Erfassungsstelle in Salzgitter.[26]

Hinzu kam der DDR-Vorschlag zur Aufnahme von offiziellen Beziehungen zwischen Volkskammer und Bundestag, der allerdings bereits vor und auch während des Honecker-Besuchs in Bonn thematisiert worden war.[27] Die DDR zeigte sich bereit, über neue Part-

---

23 Detlef Nakath/Gerd-Rüdiger Stephan: Von Hubertusstock nach Bonn, S. 340 ff.

24 Vgl. die von Honecker in einer Rede zur Eröffnung des SED-Parteilehrjahres 1980/81 in der ostthüringischen Bezirkshauptstadt Gera formulierten Grundsätze für die Politik der DDR gegenüber der Bundesrepublik in: Erich Honecker: Reden und Aufsätze. Bd. 7. Berlin 1982, S. 432 f.

25 Detlef Nakath/Gerd-Rüdiger Stephan: Von Hubertusstock nach Bonn, S. 343.

26 Die ursprünglich von Honecker in Gera benannte Forderung nach Umwandlung der Ständigen Vertretungen beider deutscher Staaten in den Status von Botschaften ist im Politbürobeschluß vom 20. Oktober 1987 nicht mehr erwähnt. Vgl. SAPMO - BArch, DY 30/J IV 2/2/2244.

27 Um die Frage der Aufnahme offizieller Beziehungen zum Bundestag war es auch während des Besuches von Volkskammerpräsident Horst Sindermann in Bonn vom 19. bis 22. Februar 1986 gegangen, als dieser auf Einladung von Bundestagspräsident Philipp Jenninger Gespräche mit Bundeskanzler Helmut Kohl und Vertretern der Fraktionen führte.

nerschaften zwischen Städten in beiden deutschen Staaten nachzudenken sowie Verhandlungen über die gegenseitige Rückführung
von kriegsbedingt verlagerten Kulturgütern weiterzuführen.

Der Dialog auf höchster Ebene setzte sich im letzten Quartal
1987 fort. Während Helmut Kohl am 25. November 1987 den auf
Einladung von Landwirtschaftsminister Ignaz Kiechle in der Bundesrepublik weilenden ZK-Sekretär Werner Felfe zu einem Gespräch
empfing,[28] besuchten die SPD-Politiker Oskar Lafontaine, Klaus
von Dohnanyi und Klaus Wedemeier am 23. Oktober 1987 sowie
Dieter Spöri am 12. November 1987 Honecker in Ost-Berlin.[29]

Ende 1987 wurde auf der 5. Tagung des SED-Zentralkomitees
durch Werner Felfe der Stand der Beziehungen zur Bundesrepublik
nach der Honecker-Reise wie folgt bilanziert: „Die DDR will die
gemeinsamen Festlegungen im Kommuniqué Zug um Zug mit Leben erfüllen und die eingegangenen Verpflichtungen ohne Ein-
schränkungen verwirklichen. [...] Mit dem Verlauf und mit den Ergebnisses des Besuches Erich Honeckers in der BRD wurde vor
aller Welt der völkerrechtliche Charakter der Beziehungen zwischen
beiden deutschen Staaten bekräftigt.“[30] Honecker fügte in seinem
Schlußwort hinzu, daß in den Beziehungen zur BRD die Prinzipien
der friedlichen Koexistenz durchzusetzen seien.[31]

Der DDR ging es letzlich um ihr staatliches und völkerrechtliches Renomee, weniger um die konkrete, für die eigene Bevölkerung erlebbare Ausgestaltung der deutsch-deutschen Beziehungen.

Konzeptionell hatte sich die DDR-„Deutschlandpolitik“ nach
dem Honecker-Besuch kaum weiterentwickelt. Sie blieb auch in den
zwei Jahren bis Oktober 1989 trotz erheblicher Veränderungen in
den internationalen Beziehungen nach dem Amtsantritt Gorbatschows ihren tradierten Strukturen und Denkschemata verhaftet.

Die Gesprächs- und Verhandlungsebenen änderten sich nur ge-
ringfügig. Honecker blieb der entscheidende Mann in der Politik
gegenüber der Bundesrepublik. Er führte persönlich die wichtigsten
offiziellen Gespräche in Berlin, auf Jagdschloß Hubertusstock am
Werbellinsee oder während der Leipziger Frühjahrs- und Herbst-

---

28 Vgl. Detlef Nakath/Gerd-Rüdiger Stephan: Von Hubertusstock nach Bonn, S.
    344 f.

29 Vgl. die Vermerke über diese Gespräche in: Heinrich Potthoff: Die „Koa-
    lition der Vernunft“, S. 662 ff. und 669 ff.

30 5. Tagung des ZK der SED. 16. Dezember 1987. Aus dem Bericht des
    Politbüros an die 5. Tagung des ZK der SED. Berichterstatter: Werner
    Felfe. Berlin 1987, S. 19 f.

31 Vgl. 5. Tagung des ZK der SED. 16. Dezember 1987. Aus dem Schluß-
    wort des Genossen Erich Honecker. Berlin 1987, S. 100 f.

messen. Auf inoffizieller Ebene ließ er Staatssekretär Alexander Schalck und Rechtsanwalt Wolfgang Vogel agieren. Daneben erhielt Hermann Axen, im SED-Politbüro für Außenpolitik zuständig,[32] die Möglichkeit, auf dem Gebiet der Parteibeziehungen mit der SPD zu verhandeln. Wie Axen allerdings die Gespräche mit der SPD einordnete, geht aus einer Bemerkung gegenüber seinen Delegationsmitgliedern hervor. Nach einer offenbar zu vertraulich gewordenen Begegnung in einer Gaststätte auf der Bastei im Elbsandsteingebirge warnte Axen die Mitarbeiter: „Vergeßt nie, Sozialdemokraten waren und bleiben unsere Feinde! Vergeßt das nie!"[33]

Der Rektor der Akademie für Gesellschaftswissenschaften, Otto Reinhold, pflegte im Auftrage Honeckers seinen informellen Gesprächskontakt mit Außenminister und Vizekanzler Hans-Dietrich Genscher. Auf diplomatischer Ebene wurden die jeweiligen Ständigen Vertretungen in Bonn und Ost-Berlin tätig, wenngleich ihr Aufgabenbereich eher untergeordnete Bedeutung hatte.[34]

Hinzu kam seit 1986 auf Drängen der Bundesrepublik der Ausbau deutsch-deutscher Städtepartnerschaften. Bundesländern nahmen erste Kontakte zu DDR-Bezirken auf (z. B. Saarland zum Bezirk Cottbus, Baden-Württemberg zum Bezirk Dresden).

Überdies hatte sich der seit September 1951 auf der Grundlage des Berliner Abkommens betriebene innerdeutsche Handel zumeist unspektakulär weiterentwickelt und erreichte in der zweiten Hälfte der achtziger Jahre ein Volumen von jährlich etwa 15 Milliarden DM. Die Bundesrepublik war hinter der Sowjetunion zum zweitgrößten Handelpartner der DDR geworden. Unter den westlichen Handelspartnern der DDR rangierte die BRD mit großem Abstand auf dem ersten Platz.[35] In der zweiten Hälfte der achtziger Jahre gewannen neben dem klassischen Warenaustausch zwischen beiden deutschen Staaten neue Formen der Kooperation von Unternehmen aus der DDR und der Bundesrepublik an Einfluß. Einer Analyse des

---

32 Vgl. Hermann Axen: Ich war ein Diener der Partei. Autobiographische Gespräche mit Harald Neubert. Berlin 1996, S. 406 ff.

33 Karl-Heinz Wagner: Nebenaußenpolitik? Zu den Verhandlungen zwischen SED und SPD aus der Sicht eines Teilnehmers an den Gesprächen. In: Detlef Nakath (Hrsg.): Deutschlandpolitiker der DDR erinnern sich. Berlin 1995, S. 267.

34 Vgl. Hans Schindler: Deutsche Diplomaten in Deutschland – Fakten und Erinnerungen. In: Ebenda, S. 285 ff.

35 Vgl. Detlef Nakath: Zwischen „Swing" und „Nonpaper". Zur politischen Bedeutung des deutsch-deutschen Handels am Ende der 80er Jahre. In: Siegfried Prokop (Hrsg.): Die kurze Zeit der Utopie. Die „zweite" DDR im vergessenen Jahr 1989/90. Berlin 1994, S. 44 ff.

Westberliner Deutschen Instituts für Wirtschaftsforschung (DIW) zufolge war die Kooperationsquote von Unternehmen der BRD mit DDR-Betrieben im Vergleich zu denen der Bunderepublik mit anderen Ostblockstaaten am größten.[36] Dennoch ging bereits zu diesem Zeitpunkt auch im innerdeutschen Handel die Dynamik verloren. Die nominalen Umsätze stagnierten auf zumindest für die DDR relativ hohem Niveau. Preisbereinigt, also unter Abzug der konjunkturell bedingten Preissteigerungen, war jedoch bereits seit 1986 das Austauschvolumen rückläufig. Hinzu kam, daß seit 1985 der kumulierte Passivsaldo der DDR wieder jährlich in einer Größenordnung zwischen 500 Mio. und 700 Mio. DM wuchs.[37] Nach Auffassung des langjährigen Vorsitzenden der Staatlichen Plankommission der DDR, Gerhard Schürer, wäre es ab 1986 angesichts der zunehmenden Schwierigkeiten in der DDR-Volkswirtschaft, ihrer Innovationsträgheit sowie der immer akuter werdenden Zahlungsprobleme notwendig gewesen, vor dem Hintergrund weltpolitischer Veränderungen und der Entspannungs- und Abrüstungspolitik Gorbatschows für die DDR-Volkswirtschaft und ihre Außenbeziehungen nach neuartigen Lösungsvarianten mit Hilfe der Bundesrepublik zu suchen. Ab 1986 hätten Günter Mittag, Alexander Schalck und Außenhandelsminister Gerhard Beil mit kräftiger Unterstützung Honeckers solche Formen der Kooperation forciert.[38] Diese Kontakte seien vorwiegend mit Spitzenmanagern der westdeutschen Wirtschaft wie Otto Wolff von Amerongen, Ernst Pieper, Bertold Beitz und Karl Hahn betrieben worden. Gesprächen über die Gewässerqualität der Elbe, den deutsch-deutschen Stromverbund, den Ausbau der Transitautobahn Berlin – Helmstedt sowie zum Projekt Domhotel Berlin maß Schürer Pilotcharakter bei.[39]

Der Abteilungsleiter im Institut für internationale Politik und Wirtschaft (IPW) der DDR, Jürgen Nitz, der seit 1984 als Vertrauter von Außenhandelsminister Gerhard Beil Unterredungen mit Politikern und Wirtschaftsvertretern aus der Bundesrepublik geführt hat-

---

36 Vgl. Horst Lambrecht u. a.: Ost-West-Kooperation. Bestandsaufnahme und Ergebnisse einer Umfrage. Deutsches Institut für Wirtschaftsforschung, Beiträge zur Strukturforschung, Heft 112. Berlin 1990, S. 50 ff.

37 In diesem Zusammenhang ist bemerkenswert, daß die DDR, im Gegensatz zu der häufig anzutreffenden Auffassung, sie hätte im innerdeutschen Handel permanent einen Negativsaldo erwirtschaftet, zwischen 1980 und 1984 positive Jahresergebnisse erzielte. 1984 erwirtschaftete die DDR nach Angaben des Statistischen Bundesamtes, Wiesbaden, im innerdeutschen Handel sogar einen Rekordüberschuß von mehr als 1,3 Milliarden DM.

38 Vgl. Gerhard Schürer: Gewagt und verloren. Eine deutsche Biographie. Frankfurt/Oder 1996, S. 245.

39 Ebenda, S. 246.

te, berichtet von Gesprächen über deutsch-deutsche Kreditmöglich-keiten („Zürcher Modell"), Formen weitergehender wirtschaftlicher Kooperation zwischen DDR und BRD („Länderspiel") sowie über Kontakte in den Jahren 1988 und 1989, die zur Bildung einer Wirt-schaftssonderzone Thüringen/Oberfranken führen sollten.[40]

Alle diese Geheimgespräche, die sowohl in Ost wie in West erst nach der Wende ans politische Tageslicht kamen, sind jedoch bisher in den Archiven nicht nachweisbar. Dies liegt in der Natur der Sa-che. Über Geheimgespräche und „Back Channels" wird wohl nur sehr wenig schriftlich festgehalten. Dennoch überrascht, daß in den penibel und bürokratisch geführten Akten der SED-Zentrale bisher keinerlei Hinweis darauf gefunden worden ist. Falls sie wirklich mit dem Ziel einer deutsch-deutschen Konföderation geführt wurden, wie Mittag und Schalck später verschiedentlich behauptet haben, so muß die Frage gestellt werden, wer auf beiden Seiten in diesen ex-klusiven Kreis involviert war. Welche hochrangigen Personen aus der Bundesrepublik waren die Gesprächspartner? Liefen die Kon-takte am SED-Generalsekretär vorbei oder unterstützte er gar Kon-föderationsüberlegungen? Welche Rolle spielten dabei die Militärs Erich Mielke und Heinz Keßler? Kein Politbüromitglied hat sich bisher dazu geäußert. Auch westdeutsche Politiker bestätigten bis-her bestenfalls die Existenz von Kontakten.[41] Schließlich haben die mit den Beziehungen zur BRD beschäftigen DDR-Diplomaten, Ab-teilungsleiter Karl Seidel und sein Stellvertreter Hans Schindler,[42] die Existenz derartiger Konstrukte und Gesprächsebenen angezwei-felt. Hier besteht Aufklärungsbedarf, der jedoch nach Lage der Din-ge nicht mit archivalischen Forschungen aufgehellt werden kann.

Auswirkungen veränderter Ost-West-Rahmenbedingungen

Die internationalen Beziehungen, vor deren Hintergrund sich die deutsch-deutschen Kontakte seit dem Honecker-Besuch in Bonn

---

40 Vgl. Jürgen Nitz: Länderspiel. Ein Insider-Report. Berlin 1995, S. 161 ff.

41 So gab z. B. der damalige parlamentarische Staatssekretär im Bundesmi-nisterium für innerdeutsche Beziehungen, Ottfried Hennig (CDU), in einer ARD-Sendung Ende August 1994 an, daß sowohl über das „Zürcher Mo-dell" und das „Länderspiel" als auch über eine deutsch-deutsche Konföde-ration verhandelt worden sei. Vgl. Jürgen Nitz: Vertane Chancen für eine deutsch-deutsche Annäherung. Zu den Geheimgesprächen zwischen Ver-tretern der DDR und der BRD in den achtziger Jahre (Pankower Vorträge, Heft 2). Berlin 1995, S. 18; Ders.: Länderspiel, S. 191 f.

42 Vgl. die Beiträge von Hans Schindler und Karl Seidel in: Detlef Nakath (Hrsg.): Deutschlandpolitiker der DDR erinnern sich, S. 95 ff.

entwickelten, unterschieden sich erheblich von den die erste Hälfte der achtziger Jahre bestimmenden Strukturen. Die Bipolarität Europas und der Welt bekam Risse. Am 7. und 8. Dezember 1987 waren KPdSU-Generalsekretär Michail Gorbatschow und USA-Präsident Ronald Reagan in Washington zu ihrer dritten Gipfelbegegnung zusammengetroffen. In der amerikanischen Hauptstadt unterzeichneten beide Politiker das INF-Abkommen, das für beide Supermächte den Einstieg in erste echte Abrüstungschritte im nuklearen Mittelstreckenbereich bedeutete. Nach schwierigem Beginn der sowjetisch-amerikanischen Gipfeldiplomatie in Genf und Reykjavik realisierten die Supermächte einen substanziellen Abrüstungsdialog.

Beide deutsche Staaten begannen mit der Umsetzung von Vereinbarungen des Bonner Gipfels. Dieser Prozeß erwies sich z. B. in der Berlin-Frage als kompliziert und widerspruchsvoll.

Die 750-Jahr-Feiern Berlins wurden getrennt vorbereitet, ohne daß man eine Abstimmung zwischen beiden Teilen der Stadt vornahm. Zwischenzeitlich hatte die Möglichkeit bestanden, daß Honecker zur Westberliner Festveranstaltung kommen würde. Dieses Vorhaben platzte aus Statusgründen. In der DDR-Hauptstadt fand am 23. Oktober 1987 ein Festakt statt, zu dem Honecker die Botschafter der drei Westmächte, den Leiter der Ständigen Vertretung der Bundesrepublik, Bräutigam, sowie die in Ost-Berlin akkreditierten Missionschefs der NATO-Staaten begrüßen konnte.

Parallel zu den Abrüstungsverhandlungen der Großmächte und zu den Bemühungen um deutschlandpolitische Fortschritte warfen interne DDR-Entscheidungen ab November 1987 erhebliche Schatten auf die Entwicklung der deutsch-deutschen Beziehungen. Ende November gingen Sicherheitskräfte gegen die unter dem Dach der Ost-Berliner Zionskirche agierenden unabhängigen Umwelt- und Friedensgruppen vor. Vor dem Bundestag erklärte die Ministerin für innerdeutsche Beziehungen, Dorothee Wilms, am 9. Dezember 1987, die Bundesregierung werde nicht darauf verzichten, „Unrecht als das, was es ist, beim Namen zu nennen"[43]. Am 17. Dezember 1987 zog sie dennoch eine insgesamt positive Bilanz der Entwicklung der Beziehungen: 20 Städtepartnerschaften waren vereinbart, und bei weiteren 14 sei die Bereitschaft der DDR signalisiert worden[44]. Außerdem gab es 1,2 Millionen Reisen von Besuchern aus der DDR unterhalb des Rentenalters und 3,8 Millionen Besuchsreisen von Rentnern. In der Gegenrichtung hätten 5,5 Millionen Besuche stattgefunden. Diese positiven Entwicklungen in den innerdeut-

---

43 Vgl. Der Tagesspiegel, 10. Dezember 1987.

44 Die Städtepartnerschaft zwischen Potsdam und Bonn folgte kurz darauf. Vgl. ND, 26. Januar 1988.

schen Beziehungen seien der Erfolg einer Politik der Berechenbarkeit und des Dialogs, der Festigkeit in den Grundsätzen und der Zusammenarbeit in der Praxis.[45]

In der Innenpolitik setzte die DDR den Ende 1987 eingeschlagenen rigiden Kurs gegen oppositionelle Kräfte fort. Am traditionellen Aufmarsch im Gedenken an die Ermordung von Rosa Luxemburg und Karl Liebknecht nahmen am 17. Januar 1988 Mitglieder unabhängiger Friedens- und Bürgerrechtsgruppen unter der Luxemburg-Losung „Freiheit ist immer Freiheit der Andersdenkenden" teil. Sicherheitskräfte verhaftete einen Teil der Aktivisten. Es folgten Gerichtsverfahren „wegen des begründeten Verdachts landesverräterischer Beziehungen" und Ausweisungen aus der DDR.[46]

Das offizielle Bonn zeigte sich zwar empört, führte jedoch die Kontakte mit der DDR nahezu unbeeindruckt weiter. Am 1. März 1988 beauftragte der Ältestenrat den Bundestagspräsidenten, Phillip Jenninger, Möglichkeiten für eine Aufnahme offizieller Kontakte zur DDR-Volkskammer zu prüfen. Am Rande der Leipziger Frühjahrsmesse traf der SED-Generalsekretär mit dem Westberliner Regierenden Bürgermeister, Eberhard Diepgen, und dem nordrhein-westfälischen Ministerpräsidenten, Johannes Rau, zusammen. Diepgen war bereits vier Wochen zuvor, am 11. Februar 1988, von Honecker im Gästehaus des DDR-Staatsrates in Berlin-Niederschönhausen zu einem ausführlichen Gespräch empfangen worden.[47] Den Aufzeichnungen der Diepgen-Begleitung zufolge wurden in diesen Gesprächen zahlreiche bilaterale Themen wie Gesamtberliner Verkehrsprobleme, Fragen des Umweltschutzes sowie der grenzüberschreitende Reiseverkehr debattiert. Honecker sprach dabei auch die Kontakte der jüdischen Gemeinden in Ost- und West-Berlin an. Er bat Diepgen, „Herrn Galinski wissen zu lassen, daß er die Kontakte der beiden Gemeinden sehr begrüße".[48] Diesen

45 Vgl. Zahlenspiegel Bundesrepublik Deutschland/Deutsche Demokratische Republik. Ein Vergleich. Hrsg. vom Bundesministerium für innerdeutsche Beziehungen. Bonn 1988, S. 113 und 123.

46 Diese Haltung der DDR-Führung hatte auch Rückwirkungen auf die Entwicklung der deutsch-deutschen Beziehungen. Wichtige Dokumente in diesem Zusammenhang sind veröffentlicht in Gerd-Rüdiger Stephan (Hrsg.): „Vorwärts immer, rückwärts nimmer!" Interne Dokumente zum Zerfall von SED und DDR 1988/89. Berlin 1994, S. 25 ff.

47 Vgl. SAPMO - BArch, DY 30/IV 2/1/678. Vgl. außerdem das von Senatsrat Gerhard Kunze für Diepgen angefertigte Gesprächsprotokoll in Heinrich Potthoff: Die „Koalition der Vernunft", S. 697 ff.

48 Honecker empfing am 6. Juni 1988 den Vorsitzenden des Zentralrates der Juden in Deutschland, zugleich West-Berliner Gemeindevorsitzender, Heinz

Kontakten maß Honecker aus zwei Gründen besondere Bedeutung bei. Zum einen beabsichtigte die DDR-Führung anläßlich des 50. Jahrestages der nazistischen Novemberpogrome von 1938 unter der Leitung der „Stiftung Neue Synagoge – Centrum Judaicum", mit dem Wiederaufbau der im Krieg schwer zerstörten größten Berliner Synagoge zu beginnen. Andererseits spielten auch außenpolitische Überlegungen eine Rolle: Honecker strebte eine Verbesserung der Beziehungen der DDR zu den USA an und wollte dies unter anderem mit Unterstützung jüdischer Organisationen erreichen.[49] Nachdem die Sowjetunion und die USA mit dem INF-Abkommen Abrüstungsschritte eingeleitet hatten, die aufgrund der in großer Zahl stationierten Mittelstreckenraketen in besonderer Weise das Territorium beider deutscher Staaten betrafen, sah die DDR-Führung bessere Möglichkeiten, um mit den Vereinigten Staaten ins Gespräch zu kommen. Zu einem von Honecker favorisierten Staatsbesuch in den USA ist es nicht mehr gekommen.

Erich Honecker und Helmut Kohl hatten in einem Briefwechsel vom 14. Dezember 1987 und 23. März 1988 das Washingtoner Abkommen begrüßt und als „Meilenstein in den Ost-West-Beziehungen" gewürdigt.[50] Auf die deutsch-deutschen Beziehungen eingehend, fügte der Bundeskanzler in seinem Brief vom März 1988 hinzu: „Die positive Entwicklung des Jahres 1987 mit Ihrem Besuch in der Bundesrepublik Deutschland hat mich in der Auffassung bestärkt, daß es gute Chancen gibt, unsere Beziehungen auf allen Gebieten zu verstetigen und auszubauen."[51] Er ergänzte: „Wir wollen den Frieden sicherer machen, aber wir wissen, daß es wirklichen Frieden nicht geben kann, ohne daß die Rechte der einzelnen Bürger für ein Leben in Humanität und Freiheit gewährleistet sind."[52]

Galinski. An diesem Gespräch im Amtssitz des Staatsratsvorsitzenden nahm auch der Präsident des Verbandes der jüdischen Gemeinden in der DDR, Siegmund Rotstein, teil. Vgl. SAPMO - BArch, DY 30/J IV/927.

49   Erich Honecker und ZK-Sekretär Hermann Axen hatten 1987/88 dazu Gespräche geführt. Am 23. Juni 1987 empfing Honecker den Präsidenten der Jewish Claims Conference, Rabbiner Israel Miller. Axen traf im Mai 1988, während seiner USA-Reise, mit Miller und Repräsentanten jüdischer Organisationen zusammen. Honecker empfing schließlich am 17. Oktober 1988 in Berlin den Präsidenten des World Jewish Congress, Edgar M. Bronfman. Vgl. Angelika Timm: Alles umsonst? Verhandlungen zwischen der Claims Conference und der DDR über „Wiedergutmachung" und Entschädigung (hefte zur ddr-geschichte, 32). Berlin 1996, S. 27 ff.

50   Vgl. Dokument 3 und 7.

51   SAPMO - BArch, DY 30/J IV 2/2A/3108. (Dok. 7)

52   Ebenda.

Auch FDP-Präsidiumsmitglied Otto Graf Lambsdorff kritisierte bei seinem Gespräch mit Honecker am 4. Februar 1988 das Vorgehen der DDR gegen oppositionelle Bürger und befürchtete Auswirkungen auf die beiderseitigen Beziehungen.[53] Honecker wies die Äußerungen zurück. Die DDR hätte entsprechend den Gesetzen gegen die „Provokationen" am Tage der Liebknecht-Luxemburg-Demonstration „rigoros vorgehen" können und fügte hinzu: „Wenn man an ruhigen Beziehungen zwischen der DDR und der BRD interessiert sei, dann dürfe man nicht in alte Denkweisen zurückfallen."[54] Der SED-Generalsekretär war nicht bereit, den angesichts der sowjetischen Perestroika-Politik stärker in die Öffentlichkeit drängenden oppositionellen Gruppen mehr Spielraum zu gewähren.

Wirtschaftliche Aspekte

In den deutsch-deutschen Beziehungen liefen die Gesprächskontakte weiter. Im Frühjahr 1988 besuchten neben Diepgen und Rau auch Bernhard Vogel, Volker Rühe, Alfred Dregger und Hans-Jochen Vogel SED-Chef Honecker. Ihnen folgten im zweiten Halbjahr Oskar Lafontaine, Martin Bangemann und Wolfgang Schäuble.

Parallel dazu arbeitete DDR-Staatssekretär Schalck. Mit Wolfgang Schäuble und Franz Josef Strauß versuchte er, in der Frage der Regelung des Grenzverlaufs auf der Elbe sowie bei der Neufestsetzung der Transitpauschale Fortschritte zu erzielen. Am 5. Mai 1988 reiste Schalck in die Bundesrepublik und traf mit beiden Politikern zusammen. Schalcks Gesprächsvermerke über diese Treffen sind hier erstmals vollständig dokumentiert. Sie belegen das große wirtschaftliche Interesse der DDR an der Weiterentwicklung der Beziehungen zur Bundesrepublik. Schalck teilte seinen Gesprächspartnern mit, daß die DDR seit Anfang 1988 mit der Airbus Industrie verhandele und zwei Flugzeuge bereits fest bestellt habe. Außerdem übergab Schalck an Kanzleramtsminister Schäuble ein „Nonpaper" der DDR zur Neufestsetzung der Transitpauschale für den Zeitraum 1990 bis 1999.[55] Die alte Regelung war auf der Grundlage des Transitabkommens am 16. November 1978 für die Jahre 1980 bis 1989 abgeschlossen worden und sah jährliche Zahlungen der Bundesrepublik an die DDR in Höhe von 525 Mio. DM vor.[56]

---

53   Vgl. Heinrich Potthoff: Die „Koalition der Vernunft", S. 689.

54   Ebenda, S. 693.

55   Vgl. Dok. 11.

56   Vgl. Dokumentation zu den innerdeutschen Beziehungen. Abmachungen und Erklärungen. Bonn 1989, S. 98.

Hinzu kam eine am 31. Oktober 1979 vereinbarte Pauschalabgeltung der Straßenbenutzungsgebühren in Höhe von jährlich 50 Mio. DM.[57] Schäuble machte gegenüber Schalck deutlich, daß aus der Sicht der Bundesregierung zwar eine „bedeutende Erhöhung der jetzt geltenden Transitpauschale denkbar" sei, lehnte jedoch die DDR-Forderung von jährlich 930 Mio. DM als „unrealistisch" ab.[58] Schäuble und Strauß setzten sich jedoch für die Aufstockung der Pauschalzahlungen an die DDR ein. Im Ergebnis ihrer Bemühungen unterzeichneten beide Seiten am 5. Oktober 1988 das Protokoll über die Festlegung der Transitpauschale gemäß Artikel 18 des Transitabkommens. Danach sollte die Pauschale für die Jahre 1990 bis 1999 jährlich 860 Mio. DM betragen. Gleichzeitig wurden die Straßenbenutzungsgebühren auf 55 Mio. erhöht.[59] Damit hätten der DDR jährlich 340 Mio. DM mehr als seit 1980 aus Leistungen für den Transitverkehr zur Verfügung gestanden.[60] Die Vereinbarungen vom 5. Oktober 1988 über die Transitpauschale sowie die Straßenbenutzungsgebühren waren bis zum Herbst 1989 die letzten größeren Verträge, die beide deutsche Staaten miteinander abschlossen.[61]

In einem Brief an Honecker vom 19. Oktober 1988 betonte Bundeskanzler Kohl: „Die Regelungen für die Transit- und Straßenbenutzungspauschale haben auch eine langfristig stabilisierende Wirkung für die Entwicklung der Gesamtbeziehungen; ich gehe davon aus, daß davon die Lösung anderer anstehender Fragen günstig beeinflußt wird."[62] Er verwies auf den im November 1988 vorgesehenen Besuch Schäubles bei Honecker[63] und fügte zur Notwendigkeit von weiteren deutsch-deutschen Vereinbarungen auf dem Gebiet des Umweltschutzes hinzu: „Nach meiner festen persönlichen Überzeu-

---

57 Vgl. Beziehungen der Deutschen Demokratischen Republik zur Bundesrepublik Deutschland und zu Berlin (West). Dokumente 1971 - 1988. (Ost-) Berlin 1990, S. 109 f.

58 SAPMO - BArch, DY 30, vorl. SED 42168. (Dok. 11)

59 Vgl. Innerdeutsche Beziehungen. Die Entwicklung der Beziehungen zwischen der Bundesrepublik Deutschland und der Deutschen Demokratischen Republik 1980 - 1986. Eine Dokumentation. Bonn 1986, S. 139 ff.

60 Potthoff berechnete offenbar falsch 350 Mio. DM. Vgl. Heinrich Potthoff: Die „Koalition der Vernunft", S. 824.

61 Vgl. Detlef Nakath: Zwischen Transitpauschale und europäischer Sicherheitspolitik. Zur Rolle der DDR-Kontakte von Unionspolitikern in den achtziger Jahren. In: DIE NEUE ZEIT, Mitteilungsblatt des Kautsky-Bernstein-Kreis, Heft 14. Berlin 1994, S. 24 ff.

62 SAPMO - BArch, DY 30/IV 2/2035/87. (Dok. 22)

63 Eine Niederschrift des Gesprächs Honeckers mit Schäuble vom 10. November 1988 vgl. in: Heinrich Potthoff: Die „Koalition der Vernunft", S. 818 ff.

gung stehen hier alle Staaten in Europa ungeachtet ihrer politischen und gesellschaftlichen Systeme in einer besonderen Verantwortungsgemeinschaft gegenüber dieser Generation wie gegenüber kommenden Generationen. Ich hielte es für einen großen Gewinn, wenn die beiden Staaten in Deutschland in diesem Bereich der Zukunftssicherung eine beispielgebende Funktion für unseren Kontinent ausüben würden."[64] Auf seinen bevorstehenden Besuch in Moskau vom 24. bis 27. Oktober 1988 und die Gespräche mit KPdSU-Generalsekretär Gorbatschow ging der Bundeskanzler nicht ein.[65]

Der bayerische Ministerpräsident Franz Josef Strauß, der seinen Einfluß für das Zustandekommen der Vereinbarung über die Transitpauschale geltend gemacht hatte, konnte die Unterzeichnung nicht mehr erleben. Er starb zwei Tage zuvor, am 3. Oktober 1988.[66]

Der Tod des „CSU-Übervaters" beendete die guten Beziehungen der DDR zum Freistaat Bayern keineswegs. Seine Nachfolger waren an ihrer Fortsetzung interessiert und nutzten die Anwesenheit des Vizekulturministers, Klaus Höpcke, am 15. Dezember 1988 in München, um dies vertraulich zu signalisieren. Während eines Empfangs suchte der frühere Strauß-Intimus Peter Gauweiler das Gespräch mit Höpcke und teilte diesem im Auftrag von Ministerpräsident Max Streibl zur Weiterleitung nach Berlin mit, daß die bayerische Staatsregierung „an der von Franz Josef Strauß in Gang gesetzten Zusammenarbeit mit der DDR festhalte". Gauweiler berief sich auf die „besonders engen Freunde der DDR in München": „Nach Auffassung der bayerischen Staatsregierung müsse allen politisch Vernünftigen an einer stabilen DDR gelegen sein."[67]

Es blieb jedoch nicht bei der Gauweiler-Offerte. CSU-Chef Theo Waigel schrieb eine Woche später, am 22. Dezember 1988, einen Brief an Honecker.[68] Die Initiative zur Weiterführung des Gesprächskontakts der bayerischen Regierung sowie der CSU-Spitze mit Staatssekretär Schalck ging eindeutig von München aus.

---

64   SAPMO - BArch, DY 30/IV 2/2035/87. (Dok. 22)

65   Drei Tage nach der Kohl-Visite in Moskau, am 30. Oktober 1988, informierte der Leiter der 3. Europäischen Abteilung im UdSSR-Außenministerium, Alexander Bondarenko, SED-Generalsekretär Honecker ausführlich über die Gespräche Gorbatschows mit Kohl und Genscher. Vgl. SAPMO - BArch, DY 30/IV 2/2035/60 (Dok. 23). Die DDR-Medien hatten über dieses Gespräch umfangreich informiert. Vgl. ND, 31. Oktober 1988.

66   Vgl. Manfred Behrend: Franz Josef Strauß. Eine politische Biographie. Köln 1995; Wolfram Bickerich: Franz Josef Strauß. Die Biographie. Düsseldorf 1995.

67   SAPMO - BArch, DY 30/vorl. SED 42332/2. (Dok. 24)

68   Vgl. SAPMO - BArch, DY 30/vorl. SED 42181. (Dok. 25)

Dramatische Ereignisse 1989

Auch im ersten Halbjahr 1989 veränderte sich an der gewohnten Reise- und Gesprächsdiplomatie zwischen beiden deutschen Staaten nichts. Fünf Ministerpräsidenten von Bundesländern kamen in die DDR.[69] Außerdem führte der SPD-Vorsitzende Hans-Jochen Vogel am 25. Mai 1989 sein achtes Gespräch mit Honecker.[70] Der letzte hochrangige Politiker, der mit dem SED-Generalsekretär sprach, war am 4. Juli 1989 Kanzleramtsminister Rudolf Seiters.[71]

Unterdessen hatte sich die Lage in der DDR zugespitzt. Die Fälschung des Ergebnisses der Kommunalwahlen vom 7. Mai 1989 war für viele Bürger der letzte Anstoß, die DDR zu verlassen. Über Ungarn oder die bundesdeutschen Vertretungen in Prag und Warschau versuchten DDR-Bürger, ihre Ausreise zu erreichen. Die Zahl derer, die auf diesem Wege in die Bundesrepublik übersiedeln wollten, wuchs im Sommer immer stärker an. Als die Situation in den Botschaften zu eskalieren drohte, wandte sich Bundeskanzler Kohl am 14. August 1989 mit einem Brief an den SED-Generalsekretär und forderte die DDR auf, „zu konstruktiven Lösungen beizutragen". Kohl ermahnte Honecker, die Ursachen für die Perspektivlosigkeit vieler junger Menschen in der DDR zu beseitigen.[72] Es folgte ein ergebnisloser Besuch von Kanzleramtsminister Seiters am 18. August 1989 im DDR-Außenministerium.[73]

In der DDR-Führung gab es keine Bereitschaft zur Änderung der Politik. Honecker lag nach einer Gallenoperation im Krankenhaus, und Egon Krenz wurde per Politbürobeschluß in den Urlaub geschickt. Interimsparteichef Günter Mittag verfolgte in Abwesenheit Honeckers lediglich eine Taktik des „weiter so". Auf die Kritik an der Sprachlosigkeit der Parteiführung äußerte er in der Politbürositzung am 29. August 1989 lediglich: „Es ist richtig, daß wir in den Massenmedien unseren klaren Kurs fahren (Artikel zur Vorbereitung des XII. Parteitages, Brief Erich Honeckers zur Landwirtschaft

---

69 Zwischen dem 31. Januar und dem 19. Juni 1989 trafen Björn Engholm (SPD), Lothar Späth (CDU), Henning Voscherau (SPD), Johannes Rau (SPD), Ernst Albrecht (CDU) und Walter Momper (SPD) mit Honecker zusammen.

70 Der SPD-Vorsitzende Hans-Jochen Vogel war am 28. Mai 1983 erstmals zu einem Unterredung mit Honecker nach Ost-Berlin gereist. Seit diesem Gespräch traf er einmal jährlich mit dem SED-Generalsekretär zusammen.

71 Vgl. die von Karl Seidel angefertigte Niederschrift über dieses Gespräch in: Heinrich Potthoff: Die „Koalition der Vernunft", S. 957 ff.

72 Vgl. Gerd-Rüdiger Stephan (Hrsg.): „Vorwärts immer, rückwärts nimmer!", S. 95 f.

73 Vgl. Dok. 37.

usw.). In dieser Richtung wollen wir unsere Arbeit fortsetzen."[74] Später schrieb Günter Mittag zu dieser Situation: „Vorschnelle Reaktionen in der Öffentlichkeit galt es zugunsten überlegten Handelns in dieser äußerst komplizierten und in gewisser Weise auch unübersichtlichen Situation zu vermeiden. Auch um den Preis, daß es eine Zeitlang keine öffentliche Reaktion der Führung gab, was in der Partei zu Recht negativ empfunden wurde. Das hing natürlich auch mit der Abwesenheit Erich Honeckers zusammen, der sich vorbehalten hatte, diesbezügliche Entscheidungen selbst zu treffen."[75]

Honecker ließ den Brief Kohls vom 14. August 1989 beantworten. Ursachen für die Ausreisewelle sah er erneut nur außerhalb der DDR. Ende August teilte er dem Bundeskanzler in völliger Verkennung der Situation mit: „Die Lösung des entstandenen Problems kann deshalb nur darin bestehen, von seiten der Bundesrepublik Deutschland dafür Sorge zu tragen, daß die Bürger der Deutschen Demokratischen Republik unverzüglich die Vertretungen der Bundesrepublik Deutschland verlassen."[76] Honecker wertete Kohls Bemerkungen über mögliche Auswirkungen auf die deutsch-deutschen Beziehungen als „Einmischung in die souveränen Angelegenheiten eines anderen Staates" und als der „Gestaltung gutnachbarlicher Beziehungen zwischen beiden Staaten nicht dienlich".[77]

Honecker und Mittag wußten sich in ihrer Haltung zu den Botschaftsflüchtlingen offenbar mit der Moskauer Führung einig. UdSSR-Außenminister Schewardnadse bezeichnete die Vorgänge in einem Brief an seinen DDR-Amtskollegen Fischer vom 1. September 1989 als „Exzesse", die „durch Versuche einer nicht geringen Zahl von DDR-Bürgern, illegal in die BRD zu gelangen, hervorgerufen wurden". Schewardnadse fügte hinzu: „Unsere Einschätzungen des Charakters und der Ursachen dieser Erscheinungen stimmen mit dem überein, was darüber in der DDR gesagt und geschrieben wird."[78]

In diesem Zeitraum fanden Begegnungen auf höchster Ebene nicht mehr statt. Es war die Zeit der Unterhändler. Rechtsanwalt Wolfgang Vogel pendelte häufig zwischen Bonn und Ost-Berlin und auch Schalck versuchte, seine Gesprächskontakte zu nutzen.

Als bemerkenswert muß eine Begegnung Richard von Weizsäckers mit einer Delegation des Börsenvereins des Deutschen Buch-

74 Gerd-Rüdiger Stephan (Hrsg.): „Vorwärts immer, rückwärts nimmer!", S. 97.

75 Günter Mittag: Um jeden Preis. Im Spannungsfeld zweier Systeme. Berlin/Weimar 1991, S. 46 f.

76 Gerd-Rüdiger Stephan (Hrsg.): „Vorwärts immer, rückwärts nimmer!", S. 108.

77 Ebenda.

78 Ebenda, S. 113.

handels zu Leipzig am 7. September 1989 angesehen werden. Der Bundespräsident empfing auf der Terrasse der Villa Hammerschmidt in Bonn unter anderem den stellvertretenden DDR-Kulturminister, Klaus Höpcke, und den Präsidenten des DDR-Schriftstellerverbandes, Hermann Kant. Die DDR-Delegation weilte anläßlich der Eröffnung der Ausstellung „Bücher aus der Deutschen Demokratischen Republik", die im September 1989 in Köln gezeigt wurde, in der Bundesrepublik. Bei dem Zusammentreffen wurde laut einer Gesprächsnotiz von Höpcke das brennendste Thema im deutsch-deutschen Verhältnis jener Zeit, die Ausreiseproblematik, ausgeklammert. Lediglich die Information des Bundespräsidenten über die beabsichtigte Auszeichnung des Prager Bürgerrechtlers Vaclav Havel mit dem Friedenspreis des deutschen Buchhandels hatte Höpcke nach Berlin zu übermitteln.[79]

Deutschlandpolitische Aktivitäten waren in der unmittelbaren Vorwendezeit in der DDR nicht mehr möglich. Die Agonie der politischen Führung setzte ein. Bis zum 40. Jahrestag der DDR wollte das SED-Politbüro die Ausreiseproblematik vom Tisch haben. Deshalb mußten Sonderzüge mit Ausreisewilligen aus der Prager BRD-Botschaft über das Territorium der DDR geleitet werden, um Vermerke in die Pässe der DDR-Bürger eintragen zu können. Das Resultat waren Demonstrationen, schließlich Krawalle in der Umgebung des Dresdener Hauptbahnhofes, verbunden mit dem Versuch vorwiegend junger Leute, noch in die Züge zu gelangen.

Vor diesem Hintergrund beging die DDR-Führung den 40. Jahrestag ihrer Staatsgründung. Es sollte ihre letzte Jubelfeier werden.

Die oppositionellen Demonstrationen am Rande der rituellen Feierlichkeiten, schließlich der Leipziger Protest vom 9. Oktober, zwangen die SED-Führung zur Reaktion. Am 18. Oktober 1989 entband das Zentralkomitee Erich Honecker, Günter Mittag und Joachim Hermann von ihren Funktionen. Egon Krenz wurde für 49 Tage Nachfolger Honeckers, bis am 3. Dezember 1989 Politbüro und Zentralkomitee geschlossen zurücktraten.[80]

Der „Kollaps der alten Garde"[81] in der Führung der SED kam zu diesem Zeitpunkt keineswegs überraschend. Der in der Sowjetunion unter Michail Gorbatschow begonnene tiefgreifende Umgestaltungsprozeß zwang zu einer Demokratisierung des politischen Sy-

---

79   Vgl. Dok. 40.

80   Vgl. Gerd-Rüdiger Stephan: Die letzten Tagungen des Zentralkomitees der SED 1988/89. Abläufe und Hintergründe. In: Deutschland Archiv, H. 3/1993, S. 296 ff.

81   Konrad H. Jarausch: Die unverhoffte Einheit. 1989 - 1990, S. 88.

stems. Die SED-Führung hatte „Glasnost" und „Perestroika" von Anfang an grundsätzlich abgelehnt und setzte der gesellschaftlichen Umgestaltung in der Sowjetunion ihr statisches Konzept vom „Sozialismus in den Farben der DDR" entgegen.[82] Im Herbst 1989 begann die Bevölkerung im Osten Deutschlands endgültig, ihr Schicksal auf die eine oder andere Weise selbst in die Hand zu nehmen. Für die SED begann ein verzweifelter Kampf um ihre Macht und damit auch um den Erhalt des Staatsgebildes DDR.

DDR-Deutschlandpolitik „fünf nach zwölf"

Krenz trat seine Ämter als Nachfolger Honeckers praktisch konzeptionslos an.[83] Sein naiver Versuch, die sowjetische Perestroika-Politik in der DDR zu kopieren, scheiterte. Gleichzeitig vollzog sich der Niedergang eines Weltsystems, das mehr als sieben Jahrzehnte Bestand hatte. Das blieb nicht ohne existenzielle Auswirkungen auf die DDR und das Verhältnis zwischen beiden deutschen Staaten.

Im Herbst 1989 ging man beiderseits von Elbe und Werra an die Erarbeitung neuer Grundsätze für eine Deutschlandpolitik, die nun von der Überwindung der Zweistaatlichkeit ausgehen mußte.

Der erste Gast aus der Bundesrepublik, den der neue SED-Chef Egon Krenz empfing, war am 25. Oktober 1989 der FDP-Fraktionsvorsitzende Wolfgang Mischnick. Krenz signalisierte Gesprächsbereitschaft und ein akzentuiertes Herangehen seiner Führung. Auf was sich die Bundesregierung einlassen sollte, blieb unklar. Krenz stellte eine Bedingung: Die Nichteinmischung Bonns in die inneren DDR-Angelegenheiten. Dies blieb ein frommer Wunsch.

Am 26. Oktober telefonierten Krenz und Kohl. Auch hier fielen große Worte.[84] Die Bundesregierung wartete ab, wie sich die Lage in der DDR entwickelte. Die Kräfte- und die Machtverhältnisse im Lande begannen, sich radikal zu verändern.

Die zugespitzte Lage wurde durch einen neuen Reisegesetzentwurf vom 6. November 1989 keineswegs beruhigt. Der an den Erwartungen vorbeigehende Vorschlag heizte die Diskussionen zusätzlich an. Was sich während der großen Demonstration am 4. November 1989 auf dem Berliner Alexanderplatz andeutete, bestätigte

---

82 Vgl. Monika Nakath: SED und Perestroika. Reflexion osteuropäischer Reformversuche in den 80er Jahren (hefte zur ddr-geschichte, 9). Berlin 1993, S. 39 ff.

83 Vgl. Egon Krenz: Wenn Mauern fallen. Die Friedliche Revolution: Vorgeschichte – Ablauf – Auswirkungen. Wien 1990, S. 146 ff.

84 Vgl. Gerd-Rüdiger Stephan (Hrsg.): „Vorwärts immer, rückwärts nimmer!", S. 180 ff.

sich einige Tage später vollends: Die SED-Führung hatte die Kontrolle über die Ereignisse verloren. Da halfen weder die weiterhin bestehende Parteiorganisation mit über 2 Millionen Mitgliedern noch die Staatssicherheit mit ihren über 100.000 hauptamtlichen und fast 100.000 inoffiziellen Mitarbeitern, noch die langjährige „vertrauensvolle Zusammenarbeit" mit den Blockparteien und schon gar nicht die Mobilisierung der bisher im Schlepptau agierenden Massenorganisationen (FDGB, FDJ, DSF) – diese befanden sich bereits im akuten Verfallsstadium.

Der nordrhein-westfälische Ministerpräsident Johannes Rau führte am 9. November 1989 ein Gespräch mit Krenz, der dazu die Beratungen des 10. ZK-Plenums verlassen mußte. Man sprach über viele aktuelle Fragen – die geplante Veränderung des Reiseregimes wurde Rau nicht mitgeteilt. Über diplomatische Kanäle war darüber jedoch nach Bonn berichtet worden, aber auch dort blieb die Lage noch abwartend und ruhig. In Moskau, vorab über die neuen Regelungen befragt, feierten die Verantwortlichen, „ausgelassen" wie immer, den Jahrestag der russischen Oktoberrevolution. Keiner der Entscheidungsträger im Kreml war verfügbar. Schließlich signalisierten nachgeordnete Diplomaten, die DDR solle souverän selbst entscheiden.

Das tat man denn auch. Der bereits zurückgetretene Ministerrat unter Willi Stoph stimmte im Umlaufverfahren (!) formal einer neuen Reise- und Ausreiseregelung zu. Tatsächlich hatte die Krenz-Führung diese Novelle veranlaßt und vorbereitet. Die ausführenden Organe waren das Innen- und das Staatssicherheitsministerium. Die – gelinde gesagt – „revolutionären" Formulierungen gingen durch alle Gremien. Krenz konsultierte das Rumpf-Politbüro beim Mittagstisch (vom 8. bis 10. November 1989 stritt man sich auf der permanent tagenden ZK-Sitzung stundenlang über die Besetzung der Führungsgremien). Das Zentralkomitee bekam die Formel am Nachmittag des 9. November gegen 15.30 Uhr von Krenz vorgelesen und erteilte widerspruchslos Zustimmung. Die reichlich verwirrten ZK-Mitglieder mußten vor allem mit der offenbarten Bilanz der Ära Honecker fertig werden. Von etwa 40 Mrd. DM Auslandsschulden war die Rede. Daß die neue Reiseformel faktisch die Mauer überflüssig machte, begriff kaum einer – und es war so auch nicht beabsichtigt. Man wollte eine kontrollierte, regulierte Ein- und Ausreise – diese Vorstellung war jedoch praktisch nicht mehr realisierbar, wie die folgenden Stunden beweisen sollten.

Gegen 22 Uhr war der Ansturm auf die Grenzübergangsstellen zwischen Ost- und Westberlin nicht mehr abzudrängen. An der Bornholmer Straße, zwischen den Stadtteilen Prenzlauer Berg und

Wedding, öffneten sich nach fast 30 Jahren Abriegelung zuerst die Schlagbäume. Drei Stunden zuvor hatte der neuerdings für die Medien zuständige ZK-Sekretär Günter Schabowski kurz vor dem Ende einer internationalen Pressekonferenz über den Verlauf des ZK-Plenums berichtet und die Notiz über die Reiseregelung von einem zerknüllten Zettel, den ihm Krenz zugesteckt haben soll, vorgelesen. In Unkenntnis einer Sperrfrist setzte er den Beginn der Regelungen mit „unverzüglich" an.[85]

Die Nacht vom 9. zum 10. November 1989 veränderte die Existenzbedingungen nicht nur der DDR radikal. Der eiserne Vorhang fiel an der Grenze zwischen den beiden deutschen Staaten in der Mitte Europas. Die bestbewachteste Grenze der Welt in Berlin hatte ausgedient. Darauf waren die Politiker in Ost und West nicht vorbereitet. Flexibilität auf beiden Seiten schien dringend geboten, um mit den Folgen konstruktiv umgehen zu können.

Veränderte Grundkonstellation

Nach der Wahl Hans Modrows zum neuen DDR-Regierungschef am 13. November konzentrierte sich das Augenmerk auf das Vermitteln direkter Kontakte zwischen beiden deutschen Kabinetten. Krenz hatte als SED-Chef nochmals am 11. November 1989 mit Kohl telefoniert und um einen behutsamen Umgang mit der Situation gebeten.[86] Der von der neuen Lage völlig überraschte sowjetische Partei- und Staatschef Gorbatschow appellierte auf Bitten von Krenz am 10. November an die Westalliierten, für Ruhe und Ordnung Sorge zu tragen.[87] Die Kraft der SED-Führung zum Agieren unter veränderten Bedingungen erschöpfte sich nun zusehends.

Krenz nahm den Gesprächstermin mit Kanzleramtsminister Seiters am 20. November 1989 in Ost-Berlin noch wahr. An seiner Seite versuchte Modrow, die Erwartungen der neuen DDR-Regierung, gebildet aus Mitgliedern der Blockparteien, zum Ausdruck zu bringen. Die Bundesregierung sollte den Reform- und Demokratisierungsprozeß begleiten und ihn vor allem wirtschaftlich und finanziell absichern.

Mit dieser Rolle gab sich Kohl schon bald nicht mehr zufrieden. Nach Beobachtung der sich polarisierenden Stimmungen in der

---

85 Vgl. insbesondere Hans-Hermann Hertle: Der 9. November 1989 in Berlin. In: Materialien der Enquête-Kommission „Aufarbeitung und Folgen der SED-Diktatur in Deutschland". Bd. VII/1, S. 787 ff.

86 Vgl. Gerd-Rüdiger Stephan: „Vorwärts immer, rückwärts nimmer!", S. 243 ff.

87 Vgl. ebenda, S. 242 f.

DDR trug der Kanzler am 28. November 1989 dem Bundestag einen Zehn-Punkte-Plan für die Entwicklung konföderativer Strukturen mit dem Ziel einer bundesstaatlichen Ordnung in Deutschland vor. Freund und Feind schienen überrascht; die SPD applaudierte. Das Konzept wurde in Ost-Berlin nahezu am Rande zur Kenntnis genommen. Hier überschlugen sich die Ereignisse. Überrollt von den Stimmungen an der Parteibasis und unter Druck geraten durch die innenpolitische Gärung, durch Enthüllungen über Amtsmißbrauch, Vetternwirtschaft und Korruption, gelang es den etablierten Kräften in der SED-Spitze nicht mehr, das Schiff wieder flott zu bekommen. Am 1. Dezember 1989 entschied die Volkskammer, die Führungsrolle der „Arbeiterklasse und ihrer marxistisch-leninistischen Partei" aus dem Artikel 1 der DDR-Verafssung zu streichen. Zwei Tage darauf kapitulierten das gesamte Zentralkomitee, Politbüro und ZK-Sekretariat sowie der Generalsekretär. Mit dem Ende der alten SED-Führung beschleunigte sich das Ende der DDR. Zu diesem Zeitpunkt schien die Hoffnung der Partei noch auf den Kräften eines vorläufigen Arbeitsauschusses zu liegen, dem prominente Reformer wie Gregor Gysi, Dieter Klein, Wolfgang Berghofer und Lothar Bisky angehörten, und der umgehend einen außerordentlichen Parteitag vorbereitete, welcher endlich den „Umschwung" in der Herbstrevolution erbringen sollte. Der Parteitag am 8./9. und am 16./17. Dezember 1989 bewahrte den Bestand der Organisation, es entstand die „Partei des Demokratischen Sozialismus" – Land und System vermochte auch dies nicht mehr zu retten.

Symptomatisch wurde die Rolle des neuen DDR-Regierungschefs Hans Modrow, dem Hoffnungsträger für eine Reform nach sowjetischen Vorbild, einem bescheidenen, unter Honecker mehrfach gemaßregelten Bezirksparteisekretär. Modrow hatte in Dresden bereits die alte Ordnung zusammenbrechen sehen, dort gab im Oktober kaum noch einer etwas auf den Sozialismus, und nun sollte er ein ganzes Land vor dem Untergang bewahren. Bald dürfte ihm klargeworden sein, daß die DDR nicht mehr zu retten war. Man konnte sie bestenfalls noch eine Weile am Leben erhalten, einen friedlichen Übergang in das neue Deutschland sichern und einige ihrer Grundwerte einbringen helfen. Aus dieser Einstellung resultieren die Verdienste der Modrow-Regierung – und hierin begründen sich gleichzeitig eine Reihe von Problemen und Fehlern.

Die SED-Führung hatte sich gerade aufgelöst, da flog Modrow zu einem Gipfel der Warschauer Paktsstaaten nach Moskau. An seiner Seite befand sich noch der bereits politisch bedeutungslose Egon Krenz als Staatsratsvorsitzender (zwei Tage später wurde er auch in dieser Funktion durch den Liberaldemokraten Manfred

Gerlach ersetzt). Modrow jedenfalls konnte mit Gorbatschow und Ryshkow sprechen – und seine Ideen vortragen. Doch Ryshkow bemerkte schnell das Grundproblem. Es war bereits zu spät, um noch Angebote an die Bundesrepublik machen zu können. Ganz zu schweigen vom Druck der Straße, der sich nach Betrachtung des Lebensniveaus der Menschen im Westen weiter verschärfte.

Dresden – Moskau – Bonn

In seiner langjährigen Wirkungsstätte Dresden mußte Modrow bittere Pillen schlucken. Sein Treffen mit Helmut Kohl verlief ohne spektakuläre Vereinbarungen. Eine ganze Reihe praktischer Schritte für eine Verbesserung der Zusammenarbeit kam durchaus zustande.[88] Die Menschen interessierte jedoch, wie rasch sich etwas für sie persönlich ändern sollte. Krenz hatte Gorbatschow am 1. November 1989 überrascht, als er eine Senkung des Lebensstandards in der DDR um 30 Prozent nicht ausschloß. Diese Alternative kam nach dem 9. November 1989 nicht mehr in Betracht. Das größte „Pfand", die Besuchsregelung, hatten Krenz und Schabowski bereits aus der Hand gegeben – in den Novemberwirren 1989.

Der Jubel für Kohl auf ostdeutschen Straßen und Plätzen kannte am Abend des 19. Dezember 1989 erstmals keine Grenzen mehr. In Dresden wurde der spätere „Kanzler der Einheit" gefeiert – und die von ihm geführte Regierung und die dahinter stehende Koalition wurden sich sicher, auf dem richtigen Wege zu sein, wenn man die Fristen für die deutsche Einheit verkürzte. Die Hindernisse schienen überwindbar – unwägbar allein die UdSSR-Interessen.

Zunächst öffneten Kohl und Modrow in einer Weihnachtsgeste am 22. Dezember 1989 den Grenzübergang am Brandenburger Tor in Berlin. Gleichzeitig konnten nun auch Bundesbürger ohne jegliche Formalitäten in Richtung DDR ein- bzw. ausreisen. Bereits zu diesem Zeitpunkt war faktisch die volle Freizügigkeit im Reise- und Besucherverkehr zwischen beiden deutschen Staaten hergestellt. Keiner wußte, wie schnell die Entwicklung weiter verlaufen würde. Allen DDR-Bürgern wurde für 1990 eine Devisentopf von 200 DM bereitgestellt (gegen 600 Ost-Mark). Doch damit gab man sich bald nicht mehr zufrieden. Die Stimmung im Osten schlug endgültig um.

Nach weiteren Gesprächen zwischen Modrow und Ryshkow in Sofia begannen Konsultation zwischen DDR- und UdSSR-Stellen sowie intensive Überlegungen in Ost-Berlin. Konzeptionelle Neu-

---

88 Das Gespräch zwischen Modrow und Kohl wurde von DDR-Seite nicht protokolliert. Es findet sich lediglich ein Ministerratsbeschluß zu den Ergebnissen (vgl. Dok. 56). Bonner Materialien standen nicht zur Verfügung.

ansätze präsentierte Modrow am 12. Januar 1990 einem Abgeordneten des USA-Repräsentantenhauses. Die nachfolgende Reise von Außenminister Oskar Fischer nach Moskau deutete weitere Bewegung an. War für die DDR überhaupt noch etwas zu bewahren? Ende Januar wurde ein Treffen zwischen Modrow und Gorbatschow angesetzt, auf dem es um Grundsatzentscheidungen gehen sollte.

Der Besuch war im Ministerrat nicht einmal speziell vorbereitet worden. Modrow stimmte sich lediglich mit dem Außenministerium ab. Im Januar gab es mehrere Treffen mit dem sowjetischen Botschafter in der DDR, Wjatscheslaw Kotschemassow. Dieser sandte häufig Informationen an den Kreml. Dadurch war die KPdSU-Führung in gewisser Weise „vorbereitet".[89]

Das Treffen vom 30. Januar 1990 erlangte historische Dimensionen. In seinem Vorfeld waren auf beiden Seiten Bilanzen gezogen, Schlußfolgerungen erarbeitet worden. Gorbatschow und Modrow erzielten Übereinstimmung, einer „Wiedervereinigung" nicht mehr entgegenzutreten. Sollte das deutsche Volk mehrheitlich diesen Weg wünschen, müßte über die Rahmenbedingungen verhandelt werden. Die DDR-Seite wollte „Errungenschaften" bewahren. Die UdSSR bedachte den Erhalt ihres Einflußbereichs und die Konsequenzen für die geopolitische Stabilität. Es gab schier unüberwindliche Prämissen. Das vereinigte Deutschland in der NATO: undenkbar. Ein Anschluß der DDR an die BRD: unakzeptabel.

Modrow hatte in der zweiten Januarhälfte in Ost-Berlin den Entwurf einer Erklärung „Für Deutschland, einig Vaterland!" vorbereiten lassen. Gorbatschow stimmte der Initiative in Moskau zu. Auf dieser Grundlage sollten sich die weiteren Verhandlungen zwischen den beiden deutschen Staaten vollziehen.

Modrow präsentierte der erstaunten Öffentlichkeit am 1. Februar 1990 das Konzept. Folgende konkrete Schritte waren demnach möglich: Abschluß eines Vertrages über Zusammenarbeit und gute Nachbarschaft als „Vertragsgemeinschaft", Bildung einer Konföderation von DDR und BRD mit gemeinsamen Organen und Institutionen, Übertragung von Souveränitätsrechten beider Staaten an Machtorgane der Konföderation, Bildung eines einheitlichen Staates in Form einer Deutschen Föderation oder eines Deutschen Bundes durch Wahlen in beiden Teilen der Konföderation, Zusammentreten eines einheitlichen Parlaments, das eine einheitliche Verfassung und eine einheitliche Regierung mit Sitz in Berlin beschließt.[90]

---

89 Vgl. Wjatscheslaw Kotschemassow: Meine letzte Mission. Fakten, Erinnerungen, Überlegungen. Berlin 1994, S. 159 ff.

90 Vgl. ND, 2. Februar 1990.

Voraussetzungen dafür waren die Anerkennung bisheriger völkerrechtlicher Verträge beider Seiten, eine Erklärung der Alliierten über die endgültige Nachkriegsregelung und ihren Truppenabzug sowie die militärische Neutralität von DDR und BRD.

Die weitere Entwicklung ließ keine Zeit für langes Nachdenken. Der Ende Januar auf den 18. März 1990 vorgezogene Termin für die ersten freien Volkskammerwahlen beeinflußte nun maßgeblich das Geschehen. Vertreter der Bürgerbewegung traten für die verbleibende Zeit in Modrows „Regierung der nationalen Verantwortung" ein. Ein kurzfristig vereinbartes Treffen zwischen Modrow und Kohl fand am 3. Februar 1990 im schweizerischen Davos statt, am Rande des alljährlichen Weltwirtschaftstreffens, und trug informellen Charakter. Die Verhandlungen fanden am Kaffeetisch statt, den Hannelore Kohl selbst gedeckt hatte. Modrow wurde lediglich von seinem persönlichen Referent Karl-Heinz Arnold begleitet.[91] Dieser fertigte kein Protokoll, was zu Honeckers Zeiten undenkbar gewesen wäre. Kohl beschränkte sich auf die Zusicherung baldiger Wirtschaftshilfe – kurz vor seiner Reise nach Moskau und in Unkenntnis der konkreten Verabredungen, die Modrow mit Gorbatschow am 30. Januar getroffen hatte, ein taktisch kluges Verhalten.

Kohl und Genscher konnten wenige Tage später, am 10. Februar, vollauf zufrieden sein. Gorbatschow hatte ihnen im bilateralen Verhältnis zwischen BRD und DDR freie Hand gegeben. Seine außen- und sicherheitspolitischen Grundbedingungen blieben bestehen. Die Bundesregierung konzentrierte sich auf die Stabilisierung ihres Einflusses in der neu zu wählenden DDR-Regierung. Daß Modrow nur noch den „Übergang" beendete, lag auf der Hand. Auch die Bürgerbewegung brauchte man nicht mehr sehr hofieren. Die Wahlen zur Volkskammer würde durch die klassischen Parteienkonstellation des Westens entschieden werden. Der Kanzler absolvierte den Wahlkampf mit einem persönlichen Einsatz, wie er ihn in der Bundesrepublik nie gezeigt hatte. Die Einmischung der Bundesparteien in die Vorbereitung der Volkskammerwahlen war durch eine Vereinbarung des Runden Tisches zwar untersagt, doch die Menschen liefen Kohl hinterher und hingen an seinen Lippen. Er kündigte blühende Landschaften an – und die Mehrheit glaubte das. Die pessimistischen Prognosen des SPD-Kanzlerkandidaten Oskar Lafontaine hinterließen dagegen eher Ablehnung als Nachdenken.

Am 13./14. Februar 1990 wurde der im Dezember 1989 vereinbarte Gegenbesuch Modrows in Bonn realisiert. Der DDR-Delega-

---

91   Vgl. Karl-Heinz Arnold: Die ersten hundert Tage des Hans Modrow. (Ost-) Berlin 1990, S. 86 ff; Hans Modrow: Aufbruch und Ende. Hamburg 1991, S. 128 f.

tion gehörte diesmal eine illustre Ministerschar aus Ost-Berlin an, darunter alle Vertreter der neuen Parteien und Bewegungen im Kabinett. Die Ergebnisse des Treffens fielen dürftig aus. Vor den März-Wahlen wollte die Bundesregierung keine Vereinbarungen mehr abschließen. Finanzhilfen wurden abgelehnt. Auch die Bemühungen der Bürgerbewegung liefen ins Leere. Der Bonner Kurs zielte auf eine Wirtschafts- und Währungsunion nach den Volkskammerwahlen und auf einen baldigen Beitritt der DDR zur BRD.

Freie Wahlen in der DDR

Modrow kontaktierte Moskau. Dabei sollte geklärt werden, welche Positionen der Kreml nach den Wahlen in der DDR überhaupt verteidigen konnte. Die nach Moskau entsandten Vertreter des Ost-Berliner Außenministeriums konstatierten allerdings Ratlosigkeit bei den sowjetischen Verantwortlichen. Im Prinzip blieb es bei den Prämissen, so wie sie sich seit Januar 1990 herausgebildet hatten. Das Treffen zwischen dem Ost-SPD-Spitzenkandidaten Ibrahim Böhme und UdSSR-Außenminister Eduard Schewardnadse am 2. März 1990 in Moskau verdeutlichte Interessenlagen. Offenbar hofften die Sowjets im Falle eines Wahlsiegs der Sozialdemokraten, ihre ursprünglichen Ziele doch noch verwirklichen zu können.

Eine Ministerratssitzung am 1. März 1990 legte fest, mit einer Delegation unter Leitung Modrows, der weitere Minister, u. a. wiederum jene ohne Geschäftsbereich, angehören sollten, der Einladung der Moskauer Regierung am 5./6. März zu folgen. Eine „Erklärung der Regierung der DDR" forderte, „die Eigentumsverhältnisse in der Deutschen Demokratischen Republik, wie sie sich nach dem zweiten Weltkrieg auf Grund völkerrechtlicher Abkommen, der Gesetze des Alliierten Kontrollrates für Deutschland und Bestimmungen in der ehemaligen sowjetischen Besatzungszone sowie der Gesetze und Rechtsvorschriften der Deutschen Demokratischen Republik herausgebildet haben, nicht in Frage stellen."[92]

Konkret wurden als zu erhaltende Regelungen die sowjetischen Besatzungsverordnungen über die Enteignung der Nazi- und Kriegsverbrecher, die SMAD-Befehle und Ländergesetze auf der Basis von Volksentscheiden in den späten vierziger Jahren, die Rückübertragungen von UdSSR-Reparationsbetrieben in DDR-Volkseigentum in den fünfziger Jahren und ausdrücklich die Bodenreform von 1945 angesprochen. Zudem ging es um die Absicherung eines

---

92 BArchP, DC 20, I/3 - 2922. Zur Übermittlung der Regierungserklärung von Modrow an Kohl vgl. BArchP, DC 20, 5061 (Dok. 64). Gleichzeitig wurde die Erklärung am 2. März 1990 Gorbatschow zugestellt.

umfassenden Kündigungsschutzes für alle DDR-Wohnungsmietverhältnisse. Die Erfüllung dieser Forderungen galten als Voraussetzung für die Währungs- und Wirtschaftsunion sowie für den schrittweisen Zusammenschluß beider deutscher Staaten.

Bei den Gesprächen in Moskau versuchte Modrow, die sowjetische Seite an die vorhergehenden Absprachen über die Bedingungen für die deutsche Einheit zu binden. Gegenüber den Medien wurde ein etappenweises Vorgehen als notwendig bezeichnet. Die Vertreter der Bürgerbewegung bedankten sich bei Gorbatschow für dessen Einflußnahme auf die Herbstereignisse 1989 in der DDR. Im Falle ihrer künftigen Regierungsbeteiligung, zu diesem Zeitpunkt noch nicht unwahrscheinlich, deuteten sie eine enge Abstimmung mit den sowjetischen Interessen an.

Doch alle Spekulationen wurden am 18. März 1990 über den Haufen geworfen: CDU (40,8 Prozent), DSU (6,3 Prozent) und DA (0,9 Prozent) verfehlten nur knapp die absolute Mehrheit. SPD (21,9 Prozent), BFD (5,3 Prozent) und Bündnis 90 (2,9 Prozent) konnten ihre Enttäuschung kaum verbergen. Die PDS kam auf 16,4 Prozent.

Insgesamt wurden damit die Weichen auf eine baldige staatliche Einheit Deutschlands gestellt. Die Mehrheit der DDR-Bevölkerung hatte Helmut Kohl gewählt. Man wollte den schnellen Wohlstand, ersehnte die Angleichung der östlichen Lebensverhältnisse an die westlichen und lehnte weitere „gesellschaftliche Experimente" ab.

Schließlich kam eine große Koalition zustande, da alle wichtigen Entscheidungen in der Volkskammer mit einer Zwei-Drittel-Mehrheit bestätigt werden sollten. Die „Allianz für Deutschland" teilte sich die Ministerposten mit SPD und BFD. Lothar de Maizière, Vorsitzender der CDU, kandidierte für den Posten des Ministerpräsidenten. Seine Wahl erfolgte am 12. April 1990. Bereits auf der konstituierenden Sitzung der neuen Volkskammer am 5. April 1990 war die Präambel der DDR-Verfassung gestrichen worden. Die „entwickelte sozialistische Gesellschaft" hatte sich überlebt.

Verträge bis zur Einheit

In Bonn konnte man zufrieden sein. Mit dem neuen DDR-Kabinett schienen zielgerichtete Verhandlungen möglich. Noch gefährdeten die sowjetischen Interessen den weiteren Ablauf. Am 5. Mai 1990 begannen die 2+4-Verhandlungen in Bonn, auf deren Verlauf hier nicht weiter eingegangen wird. Die Aktenlage gibt dazu wenig her.[93]

---

93 Vgl. Ulrich Albrecht: Die Abwicklung der DDR. Die „2+4-Verhandlungen".
     Opladen 1992; Karl Kaiser: Deutschlands Vereinigung. Die internationa-
     len Aspekte. Mit den wichtigen Dokumenten. Bergisch Gladbach 1991.

Erstmals können in diesem Band aber archivalische Dokumente aus der Regierungszeit de Maizières vorgestellt werden, ermöglicht durch die Überlieferung des DDR-Ministerrates. Die Materialien ergeben jedoch kein geschlossenes Bild. Von den wichtigen Begegnungen der beiden deutschen Regierungschefs konnten bisher keine Aufzeichnungen aufgefunden werden. Die Treffen am 27. April und am 14. Mai (jeweils in Ost-Berlin), am 28. Mai (in Westberlin), am 31. Juli (am Wolfgangsee) oder am 24. August (wieder in Ost-Berlin) sind nicht dokumentiert. Die Besuche de Maizières in der UdSSR (28./29. April), in den USA (9. bis 12. Juni), in Frankreich (18./19. Juni) und in Großbritannien (26./27. Juni) wurden im Ministerrat nicht ausgewertet. De Maizière bestätigte, daß von den Gesprächen in Moskau überhaupt keine Mitschriften gefertigt wurden.[94] Bundesdeutsche Unterlagen stehen nicht zur Verfügung.

Bis zum Besuch von Kohl und Genscher im Juli 1990 in Moskau und Archyz hielt die Sowjetunion noch an ihrer Verweigerungshaltung gegenüber einer gesamtdeutschen NATO-Mitgliedschaft fest. Darüber hinaus zeigte sich Moskau über das Schicksal seines Truppenkontingents in der DDR sehr besorgt und versuchte, eine weitgehende Neutralisierung der Supermachtinteressen in Mitteleuropa durchzusetzen.

Diese Ziele bestimmten auch die Auseinandersetzungen bei den 2+4-Verhandlungen. Ungeachtet dessen vollzogen sich in einem sehr kurzen Zeitraum die Verhandlungen über die Schaffung der Wirtschafts-, Währungs- und Sozialunion zwischen der DDR und der BRD. Bereits am 18. Mai 1990 kam es zur Unterzeichnung, und am 1. Juli 1990 trat die Union in Kraft. Wichtigstes praktisches Ergebnis war die Einführung der DM als Zahlungsmittel in der DDR. Verbunden damit war eine weitgehende Einschränkung der Übersiedlung von DDR-Bürgern in den Westen und der Beginn des Übergangs zu einer westlichen Marktwirtschaft. Gleichzeitig begann ein ostdeutsches Firmensterben, die Arbeitslosigkeit stieg innerhalb weniger Wochen in bisher völlig unbekannte Dimensionen. Noch überwog Begeisterung und Optimismus. Man werde es schon schaffen, denn schließlich habe man im Osten arbeiten gelernt.

Die Stimmung unter der Bevölkerung und unter den politischen Kräften in der DDR ausnutzend und die Ergebnisse der Kaukasus-Gespräche im Rücken, setzte Kohl alles auf eine Karte. Innerhalb der nächsten Monate sollte die staatliche Einheit Deutschlands vollendet werden. Am Wolfgangsee schwor Kohl den ostdeutschen Premier auf seine Linie ein – inwieweit dabei ein „sanfter" moralischer Druck ausgeübt wurde, bleibt bis heute Spekulation. Bereits

---

94   Vgl. Wochenpost, Berlin, Nr. 20, 9. Mai 1996, S. 9.

am 14. Oktober 1990, so der neue Plan, sollte das erste gesamtdeutsche Parlament gewählt werden. Dafür fanden sich jedoch weder in Ost-Berlin noch in Bonn die parlamentarischen Mehrheiten.

In der DDR-Regierung hatten sich die Spannungen ohnehin verschärft. Über den konkreten Weg zur Einheit entbrannte unter den Koalitionspartnern ein heftiger Streit. BFD und SPD schieden im Sommer aus dem Kabinett aus. Mit Finanzminister Romberg kam de Maizière überhaupt nicht klar. Nach dessen Demission offenbarte sich eine Krise der DDR-Staatsfinanzen, auf die es Bonn offenbar angelegt hatte. Die Besorgnis wuchs, nicht einmal die Gehälter im öffentlichen Dienst zahlen zu können. Großzügig konnte das Bundesfinanzministerium nun solidarische Hilfe erweisen. Auf ein paar Milliarden DM kam es nicht mehr an.

Mit riesigen DM-Krediten wurde auch die UdSSR unterstützt. Immer dann, wenn Gorbatschow Probleme bei der Absegnung von deutschlandpolitischen Entscheidungen in Moskau signalisierte, war die Bundesregierung zu Zugeständnissen bereit. Im Zusammenhang mit dem Abschluß der 2+4-Verhandlungen im September bat Gorbatschow nochmals um Hilfe. Er bekam, was er wollte, und verschaffte sich vorübergehend innenpolitischen Spielraum, ohne die gesellschaftliche Krise lösen zu können. Neben Helmut Kohl konnte sich Michail Gorbatschow im Herbst 1990 als Förderer der deutschen Einheit ausgiebig feiern lassen, allerdings bereits nicht mehr im eigenen Land. Mit der Verzögerung von etwa einem Jahr vollzog sich auch in der Sowjetunion der Untergang des siebzig Jahre lang dominierenden Staatssystems. „Perestroika" und „Glasnost" hatten ihre Schuldigkeit getan.

Noch bevor am 12. September 1990 die Außenminister der ehemaligen Alliierten und der beiden deutschen Staaten ihre Namenszüge unter den „Vertrag über die abschließende Regelung in bezug auf Deutschland" setzten, war der deutsche Einigungsvertrag abgeschlossen worden. In Eile und großer Übereinstimmung kamen Wolfgang Schäuble und Günther Krause zum gewünschten Ergebnis. Nach Kenntnisnahme von dicken Aktenstapeln über die Verhandlungen überwiegt der Eindruck, man habe den „reichen und klugen" Brüdern und Schwestern am Rhein faktisch blind vertraut. Wie sonst sollte man die resümierende Aussage von Lothar de Maizière verstehen, das im Einigungsvertrag unterschriebene Prinzip „Rückgabe vor Entschädigung" sei der „genetische Geburtsfehler der deutschen Einigung"?[95]

---

95 Vgl. Lothar de Maizière: Anwalt der Einheit. Ein Gespräch mit Christine de Mazières. Berlin 1996, S. 102. Vgl. auch Christoph Dieckmann: Der kleine Kanzler. In: Die Zeit, Nr. 31, 26. Juli 1996, S. 15.

Einwände wurden jedenfalls grundsätzlich beiseite gewischt. Lediglich hinsichtlich der Akten des DDR-Staatssicherheitsdienstes ergab sich eine Modifizierung. Auch nach der Einheit sollten Ostdeutsche die Aufarbeitung dieser ostdeutschen Hinterlassenschaft verantworten. Selbst dies gelang praktisch nicht. Mit Wirkung vom 24. September 1990 verließ die DDR den Warschauer Vertrag. Deutschland blieb Mitglied der NATO. Nach einer Übergangszeit verließen sämtliche russischen Truppen Ostdeutschland. Die alliierten Vorbehaltsklauseln wurden im Rahmen eines Aktes am 1. Oktober 1990 in New York außer Kraft gesetzt.[96]

Dem Inkrafttreten der neuen staatlichen Einheit der Bundesrepublik Deutschland, vollzogen nach dem umstrittenen Artikel 23 des Grundgesetzes (Beitritt), stand nichts mehr im Wege. Am 14. Oktober folgten bereits die Landtagswahlen in den fünf neuen Bundesländern Brandenburg, Mecklenburg-Vorpommern, Sachsen, Sachsen-Anhalt und Thüringen. Die gesamtdeutschen Bundestagswahlen am 2. Dezember 1990 bestätigten die Trends des gesamtes Jahres. CDU und CSU erhielten 43,8 Prozent der Stimmen, die SPD 33,5 Prozent, die FDP 11,0 Prozent, die Grünen (West) und Bündnis 90/Die Grünen (Ost) zusammen 5 Prozent sowie die PDS 2,4 Prozent. Noch galt eine getrennte 5-Prozent-Sperrklausel für Ost und West. Der „Kanzler der Einheit" wurde am 17. Januar 1991 wiedergewählt und konnte mit einer bequemen Mehrheit ein neues Kabinett der CDU/CSU und FDP bilden. Die Ausgestaltung der Einheit Deutschlands setzte sich nach dem Willen ihrer „Macher" fort. Ihre Ergebnisse werden mittlerweile sehr differenziert beurteilt.

In einem historisch nahezu unbedeutenden Zeitraum von drei Jahren vollzog sich der Wandel von zwei souveränen deutschen Staaten zu einem vereinigten Land, das scheinbar nie etwas anderes als das Resultat des 3. Oktober 1990 gewollt hatte. Doch eine genauere Betrachtung zeigt die vielen Unwägbarkeiten, die Besonderheiten und Zufälle des geschichtlichen Verlaufs. Auch ein anderer Ablauf war denkbar. Die Alternativen können hier nicht erörtert werden. Mit dem heutigen Wissen und den präsentierten Quellen, einschließlich erster, noch vorläufiger Bewertungen, kann sich der Leser ein eigenes Bild machen. Das Wissen um Ereignisse und Zusammenhänge stellt eine Hilfe für die Bewältigung des Heute und Morgen dar. Eine Gedächtnisstütze zum Schlußkapitel der deutschen Teilung im 20. Jahrhundert will der vorliegende Band sein.

---

96 Vgl. den Wortlaut in: Bulletin, Presse- und Informationsamt der Bundesregierung, Nr. 121, 10. Oktober 1990. Vgl. dazu die Dokumente in: Karl Kaiser: Deutschlands Vereinigung, S. 260 ff.

Zu den edierten Dokumenten

Dieses Buch entstand in direkter Fortsetzung zur 1995 im Dietz Verlag Berlin herausgegebenen Publikation „Von Hubertusstock nach Bonn. Eine dokumentierte Geschichte der deutsch-deutschen Beziehungen auf höchster Ebene 1980 - 1987". Er knüpft gleichfalls an die in ähnlicher Ausstattung erschienenen Editionen „Honecker – Gorbatschow. Vieraugengespräche" (1993) und „Vorwärts immer, rückwärts nimmer! Interne Dokumente zum Zerfall von SED und DDR 1988/89" (1994) an.

Im vierten Band einer Reihe zur deutschen Zeitgeschichte der achtziger Jahre werden nun Materialien der deutsch-deutschen Beziehungen von 1987 bis 1990 der Öffentlichkeit vorgestellt, kommentiert und eingeordnet. Sie sind wiederum vor allem dem Zentralen Parteiarchiv der SED in der Stiftung Archiv der Parteien und Massenorganisationen der DDR im Bundesarchiv (SAPMO - BArch), dem Bundesarchiv, Abteilungen Potsdam (BArchP) sowie dem Zentralarchiv des Bundesbeauftragten für die Unterlagen des Staatssicherheitsdienstes der ehemaligen DDR (BStU, ZA) entnommen. Die Quellenangaben sind jeweils am Ende der Dokumente verzeichnet.

Die in den Band aufgenommenen Dokumente werden größtenteils vollständig wiedergegeben. Die in den Originalen enthaltenen Hervorhebungen sind in kursiver Schrift gesetzt. Redaktionelle Einfügungen bzw. Auslassungen wurden in eckige Klammern gesetzt. Offensichtliche, sinnentstellende Fehler in Rechtschreibung und Grammatik wurden stillschweigend korrigiert. Stilistische Korrekturen sind nicht vorgenommen worden.

In die Anmerkungen sind lediglich die für das Verständnis der Texte wichtigsten zusätzlichen Informationen und Literaturhinweise, soweit sie für das Verständnis der Quellen unverzichtbar erschienen, sowie Verweise auf andere im Band enthaltende Dokumente aufgenommen worden. Weitere Hinweise sind den jeweiligen Kapiteleinleitungen zu entnehmen. Die Überschriften der Dokumente lehnen sich eng an die Titel der archivalischen Quellen an, sind aber mit ihnen nicht immer vollständig identisch.

Für Hinweise danken wir allen Zeitzeugen, die uns für Gespräche zur Verfügung standen, insbesondere Klaus Höpcke, Wolfgang Meyer, Hans Modrow, Hans Schindler und Karl Seidel.

Die Autoren möchten sich besonders für die langjährige Unterstützung bei den Mitarbeitern der genannten Archive bedanken. Der Dank gilt gleichfalls dem Dietz Verlag Berlin, der das Gesamtvorhaben seit 1992 in jeder erdenklichen Weise förderte. Für ihr Verständnis und die Hilfe sei schließlich unseren Familien gedankt.

KAPITEL 1

1987 bis 1988: Vorbereitung auf das Ungewisse
Deutsch-deutsche Beziehungen nach der Honecker-Visite in Bonn

---

Das weltpolitische Umfeld für die deutsche Frage veränderte sich 1987/88 beträchtlich. Im Zusammenhang mit den Abrüstungsverhandlungen zwischen der UdSSR und den USA gerieten die Koordinaten des Ost-West-Kofliktes, wie sie sich nach 1945 herausgebildet hatten, ins Wanken. Michail Gorbatschow dachte in Moskau über ein „gemeinsames europäisches Haus" nach und verunsicherte mit „Glasnost" und „Perestroika" nicht nur Honecker. Ronald Reagan zweifelte in Washington an der Existenzberechtigung des „Eisernen Vorhanges". Die vornehmlich rhetorischen Auseinandersetzungen zwischen den Supermächten waren durch Verhandlungen abgelöst worden, die in erste konkrete Verträge mündeten.

Das Washingtoner Abkommen über die Beseitigung der Raketen mittlerer und kürzerer Reichweite (INF) vom 8. Dezember 1987 besaß auch für beide deutsche Staaten eine herausgehobene Bedeutung. Es verringerte das nukleare Vernichtungspotential in Mitteleuropa beträchtlich. In zahlreichen Gesprächen zwischen Spitzenpolitikern der DDR und der BRD hatte gerade dieses Thema in den Jahren zuvor immer wieder auf der Tagesordnung gestanden.

Die sich wandelnden internationalen Beziehungen bewirkten zunächst keine wesentlichen Korrekturen in den deutschlandpolitischen Konzeptionen Ost-Berlins und Bonns. 1987/88 wandelte sich in den politischen und wirtschaftlichen Kontakten zwischen beiden Staaten insgesamt nur wenig. Im Gefolge der Reise Erich Honeckers in die Bundesrepublik sah die SED-Führung keinen Anlaß für einen Kurswechsel in ihrer bisher so erfolgreichen Linie. Doch auch am Rhein bewegte man sich nicht von bisherigen Auffassungen weg.

Zwar mehrten sich im Inneren der DDR Anzeichen für den offenen Ausbruch einer Krise des politischen Systems, und die Negation der aufgetretenen Widersprüche durch ZK und Politbüro stabilisierte die Lage keineswegs. Doch die Reise- und Besuchsdiplomatie zwischen ost- und westdeutschen Vertretern wurde ebenso fortgesetzt wie informelle Kontakte. Die Handelsvereinbarungen weiteten sich sogar noch aus.

Der Staatsbesuch Honeckers in der Bundesrepublik war gerade beendet, da beschloß das SED-Politbüro auf einer Sitzung am 15. September 1987 bereits erste Maßnahmen in Auswertung der Reise. Über Inhalt und Stil der Beratung liegen lediglich die handschriftlichen Notizen von Egon Krenz vor. Danach sah Honecker den internationalen Prestigegewinn der DDR sowie die beiderseitige Übereinstimmung in der Verantwortung für die Friedenssicherung in Europa als entscheidende Ergebnisse des Besuches an.[97] Als Probleme im bilateralen Verhältnis stellte Honecker offenbar auch nach seinem Besuch die Regelung des Grenzverlaufs auf der Elbe, die Schließung der Zentralen Erfassungsstelle in Salzgitter sowie die Umwandlung der Ständigen Vertretungen in Botschaften heraus.[98] Von einer Ausweitung der individuellen Beziehungen und der Reisemöglichkeiten zwischen beiden deutschen Staaten war nicht die Rede.

Sechs Wochen später legte das Politbüro Maßnahmen für die weitere Gestaltung der praktischen Beziehungen fest. Im sechs Punkte umfassenden Katalog tauchte wieder die Forderung nach „Respektierung der Staatsbürgerschaft der DDR" auf, während die nach Umwandlung der Vertretungen in Botschaften fehlte.[99] Außerdem sollten die Gespräche über die gegenseitige Rückführung von kriegsbedingt verlagerten Kulturgütern intensiviert sowie die Bitte Bonns geprüft werden, ob die DDR bereit sei, die Einrichtung eines Internationalen Gerichtshofes in Hamburg zu unterstützen.[100]

Helmut Kohl ließ am 25. November 1987, bei einem kurzfristig vereinbarten Gespräch mit SED-Politbüromitglied Werner Felfe, seinen Gast wissen, er sei erfreut, „daß sich ein entspanntes Verhältnis zwischen der DDR und der BRD entwickelt" habe. „Das sei für beide Seiten gut", fügte der Kanzler hinzu.[101]

Nach dem Honecker-Besuch stieg die Zahl der Ausreiseanträge deutlich. Nicht wenige Bürger erhofften sich von den Gesprächen in

---

97   Vgl. Detlef Nakath/Gerd-Rüdiger Stephan: Von Hubertusstock nach Bonn. S. 336 ff. – Die Niederschriften der Gespräche Honeckers in der Bundesrepublik vgl. in: Erich Honecker: Moabiter Notizen. Berlin 1994, S. 105 ff.; Heinrich Potthoff: Die „Koalition der Vernunft", S. 564 ff. Weitere vor- und nachbereitende SED-Materialien vgl. in: Hans-Hermann Hertle u. a.: Der Staatsbesuch. Honecker in Bonn: Dokumente zur deutsch-deutschen Konstellation des Jahres 1987. Berlin 1991. Vgl. auch Anm. 2.

98   Vgl. Anm. 24.

99   Vgl. SAPMO - BArch, DY 30/J IV 2/2/2244.

100 Vgl. ebenda.

101 SAPMO - BArch, DY 30/J IV J/114. Felfe berichte über sein Gespräch mit Kohl dem SED-Chef in einem Blitztelegramm. Vgl. den Text in: Detlef Nakath/Gerd-Rüdiger Stephan: Von Hubertusstock nach Bonn, S. 344 f.

Bonn eine Liberalisierung der Reisemöglichkeiten in den Westen. Genau dies trat jedoch nicht ein. Die DDR-Führung ging außerdem immer deutlicher auf Gegenkurs zur Perestroika-Politik Gorbatschows und verärgerte damit viele ihrer Bürger, darunter zahlreiche SED-Mitglieder. Anstatt die sowjetische Reformpolitik zu unterstützen, verschärfte sie die innere Repression. Dies zeigte unter anderem das Vorgehen von Sicherheitskräften gegen kirchliche Friedens- und Umweltgruppen sowie das Einreiseverbot für den wegen seiner Kontakte zu Regimekritikern in der DDR bekannten SPD-Bundestagsabgeordneten Gerd Weisskirchen.

Ihre Kontakte zur SPD versuchte die SED-Führung dennoch zu erweitern. Neben direkten Gesprächen begannen im Rahmen des Abrüstungsdialogs am 27. November 1987 Verhandlungen einer gemeinsamen Arbeitsgruppe beider Parteien über den Fragenkomplex „strukturelle Nichtangriffsfähigkeit".[102]

Parallel dazu traf Alexander Schalck am 31. Oktober 1987 erneut mit Kanzleramtsminister Wolfgang Schäuble zusammen. Die Gesprächspartner griffen in ihrer internen Unterredung Themen aus gemeinsamen Treffen vor dem Honecker-Besuch auf.[103] Schalck übergab den DDR-Standpunkt zur Frage des Offenhaltens der Grenzübergangstelle Staaken für den Transitverkehr. Die Schließung von Grenzübergängen sei „immer ein schlechtes Zeichen", sagte Schäuble und stellte gegenüber Schalck einen Zusammenhang mit den im folgenden Jahr beginnenen Verhandlungen über die Neufestsetzung der Transitpauschale her, an deren deutlicher Erhöhung die DDR massives Interesse hatte. *(Dokument 1)* Er informierte außerdem

---

102 Am 27. August 1987 hatten Vertreter beider Parteien das gemeinsame Dokument „Der Streit der Ideologien und die gemeinsame Sicherheit" der Öffentlichkeit vorgestellt. Bereits am 19. Juni 1985 präsentierte die Anfang Juli 1984 gebildete „Gemeinsame Arbeitgruppe zu sicherheitspolitischen Fragen" von SED und SPD ein Konzept für eine chemiewaffenfreie Zone in Europa und am 21. Oktober 1986 eine gemeinsame Erklärung und Grundsätze für eine atomwaffenfreien Zone in Mitteleuropa. Das Konzept für eine chemiewaffenfreie Zone ist am 5. April 1988 durch eine gemeinsame Erklärung von SPD, SED sowie KPTsch erweitert worden. Vgl. Karl-Heinz Wagner: Nebenaußenpolitik? In: Detlef Nakath (Hrsg.): Deutschlandpolitiker der DDR erinnern sich, S. 249 ff.

103 Vgl. den Vermerk über ein Gespräch zwischen Wolfgang Schäuble und Alexander Schalck am 2. September 1987 in: Detlef Nakath/Gerd-Rüdiger Stephan: Von Hubertusstock nach Bonn, S. 333 ff. Außerdem waren Schalck und Schäuble am 23. Juni und am 7. Juli 1987 zusammengetroffen. Bei dieser Gelegenheit hatte Schalck seinem Gesprächspartner ein Nonpaper übergeben, in dem die DDR-Position zum Energieverbund zwischen beiden deutschen Staaten unter Einbeziehung Westberlins übermittelt wurde. Vgl. SAPMO - BArch, DY 30/vorl. SED, 42168.

über den für Januar 1988 geplanten Besuch des sowjetischen Außenministers Schewardnadse in der Bundesrepublik *(Dok. 4)* und übermittelte streng vertraulich die Nachricht, daß der niedersächsische Ministerpräsident Ernst Albrecht bereit sei, einen Beauftragten der DDR-Führung zu einem Gespräch über das Problem der Regelung der Elbgrenze zu empfangen.[104] In diese Frage schien Bewegung gekommen zu sein. Am Vormittag des 17. März 1988 griff Schäuble in Bonn zum Telefon, um mit Schalck zu sprechen. Er zeigte sich erstaunt darüber, daß, einer Information von Johannes Rau zufolge, Honecker während seines Gespräches mit dem Ministerpräsidenten von Nordrhein-Westfalen auf der Leipziger Frühjahrsmesse angedeutet hatte, es würde sich eine Lösung in der Frage der Elbgrenze abzeichnen. Schäuble bestand darauf, daß, solange sein informeller Vorschlag vom Januar 1988 nicht beantwortet sei, „dieses Thema aus offiziellen Gesprächen herausgehalten wird". Er sah ansonsten die Gefahr von „Irritationen", die eine „Lösung dieses diffizillen Problems" erschwerten. *(Dok. 6)* Nach Ansicht Schalcks hatte Honecker jedoch am 13. März 1988 mit Rau über diese Frage nicht gesprochen. In der DDR-Niederschrift befindet sich dazu ebenso kein Hinweis wie im Vermerk der Rau-Begleitung.[105]

Eine private Reise des Bundeskanzlers in die DDR in Begleitung seiner Frau Hannelore fand Ende Mai 1988 statt und erregte verständlicherweise Interesse in Ost-Berlin. *(Dok. 14)*

In Abrüstungsverhandlungen zwischen der Sowjetunion und den USA konnte ein Durchbruch erreicht werden. KPdSU-Generalsekretär Michail Gorbatschow und US-Präsident Ronald Reagan unterzeichneten während ihres dritten Gipfeltreffens am 8. Dezember 1987 in Washington den INF-Vertrag. Politiker beider deutscher Staaten begrüßten als von der Stationierung hauptsächlich Betroffene dieses Abkommen als Einstieg in reale Abrüstung.

Die beginnende sicherheitspolitische Entspannung in der Welt setzte sich jedoch keineswegs in Form einer Liberalisierung des gesellschaftlichen Lebens in der DDR fort. In Gesprächen von Politikern aus der Bundesrepublik mit Erich Honecker und anderen SED-Politikern nach dem 17. Januar 1988 wurde das „unverhältnismäßig

---

104 Schäuble hatte bereits zuvor eine Regelung nach dem Prinzip der Ems-Dollart-Vereinbarung vorgeschlagen, während die DDR seit 1980 auf einer Festlegung des Grenzverlaufs in der Flußmitte bestand.

105 Vgl. die DDR-Niederschrift in: Heinrich Potthoff: Die „Koalition der Vernunft", S. 723 ff. Im Vermerk des nordrhein-westfälischen Ministerpräsidenten über das Treffen am 13. März 1988 heißt es zur Elbgrenze lediglich: „Im Zusammenhang mit dem Wassersport kam die Frage des Grenzverlaufs an der Elbe ins Gespräch. Honecker sagte, er werde sich gerne mit Ministerpräsident Albrecht zusammensetzen." (Ebenda, S. 722.)

harte" Vorgehen der Staatsmacht der DDR gegen die Demonstranten mit der Rosa-Luxemburg-Losung scharf kritisiert. FDP-Spitzenpolitiker Otto Graf Lambsdorff thematisierte dies gegenüber Honecker am 4. Februar 1988,[106] während er einen Tag später mit SED-Politbüromitglied Günter Mittag über die Weiterentwicklung des innerdeutschen Handels und die wirtschaftliche Kooperation konferierte. Dabei betonte Lambsdorff, daß „das Prinzip der gegenseitigen Verläßlichkeit" für die erfolgreiche Entwicklung der Wirtschaftsbeziehungen in den letzten zehn Jahren entscheidend gewesen sei. Aus dem Gespräch mit Honecker habe er „die feste Absicht der DDR entnommen", die Beziehungen „sowohl vom Standpunkt der Friedenssicherung als auch der menschlichen Erleichterungen wie der Handels- und Wirtschaftsbeziehungen fortzusetzen". *(Dok. 5)*

Nachdem bereits am 7. März 1988 eine Grundsatzvereinbarung getroffen worden war, schlossen beide Seiten am 21. April 1988 die erforderlichen Nachfolgeverträge über Bezug bzw. Lieferung von Elektroenergie zwischen der DDR und der Bundesrepublik unter Einbeziehung Westberlins ab. Zwischenzeitlich hatte sich die DDR-Regierung am 31. März 1988 mit dem Westberliner Senat über den Gebietsaustausch weiterer kleinerer Enklaven geeinigt.[107]

Von besonderer Bedeutung waren die beiden informellen Gespräche, die Alexander Schalck am 5. Mai 1988 mit Kanzleramtsminister Wolfgang Schäuble und dem bayerischen Ministerpräsidenten Franz Josef Strauß führte. Schalck hatte dazu ein Material vorbereitet, daß von Honecker und Mittag abgesegnet wurde. Danach sollte Schalck mit beiden Partnern über eine Neufestsetzung der Transitpauschale, die weitere Entwicklung des Reiseverkehrs und den Ausbau der Eisenbahnstrecke Berlin – Marienborn reden.[108]

Im Gespräch mit Schäuble antwortete Schalck auf dessen seit dem 31. Oktober 1987 vorliegenden Plan zur Regelung der Grenzfrage auf der Elbe. Er hielt den Vorschlag für „unrealistisch und unakzeptabel" und erneuerte die DDR-Position „Flußmitte". *(Dok. 11)*

Strauß wollte aufgrund der Bedeutung der Transitpauschale für die DDR dieses Problem auf die Tagesordnung der nächsten Koalitionssitzung setzen, um es einer Lösung zuzuführen. *(Dok. 12)* Damit hatte er Erfolg. Der Vertrag kam am 5. Oktober 1988 zustande.

Währenddessen verschlechterte sich das Verhältnis der SED-Führung zur UdSSR. Hermann Axen beschwerte sich am 9. Juni 1988 bei Sowjetbotschafter Kotschemassow über Äußerungen des Politologen Daschitschew, der Mauer und Stacheldraht als „Überreste

---

106 Vgl. die DDR-Niederschrift über dieses Gespräch in: ebenda, S. 688 ff.

107 Vgl. den Text in: Beziehungen der Deutschen Demokratischen Republik zur Bundesrepublik Deutschland und zu Berlin (West), S. 212 f.

108 Vgl. SAPMO - BArch, DY 30/vorl. SED, 42168.

und Überlieferungen des kalten Krieges" bezeichnet hatte. *(Dok. 16)* Drei Monate später wandte sich Axen an ZK-Sekretär Medwedjew und kritisierte ein Interview mit dem „Renegaten" Wolfgang Leonhard in der Moskauer Regierungszeitung „Iswestija". *(Dok. 20)* Bonn hatte begonnen, die Kontakte mit Moskau zu intensivieren. Kanzler Kohl teilte dem scheidenden Leiter der Ständigen DDR-Vertretung, Ewald Moldt, am 24. Mai 1988 mit, daß er „ein Hauptaugenmerk seiner Tätigkeit" auf die „Verbesserung der Beziehungen zur UdSSR" richten würde. *(Dok. 13)* In einem Brief an Honekker schrieb Kohl am 19. Oktober 1988 vor seiner Reise nach Moskau, „daß die positiven Veränderungen in den internationalen Beziehungen auch die Erfolgsaussichten unseres Dialogs" verbesserten. *(Dok. 22)*

Hans-Dietrich Genscher führte zu diesem Zeitpunkt ein weiteres informelles Gespräch mit dem Rektor der ZK-Akademie für Gesellschaftswissenschaften, Otto Reinhold. Genscher habe „sehr gute Gespräche" mit Gorbatschow und Schewardnadse gehabt und „sehr gute Bedingungen" für die Kanzlerreise im Oktober geschaffen, teilte er dem Mitglied des SED-Zentralkomitees mit. *(Dok. 19)*[109]

Vom 24. bis 27. Oktober 1988 weilten Kohl und Genscher in Moskau.[110] Zuvor hatte Kohl die sowjetische Seite übrigens diskret wissen lassen, daß er kein Interesse daran habe, daß am Vieraugengespräch mit Gorbatschow sein Außenminister teilnehmen würde.

Über die Gespräche während des Kohl-Besuchs in Moskau wurde Honecker vom Abteilungsleiter im sowjetischen Außenministerium Alexander Bondarenko am 30. Oktober 1988 informiert. *(Dok. 23)* Kohl habe geäußert, „daß die Spaltung nicht das letzte Wort sei". Möglicherweise müsse man sehr lange warten, die Einheit der Nation jedoch würde weiterbestehen. Gorbatschows Antwort fiel, so Bondarenko, „deutlich" aus. Er habe sich strikt an die Absprachen mit Honecker gehalten.[111] Daß während des Kohl-Besuchs 1988 seitens des Kreml erstmals ein „Fallenlassen" der DDR erwogen worden sei, läßt sich aus dieser Berichterstattung nicht ablesen.

CSU-Politiker signalisierten nach dem Tod von Franz Josef Strauß mündlich und schriftlich ihr Interesse an der Fortführung von Kontakten. *(Dok. 24 und 25)* Die Beziehungen zwischen beiden deutschen Staaten liefen zu diesem Zeitpunkt kontinuierlich weiter.

---

109 Genscher führte bereits 1986/87 einige informelle Gespräche mit Otto Reinhold. Vgl. die Vermerke in: Detlef Nakath/Gerd-Rüdiger Stephan: Von Hubertusstock nach Bonn, S. 266 ff.

110 Vgl. Michail Gorbatschow: Erinnerungen. Berlin 1995, S. 703 ff.

111 Vgl. die Niederschrift über das Gespräch zwischen Honecker und Gorbatschow am 28. September 1988 in Moskau in: Daniel Küchenmeister (Hrsg.): Honecker – Gorbatschow. Vieraugengespräche. Berlin 1993, S. 186 ff.

Dokument 1

**Vermerk über ein Gespräch von Kanzleramtsminister
Wolfgang Schäuble mit Alexander Schalck am 31. Oktober 1987**

Entsprechend der erteilten Vollmacht wurde Schäuble von mir der
Standpunkt der DDR zum weiteren Offenhalten der Grenzübergangsstelle Staaken für den vom Transitabkommen erfaßten Transitverkehr übermittelt. Nach dem Studium der Unterlagen hat
Schäuble verbindlich mitgeteilt, daß die Regierung der BRD davon
ausgeht, daß nach der vorgesehenen Öffnung der Grenzübergangsstelle Stolpe der gesamte LKW-Verkehr und der überwiegende
PKW-Verkehr über diese Grenzübergangsstelle abgewickelt wird.
Dabei geht die BRD-Regierung davon aus, daß ihrem auf der Ebene
der Transitkommission übermittelten Wunsch nach Öffnung der
Grenzübergangsstelle Stolpe bereits am 22.12.1987 entsprochen
wird.

Das Schließen von Grenzübergangsstellen für den Transitverkehr sei nach Auffassung der Bundesregierung immer ein negatives
Signal, auch wenn durch das Verkehrsaufkommen die geltenden
Bedingungen an Bedeutung verlieren. Die BRD-Seite schätzt ein,
daß nach Öffnung der Grenzübergangsstelle Stolpe lediglich noch
500 PKW pro Tag die Grenzübergangsstelle Staaken passieren werden. Dieses Verkehrsaufkommen würde, wie der Bundeskanzler gegenüber dem Generalsekretär des ZK der SED und Vorsitzenden
des Staatsrates der DDR, Erich Honecker, in den geführten Gesprächen zum Ausdruck gebracht habe, große finanzielle Aufwendungen für das weitere Offenhalten der Grenzübergangsstelle Staaken
nicht rechtfertigen.[112] Schäuble teilte mit, daß die Bundesregierung
lediglich bereit sei, für die notwendigsten Rekonstruktionsmaßnah-
men der Grenzübergangsstelle und Ausbesserungen der Fernver-
kehrsstraße 10 Mio. DM bereitzustellen. In diesem Zusammenhang
vertrat Schäuble die Auffassung, daß die Fragen einer Rekonstruktion von Grenzübergangstellen und Erneuerung von Transitstraßen
im Zusammenhang mit der im nächsten Jahr bevorstehenden Verhandlung über die Transitgebührenpauschale besser zu regeln sei.

Aus den Ausführungen von Schäuble war zu entnehmen, daß die
Bundesregierung evtl. auch mit einer Verlängerung des Offenhaltens der Grenzübergangsstelle Staaken für den Transitverkehr bis
zum 31.12.1990 einverstanden wäre. Nach diesem Zeitpunkt würde
eine günstigere Voraussetzung bestehen, um eine Einschätzung zum

---

112 Vgl. Anm. 97.

Transitverkehr und dessen Umfang über die Grenzübergangsstelle vornehmen zu können.

Zu den Ausführungen von Schäuble habe ich erklärt, daß die angebotene Beteiligung in Höhe von 10 Mio. DM nicht die erforderlichen Aufwendungen decken würde, um eine reibungslose Abwicklung des Transitverkehrs – gegebenenfalls auch nur für PKW – zu gewährleisten. Ich habe Schäuble mitgeteilt, daß der unterbreitete Vorschlag der BRD-Regierung geprüft wird und Schäuble zu gegebener Zeit der Standpunkt der DDR dazu übermittelt wird.

Im weiteren Gespräch ging Schäuble auf die Elektrifizierung einer Eisenbahnstrecke für den Transitverkehr zwischen der BRD und Westberlin ein und teilte mit, daß die Bundesregierung an den Vorstellungen der DDR zu diesen Maßnahmen interessiert sei. Er schlug vor, daß die Übergabe des Standpunktes der DDR wiederum auf dieser informellen Ebene erfolgen sollte und danach die Verhandlungen durch Experten beider Seiten zu führen sind.

Zurückkommend auf das Gespräch zwischen dem Generalsekretär des ZK der SED, Genossen Erich Honecker, und dem Ministerpräsidenten von Niedersachsen, Albrecht, während des Staatsbesuches in der BRD, unterbreitete Schäuble in Übereinstimmung mit dem Bundeskanzler den Vorschlag, daß sich in einem streng vertraulichen Gespräch Schäuble, Albrecht und ein Beauftragter der DDR an einem geheim zu haltenden Ort in absehbarer Zeit treffen, um die Gespräche zur Regelung der Elbegrenze voranzubringen.[113] Schäuble und Albrecht gehen davon aus, daß dabei die in der Praxis gut funktionierende Regelung zwischen Holland und der BRD zwischen dem Grenzabschnitt Ems-Dollart berücksichtigt werden könnte.

Ich habe Schäuble mein Befremden mitgeteilt, daß in der letzten Verhandlung zwischen dem Vorstandsvorsitzenden der VEBA, von Bennigsen-Foerder, und der Delegation der DDR zum Bezug und zur Lieferung von Elektroenergie aus der BRD unter Einbeziehung von Westberlin durch Staatssekretär von Würzen neue Fragen zu einem „schalterlosen" Stromverbund und damit mögliche Vorbehalte der Alliierten in Westberlin zur Sprache kamen.

Ich habe Schäuble sehr dringend darum gebeten, daß entsprechend dem am 23.06.1987 in einem vertraulichen Sondierungsgespräch übergebenen non paper einschließlich des beigefügten Schaltschemas die Verhandlungen geführt werden und daß jetzt keine neuen zusätzlichen Forderungen der Regierung der BRD

---

113 Eine kurze Begegnung zwischen Honecker und Albrecht hatte es lediglich am Abend des 7. September 1987 am Rande eines Essens in Bonn gegeben. Es fand auch in den Tagen danach kein offizielles Gespräch statt.

nachgeschoben werden.[114] Schäuble erklärte dazu, daß dieses Thema von ihm an die DDR-Seite nicht herangetragen wurde und kein Anlaß besteht, daß die Bundesregierung das zwischen den beiden Gesprächspartnern erzielte Einvernehmen in Frage gestellt.

Sicher ist, daß die Bundesregierung die Zustimmung der Alliierten einholen muß, und das wird auf geeignete Weise erfolgen.

Schäuble warf die Frage auf, ob die DDR zu der gegebenen Zusage steht, daß zukünftig Fahrräder als Reisegebrauchsgegenstand in Reisezügen und PKW bei Einreisen in die DDR mitgeführt werden können. Die Frage ergab sich deshalb, weil in die Veröffentlichungen im Gesetzblatt der DDR dazu keine Festlegung enthalten ist. Auch diesbezügliche Anfragen an das MfAA wären bis heute nicht beantwortet worden.

Ich habe Schäuble dazu erklärt, daß die DDR zu ihrer Zusage steht und ab 1.11.1987 Fahrräder als Reisegebrauchsgegenstand mitgeführt werden können. (Eine Rückfrage beim Leiter der Zollverwaltung, Genossen Strauch, ergab, daß alle innerdienstlichen Weisungen erteilt wurden, so daß ab 1.11.1987 Fahrräder bei Einreisen mit dem PKW oder in Reisezügen als Gebrauchsgegenstand mitgeführt werden können. Eine Änderung gesetzlicher Bestimmungen war dazu nicht erforderlich, so daß auch keine Veröffentlichung im Gesetzblatt erfolgt ist. Ich habe auftragsgemäß Schäuble darüber informiert, daß der Privatbesuch im Dezember jetzt in Ordnung geht und daß die offizielle Nachricht dazu noch kommt.)

Schäuble hat das erfreut zur Kenntnis genommen, hielt diese Mitteilung für sehr wichtig, da ja die erfolgte Absage zu Irritationen beim Bundeskanzler geführt hat.

Schäuble hat nach seinen Aussagen auf ihn eingewirkt, da unter den Konstellationen, die bekannt waren, dies nicht überzubewerten ist. Der Bundeskanzler ist dem gefolgt.

Schäuble schlägt vor, daß eine offizielle Information nur über Prof. Vogel erfolgt, um nicht bereits jetzt über andere Kanäle diese Privatreise in der Presse aufzubauschen.

Die Bundesregierung geht davon aus, daß Ende November 1987 der Außenminister der UdSSR, Schewardnadse, die BRD besucht und daß davon ausgegangen wird, daß möglicherweise 1988 der Generalsekretär der KPdSU, Genosse Gorbatschow, der BRD einen offiziellen Besuch abstattet.[115]

---

114 Vgl. SAPMO - BArch, DY 30/vorl. SED, 42168. Vgl. auch Anm. 103.

115 Schewardnadse kam erst vom 17. bis 19. Januar 1988 nach Bonn. Vgl. Dok. 4. Der Besuch Gorbatschows in der Bundesrepublik fand vom 12. bis 15. Juni 1989 statt. Vgl. Dok. 35.

Die BRD-Seite begrüßt das vereinbarte Gipfeltreffen, zumal während des Besuches des US-Außenministers Shultz in Moskau dazu Irritationen entstanden waren.[116]

Die angekündigte, jedoch nicht erfolgte Veröffentlichung der Rede des Genossen Gorbatschow vor dem Plenum des ZK der KPdSU führte zu weiteren Spekulationen.[117]

Vorschläge zum weiteren Vorgehen:

1. Genosse Schalck wird bevollmächtigt, informell an Schäuble die Vorstellungen der DDR zu den aufzunehmenden Verhandlungen zum Ausbau und zur Elektrifizierung einer Eisenbahntransitstrecke zwischen der BRD und Berlin (West) zu übergeben. Der Termin der Übergabe wird gesondert festgelegt.

Verantwortlich: Genosse Schalck

2. Auf der Grundlage des mit Schäuble geführten Gespräches ist ein Standpunkt zum weiteren Offenhalten der Grenzübergangsstelle Staaken auszuarbeiten und zur Bestätigung vorzulegen. Der Standpunkt ist nach Bestätigung informell Schäuble mitzuteilen.

Verantwortlich: Genosse Schalck, Genosse Arndt, Genosse Fischer
Termin: 6.11.1987

3. Durch das Ministerium für Auswärtige Angelegenheiten ist offiziell gegenüber der Ständigen Vertretung der BRD in der DDR die ab 1.11.1987 geltende Regelung für die Mitführung von Fahrrädern als Reisegebrauchsgegenstände in PKW und Reisezügen im grenzüberschreitenden Verkehr mitzuteilen.

Verantwortlich: Genosse Fischer

Quelle: SAPMO - BArch, DY 30/vorl. SED, 42 168.

---

116 Am 18. September 1987 hatten die Außenminister Shultz (USA) und Schewardnadse (UdSSR) nach Gesprächen in Washington die grundsätzliche Einigung über das INF-Abkommen und über ein Gipfeltreffen zwischen US-Präsident Reagan und KPdSU-Generalsekretär Gorbatschow im Herbst 1987 in Washington bekanntgegeben. Am 22./23. Oktober 1987 traten bei einem Besuch von Shultz in Moskau nochmals Differenzen wegen des amerikanischen SDI-Programmes auf. Der Gipfel fand schließlich vom 7. bis 10. Dezember 1987 statt.

117 Am 21. Oktober 1987 hatte ein ZK-Plenum der KPdSU die Feierlichkeiten zum 70. Jahrestag der russischen Oktoberrevolution von 1917 vorbereitet. Die vom Plenum bestätigte Rede Gorbatschows wurde am 2. November 1987 den internationalen Teilnehmern einer Festveranstaltung in Moskau vorgetragen. Danach wurde sie auch veröffentlicht. Vgl. Michail Gorbatschow: Ausgewählte Reden und Aufsätze. Bd. 5. Berlin 1990, S. 354 ff.

Dokument 2

Information des Ministeriums für Staatssicherheit über „grundsätzliche Positionen der Bundesregierung zur Weiterentwicklung der Beziehungen BRD – DDR" vom 24. November 1987[118]

Nach vorliegenden Angaben hat der Bundesminister für besondere Aufgaben und Chef des Bundeskanzleramtes Schäuble angesichts der anhaltenden Diskussionen in der CDU/CSU-Bundestagsfraktion über die Ziele der Politik der BRD gegenüber der DDR und die Auswirkungen des Besuches von E. Honecker in der BRD Grundlagen der „Deutschlandpolitik" der Bundesregierung dargelegt. Er geht dabei davon aus, daß die Überwindung der Teilung Deutschlands als Bestandteil der europäischen Teilung auf absehbare Zeit nicht auf der Tagesordnung stehe. Der fortbestehende ideologische Konflikt zwischen Ost und West müsse die BRD veranlassen, „unverbrüchlich im Lager der Freiheit eines westlichen Europas" zu verbleiben. Daher halte sie auch an der Präambel des Grundgesetzes fest, daß eine Lösung der deutschen Frage nur durch „Einheit in Freiheit" möglich ist. Das aber sei heute und in nächster Zukunft nicht realisierbar. Die BRD-Regierung habe ihren grundsätzlichen Standpunkt somit nicht geändert, auch wenn ihr das mitunter vorgeworfen werde. Die in der Opposition abgegebenen Erklärungen dürften dabei nicht zum Maßstab genommen werden. Wenn man unter dem Gesichtspunkt von Kontinuität der Argumentation und der Glaubwürdigkeit an politische Entscheidungen heranginge, könne Politik auf Dauer nicht funktionieren. Dieser Standpunkt würde insbesondere von F. J. Strauß vertreten und bestimme auch das Vorgehen der Bundesregierung. Bundeskanzler Kohl verlange, ausgehend von derartigen Überlegungen, eine Konzeption für die Beziehungen zur DDR zu erarbeiten. Die CDU müsse Antworten auf die großen Fragen geben und dürfe sich nicht nur mit provinziellen und kommunalen Problemen beschäftigen. Sie brauche zwar kein Gegenpapier zum Dokument SPD – SED, aber sie brauche ein Papier für den Eigengebrauch der Partei.

Nach Auffassung Schäubles ginge es heute vorrangig darum, ohne Aufgabe von Grundsätzen die Folgen der Teilung zu lindern und bei den Deutschen in beiden Staaten das Zusammengehörigkeitsgefühl zu erhalten. Nach 40 Jahren Trennung wachse in der

---

118 Das Material der Hauptverwaltung Aufklärung des MfS, beruhend auf einer Quelle in Bonn, ging laut Vermerk an Honecker, Stoph, Axen, Hager, Krenz, Mittag und Fischer. Es war als „streng geheim" klassifiziert (Nr. 437/87).

Bundesregierung die Sorge, ob sich die Deutschen nicht auseinanderleben könnten und damit die Neigung zunehme, doch die Präambel des Grundgesetzes zu ändern, wie es Diskussionen in der SPD bereits forderten. Die Einheit der Nation hänge heute in erster Linie davon ab, ob die Menschen beider Staaten im Alltag zusammenkommen können, ihnen Begegnungen und Verbindungen ermöglicht werden. Daher sei die Politik der Bundesregierung, mehr Begegnungen, bessere Reisemöglichkeiten durchzusetzen, nicht einfach Pragmatismus, sondern auf das Ziel der Erhaltung der Einheit der Nation gerichtet. Auch beim Besuch von E. Honecker wären genau diese Absichten verfolgt worden. Dabei wisse die BRD-Regierung, daß die DDR ganz andere, entgegengesetzte Ziele mit den Beziehungen zur BRD verbinde. Sie vertraue jedoch darauf, daß sich ihre „Idee der Einigung, der Einheit, der Freiheit" im geschichtlichen Prozeß als stärker erweisen werde.

Eine besondere Rolle spiele dabei die evangelische Kirche der DDR. Sie bemühe sich, behutsam, aber beharrlich Brücken von Ost nach West zu schlagen und werde auch für die Regierung der DDR zu einem gewichtigen Mittler in heiklen Angelegenheiten, wie es die Begegnung von Oberbürgermeister Krack mit dem Regierenden Bürgermeister Diepgen in der Marienkirche gezeigt habe.[119] Die BRD-Regierung gewinne den Eindruck, daß die Kirche in der DDR mit ausdrücklicher Billigung von Staat und Partei die „Rolle einer kontrollierten Opposition" übernimmt, um eine notwendige Ventilfunktion zu erfüllen. Daher sei die Bundesregierung an verstärkten Kontakten zwischen der evangelischen Kirche in Ost und West interessiert, um das gewachsene Selbstbewußtsein der Kirchenvertreter in der DDR weiter zu stärken. Mit der gleichen Zielstellung werde Bundeskanzler Kohl bei einem Besuch in der DDR auch ausführliche Gespräche mit der Führung der evangelischen Kirche führen.

Der Bundesregierung gehe es aus Sicht Schäubles vor allem darum, die von der DDR erwirkten Zugeständnisse zu stabilisieren, d. h., es der DDR so schwer wie möglich zu machen, ihre Zusagen hinsichtlich „menschlicher Erleichterungen" wieder zurückzunehmen. Der politische Preis für derartige Versuche seitens der DDR müsse so hoch wie irgend möglich sein. Das Asylproblem und seine Lösung hätten gezeigt, daß eine solche Politik erfolgreich sei. Die DDR habe in dieser Sache begriffen, daß an der Entschlossenheit der Bundesregierung nicht zu zweifeln war und sich entsprechend verhalten. Die Politik der kühlen, klaren Interessenbewertung müsse

---

119 Erhard Krack und Eberhard Diepgen waren am 22. Oktober 1987 während einer Veranstaltung der Evangelischen Kirche von Berlin-Brandenburg zum Berlin-Jubiläum in der Ost-Berliner Marienkirche zusammengetroffen.

gegebenenfalls so weit gehen, daß die BRD gegenüber der DDR Rückwirkungen bestimmter Maßnahmen auf den Handelsverkehr nicht ausschließt.

Von dieser Position her sei nach Auffassung Schäubles die faktische Anerkennung der DDR als Staat zu vertreten. Die Entwicklung sei so vorangegangen, daß heute der Besuch E. Honeckers ohne Anerkennung der DDR als Staat – wenngleich von besonderer rechtlicher Qualität – nicht mehr möglich gewesen wäre. Honecker übe dort die Funktion des Staatsoberhauptes aus, und das müsse im Interesse arbeitsfähiger Kontakte zur DDR respektiert werden. Das gelte auch für den vorgesehenen Gegenbesuch. Sicher sei „Ostberlin" dabei kein von der Bundesregierung gewünschtes Reiseziel, aber die Entwicklung der Beziehungen werde man daran nicht scheitern lassen. Ein formeller Staatsbesuch sei hingegen etwas ganz anderes, denn er diene der repräsentativen Darstellung von Staaten. Die beiden Staaten im geteilten Deutschland hätten jedoch nichts weniger notwendig, als sich repräsentativ zu begegnen. Daher wären die Bundesländer, die beim Besuch einen erhöhten protokollarischen Aufwand betrieben, von der BRD-Regierung rechtzeitig auf deren Position hingewiesen worden. Daß sich nicht alle daran hielten, wäre zu bedauern, könne aber die Welt nicht verändern, denn für die Außenpolitik sei die Bundesregierung zuständig. Die Befürchtungen der Bundesregierung, daß der Besuch einerseits durch die Medien zu einer „Jubelorgie" gemacht werde und daß es andererseits während der Reise zu Äußerungen komme, die man einem eingeladenen Gast gegenüber nicht mache, sei nicht eingetreten.

Bezüglich der sog[enannten] Geraer Forderungen der DDR wäre die Position der Bundesregierung klar.[120] Für die BRD werde es immer nur eine deutsche Staatsangehörigkeit geben, schon wegen der Konsequenzen, die eine andere Regelung einerseits für den „Status von Berlin" und andererseits für DDR-Bürger hätte, die ihren Staat verlassen wollten. Das wisse die DDR und rede daher kaum noch über dieses Problem. Die Erfassungsstelle Salzgitter könne daher verschwinden, wenn die andere Seite sich so verhalte, daß sie überflüssig werde.

Besondere Aufmerksamkeit richte die Bundesregierung nach Aussagen Schäubles auf die Einbeziehung Westberlins in die Beziehungen BRD – DDR. Dabei müsse aber beachtet werden, daß die BRD in dieser Frage am kürzeren Hebel sitze. Man nutze nicht etwas als Folterinstrument, womit man sich letztlich selbst foltere. Jede Seite sei in der Lage, unter Hinweis auf „Berlin" von der anderen

---

120 Vgl. Anm. 24.

Seite gewünschte Entwicklungen zu blockieren. Dennoch dürfe an den Bindungen und Verbindungen von Berlin-West zur Bundesrepublik nicht gerüttelt werden. Die alliierten Verantwortung sei nicht anzutasten. Diese Grundsatzposition werde jedoch nicht selten dadurch beeinträchtigt, daß viele Westberliner die Anwesenheit der Alliierten als Besatzung betrachteten und ablehnten. Die Bundesregierung müsse auch darauf achten, daß sie selbst nichts tut, was letztlich zu einer Ausklammerung „Berlins" führt. So wäre sie nicht auf das Angebot der DDR, Hamburg und Hannover in den „kleinen Grenzverkehr" mit der DDR einzubinden, eingegangen, solange nicht für Berlin-West analoge Regelungen erreicht seien.

Hinsichtlich der internationalen Wirkung des BRD-Besuches von E. Honecker sieht Schäuble einen Sinn darin, den Spielraum der DDR gegenüber anderen westlichen Staaten zu erweitern. Dadurch könne Mißtrauen in der Welt abgebaut werden, daß die beiden Staaten Sonderbeziehungen anstrebten. Die BRD-Regierung habe somit auch nichts gegen eine Frankreich-Reise Erich Honeckers.[121] Sie sei jedoch im Gegenzug interessiert, ihre eigenen politischen Konatkte zu allen ost- und südosteuropäischen Staaten zu intensivieren.

Diese Information darf im Interesse der Sicherheit der Quellen nicht publizistisch ausgewertet werden.

Quelle: BStU, ZA, Hauptverwaltung Aufklärung (HVA) 50.

Dokument 3

Schreiben von Erich Honecker an Helmut Kohl vom 12. Dezember 1987

Sehr geehrter Herr Bundeskanzler!

Das erfolgreiche Treffen zwischen Generalsekretär Gorbatschow und Präsident Reagan vor wenigen Tagen in Washington ist mir willkommener Anlaß, in Weiterführung unseres Dialoges zum Beitrag beider deutscher Staaten für wirksame Rüstungsbegrenzung und Abrüstung einige Vorstellungen zu äußern.[122]

Zunächst möchte ich meiner Genugtuung darüber Ausdruck verleihen, daß es nicht zuletzt konkreten Beiträgen auch der beiden deutschen Staaten zu danken ist, wenn das Abkommen über die Be-

---

121 Honecker hielt sich am 7./8. Januar 1988 zu einer offiziellen Visite in Frankreich auf. Vgl. ND, 8. und 9./10. Januar 1988.

122 Vgl. Anm. 116.

seitigung sowjetischer und amerikanischer Raketen mittlerer und kürzerer Reichweite zur Unterschriftsreife gebracht wurde. Es war mühsam, aber lohnend.

Nunmehr sollte es das gemeinsame Anliegen werden, alles für das schnellstmögliche Inkrafttreten des Abkommens, d. h. den Abzug der entsprechenden Raketensysteme, zu tun. Ich werte es als hoffnungsvollen Auftakt, daß auch die Administration der Vereinigten Staaten von Amerika beabsichtigt, bereits jetzt die weitere Stationierung einzustellen. Die Bereitschaft unserer Seite, so zu verfahren, liegt bekanntlich seit geraumer Zeit vor.

Ich hielte es auch für überaus wertvoll, weil vertrauensbildend, wenn sich beide deutsche Staaten definitiv zur Notwendigkeit äußerten, die vollständige Beseitigung der von diesem Abkommen erfaßten nuklearen Waffenkategorien nicht durch die Einführung oder den Ausbau anderer Waffensysteme zu entwerten bzw. zu kompensieren. Dies, Herr Bundeskanzler, würde voll und ganz den im Kommuniqué über meinen offiziellen Besuch in der Bundesrepublik Deutschland zum Ausdruck gebrachten gemeinsamen Auffassungen entsprechen.

Wir stimmen sicher in dem Wunsch überein, daß die zweifellos gewachsenen Möglichkeiten, zu weiteren Abrüstungsmaßnahmen zu gelangen, Wirklichkeit werden. Wie Sie bin ich der Auffassung, daß das auf dem Gipfel in Washington unterzeichnete Abkommen nicht nur hoffnungsvolle Zeichen setzt, sondern ein vollkommen neues Kapitel der Abrüstung aufschlägt – den einvernehmlichen unwiderruflichen Abbau der Rüstungen. In diesem Sinne hatten wir uns bereits während der Gespräche in Bonn sowohl für eine 50prozentige Reduzierung der strategischen Offensivwaffen wie auch für die Einhaltung des ABM-Vertrages ausgesprochen.

Gleiches gilt für erste verifizierbare Schritte auf dem Wege zu einem umfassenden atomaren Teststopp.

Mit großer Aufmerksamkeit verfolge ich Bemühungen Ihrer Regierung, den Prozeß der Abrüstungsverhandlungen auf atomare Kurzstreckenraketen auszuweiten. Lassen Sie mich noch einmal das nachhaltige Interesse der Deutschen Demokratischen Republik daran bekräftigen, daß die nukleare Abrüstung in Europa unverzüglich auf weitere Bereiche ausgedehnt wird. Die nuklearen Waffensysteme mit Reichweite unter 500 km berühren in der Tat die beiden deutschen Staaten in besonderem Maße. Davon ließ sich die Deutsche Demokratische Republik unter anderem bei ihrem Vorschlag über Atomwaffenfreiheit in Mitteleuropa leiten. Ich konnte Ihnen in Bonn erläutern, daß wir es für zweckmäßig hielten, die taktischen Atomwaffen im Komplex mit den Streitkräften und konventionellen Rüstungen in Europa zu reduzieren. Ebenso bleiben wir jeder anderen Idee gegenüber aufgeschlossen, die uns auf dem Wege weiterer nuklearer Abrüstung in Europa im Interesse der Sicherheit aller Betroffenen voranbringen kann.[123]

Sie, Herr Bundeskanzler, sprachen darüber, ob die Deutsche Demokratische Republik und ihre Nachbarstaaten nicht auf die Modernisierung einiger Kurzstreckenwaffensysteme verzichten könnten. Ich darf Sie informieren, daß wir uns hierüber mit unseren Bündnispartnern konsultieren. Natürlich wird das Ergebnis solcher Bemühungen wesentlich davon beeinflußt, was die Bundesrepublik Deutschland und ihre Partner für die Zukunft planen. Würden auch Sie bereit sein, auf Modernisierungen in diesem Bereich zu verzichten, könnten auf der Grundlage des Prinzips der Gleichheit und gleichen Sicherheit Schritte unternommen werden, die zur Beseitigung von Asymmetrien durch Abrüstung bis hin zu weiteren Null-Lösungen führen.

Ebenso bedeutsam wäre es, wenn die europäischen Staaten keine weitere Zeit verstreichen ließen und Verhandlungen über wirksame konventionelle Abrüstung sowie neue vertrauens- und sicherheitsbildende Maßnahmen in Gang kämen. Gerade die Staaten Mitteleuropas, nicht zuletzt die beiden deutschen Staaten, könnten vieles leisten, damit an der Trennlinie der beiden Militärbündnisse die Gefahr von Überraschungsangriffen Schritt für Schritt ab-, dafür die gemeinsame Sicherheit zunimmt.

Die Deutsche Demokratische Republik und die Bundesrepublik Deutschland haben wiederholt ihr dringendes Interesse am baldigen Abschluß eines Vertrages über ein weltweites und verläßlich überprüfbares Verbot der Entwicklung, Herstellung, Lagerung und des Einsatzes chemischer Waffen bekundet. Es sollte alles dafür getan werden, daß die in Reichweite liegende Übereinkunft nicht durch die Aufnahme der Produktion qualitativ neuer chemischer Waffen gefährdet wird. Ich zähle vor allem auf eine Haltung der Bundesregierung, die eine Lagerung neuer chemischer Waffen auf ihrem Territorium nicht zuläßt. Es wäre gut, wenn Sie, Herr Bundeskanzler, Ihren Standpunkt zu einer von chemischen Waffen freien Zone in Mitteleuropa noch einmal überdenken würden.[124]

Dies sind aus meiner Sicht einige Schlußfolgerungen, die sich aus unserer gemeinsam bekundeten Absicht herleiten, den Impuls des Abkommens vom 8. Dezember 1987 über die Beseitigung der

---

123 Vgl. die Initiative von SED und SPD für eine atomwaffenfreie Zone in Mitteleuropa vom 21. Oktober 1986 in: Sicherheit und friedliche Zusammenarbeit in Europa. Dokumente 1982 - 1986. Berlin 1988, S. 424 ff.

124 Vgl. die Initiative von SED und SPD für eine von chemischen Waffen freie Zone in Europa vom 19. Juni 1985 in: ebenda, S. 268 ff.

Raketen mittlerer und kürzerer Reichweite so fruchtbringend wie nur möglich aufzugreifen. Gönnen wir dem Prozeß der Rüstungsbegrenzung und Abrüstung keine Pause. Der Vorteil, den daraus gerade die Menschen in beiden deutschen Staaten ziehen würden, liegt auf der Hand.

Mit großem Interesse sehe ich Ihrer Antwort und damit der Fortsetzung unseres Dialogs zu den Grundfragen unserer Zeit entgegen.

Mit vorzüglicher Hochachtung
gez. E. Honecker

Quelle: SAPMO - BArch, DY 30/J IV J/114.

Dokument 4

Information über den Besuch von UdSSR-Außenminister Eduard Schewardnadse in der BRD vom 25. Januar 1988[125]

Über den Hauptinhalt des Besuchs wurde recht umfassend in den sowjetischen Massenmedien berichtet. Zusätzlich möchten wir über folgende Momente informieren:

Die Verhandlungen mit Genscher, die Gespräche mit dem Kanzler und mit Bundespräsident von Weizsäcker sowie die Begegnungen mit den Vertretern der Parteien der BRD und führenden Repräsentanten von Industrie- und Bankkreisen zeigten, daß sich nunmehr die Voraussetzungen für eine wesentliche Aktivierung unserer Beziehungen zur BRD, einschließlich des politischen Bereichs, herausgebildet haben. Das ist durch eine ganze Reihe von Gründen bedingt, darunter durch das Interesse der BRD, in breiter Front auf den sowjetischen Markt vorzudringen, durch das Anwachsen der politischen, ökonomischen, militärischen und wissenschaftlichen Potenzen der BRD sowie ihre unterschwellige Unzufriedenheit mit der Rolle eines Junior-Partners der USA in Europa.

Eine einschneidende Wende in der Politik der BRD ist offenkundig nicht zu erwarten. Dennoch ist das Bestreben zu verzeichnen, stabilere und produktivere Beziehungen zur Sowjetunion herzustellen, das offenbar weiter anwachsen wird.

Aufmerksamkeit verdient die Tatsache, daß die Vertreter der BRD dem Außenminister der UdSSR einen betont aufmerksamen und freundlichen Empfang bereiteten. Sie zeigten lebhaftes Interesse

---

125 Das „vertrauliche" Material erhielt Honecker aus der UdSSR-Botschaft in Ost-Berlin, und es wurde dem SED-Politbüro zugeleitet. Vgl. Anm. 115.

und Sympathie gegenüber der Umgestaltung und der Außenpolitik der Sowjetunion, fanden viele gute und anerkennende Worte über den Generalsekretär des ZK der KPdSU. Die Berichterstattung in den Zeitungen unterschiedlicher Orientierung, im Fernsehen und Rundfunk war in der Mehrheit positiv.

Kanzler Kohl wurde eine Botschaft Michail Gorbatschows übergeben, in deren Mittelpunkt die prinzipiellen Fragen der Festigung des Friedens, der europäischen und internationalen Sicherheit im Zusammenhang mit dem sowjetisch-amerikanischen Gipfeltreffen und der sich anbahnenden Wende zum Besseren in den internationalen Beziehungen standen. Es wurde auch die Frage berührt, wie in der bilateralen Zusammenarbeit ein qualitativ neues Niveau erreicht werden kann. In diesem Sinne wurden die Verhandlungen in Bonn geführt.

Das Wesen der Überlegungen, die wir den führenden Repräsentanten der BRD darlegten, läuft darauf hinaus, die BRD dazu anzuregen, sich aktiver in den Prozeß der realen Abrüstung einzuschalten. In der Welt ist jetzt vieles in Bewegung geraten, wurde unsererseits festgestellt, und unter diesen neuen Bedingungen muß an die Entwicklung der Beziehungen zwischen der UdSSR und der BRD, darunter auch in Kernfragen, auf neue Art herangegangen werden. Wir möchten deshalb in der BRD einen soliden Partner sehen, mit dem man nicht nur im Interesse der UdSSR und der BRD zusammenarbeiten kann, sondern auch im breiteren europäischen und internationalen Rahmen.

Die führenden Repräsentanten der BRD haben diese Fragestellung mit Verständnis aufgenommen. Kohl, Weizsäcker, Genscher und andere Politiker sprachen sich für eine grundlegende Verbesserung der Beziehungen mit der Sowjetunion aus. Sie sagten, daß dieser Kurs unter ihrer Bevölkerung breite Unterstützung findet. In diesem Zusammenhang betonte Kohl, daß er selbst und seine Regierung voll und ganz die Idee des Generalsekretärs des ZK der KPdSU unterstützen, in den Beziehungen zwischen der UdSSR und der BRD ein neues Kapitel aufzuschlagen. Die Bundesregierung möchte ebenfalls gemeinsam mit der Sowjetunion am Bau des gemeinsamen Hauses Europa mitwirken. Der Kanzler sagte, daß in der BRD mit großem Interesse verfolgt wird, was jetzt in der Sowjetunion geschieht, was bei uns getan wird, um das Land zu neuen Höhen zu führen. Wir verhehlen nicht, unterstrich er, daß unsere Sympathie auf Seiten derer ist, die die Umgestaltung erdacht haben und sie energisch verwirklichen. Wenn es in der UdSSR eine Chance zur Erneuerung gibt, so muß sie genutzt werden.

Kohl kam immer wieder auf den Gedanken zurück, daß die BRD heute in jeder Beziehung eines der am weitesten entwickelten Länder Europas und der Welt ist, daß die heutige Regierung der BRD im Lande große Unterstützung genießt und von niemandem „linker Bestrebungen" verdächtigt wird. Deshalb könne sie für die UdSSR von allen denkbaren politischen Kombinationen in der BRD der zuverlässigste Partner sein.

Wir, so erklärte Kohl, haben zur Kenntnis genommen und gehen davon aus, daß der Generalsekretär des ZK der KPdSU das sozialistische System vervollkommnen und nicht durch ein anderes ersetzen will. Sie haben ihre und wir haben unsere Überzeugungen. Aber wir sind für den friedlichen Wettbewerb der sozialen Systeme, und das ist eine große Chance für die Menschheit. Die Waffe an sich ist neutral, alles hängt vom Bewußtsein der Menschen ab, in deren Hand sie sich befindet.

Im Gespräch über die Abrüstungsproblematik bestätigten die BRD-Vertreter ihre positive Einstellung zum Abschluß des Vertrages über die Raketen mittlerer und kürzerer Reichweite und äußerten die Bereitschaft, über ihre Kanäle zu einer raschen Ratifizierung sowie zur Ausarbeitung eines Vertrages über die 50prozentige Reduzierung der strategischen Offensivwaffen beizutragen.[126] Genscher sagte direkt, daß bei aller Bedeutung des Vertrages über die Raketen mittlerer und kürzerer Reichweite eine einschneidende Reduzierung der strategischen Rüstungen von noch größerer Bedeutung wäre und sich auf die gesamte Weltlage günstig auswirken würde. Als Antwort auf unsere entsprechende Aufforderung versprach er, seine Reise nach Washington dazu zu nutzen, den „amerikanischen Freunden" diese Frage in diesem Sinne zu stellen.

Bei der Erörterung der Fragen der Reduzierung der Streitkräfte und konventionellen Rüstungen in Europa sowie der taktischen Kernwaffen wollten sich unsere Gesprächspartner jetzt offensichtlich nicht für irgend etwas engagieren, wobei sie sich darauf beriefen, daß es innerhalb der NATO keine abgestimmte Linie zu diesen Fragen gibt. Trotzdem zeigte sich, daß unsere Positionen zu den taktischen Kernwaffen der Einstellung der BRD näher kommen als der anderer westeuropäischer Staaten. Die Westdeutschen wären nach ihren Worten, wenn auch unter Vorbehalt, bereit, über die Artillerie, die taktischen Fliegerkräfte und die Raketen zu verhandeln. Freilich versuchen sie einer komplexen Erörterung aller dieser Waffen auszuweichen.

---

126 Vgl. Anm. 116. Der INF-Vertrag war am 8. Dezember 1987 in Washington unterzeichnet worden. Der Vertrag über den Abbau der strategischen Offensivwaffen (START) konnte erst am 31. Juli 1991 bei einem Gipfeltreffen zwischen Gorbatschow und Bush in Moskau unterzeichnet werden.

Wir informierten sie über unsere neue Formel, nach der die Streitkräfte, die konventionellen Rüstungen und die Militärtechnik einschließlich der doppelt verwendbaren Systeme ohne deren nukleare Komponente Gegenstand künftiger Verhandlungen wären. Es wurde erläutert, daß die nuklearen Komponenten der doppelt verwendbaren Systeme (nukleare Gefechtsladungen, Granaten und Fliegerbomben) Gegenstand entsprechender Verhandlungen in der Zukunft werden könnten. Die Westdeutschen zeigten spürbares Interesse für diese Überlegungen. Es muß festgestellt werden, daß dieses neue Herangehen in den USA, in Frankreich und im NATO-Hauptquartier in Belgien offene Beunruhigung ausgelöst hat – man befürchtet, daß schon jetzt der Prozeß der Realisierung einer dritten Nullvariante bei den taktischen Kernwaffen in Gang kommen könnte. Nach Einschätzungen z. B. aus Paris würden die sowjetischen Vorschläge ohnehin eine positive Wirkung für die sowjetische Diplomatie erbringen: Für die Militärs in der NATO werde es immer schwieriger, eine Modernisierung dieser Klasse von Rüstungen zu erreichen, da in der westeuropäischen Öffentlichkeit eine ernsthafte Stimmung für die Befreiung des Kontinents von Kernwaffen besteht.

Weitgehende Übereinstimmung der Positionen zu den Abrüstungsproblemen wurde in den Gesprächen mit Vertretern der SPD und der „Grünen" konstatiert. Vogel machte besonders auf die Position der SPD zu den taktischen Kernwaffen aufmerksam. „Unsere Partei", erklärte er, „ist die einzige politische Kraft im Westen, die konsequent für die ‚dritte Null-Lösung' bei den taktischen Raketen eintritt." Die SPD lehnt jegliche Modernisierung und jegliche Nachrüstung auf diesem Gebiet ab. Die taktischen Kernwaffen sind mit den konventionellen Waffen verwachsen, deshalb können sie auch nur im Komplex behandelt werden. Die „Grünen" äußerten ihre Besorgnis über die seegestützten Marschflugkörper und den Kurs zur Schaffung einer militärischen und nuklearen Achse zwischen Frankreich und der BRD. Die Vertreter der „Grünen" erklärten, daß sich unter dem Vorwand der Festigung der französisch-westdeutschen Freundschaft eine neue militärpolitische Struktur auf westeuropäischem Territorium, eine Art Sonderausgabe der NATO für Europa formiert. Wir unterstützten diese Einschätzung voll und ganz. Der Gedanke, daß nach der Beseitigung der Raketen mittlerer und kürzerer Reichweite die Auffüllung des „Vakuums" durch den Ausbau und die Modernisierung der Kernwaffen anderer Klassen nicht zugelassen werden darf, wurde von uns auch bei den Gesprächen mit Vertretern der Regierung der BRD konsequent vertreten.

Die besondere Aufmerksamkeit der Regierung der BRD wurde auf die Frage des unverzüglichen Abschlusses der Arbeiten an der

Konvention über das Verbot der chemischen Waffen gelenkt. Alle objektiven Voraussetzungen dafür sind vorhanden. Die UdSSR und die BRD könnten hier gemeinsam wirksam werden. Hier betonten Kohl und Genscher, von den Vertretern der SPD und „Grünen" ganz zu schweigen, mit aller Eindeutigkeit, daß unsere Positionen übereinstimmen. Sie erklärten sich bereit, auf die USA und Frankreich einzuwirken. Der Kanzler erklärte, daß er in seinen öffentlichen Reden konsequent für die These eintreten werde, man könne „vollauf ohne C-Waffen auskommen", und er teile die Meinung „einiger amerikanischer Freunde" nicht, daß auf diesem Gebiet eine Kontrolle nicht möglich sei.

Während des Besuchs konnte ein gemeinsamer Text ausgearbeitet werden, in dem das übereinstimmende Herangehen beider Seiten an das Problem des Verbots und der Beseitigung der chemischen Waffen fixiert wurde. Obwohl er formell nicht den Charakter eines offiziellen bilateralen Dokuments trägt, wurde mit Genscher Einverständnis darüber erzielt, daß dieser Text von beiden Seiten in den Kontakten mit der Presse als Ausdruck eines gemeinsamen Standpunktes genutzt werden kann. Sein Inhalt wurde von Eduard Schewardnadse auf der Pressekonferenz am 19. Januar in Bonn dargelegt.

Während des Besuchs nahmen Fragen der ökonomischen Zusammenarbeit einen bedeutenden Platz ein. Es war zu spüren, daß die Führung und Geschäftskreise der BRD in der Wirtschaft den realsten Weg zu einer neuen Qualität in den Beziehungen zur Sowjetunion sehen. Sie prüfen ernsthaft die Möglichkeiten, die unsere Umgestaltung eröffnet, um so mehr, da sie auch durch die komplizierter werdenden Wirtschaftsbeziehungen zu den USA und die allgemeine Konjunktur auf dem Weltmarkt in diese Richtung gedrängt werden.

Die BRD hat durchaus nicht die Absicht, ihre Möglichkeiten nur auf die Zusammenarbeit mit dem Westen zu beschränken, äußerte Kohl. Sie möchte auch für den Osten offen sein. Den Weg dorthin läßt sie sich von niemandem verbauen. Dieser Weg führt in erster Linie über Moskau. Deswegen haben die Beziehungen zur UdSSR für die BRD entscheidende Bedeutung. Daher wolle er, der Kanzler, mit dem Generalsekretär vereinbaren, in der Zusammenarbeit beider Länder einen neuen Anfang zu machen. Der Generalsekretär und seine Mannschaft seien Menschen, die in die Zukunft schauen. Mit ihnen wolle er unbedingt zusammenarbeiten.

Hinsichtlich konkreter Bereiche der Zusammenarbeit sprach sich der Kanzler für die gemeinsame Kaderausbildung für die Volkswirtschaft aus, schlug ein aktiveres Zusammenwirken auf dem Gebiet der Medizin und gemeinsame Arbeiten zur Erhöhung der Sicherheit sowjetischer Atomkraftwerke vor. Kohl betonte, er schlage vor allem solche Bereiche vor, in denen die BRD staatliche Unterstützung geben kann und wo deshalb rasche Ergebnisse möglich seien.

Es ist überaus bemerkenswert, daß unsere scharfe Forderung nach Beseitigung der diskriminierenden Beschränkungen des sowjetischen Exports und nach einer Revision der COCOM-Listen bei den Westdeutschen nicht nur keinen Widerspruch auslöste, sondern insbesondere von den Geschäftskreisen sogar mit bestimmtem Verständnis aufgenommen wurde. Kohl, Genscher und Bangemann versprachen alles zu tun, was „in den Grenzen des Möglichen" liege, um die Lage in diesem Bereich zu verbessern.

Von den in Bonn unterzeichneten gemeinsamen Dokumenten soll das Protokoll über Konsultationen besonders hervorgehoben werden. Nach diesem Protokoll haben die Sowjetunion und die BRD die Verpflichtung übernommen, im Falle der Entstehung einer Situation, die eine Bedrohung oder Verletzung des Friedens darstellt oder zu gefährlichen internationalen Komplikationen führen kann, unverzüglich miteinander in Kontakt zu treten. Sie werden eine Verständigung darüber anstreben, was für die Verbesserung und Überwindung einer solchen Situation getan werden kann.

Die beiden Seiten werden ihre Konsultationen zu wichtigen internationalen Fragen erweitern und vertiefen. Diese werden u. a. Fragen der Stärkung der Sicherheit und des Vertrauens, insbesondere alle Bereiche der Abrüstung und Rüstungsbegrenzung, einschließlich Fragen einer tiefgehenden und wirksamen Kontrolle sowie einige andere Themen umfassen. Die Konsultationen werden auf verschiedenen Ebenen regelmäßig durchgeführt werden. Die Außenminister oder ihre Stellvertreter werden im Prinzip mindestens einmal jährlich zusammenkommen.

Es wurde vereinbart, kurzfristig einen Arbeitsplan für die Konsultationen zwischen den Außenministerien über politische Fragen und konkrete Fragen der bilateralen Zusammenarbeit auszuarbeiten.

Die Westdeutschen stellten im Grunde genommen die Frage der Vereinigung Deutschlands nicht in der Art, wie sie es gewöhnlich tun. Kohl bemerkte nur beiläufig, daß sie nicht die Absicht haben, in Europa etwas ohne Zustimmung ihrer Nachbarn zu verändern. Zugleich konnte er es nicht lassen zu bemerken, daß Erich Honekker nur deshalb kürzlich nach Paris reisen konnte, weil er vorher die BRD besucht hatte.[127] Dies habe Mitterand angeblich dadurch bestätigt, daß er den Besuch Erich Honeckers in Paris begrüßte, da dieser die Richtigkeit der Politik Bonns gegenüber der DDR bestätigt habe. Wir antworteten dem Kanzler, daß eine solche Interpreta-

---

127 Vgl. Anm. 121.

tion weit von der tatsächlichen Lage der Dinge entfernt ist. Die souveräne sozialistische DDR nimmt einen bedeutenden Platz im System der europäischen Staaten ein, und deshalb ist die Aufmerksamkeit einer Reihe westeuropäischer Staaten für sie vollauf verständlich und natürlich.

In den Gesprächen berührten Kohl, Weizsäcker und Genscher zwar in verschiedenem Zusammenhang aber auf die gleiche Weise das Thema Westberlin: Die UdSSR solle „neues Denken" beweisen und den bekannten Forderungen Bonns zustimmen, die dem Vierseitigen Abkommen widersprechen. Dieses Herangehen wurde von uns natürlich aus prinzipiellen Überlegungen zurückgewiesen. Dabei legten wir dar, daß sich in den sowjetisch-amerikanischen Beziehungen vieles ändert und weiter ändern wird, daß es aber unverzichtbare Prinzipien gibt, die dies auch bleiben. Das betrifft u. a. das Vierseitige Abkommen aus dem Jahre 1971. Die BRD muß es präzise einhalten und respektieren, wie auch die Interessen der DDR, inmitten deren Territorium Westberlin liegt.

Gleichzeitig hoben wir hervor, daß dieses Abkommen für die Einbeziehung Westberlins in den Prozeß der Entspannung und Zusammenarbeit in Europa breite Möglichkeiten bietet und daß die Sowjetunion bereit ist, ihren Beitrag dazu zu leisten. Wir sprachen uns dafür aus, keine Leidenschaften um diese Stadt zu entfesseln und an die Westberliner Angelegenheiten wie auch an die Beziehungen zwischen der UdSSR und der BRD insgesamt verantwortungsbewußt und staatsmännisch heranzugehen.

Wir stimmten zu, daß beide Seiten auf Expertenebene die Suche nach gegenseitig annehmbaren Lösungen für den Westberlin betreffenden Aspekt des Abkommens über die Zusammenarbeit im Umweltschutz und beim Programm der kulturellen Zusammenarbeit fortsetzen. Auf Arbeitsebene wird auch die Erörterung der Frage einer „Territorialklausel" (Westberlin-Klausel) im Zusammenhang mit der bevorstehenden Aufnahme offizieller Beziehungen zwischen dem RGW und der EWG weitergeführt werden.

Kanzler Kohl wurde die Einladung zu einem offiziellen Besuch in der Sowjetunion im I. Halbjahr 1988 übergeben. Da jedoch die Massenmedien (auf Hinweis des Bundeskanzleramtes) in der letzten Zeit verstärkt die Version von einem Besuch Michail Gorbatschows in der BRD verbreitet hatten, sagte Kohl, daß es unter diesen Bedingungen kompliziert für ihn sei, sich sofort auf eine Reise in die UdSSR umzustellen. Das würde die Bevölkerung der BRD angeblich nicht verstehen. Dem Kanzler wurde darauf geantwortet, daß der Zeitplan des Generalsekretärs sehr überlastet ist und er leider der Einladung des Kanzlers nicht Folge leisten kann. Schließlich wurde die Mitteilung für die Presse abgestimmt, daß beide Seiten ein sowjetisch-westdeutsches Gipfeltreffen für nützlich und zweckmäßig halten und daß diese Frage in der zweiten Jahreshälfte entschieden werden wird.[128]

Unmittelbar nach Abschluß des Besuches begann das Presse- und Informationsamt der Bundesregierung die Übereinkunft so zu interpretieren, daß für den Kanzler das Wichtigste der Gedanke eines Treffens mit Michail Gorbatschow sei, nicht aber der Ort, wo es stattfinden werde.

Insgesamt halten wir die Verhandlungen in Bonn für nützlich. Die gegenwärtige Etappe des Dialogs zwischen der UdSSR und der BRD erhält nach unserer Auffassung um so größere Bedeutung, da ihre Entwicklung in einer Situation beginnt, in der es besonders wichtig ist, die Suche nach Anknüpfungspunkten in den Schlüsselfragen der Sicherheit mit der BRD und anderen westeuropäischen Staaten zu aktivieren, weitere Fortschritte bei der realen nuklearen Abrüstung, bei der Verringerung der militärischen Konfrontation in Europa und bei der Errichtung des gemeinsamen europäischen Hauses zu erreichen. Wesentlich ist auch, daß ein Schritt vorwärts bei der Entwicklung der Beziehungen zwischen der Sowjetunion und der BRD, bei der Stärkung ihrer vertragsrechtlichen Grundlage und bei der Erfüllung des Moskauer Vertrages mit konkretem konstruktivem Inhalt getan wurde.

Eduard Schewardnadse wird seine Eindrücke von diesem Besuch in den Gesprächen mit Oskar Fischer in Moskau noch ausführlicher darlegen.

Quelle: SAPMO - BArch, DY 30/J IV 2/2A/3092.

Dokument 5

Niederschrift über ein Gespräch von ZK-Sekretär Günter Mittag mit dem FDP-Politiker Otto Graf Lambsdorff am 5. Februar 1988

G. Mittag begrüßte O. Lambsdorff und nahm Bezug auf die dazu im Verlaufe des offiziellen Besuchs E. Honeckers in der BRD im September 1987 getroffene Vereinbarung. Er brachte einleitend gegenüber O. Lambsdorff zum Ausdruck, daß es hinsichtlich der Beziehungen zwischen der DDR und der BRD außerordentlich wichtig

---

128 Helmut Kohl besuchte vom 24. bis 27. Oktober 1988 offiziell die UdSSR. Vgl. Dok. 35 sowie Anm. 110.

sei, daß das, was vereinbart worden ist, von beiden Seiten auch eingehalten wird. Die DDR betrachte dies als einen wichtigen Grundsatz, und von ihrer Seite her gebe es keinen Punkt, wo er nicht verwirklicht worden sei.

Es gehe aber nicht nur darum, zurückzublicken, sondern zu sehen, daß wichtige Entwicklungen in Gang gekommen seien, die auch internationale Wirkung hätten. Diese internationale Wirkung dürfe man nicht versiegen lassen. Das, was im Gemeinsamen Kommuniqué festgeschrieben sei, muß auch Wirklichkeit werden. Das sei wichtig für die gegenseitigen Beziehungen, und das würde auch mehr denn je zuvor auf der internationalen Ebene beachtet werden. Das betreffe die Haltung zur Friedenssicherung und zum Prozeß der Abrüstung, wo jedes Wort, jeder Schritt in der heutigen Zeit sehr ins Gewicht falle. Und das betrifft genauso den Kreis der Fragen der Beziehungen zwischen beiden Staaten, einschließlich der Handels- und Wirtschaftsbeziehungen. Die FDP habe in der Vergangenheit sehr viel zur Ausgestaltung der Beziehungen zwischen der DDR und der BRD getan, und es werde davon ausgegangen, daß dies auch in Zukunft so sein wird.

All dies sei in dem gestrigen Gespräch, das der Generalsekretär des ZK der SED und Vorsitzende des Staatsrates der DDR, Erich Honecker, mit O. Lambsdorff geführt habe,[129] deutlich zum Ausdruck gekommen, und darüber sei umfassend in Presse und Fernsehen der DDR berichtet worden.[130]

O. Lambsdorff, auf die zurückliegenden 10 Jahre in den Handels- und Wirtschaftsbeziehungen Bezug nehmend, betonte, daß das Prinzip der gegenseitigen Verläßlichkeit für deren erfolgreiche Entwicklung entscheidend sei. Wenn Vereinbarungen getroffen werden würden, müsse sich der eine auf den anderen verlassen können. Wenn man den Ausgangspunkt für die gemeinsame Arbeit auf diesem Gebiet mit dem, was jetzt ist, vergleiche, dann stehe dahinter eine bedeutende Entwicklung. Wenn manche das für eine Selbstverständlichkeit halten würden, so müsse er doch sagen, daß hier das Fundament gelegt worden sei für die Gesamtbeziehungen. Und dieses Fundament dürfe auch nicht brüchig werden. Das darf niemals aus dem Auge verloren werden, betonte O. Lambsdorff. Das sei auch in seinem gestrigen Gespräch mit dem Generalsekretär des ZK der SED und Vorsitzenden des Staatsrates der DDR, E. Honekker, deutlich geworden. Er habe daraus die feste Absicht der DDR entnommen, die gegenseitigen Beziehungen sowohl vom Stand-

---

129 Vgl. Anm. 106.

130 Vgl. ND, 5. Februar 1988.

punkt der Friedenssicherung als auch der „menschlichen Erleichterungen" wie der Handels- und Wirtschaftsbeziehungen fortzusetzen, worauf *G. Mittag* einwarf, daß, wo das Wort gegeben wird, es auch eingehalten wird.

O. Lambsdorff äußerte sich sehr befriedigt über seine Begegnung mit E. Honecker.

Er möchte, ohne Antwort zu erwarten, noch eine Bemerkung einflechten. Es liege seiner Ansicht nach im wohlverstandenen Eigeninteresse der DDR, sowohl aus nationaler wie internationaler Sicht, daß im Zusammenhang mit den jüngsten Ereignissen der eine oder andere, „der hier rauskommt, auch in der DDR bleiben kann". Er freue sich über die internationale Reputation der DDR, sie sei als ein solider Partner angesehen und auch für die BRD ein guter Partner, von dem man wisse, daß er sich verantwortungsbewußt verhalte.

O. Lambsdorff äußerte seine Befriedigung darüber, daß jetzt ein Termin für die Gespräche über die Eisenbahntransitstrecke vorliege, was er für wichtig halte, und bemerkte dazu, daß dieses Vorhaben auch im Zusammenhang mit der Relation Moskau – Paris gesehen werden müsse. Desgleichen möchte er seine Zufriedenheit über den Verlauf der Verhandlungen über den „Stromverbund" zum Ausdruck bringen. Er knüpfte dabei an das Erdgasröhrenprojekt und an die Stichleitung für die Erdgasversorgung für Berlin (West) an.

O. Lambsdorff verwies dabei auf sein damaliges Auftreten in den USA gegen die Embargopolitik. Auch die Zusammenarbeit auf dem Gebiet des Umweltschutzes, der Rauchgasentschwefelung, der Werra-Entsalzung und hinsichtlich der Elbe seien wichtige Themen. Speziell auf die Frage der Elbgrenze eingehend, sagte er, daß er die entsprechenden Bemerkungen E. Honeckers dazu mit nach Bonn nehmen werde. Zu möglichen Lieferungen von Investitionsgütern für Aufgaben der Umwelttechnik bemerkte O. Lambsdorff, daß dies ein entscheidender Gegenstand der mit der BRD-Regierung getroffenen Vereinbarungen sei. Er habe zur Kenntnis genommen, daß E. Honecker ihm gegenüber zum Ausdruck gebracht hätte, daß die DDR hier auch mit anderen Ländern Verhandlungen führen würde, aber nicht zu Lasten der BRD.

Was die Entwicklung des Handels im Jahre 1987 zwischen der DDR und der BRD angehe, so seien die Zahlen insgesamt nicht so zufriedenstellend, aber man müsse die Energiepreisentwicklung sowie die internationale Wirtschaftsentwicklung beachten.[131] Er brachte in dem Zusammenhang zum Ausdruck, daß er die Wirtschaftsentwick-

---

131 Der innerdeutsche Handel erreichte 1987 ein Volumen von 14 Mrd. Verrechnungseinheiten (VE), ein Minus von 290 Mio. VE gegenüber 1986. Der Negativsaldo der DDR betrug 1987 etwa 720 Mio. VE.

lung für die BRD im Jahre 1988 nicht so rosig sehe, gar nicht so rosig, wie das manchmal so dargestellt würde.

Was die DDR anbelange, so stelle sich für ihn die Frage, daß die DDR alles getan habe, um ihre Devisenpolitik in geradezu klassischer Weise zu handhaben. Niemals hätte die Bonität der DDR in Frage gestanden. Sie habe einen sehr guten internationalen Ruf. Was man aber spare, könne man nicht anderweitig ausgeben, und so meine er, ob man nicht im Sinne der internationalen Wettbewerbsfähigkeit der DDR mehr tun müsse.

Desweiteren habe er die Frage, wie sich die Politik der Wirtschaftsreformen in der Sowjetunion auf die DDR auswirken würde. Ihm sei der Standpunkt der DDR dazu bekannt. E. Honecker habe ihm gesagt, daß es nicht darum gehe, etwas zu kopieren. Er, Lambsdorff, halte das auch aus der Sicht der DDR für selbstverständlich, aber er meine, daß es auf jeden Fall „mittelbare Wirkungen" aus diesen Entwicklungen für die DDR geben würde.

G. Mittag verwies auf das Gemeinsame Kommuniqué als Ausgangspunkt für die gesamte weitere Arbeit. Die DDR gehe davon aus, das zu verwirklichen, was darin festgeschrieben sei, wie beispielsweise die Frage der Stromlieferungen, des Umweltschutzes, des Eisenbahntransitverkehrs und der Gemischten Kommission. Es gebe hier noch offene Fragen, auf die die DDR aufmerksam gemacht habe, und Herr Bräutigam wisse dies auch. Deshalb möchte er von seiner Seite ebenfalls noch einmal die Bedeutung des Prinzips „der gegenseitigen Verläßlichkeit" hervorheben. Das müsse gerade auch für die Zukunft gelten. So gehe es auch um den Termin für die Bildung der Kommission „Wissenschaft und Technik", der von der BRD verschoben worden sei. Das betreffe auch andere Fragen, die beispielsweise mit der Bildung der „Gemischten Kommission" zusammenhängen, und weitere.[132] G. Mittag brachte zum Ausdruck, daß man hier zügiger arbeiten müsse und Termine festlegen solle. Daraufhin bestätigte *H. O. Bräutigam*, daß er das zur Kenntnis nehme.

G. Mittag verwies in diesem Zusammenhang darauf, daß die DDR bedeutende eigene Anstrengungen unternimmt, um vorhandene Barrieren zu überwinden und Embargos zu durchbrechen. Dies zeige sich beispielsweise auf dem Gebiet der Mikroelektronik und der Entwicklung der modernen Rechentechnik ganz deutlich. Auch Aufgaben der zukünftigen Entwicklung wie die Höchstintegration würden mit konkreten Terminen in Angriff genommen und realisiert.

---

132 Im Kommuniqué des Honecker-Besuchs in Bonn 1987 war eine Gemeinsame Kommission zur Entwicklung der Wirtschaftsbeziehungen vereinbart worden. Sie kam 1989 noch zustande, blieb jedoch bedeutungslos.

Die DDR führe in breitem Umfange Rationalisierungsmaßnahmen in der Volkswirtschaft durch, die eine große Flächenwirkung hätten. Die Modernisierung der Ausrüstungen wird beschleunigt. Das geschehe bereits in der gegenwärtigen Zeit, und weitere Aufgaben für das Jahr 1989 werden bereits jetzt vorbereitet. All dies habe natürlich auch eine gewisse Bedeutung für die Entwicklung der Handels- und Wirtschaftsbeziehungen. Die DDR habe für 1988 bereits für 320 Mio. [DM] Werkzeugmaschinen aus der BRD geordert.

Zugleich besitze die DDR bedeutende eigene Kapazitäten, und es gebe eine große Nachfrage nach einer Reihe von Erzeugnissen des Maschinenbaus wie der Elektrotechnik/Elektronik aus der DDR.

Auf dem Gebiet der Umformtechnik und auf anderen Gebieten überstiegen die Anfragen oftmals das Doppelte dessen, was die DDR aus Kapazitätsgründen liefern könne. Ein großer Bedarf an Erzeugnissen der DDR ergebe sich aus der Modernisierung in der Sowjetunion, dem Haupthandelspartner der DDR, aber auch aus Anfragen aus China und aus anderen Ländern. Dazu werde die DDR bestimmte Kapazitäten gezielt erweitern, und knüpfe daran an, daß es auf diesem Gebiet auch Möglichkeiten einer echten und vernünftigen Kooperation geben würde.

Die DDR habe Maßnahmen verwirklicht, die sie in die Lage versetzt, mit weit höherer Flexibilität auf Anforderungen des Weltmarktes zu reagieren, wofür sowohl die Verantwortung der Kombinate für die Durchführung der Außenhandelstätigkeit als auch die moderne Rechentechnik ausschlaggebend seien.

Der Weg, wie die DDR die Leistungsfähigkeit ihrer Volkswirtschaft, einschließlich der weiteren Vervollkommnung der Leitung, Planung und wirtschaftlichen Rechnungsführung, erhöhe, sei strategisch bereits seit langem ausgearbeitet und vorbestimmt. Sie tue das, was unter ihren Bedingungen erforderlich sei. Die Voraussetzungen, um das Tempo weiter zu erhöhen, die Arbeitsproduktivität zu steigern, dabei keine Arbeitslosen zu haben, sondern mehr Arbeitskräfte zu gewinnen für neue volkswirtschaftliche Aufgaben sowie die Menschen durch Qualifizierung sowohl in der Berufsausbildung als auch im Hochschulstudium richtig vorzubereiten, habe feste Fundamente.

Das habe natürlich auch Bedeutung für die Berechenbarkeit in den Handels- und Wirtschaftsbeziehungen mit der BRD. Das betreffe weitere Maßnahmen zur Rationalisierung und Modernisierung unter Berücksichtigung der Devisenpolitik, und das betrifft eine Vielzahl von bewährten Wegen, die bereits in der Vergangenheit gegangen worden sind und die weitergeführt werden sollten, wie beispielsweise die Gestattungsproduktion. In jedem Falle gelte, daß der Handel zwischen der DDR und der BRD keine Einbahnstraße sein könne.

O. *Lambsdorff* versicherte, daß man, auch aus der Sicht der BRD-Regierung, alles tun wolle, um die Wirtschafts- und Handelsbeziehungen zu fördern. Er betonte dabei die in der Praxis bewiesene ökonomische Leistungsfähigkeit der DDR und ihr „berechtigtes Selbstbewußtsein". Er habe bereits im Gespräch mit E. Honecker gesagt, daß man mit ihm über das Thema der Wahl von Betriebsdirektoren in der DDR nicht zu diskutieren brauche. Die Haltung der DDR dazu sei ihm, wenn auch aus der Sicht eines Kapitalisten, völlig verständlich.

G. *Beil* erläuterte anhand einiger Beispiele die Verbesserung der Struktur im gegenseitigen Handel, insbesondere hinsichtlich des höheren Tempos in den Lieferungen wie im Bezug von Maschinen und Ausrüstungen. Dabei erwähnte er, daß in zunehmendem Maße mittlere und kleinere Betriebe der BRD, die flexibel auf die Rationalisierungsbedürfnisse der DDR reagieren könnten, einbezogen werden. Die Anzahl der Firmen habe sich dabei bedeutend erhöht, wobei er sich um eine Flächenwirkung über das ganze Gebiet der BRD handeln würde. Das habe Auswirkungen auf die Gestaltung der gegenwärtigen wie der künftigen Beziehungen.

O. *Lambsdorff* bestätigte diese Einschätzung der Veränderung der Struktur der Lieferungen, und dies habe für die FDP gerade aus der Sicht der Einbeziehung der mittelständischen Industrie in den Handel eine große Bedeutung. Wichtig sei auch, daß die Kombinate Außenhandelsfunktionen hätten, weil dies für die Abwicklung der Geschäfte gerade mit kleinen und mittleren Unternehmen eine Erleichterung darstellen würde. O. Lambsdorff sagte, daß man die Vorteile der gegenseitigen Beziehungen in der Tat voll ausnutzen müsse, worauf G. *Mittag* darauf hinwies, daß, wenn man von der Preisentwicklung auf dem Rohstoffsektor absieht, unter Berücksichtigung des physischen Volumens, der jährliche Handelsumsatz zwischen 8 bis 10 % real gewachsen sei.

Auf die Frage der Kommission für Wissenschaft und Technik eingehend, verwies O. *Lambsdorff* darauf, daß die Verzögerungen mit dem Föderalismus in der BRD zusammenhängen würden, da hierzu die Länder jeweils einzeln ihre Zustimmung geben müßten. Es sei nicht so, daß man die Entwicklung hier mit irgend etwas anderem befrachten wolle. Der Bundesminister für Forschung und Technik würde die Arbeit in aller Kürze fortsetzen. O. Lambsdorff sprach dann noch einmal die Frage der Umwelttechnik an.

Daraufhin erwähnte G. *Beil*, daß eine Reihe von Projekten zwar technologisch, aber ökonomisch nicht geklärt seien, weil die beteiligten Firmen darauf verwiesen hätten, daß Entscheidungen zur Finanzierung noch nicht getroffen seien.

Im weiteren Verlauf des Gesprächs wurde von G. *Mittag* darauf verwiesen, daß es notwendig sei, bei den Lieferungen von Anlagen zur Rauchgasentschwefelung die Erfahrungen von Buschhaus zu berücksichtigen, um von vornherein eine solide technische Grundlage zu besitzen, dem O. *Lambsdorff* zustimmte.

G. *Mittag* erläuterte, daß durch Buschhaus, das ja bekanntlich als „größte Dreckschleuder der Nation" gekennzeichnet worden ist, die DDR nach wie vor betroffen wird.[133] Schließlich herrschte im Jahresdurchschnitt 240 Tage Westwind. Hinzu komme noch, daß der Westwind Schadstoffe aus Berlin (West) in die Hauptstadt der DDR trage, und Herr Bräutigam würde dies ja kennen, da er selbst davon betroffen sei.

O. *Lambsdorff* seinerseits erkundigte sich nach dem Stand der Entwicklung beim Projekt des Touristenhotels in Berlin, wobei G. *Mittag* auf die Notwendigkeit klarer ökonomischer Rechnungen verwies.

Lambsdorff betonte dann, daß er darüber erfreut sei, daß er im Ergebnis seiner gestrigen und heutigen Gespräche die Überzeugung festigen konnte, daß sich die Grundpositionen in der Gestaltung der Beziehungen zwischen der DDR und der BRD und insbesondere der Wirtschaftsbeziehungen nicht verändert hätten. Das möchte er ausdrücklich unterstreichen und ebenso das Interesse am weiteren Ausbau der Zusammenarbeit. Das sei die Meinung seiner Partei, der FDP, aber das gelte auch für den Koalitionspartner.

G. *Mittag* hob abschließend die Nützlichkeit des Gespräches hervor. Es sei zu wichtigen Punkten der gegenseitigen Beziehungen Stellung genommen worden, und er möchte bekräftigen, daß die DDR im Sinne der Fortsetzung ihrer auf die Sicherung des Friedens und sachliche Zusammenarbeit gerichteten Politik der Entwicklung der Handels- und Wirtschaftsbeziehungen zwischen der DDR und der BRD die entsprechende Bedeutung beimißt.

Quelle: SAPMO - BArch, DY 30/J NL 23/16.

---

133 Im niedersächsischen Buschhaus war in unmittelbarer Nähe der deutsch-deutschen Grenze ein Kohlekraftwerk mit erheblichen Abgaswerten in Betrieb gegangen. Buschhaus wurde in den achtziger Jahren in westdeutschen Medien zuweilen mit dem hier benutzten Zitat bedacht.

Dokument 6

Vermerk von Alexander Schalck über ein Telefonat mit Kanzleramtsminister Wolfgang Schäuble am 17. März 1988

Am 17.03.1988, 10 Uhr, wurde ich vom Chef des Bundeskanzleramtes, Bundesminister Schäuble, angerufen. Schäuble liegt der Bericht von Rau über sein Gespräch mit dem Generalsekretär des ZK der SED und Vorsitzenden des Staatsrates, Erich Honecker, am 13.03.1988 in Leipzig vor. Daraus entnimmt er, daß der Staatsratsvorsitzende zur Elbgrenze mitgeteilt haben soll, daß sich eine Regelung Mitte Strom bis auf die strittigen rund 45 km abzeichnet. Schäuble bat darum, daß solange sein informeller Vorschlag vom 14.01.1988 nicht beantwortet ist, dieses Thema aus offiziellen Gesprächen herausgehalten wird. Es besteht sonst die Gefahr, daß es zu Irritationen kommt und damit die Lösung dieses defizellen Problems weiter erschwert würde.

Ich habe den Standpunkt von Schäuble ohne Kommentar entgegengenommen und zum Ausdruck gebracht, daß wir in absehbarer Zeit auf die beiden offenen Fragen (Pauschale, Elbgrenze) zurückkommen werden.

Aus der Niederschrift über das Gespräch des Generalsekretärs des ZK der SED und Vorsitzenden des Staatsrates der DDR, Erich Honecker, mit dem Ministerpräsidenten Nordrhein-Westfalens, Johannes Rau, am 13. März 1988 in Leipzig findet sich kein Hinweis auf Gespräche zur Elbgrenze.[134]

Am 21.01.1988 hat der Generalsekretär des ZK der SED die von Dir vorgelegte Stellungnahme zum informellen Vorschlag der BRD-Seite zur Regelung des Grenzverlaufes auf der Elbe bestätigt (Anlage). Ich möchte, daß vor dem 20. April 1988 auf informellem Wege Schäuble durch mich über unseren Standpunkt zur Elbgrenze und zur Transitpauschale informiert wird.[135]

Bitte um Kenntnisnahme.

Quelle: SAPMO - BArch, DY 30/vorl. SED, 42 168.

---

134 Vgl. Heinrich Potthoff: Die „Koalition der Vernunft", S. 721 ff.

135 Die hier erwähnte Stellungnahme wurde nicht im SED-Politbüro behandelt und bisher in den Akten nicht aufgefunden. Das Treffen von Schäuble mit Schalck fand nicht am 20. April, sondern erst am 5. Mai 1988 in Bonn statt. Schalck erläuterte dem Kanzleramtsminister dabei die DDR-Position zur Transitpauschale und zur Elbgrenze. Vgl. Dok. 11.

Dokument 7

Schreiben von Helmut Kohl an Erich Honecker vom 23. März 1988

Sehr geehrter Herr Generalsekretär,
für Ihr Schreiben vom 14. Dezember 1987 danke ich Ihnen.[136]

Das in Washington unterzeichnete Abkommen zur Beseitigung aller amerikanischen und sowjetischen landgestützten Mittelstreckenflugkörper mit Reichweiten über 500 km ist ein Meilenstein in den Ost-West-Beziehungen.[137] Es macht den Weg frei für Fortschritte in anderen Rüstungskontrollbereichen. Ich teile Ihre Ansicht, daß die gegebenen Chancen für weitere Schritte zu einem gesicherten Frieden mit weniger Waffen nun zügig und umfassend genutzt werden müssen, im nuklearen, chemischen und konventionellen Bereich. Das Bestreben der USA und der Sowjetunion, noch in der ersten Hälfte dieses Jahres ein Abkommen über die 50prozentige Reduzierung ihrer strategischen Offensivwaffen zu erreichen, hat die volle Unterstützung der Bundesregierung.

Vordringlich ist für uns auch der Abschluß einer Konvention zum weltweiten Verbot chemischer Waffen. Die Verhandlungen in Genf sind bereits weit gediehen; noch offene Fragen sind lösbar. Es wäre unserer Überzeugung nach ein Irrweg, wenn wir uns in diesem fortgeschrittenen Verhandlungsstadium dem Konzept einer chemiewaffenfreien Zone zuwenden würden.

Nuklearwaffen mit Reichweiten unter 500 km haben für uns Deutsche besondere Relevanz. Die sowjetischen und amerikanischen bodengestützten nuklearen Kurzstreckenraketen sind in das Rüstungskontrollkonzept der NATO einbezogen.

Die Bundesregierung strebt weiter die Erarbeitung eines Mandats für solche Verhandlungen an. Unser Ziel ist, dies wurde erneut in Brüssel von den Staats- und Regierungschefs der NATO-Mitgliedstaaten betont, die deutliche und überprüfbare Reduzierung dieser Nuklearsysteme auf gleiche Obergrenzen.

Mit Interesse habe ich zur Kenntnis genommen, daß sich die DDR und ihre Bündnispartner über den Verzicht auf die Modernisierung einiger Kurzstreckenwaffensysteme konsultieren. In diesem Zusammenhang erinnere ich daran, daß das Nordatlantische Bündnis im Laufe der vergangenen acht Jahre einseitig 2.400 nukleare Gefechtsköpfe aus Europa abgezogen hat und daß die Bundesregierung auf die Modernisierung der Pershing Ia-Raketen der Bundeswehr verzichtet und ihrem Abbau zugestimmt hat, wenn alle vom

---

136 Vgl. Dok. 3. Honecker hatte das Schreiben am 12. Dezember 1987 datiert.
137 Vgl. Anm. 116.

INF-Vertrag erfaßten amerikanischen und sowjetischen Flugkörper beseitigt sind. Ich erwarte weiterhin, daß nun die Staaten des Warschauer Vertrages diesem Beispiel folgen und ihre drückende Überlegenheit im Bereich der Kurzstreckenraketen abbauen. Ein Verzicht auf einen Teil dieser Raketen würde das Sicherheitsinteresse der Staaten des Warschauer Vertrages nicht beeinträchtigen; er würde zu mehr Sicherheit und Vertrauen in Europa beitragen und die Ausgangslage für künftige Verhandlungen verbessern.

Im übrigen hat die Bundesregierung zusammen mit ihren Partnern im Nordatlantischen Verteidigungsbündnis in den Erklärungen vom 2. und 3. März d[es] J[ahres] ihre Überzeugung bekräftigt, daß für die vorhersehbare Zukunft auf Kernwaffen nicht verzichtet werden kann, wenn der Krieg zuverlässig verhindert und der Frieden gesichert werden soll. Die Bündnisstrategie der Kriegsverhinderung erfordert ein ausgewogenes Verhältnis nuklearer und konventioneller Streitkräfte, wobei auf keines dieser beiden Elemente verzichtet werden kann. Die Bundesregierung wird auch künftig die Schritte des Bündnisses mittragen, die erforderlich sind, um diese Strategie wirksam und glaubwürdig zu halten.

Dabei können wir die Überlegenheit der Staaten des Warschauer Vertrages bei den konventionellen Streitkräften nicht außer Acht lassen, die derzeit so groß ist, daß wir darin eine militärische Invasionsfähigkeit gegenüber Westeuropa sehen müssen. Diese Überlegenheit erachte ich als das Kernproblem für die Sicherheit Europas. Ich weiß mich darin einig mit unseren Freunden in der westlichen Welt.

Unser Bündnis hat mit seiner Erklärung „Konventionelle Rüstungskontrolle: Der Weg nach vorn" vom 2. d[es] M[onats] Lösungswege für die baldige Vereinbarung eines Mandats für Verhandlungen über konventionelle Stabilität als Teil eines ausgewogenen Ergebnisses des Wiener KSZE-Folgetreffens aufgezeigt.

Ich begrüße es, daß auch Sie es als bedeutsam bezeichnet haben, ohne Zeitverlust Verhandlungen über wirksame konventionelle Rüstungskontrolle aufzunehmen. Hierzu gehört auch, daß weiterführende vertrauens- und sicherheitsbildenden Maßnahmen entwickelt werden. In diesen Verhandlungen und ihren Ergebnissen sehe ich einen wesentlichen Angelpunkt für die künftige Entwicklung des Ost-West-Verhältnisses insgesamt. Die Fortschritte in Wien geben Anlaß zu der Erwartung, daß im Zusammenhang mit dem KSZE-Folgetreffen entsprechende Mandate erreicht werden und die Verhandlungen zügig beginnen können. Ziel muß es sein, konventionelle Stabilität in ganz Europa vom Atlantik bis zum Ural herzustellen.

In der oben erwähnten Erklärung unseres Bündnisses wird auch darauf verwiesen, daß die Sicherheit in Europa nicht nur militärische, sondern auch politische, wirtschaftliche und insbesondere humanitäre Faktoren umfaßt. Eine gerechte und dauerhafte Friedensordnung in Europa erfordert, daß alle Staaten ein Vertrauensverhältnis zu ihren Bürgern suchen, es ihnen überlassen, eigene politische und wirtschaftliche Entscheidungen zu treffen, und es ihnen ermöglichen, Informationen und Gedanken mit Bürgern anderer Staaten auszutauschen.

Ich halte es in jedem Fall für wichtig, daß wir unseren Meinungsaustausch nicht auf den Bereich der Abrüstung begrenzen, sondern ihn zu allen Fragen führen, die von besonderer Bedeutung für die Bundesrepublik Deutschland und die DDR sind. Die positive Entwicklung des Jahres 1987 mit Ihrem Besuch in der Bundesrepublik Deutschland hat mich in der Auffassung bestärkt, daß es gute Chancen gibt, unsere Beziehungen auf allen Gebieten zu verstetigen und auszubauen. Meiner Regierung liegt im Interesse der Menschen in beiden Staaten daran, Kontakte und Zusammenarbeit in allen Bereichen, einschließlich der Lösung humanitärer Probleme, weiterzuentwickeln. Die Menschen messen unsere Beziehung und unsere Arbeit daran, was für sie jeweils praktisch herauskommt. Bereits in unseren Gesprächen in Bonn habe ich darauf verwiesen, daß sich die Bundesregierung bei allen Entscheidungen in zweifacher Hinsicht besonders in der Pflicht sieht: Wir wollen den Frieden sicherer machen, aber wir wissen, daß es wirklichen Frieden nicht geben kann, ohne daß die Rechte der einzelnen Bürger für ein Leben in Humanität und Freiheit gewährleistet sind.

Mit freundlichen Grüßen
gez. Helmut Kohl

Quelle: SAPMO - BArch, DY 30/J IV 2/2A/3108.

Dokument 8

Vermerk über ein Gespräch von ZK-Sekretär Egon Krenz mit Hans Otto Bräutigam, Leiter der Ständigen Vertretung der BRD in Ost-Berlin, am 13. April 1988

Bräutigam bedankte sich, daß seiner Bitte für dieses Gespräch entsprochen wurde. Er sei an einem Meinungsaustausch zum Stand der Beziehungen zwischen beiden deutschen Staaten sehr interessiert. Außerdem habe er drei konkrete Anliegen an Egon Krenz.

So bitte er um Prüfung, ob

– eine Abordnung von Jugendlichen der DDR am 20. Mai in Bonn an einem Zusammentreffen des Bundespräsidenten R. v. Weizsäcker mit Jugendlichen der BRD und anderer Staaten, darunter auch mehrerer sozialistischer Staaten, teilnehmen könnte. Er habe den Auftrag des Bundespräsidenten, diese Bitte vorzutragen. Seiner Meinung nach könnte sich diesbezüglich der Deutsche Bundesjugendring der BRD an die Freie Deutsche Jugend wenden;

– zu dem im Juni in Düsseldorf stattfindenden Leichtathletik-Länderkampf zwischen der BRD und der DDR eine Einladung an Egon Krenz Aussicht auf positive Beantwortung hätte. Er würde hier eine gute Möglichkeit sehen, Gespräche mit verschiedenen hochrangigen Politikern der BRD zu führen;

– Egon Krenz bereit wäre, einer Einladung zu einem Gespräch mit den Missionschefs der in der DDR akkreditierten EG-Staaten Folge zu leisten. Hierfür gebe es bereits eine gewisse Tradition. Werner Felfe und Oskar Fischer hätten zu früheren Gelegenheiten entsprechende Einladungen befolgt. Er spreche diese Einladung als derzeitiger Vorsitzender des Kreises der Missionschefs der in der DDR vertretenen EG-Länder aus. Das Gespräch könnte in Form eines Mittagessen in der Residenz von Bräutigam stattfinden.

In seiner Erwiderung sagte Egon Krenz, daß Generalsekretär Erich Honecker den Brief von Bundeskanzler Kohl erhalten habe.[138] Eine Antwort werde zu gegebener Zeit erfolgen. Wenn es Herrn Bräutigam um einen Meinungsaustausch zu den Beziehungen zwischen beiden deutschen Staaten gehe, dann sei zuallererst zu unterstreichen, daß die DDR unverändertes Interesse daran habe, daß alles Schritt für Schritt verwirklicht wird, was im Gemeinsamen Kommuniqué vom 8. September 1987 stehe. Dazu habe sich Erich Honecker bekanntlich erneut während der Leipziger Frühjahrsmesse geäußert. Was uns betrifft, so realisieren wir alles nach Geist und Buchstaben der Absprachen. Manchmal würden allerdings bestimmte Irritationen auftreten, wenn man an gegen die DDR gerichtete Äußerungen in den Medien, aber nicht nur dort, denke. Besser sei es, vernünftig miteinander umzugehen. Die Linie der Führung der SED sei unverändert, alles dafür zu tun, damit die Vereinbarungen mit der BRD verwirklicht werden. Dafür stehe das Wort von Erich Honecker, und das Wort Erich Honeckers ist das kollektive Wort der Partei- und Staatsführung der DDR. In diesem Sinne werde gehandelt.

H. O. Bräutigam sagte, auch die Bundesregierung habe unverändert den Willen, das Vereinbarte mit Leben zu erfüllen. Auch wenn es

138 Vgl. Dok. 7.

manchmal hakt, wolle die Bundesregierung Punkt für Punkt die Abmachungen einlösen. Deshalb habe sie sich auch in letzter Zeit eine größere Zurückhaltung bei öffentlichen Verlautbarungen auferlegt als früher. Keinesfalls wolle sie Öl ins Feuer gießen. Ein Presse-Krieg sei schon gar nicht hilfreich. Natürlich wisse er, daß es Politiker gebe, die – berechtigt oder unberechtigt – Schwierigkeiten hätten, ihren Mund zu halten. Das solle man nicht überbewerten. Die dominierende Auffassung sei vielmehr, daß beide Staaten von einer gemeinsam für richtig erkannten Politik gleichermaßen Nutzen ziehen müßten. Keiner habe einen Vorteil, wenn dem anderen Schaden zugeführt würde. Das betreffe z. B. auch das Problem der Ausreisebestrebungen. Die Bundesrepublik habe kein Interesse daran, diese Frage anzuheizen. Das sei nicht ihre Politik. Er sage das auch vor dem Hintergrund der gestern von der Synode der Evangelischen Kirchen von Berlin-Brandenburg an die Adresse der Bundesregierung gerichteten Vorwürfe. In Bonn gebe es Übereinstimmung, daß dazu keine öffentliche Diskussion geführt werden dürfe. Die Politik der Verständigung dürfe nicht beeinträchtigt werden. Die Bundesregierung sehe ihre Aufgabe darin, vor allem humanitäre Härtefälle vernünftig zu lösen.

Man dürfe auch die gegenwärtig in der CDU geführte Diskussion über die „Deutschlandpolitik" nicht als Gegensatz dazu einschätzen, so führte H. O. Bräutigam seine Ausführungen fort. Sie seien Anzeichen dafür, daß es in der CDU einen erheblichen Diskussionsbedarf zu diesen Fragen gebe. Auch wenn er sich die eine oder andere Formulierung anders wünschen würde, müsse man sehen, daß die CDU sich vorwärts bewege und nicht bei alten Formeln stehenbleibt. Ein Gewinn sei es, daß die Politik der Bundesregierung gegenüber den sozialistischen Staaten und der DDR im Kern von allen Bundestagsparteien bis hin zu den Grünen getragen werde. Heute sei dafür eine wesentlich festere parlamentarische Basis vorhanden als noch vor fünf Jahren. Vor diesem Hintergrund habe ein Besuch von Bundeskanzler Kohl in der DDR ein noch größeres Gewicht. Er hoffe, daß dieser Besuch noch in der laufenden Legislaturperiode der gegenwärtigen Bundesregierung stattfinden kann.

Die Entwicklung des Reiseverkehrs habe viel für die Verbesserung des Klimas zwischen beiden deutschen Staaten bewirkt. Er wolle darauf hinweisen, daß eine offensichtlich neue restriktivere Handhabung der Genehmigungspraxis durch die DDR in der Bundesrepublik nicht verstanden werde. Egon Krenz warf an dieser Stelle ein, daß Bräutigam hier offensichtlich über falsche Informationen verfüge. H. O. Bräutigam sagte, er wolle mitteilen, daß es aus der Sicht der Bundesregierung keinen auffälligen Rückschlag im Reiseverkehr geben dürfe. Natürlich sei einzuräumen, daß die Reiselust 1988 nicht die gleiche sein müsse wie 1987. Auch wisse man, daß der finanzielle Rahmen des Reiseverkehrs unbefriedigend sei. Das treffe auf beide Seiten zu. Aus kirchlichen Kreisen der DDR habe er Informationen, daß die Ablehnung für Reisen in die Bundesrepublik zugenommen hätte.

Im weiteren Verlauf des Gesprächs verwies Egon Krenz darauf, daß sich Vernunft und Realismus in den zwischenstaatlichen Beziehungen jeden Tag bewähren müßten. Immer müsse man die Gesamtheit der internationalen Entwicklung im Auge haben. So wolle er nur kurz auf die letzte NATO-Ratstagung eingehen. Ihre Ergebnisse seien nicht dazu geeignet, um Feindbilder abzubauen. Immerhin habe die DDR gemeinsam mit der Sowjetunion durch den einseitigen Abzug von sowjetischen Raketeneinheiten und die Übergabe der entsprechenden Militärobjekte in zivile Hände erneut ihren guten Willen bewiesen, einen aktiven Beitrag für den Prozeß der Ratifizierung und der Verwirklichung des zwischen der UdSSR und den USA geschlossenen Abkommens zur Beseitigung von Mittelstreckenraketen zu leisten. Als Antwort der NATO sei aber die Bekräftigung der „flexiblen Reaktion" gekommen. Die Staaten des Warschauer Vertrages wollten gleiche Sicherheit auf immer niedrigerem Niveau. Die Sofioter Erklärung der Außenminister der Staaten des Warschauer Vertrages habe dies erneut bekräftigt. Verweisen wolle er auch auf die Vorschläge von SED, KPTsch und SPD hinsichtlich der Schaffung einer chemiewaffenfreien Zone und eines atomwaffenfreien Korridors.[139]

Auf die Bemerkungen Herrn Bräutigams zur Innenpolitik der DDR eingehend, bemerkte Egon Krenz, daß dies allein Angelegenheit der DDR selbst sei. Was die von Herrn Bräutigam angesprochenen Ausreisen angehe, so solle man das nicht dramatisieren, sagte Egon Krenz. Schließlich sei die Zahl derer, die jährlich die BRD verlassen würden, nicht gering. Die in der DDR dazu getroffenen gesetzlichen Regelungen von 1982 stünden in voller Übereinstimmung mit der Schlußakte von Helsinki. Im übrigen sei die Sache der Ausreisen eine Angelegenheit des Staates und nicht der Kirche. Die Behauptung, es gebe seitens der DDR eine restriktivere Handhabung der Genehmigungspraxis für die Reisen in die BRD, entbehre jeder Grundlage. Natürlich entwickle sich der Reiseverkehr dann gut, wenn die DDR und ihre Bürger nicht verleumdet würden. Die Zahl der Reisen sei keine für alle Zeiten gültige Größe. Alles hängt von den Gesamtbeziehungen ab. Zu beachten seien ökonomische Fragen und die politische Atmosphäre. Die Auffassung, daß der Rei-

---

139 Vgl. die Dokumente des Sofioter Treffens in: ND, 31. März 1988. Vgl. zu den Vorschlägen von SED, KPTsch und SPD Anm. 123 und 124.

severkehr eine unveränderliche Tatsache ist, sei also nicht zutreffend. Im übrigen würden ja, gemessen an der Bevölkerungszahl, bedeutend mehr Bürger der DDR in die BRD reisen als umgekehrt.

Was die Städtepartnerschaften angehe, könne man insgesamt von einer positiven Entwicklung ausgehen. Allerdings zeige sich, daß Störungen dort auftreten würden, wo die Partnerschaft als „Profilierungsparkett" für BRD-Politiker mißbraucht würde. Das Verhalten des Bonner Oberbürgermeisters habe in Potsdam zu Recht Empörung ausgelöst.[140] Auf dem Gebiet der Sportbeziehungen gebe es deshalb keine Störungen, weil dort von gleichberechtigten Beziehungen ausgegangen würde.

H. O. Bräutigam sagte, auch die BRD-Seite sehe den Abrüstungsprozeß in seiner Ganzheit. Die BRD wolle dazu beitragen, zu gleicher Sicherheit auf niedrigerem Niveau zu gelangen. Berücksichtigen müsse man, daß beide deutsche Staaten nicht allein existierten. Die Bundesregierung habe Probleme mit den „Zonenkonzepten" der DDR, weil damit Zonen unterschiedlicher Sicherheit geschaffen würden. Diese Frage würde vor allem in der NATO sehr kritisch gesehen. Auch wenn die Bundesregierung auf diesbezügliche Vorschläge der DDR und der CSSR in absehbarer Zeit nicht antworten wird, verfolge sie die inhaltliche Substanz der Konzepte mit Interesse, zumal einige Elemente (die Nichtangriffsfähigkeit) von allgemeiner Bedeutung seien. Die Bundesregierung stehe vor der Schwierigkeit, daß der Meinungsbildungsprozeß in der NATO über ihre Abrüstungskonzeption noch nicht abgeschlossen ist. Probleme gebe es vor allem mit den kleineren Atommächten. Die DDR könne aber davon ausgehen, daß H.-D. Genscher, der an der 7. Jahreskonferenz des Instituts für Ost-West-Sicherheitsstudien New York vom 9. bis 11. Juni in Potsdam teilnehmen möchte, detailliert die Position der Bundesregierung zur Fortsetzung des Abrüstungsprozesses darlegen wird.[141] Darin werden Sie viele Gemeinsamkeiten mit ihrer Position feststellen, sagte H. O. Bräutigam.

Hinsichtlich der von H. O. Bräutigam eingangs aufgeworfenen Fragen antwortete Egon Krenz:

– Die Teilnahme von Jugendlichen an einem Treffen beim Bundespräsidenten der BRD, R. v. Weizsäcker, sei ein interessanter Vorschlag. Wenn sich der Deutsche Bundesjugendring der BRD an die Freie Deutsche Jugend mit einer entsprechenden Einladung

---

140 Im März 1988 sagte der Potsdamer Oberbürgermeister Seidel einen Besuch in Bonn ab, nachdem sein Bonner Amtskollege Daniels die DDR mit dem rassistischen Südafrika verglichen hatte. Vgl. ND, 24. März 1988.

141 Vgl. zur Rede Genschers, der aus diesem Anlaß erstmals offiziell die DDR besuchte, auf dieser Tagung die Berichte in: ebenda, 13. Juni 1988.

wendet, könne sich Egon Krenz gut vorstellen, daß die FDJ eine schnelle Antwort gibt.

– Was eine Teilnahme am Leichtathletik-Länderkampf BRD – DDR betreffe, so habe er terminliche Schwierigkeiten. Zur gleichen Zeit fände in Berlin das „Internationale Treffen für kernwaffenfreie Zonen" statt.

– Einen Terminvorschlag für ein Gespräch der Missionschefs der in der DDR akkreditierten EG-Staaten könne er zur Zeit nicht bestätigen. Herr Bräutigam könne aber in dieser Beziehung mit Herrn Gunter Rettner im Gespräch bleiben. H. O. Bräutigam warf ein, daß er aber Wert darauf lege, daß dieses Gespräch noch zu der Zeit stattfindet, da die BRD die Präsidentschaft der EG hat.

An dem Gespräch nahm Gunter Rettner, Leiter der Abteilung für Internationale Politik und Wirtschaft beim ZK der SED, teil.

Quelle: SAPMO - BArch, DY 30/IV 2/2039/303.

Dokument 9

Schreiben von Helmut Kohl an Erich Honecker vom 4. Mai 1988

Sehr geehrter Herr Generalsekretär,
für Ihr Schreiben vom 11. April und für Ihre Einladung zum „Internationalen Treffen über kernwaffenfreie Zonen" danke ich Ihnen.[142]

Der Standpunkt meiner Partei zur Einrichtung einer kernwaffenfreien Zone in Mitteleuropa ist Ihnen schon aus unseren gemeinsamen Gesprächen bekannt. Die CDU hält einen solchen Vorschlag nicht für einen geeigneten Ansatz zur Verbesserung der Sicherheit in Europa. Für die nukleare Bedrohung eines Gebietes sind nach unserer Auffassung nicht die dort stationierten Kernwaffen ausschlaggebend, sondern die Möglichkeit, dieses Territorium mit Nuklearwaffen zu erreichen. Ein bloßes Auseinanderrücken der nuklearen Arsenale würde lediglich eine Illusion von Sicherheit schaffen. Dagegen wäre angesichts der erheblichen konventionellen Überlegenheit des Warschauer Paktes in Europa die Stabilität in dieser kernwaffenfreien Zone gefährdet.

Unser Ziel muß es vielmehr sein, jeden Krieg, ob nuklear oder konventionell, zu verhindern. Wir halten es deshalb für richtig, die

---

142 Helmut Kohl war, wie andere westeuropäische Politiker, zu einem internationalen Treffen über kernwaffenfreie Zonen eingeladen worden, das vom 20. bis 22. Juni 1988 von der SED in Ost-Berlin durchgeführt wurde.

Fragen der nuklearen Rüstung nicht isoliert, sondern nur im Gesamtzusammenhang mit der Beseitigung des konventionellen Ungleichgewichts in Europa zu behandeln. Diesem Ziel wird das Gesamtkonzept des Atlantischen Bündnisses Rechnung tragen.

Aufgrund dieser bekannten Meinungsunterschiede erscheint es mir daher nicht sinnvoll, daß ich selbst oder Beauftragte der CDU an Ihrem „Internationalen Treffen" teilnehmen. Da auf beiden Seiten Fragen der Sicherheit und Rüstungskontrolle Angelegenheiten der jeweiligen Bündnisse sind, sollten sich vielmehr die beiden deutschen Staaten darauf konzentrieren, wie bisher innerhalb ihres eigenen Bündnisses für eine konstruktive Politik der Sicherung des Friedens in Europa hinzuwirken, so wie wir das gemeinsam in unserem Kommuniqué anläßlich Ihres Besuches in der Bundesrepublik Deutschland zum Ausdruck gebracht haben.

Mit vorzüglicher Hochachtung
gez. H. Kohl

Quelle: SAPMO - BArch, DY 30/J IV J/114.

Dokument 10

Schreiben von Franz Josef Strauß, Ministerpräsident von Bayern, an Erich Honecker vom 4. Mai 1988

Sehr geehrter Herr Generalsekretär und Staatsratsvorsitzender!

Für Ihr Schreiben vom 11. April 1988 und die damit verbundene Einladung danke ich Ihnen. Ich habe Ihr Schreiben aufmerksam gelesen und die damit verbundenen Probleme nochmals sorgfältig überdacht.[143]

Ich habe niemals, auch nicht in meinen Gesprächen mit führenden Staatsmännern und Politikern aus den Ländern des realen Sozialismus, aus meiner Überzeugung ein Hehl gemacht, daß ich von sogenannten kernwaffenfreien Zonen nichts halte. Schon der Begriff kernwaffenfreie Zone ist geeignet, falsche Vorstellungen zu erwekken. Es gibt weder ein Abkommen noch gäbe es im Falle eines solchen Abkommens auch nur die geringste Sicherheit, daß solche kernwaffenfreien Zonen dann nicht mit Kernsprengkörpern angegriffen werden können. Deshalb ist die Frage zurückzuführen auf das Problem: Kernwaffen oder nicht bzw. Verbot und Vernichtung aller Kernwaffen.

---

143 Vgl. Anm 142. Wie Kohl war auch Strauß eingeladen worden.

So erfreulich die Aspekte einer kernwaffenfreien Welt wären, sowenig kann ein realistisch denkender Politiker auch beim besten Willen die damit verbundenen Probleme übersehen oder leugen. Die erste Voraussetzung wäre, daß dann ein Gleichgewicht für konventionelle Streitkräfte auf beiden Seiten gewährleistet sein müßte. Dieses Gleichgewicht könnte nur durch eine asymmetrische Abrüstung erreicht werden. Schwieriger aber noch ist das Problem der Einhaltung und der Überwachung eines solchen Verbotes. Darum war ich nie der Meinung, daß eine Welt frei von Kernwaffen in absehbarer Zeit geschaffen werden könnte.

Was wir brauchen sind nicht kernwaffenfreie Zonen, sondern eine kriegsfreie Welt. Kriege entstehen aus Gegensätzen und Spannungen. Deshalb ist es gemeinsame Aufgabe, die Ursachen der Spannungen realistisch zu erforschen, die damit verbundenen Gegensätze abzubauen und den Krieg als Mittel der Politik zu ächten.

Ohne Zweifel hat die Menschheit auf diesem Weg gewisse Fortschritte erreicht, weil die Furchtbarkeit moderner Waffensysteme bewiesen hat, daß ein Krieg nicht mehr geplant, nicht mehr kalkuliert, nicht mehr kontrolliert werden kann, weil die in ihm ausgelösten radioaktiven Energien nicht nur furchtbare Sofortwirkungen hervorrufen, sondern auch Langzeitfolgen erzeugen würden, die nicht unter Kontrolle zu bringen wären. Das im Vergleich dazu relativ kleine Kernanlagenunglück von Tschernobyl hat eine Andeutung dazu geliefert.[144] Die Lehren daraus werden hoffentlich auch zu einer Änderung der Militärdoktrien bei denen führen, die einen begrenzten Atomkrieg für möglich oder überhaupt einen Atomkrieg für gewinnbar gehalten haben.

Bei meinen Gesprächen in Moskau, z. B. in einem langen Gespräch mit dem Sekretär des Zentralkomitees Dobrynin, habe ich auch festgestellt, daß man dort es für notwendig und erreichbar hält, die Streitkräfte auf beiden Seiten auf das für Verteidigung im Sinne der Kriegsverhinderung unbedingt erforderliche Minimum zu beschränken und auf jede Angriffsfähigkeit (Invasionsfähigkeit) zu verzichten. In diesem Zusammenhang hat auch Dobrynin mir und meiner Delegation erklärt, daß auch die sowjetische Seite nach wie vor an der Unentbehrlichkeit eines atomaren Abschreckungsarsenals festhalte. Er hat nicht von kernwaffenfreien Zonen gesprochen, weil der ganze Verlauf unserer Gespräche und der Sinn der dabei entwickelten Gedankengänge sicherlich nicht mit der Errichtung

---

144 Am 26. April 1986 explodierte im ukrainischen Tschernobyl ein Reaktorblock des dortigen Kernkraftwerks. Neben zahlreichen Toten und Strahlenkranken vor Ort gefährdete die Strahlenbelastung große Teile Europas.

von kernwaffenfreien Zonen hätte in Übereinstimmung gebracht werden können.[145]

Es muß unser gemeinsames Bemühen sein, nicht die Schrecken eines Krieges zu vermindern und damit die Möglichkeit eines Ausbruches wieder als eine politische Option zu erleichtern, sondern den Krieg als solchen, und zwar in jeder Hinsicht und umfassend unmöglich zu machen. In diesem Sinne weiß ich, daß wir übereinstimmen, in diesem Sinne sollten wir auch unseren Einfluß in den jeweiligen Bündnissen geltend machen. Ich bitte um Verständnis, daß ich aber keinen Sinn darin sehe, eine Konferenz über eine kernwaffenfreie Zone durchzuführen und an dieser Konferenz teilzunehmen.

Mit freundlichen Grüßen

gez. F. J. Strauß

Quelle: SAPMO - BArch, DY 30/J IV J/114.

Dokument 11

Vermerk über ein Gespräch von Kanzleramtsminister Wolfgang Schäuble mit Alexander Schalck am 5. Mai 1988

Bundesminister Schäuble wurden beste Wünsche des Generalsekretärs des ZK der SED und Vorsitzenden des Staatsrates der DDR, Erich Honecker, mit der Bitte um Weiterleitung an Bundeskanzler Helmut Kohl übermittelt.

Einleitend wurde ausgeführt, daß dieses Gespräch das Ziel hat, die bestehenden Kontakte auf dieser Ebene weiterzuführen und eine Antwort auf die in vorangegangenen Gesprächen durch W. Schäuble angesprochenen Fragen zur Aufnahme der Verhandlungen zur Neufestsetzung der Transitpauschale für den Zeitraum 1990 - 1999 und zur Regelung der Elbegrenze zu übermitteln.[146]

Es wurde hervorgehoben, daß seitens der DDR auch in der zurückliegenden Zeit alles getan wurde, um die während des offiziellen Besuches des Generalsekretärs des ZK der SED und Vorsitzenden des Staatsrates der DDR, Erich Honecker, in der BRD und die

---

145 Zur Reise von Strauß vom 28. bis 31. Dezember 1987 nach Moskau vgl. Franz Josef Strauß: Die Erinnerungen. Berlin 1989, S. 552 ff.

146 Die nun folgenden Informationen entsprechen dem Wortlaut eines Vorbereitungsmaterials vom 29. April 1988, welches Schalck zur Bestätigung an Honecker übermittelt hatte. Vgl. SAPMO - BArch, DY 30/vorl. SED, 42168.

im Gemeinsamen Kommuniqué getroffenen Absprachen im Geist der beabsichtigten positiven weiteren Entwicklung der Beziehungen zwischen der DDR und der BRD zu realisieren.

Jüngstes Beispiel dafür sind die am 7.3.1988 unterzeichnete Grundsatzvereinbarung und die am 21.4.1988 abgeschlossenen Nachfolgeverträge zum Bezug und zur Lieferung von Elektroenergie zwischen der DDR und der BRD unter Einbeziehung von Berlin (West).[147] Damit wurde durch die Vertragspartner eine Regelung getroffen, die von großer Tragweite für die zukünftige langfristige Zusammenarbeit ist und für beide Seiten über das Jahr 2000 hinaus von Nutzen sein wird.

Zur Entwicklung des Reiseverkehrs wurde festgelegt, daß die DDR sich weiterhin großzügig verhält. Die vorliegenden aktuellen Zahlen zum Reiseverkehr zwischen der DDR und der BRD bzw. der DDR und Berlin (West) beweisen, daß im Gegensatz zu den Behauptungen in manchen BRD-Medien der Reiseverkehr weiter ausgeweitet wurde, wobei sich jedoch nach wie vor die Frage stellt, wie die sich daraus für die DDR ergebenden erheblichen Valutaaufwendungen finanziert werden sollen. Bei der Neufestsetzung der Transitpauschale für den Zeitraum ab 1990 sollte dies nicht außer Betracht gelassen werden.

Zur Transitpauschale wurde mitgeteilt, daß die DDR zur kurzfristigen Aufnahme von Verhandlungen über die Neufestsetzung der Transitpauschale für den Zeitraum ab 1.1.1990 bis 31.12.1999 bereit ist. Es wurde vorgeschlagen, auf informeller Ebene ein grundsätzliches Einvernehmen zu erreichen, bevor gegebenenfalls die dazu notwendigen offiziellen Verhandlungen erfolgen. Unter Hinweis auf den erreichten hohen Verkehrsumfang, seiner zukünftigen weiteren Steigerung und die zunehmenden Aufwendungen der DDR für die Abwicklung dieses Verkehrs wurde eine Pauschalsumme von 890 Mio. DM jährlich geltend gemacht (bisher 525 Mio. DM).

Es wurde erläutert, daß davon ca. 500 Mio. DM auf Straßenbenutzungsgebühren entfallen, die ab 1.1.1989 entsprechend den gestiegenen Aufwendungen der DDR für die Instandhaltung der betreffenden Autobahnen und Straßen erhöht werden. Weiterhin wurde informiert, daß in der geforderten Pauschalsumme 210 Mio. DM Steuerausgleichsabgabe, 179 Mio. DM Visagebühren und 1 Mio. DM sonstige Gebühren enthalten sind.

Zur Begründung des Standpunktes der DDR wurde Schäuble ein non paper zur Neufestsetzung der Transitpauschale für den Zeitraum 1990 - 1999 übergeben.

---

147 Vgl. ND, 8. und 9. März 1988 .

Gegenüber Schäuble wurde die Erwartung ausgesprochen, daß mit der Neufestsetzung der Transitpauschale auch eine Vereinbarung über eine Kostenbeteiligung der BRD zur Grunderneuerung von Autobahntransitstrecken getroffen und für einen Zeitraum von 10 Jahren ein Betrag von ca. 40 Mio. DM jährlich zusätzlich zur Pauschalsumme vorgesehen wird.

Hinsichtlich der Neufestsetzung der Pauschale für Personenkraftfahrzeuge, die im Wechsel- oder Transitverkehr in dritte Staaten in die DDR einfahren, wurde vorgeschlagen, unter Berücksichtigung des in den nächsten Jahren zu erwartenden Anstiegs des Reise-, Besucher- und Transitverkehrs einen Betrag von 55 Mio. DM jährlich ebenfalls für den Zeitraum 1990 - 1999 zu vereinbaren und damit die bestehende Pauschale um 5 Mio. DM jährlich zu erhöhen.

Zum Ausbau und zur Elektrifizierung einer Eisenbahntransitstrecke zwischen der BRD und Berlin (West) wurde informiert, daß entsprechend dem von Schäuble am 14.1.1988 unterbreiteten Vorschlag zwischen dem Stellvertreter des Ministers für Verkehrswesen der DDR, Heinz Gerber, und dem Leiter der Ständigen Vertretung der BRD in der DDR, Bräutigam, entsprechende Sondierungsgespräche geführt wurden.

Des weiteren ist vorgesehen, am 19./20.5.1988 eine Besichtigung in ausgewählten Bereichen der Eisenbahntransitstrecke Berlin – Magdeburg – Marienborn gemeinsam mit Experten der BRD durchzuführen. Damit erhält die BRD-Seite die Möglichkeit, sich vor Ort über die komplizierten Bedingungen im Bereich dieser Eisenbahnstrecke zu überzeugen.

Bei den Sondierungsgesprächen wurden die möglichen Varianten für den Ausbau und die Elektrifizierung erörtert, wobei der Vergleich dieser Varianten deutlich macht, daß der Ausbau der Strecke Berlin – Marienborn für Hochgeschwindigkeiten unvertretbar hohe Aufwendungen erfordern würde sowie eine starke Beeinträchtigung des Binnenverkehrs, der Ökologie und des Städtebaus zur Folge hätte.

Seitens der DDR wird deshalb nach wie vor der Standpunkt vertreten, daß allein die Strecke Berlin – Oebisfelde für Ausbau- und Elektrifizierungsmaßnahmen mit einem vertretbaren Aufwands-Nutzungsverhältnis geeignet ist.

Es wird nunmehr erwartet, daß seitens der BRD-Regierung kurzfristig ein Standpunkt geäußert wird, damit offizielle Verhandlungen aufgenommen werden können.

Zur Anmietung (Leasing) von Luftfahrzeugen der Airbus Industrie wurde mitgeteilt, daß, ausgehend von dem während des Besuches des Generalsekretärs des ZK der SED und Vorsitzenden des

Staatsrates der DDR, Erich Honecker, in der BRD durch die BRD-Seite unterbreiteten Vorschlages, seit Anfang Januar 1988 Gespräche zwischen der *Interflug* der DDR und der Airbus Industrie zu diesem Komplex geführt werden.

Zu dieser Frage wurde die Erwartung geäußert, daß die Bundesregierung zu ihrem Vorschlag steht und insbesondere ihren Einfluß für eine zügige Genehmigung der Verträge einschließlich der Vereinbarungen über die Wartung ausübt.

Zur Regelung des Grenzverlaufs auf der Elbe wurde unter Bezugnahme auf den von Bundesminister Schäuble am 31.10.1987 unterbreiteten vertraulichen Vorschlag folgender Standpunkt dargelegt:[148]

– Der BRD-Vorschlag ist hinsichtlich der für mehr als die Hälfte der Elbstrecke vorgeschlagenen Grenzregelung (45,8 km Ostufer zuungunsten der DDR, 7,4 km Westufer zuungunsten der BRD) unrealistisch und unakzeptabel. Er entspricht nicht der Rechts- und Sachlage und zielt auf einen komplizierten, international bei schiffbaren Flüssen unüblichen Grenzverlauf.

Gestützt auf die Rechts- und Sachlage fordert die DDR weiterhin eine Grenzregelung Elbe Mitte Strom auf der gesamten Länge des Grenzabschnittes.

In diesem Zusammenhang wurde an die Zusage von Bundeskanzler Kohl erinnert, sich für eine solche Grenzregelung einzusetzen.

– Aus dem Vorschlag der BRD ist zu entnehmen, daß 40,5 km Elbegrenze – Mitte Strom – als unstrittig betrachtet werden.

Davon ausgehend wurde vorgeschlagen, als ersten Teil einer Gesamtregelung Mitte Strom für diese Abschnitte die Grenze festzuschreiben und in der Grenzkommission die betreffenden Teile der Grenzdokumentation fertigzustellen. Dabei wurde klargemacht, daß dafür keine Gegenleistungen der DDR erwartet werden können, wie sie für den Fall der einverständlichen Regelung des gesamten Grenzstreckenabschnittes vorgesehen sind.

Die übrigen Teile werden Mitte Strom geregelt, sobald die BRD-Regierung entsprechend der Zusage von Bundeskanzler Kohl dazu bereit ist.

– Es wurde erneut die Bereitschaft der DDR erklärt, im Falle einer einvernehmlichen Grenzfeststellung Mitte Strom für den gesamten Grenzstreckenabschnitt eine Reihe anstehender Fragen zu regeln, wie z. B.

• Abschluß des Vertrages über den Binnenschiffsverkehr, der Vereinbarungen über den Sportbootverkehr und den Fischfang,

• Abschluß der Vereinbarung über den Hochwasserschutz,

---

148 Vgl. Dok. 1.

- Aufnahme von Gesprächen über die Gewässerreinhaltung,
- Einbeziehung von Hannover, Hamburg und Kiel in den grenznahen Verkehr.

Die DDR wäre gegebenenfalls auch bereit, die Aufnahme der grenzüberschreitenden Fahrgastschiffahrt auf der Elbe zu prüfen.

Eine Lösung dieser praktischen Fragen ohne Grenzregelung Mitte Strom (nach Art der Ems-Dollart-Regelung) ist für die DDR nicht akzeptabel.

Abschließend habe ich nochmals bekräftigt, daß die DDR nach wie vor davon ausgeht, konstruktiv und im Sinne der Einleitung einer neuen Etappe in den Beziehungen ihren Beitrag zur Verwirklichung des Gemeinsamen Kommuniqués zu leisten. Damit ist jedoch die Erwartung verbunden, daß bei den anstehenden und erörterten Fragen auch die Interessenlage der DDR gebührend berücksichtigt wird.

Schäuble nahm die Ausführungen mit Interesse zur Kenntnis und legte seinen Standpunkt zu den aufgeworfenen Fragen dar.

Zu den unterbreiteten Vorschlägen zur Neufestsetzung der Transitpauschale vom 01.01.1990 bis 31.12.1999 von jährlich 930 Mio. DM, davon 40 Mio. DM für jährliche Grunderneuerungen, stellte Schäuble fest, daß zwar eine bedeutende Erhöhung der jetzt geltenden Transitpauschale denkbar ist, aber die vorgeschlagene Größenordnung in ihrer Durchsetzungsbarkeit unrealistisch erscheint.

Die von der BRD durchgeführten Berechnungen haben unter Zugrundelegung des jetzigen realen Verkehrsumfanges, der jetzt geltenden Straßenbenutzungsgebühren und anderer Gebühren und den unterstellten Steigerungsraten im Verkehrsaufkommen eine Erhöhung auf 600 Mio. DM jährlich ergeben.

Die Bundesregierung ist sich darüber im klaren, daß die Transitpauschale nicht losgelöst von anderen, beide Staaten im hohen Maße berührende Fragen, betrachtet werden kann, ohne daß formelle Junktims hergestellt werden. Auf Grund des Volumens der Transitpauschale bestehe hier die einzige Möglichkeit, der DDR entsprechende Kosten im Reiseverkehr ohne Offenlegung gegenüber der Öffentlichkeit im bestimmten Maße auszugleichen.

Schäuble geht davon aus, daß eine derartige Betrachtungsweise für den vorgesehenen Zeitraum von 10 Jahren auch Garantie der DDR bedingen, die die erreichte positive Entwicklung des Reise- und Besucherverkehrs so regeln, daß sie die erfolgreiche Durchführung der KSZE-Konferenz in Wien auf diesem Gebiet ermöglicht.

Schäuble hält es nicht für denkbar, wie das verschiedentlich von westdeutschen Politikern geäußert wurde, besondere Fonds oder Umtausch von Mark der DDR in DM speziell für den Reiseverkehr einzurichten. Entscheidend ist, daß jeder DDR-Bürger weiß, unter welchen Bedingungen er einen Reisepaß und ein Reisevisum für das nichtsozialistische Ausland beantragen und entsprechende Reisen durchführen kann.

Dabei werden sicherlich Reisen auf der Grundlage von Einladungen in die BRD und nach Berlin (West) die weitaus größte Zahl ausmachen. Mit Ausnahme des organisierten Tourismus könnte nur der Bürger der DDR eine Reise antreten, der über die entsprechenden Devisen verfügt oder eingeladen wird.

Die BRD-Seite ist sich darüber im klaren, daß die DDR keine zusätzlichen Fonds für den jetzt erreichten hohen Stand des Reise- und Besucherverkehrs zur Ausstattung mit Reisezahlungsmitteln schaffen kann.

Für die BRD-Seite wäre es wichtig, daß für den vorgesehenen längeren Zeitraum durch entsprechende gesetzliche Bestimmungen der DDR sichergestellt ist, daß der Reise- und Besucherverkehr von Bürgern der DDR in das nichtsozialistische Ausland weiter in dieser dargelegten positiven Richtung verläuft.

Schäuble glaubt, daß eine solche Entscheidung sich auch positiv auf die Zurückdrängung von Anträgen zur Übersiedlung in die BRD und nach Berlin (West) auswirken würde.

Schäuble legte Wert darauf festzustellen, daß die Bundesregierung kein Interesse daran hat, daß DDR-Bürger, mit Ausnahme dringender Familienangelegenheiten und anderer Sonderfälle, in die BRD und nach Berlin (West) übersiedeln.

Schäuble nahm die von mir dargelegte Antwort zu seinem informellen Vorschlag zur Regelung des Grenzverlaufs auf der Elbe mit Bedauern zur Kenntnis.

Er nahm Bezug auf die während des Besuches des Generalsekretärs des ZK der SED und Vorsitzenden des Staatsrates der DDR, Erich Honecker, in der BRD zu diesem Komplex geführten Gespräche. Man war sich darüber im klaren, daß beide deutsche Staaten die Grenze selbständig regeln müssen, um die nunmehr seit 40 Jahren bestehenden unterschiedlichen Auffassungen zu den Grenzfestlegungen der Alliierten zu klären. Die Bundesregierung weiß, daß die Regelung des Grenzverlaufs auf der Elbe auf Grund der damit zusammenhängenden Fragen (Einbeziehung von Hannover, Hamburg und Kiel in den grenznahen Verkehr, Abschluß von Verträgen über den Binnenschiffsverkehr, den Sportbootverkehr, den Fischfang sowie über den Hochwasserschutz, Aufnahme von Gesprächen über die Gewässerreinhaltung der Elbe) auch in einem gewissen Zusammenhang mit der weiteren positiven Entwicklung der Gesamtbeziehungen zwischen beiden deutschen Staaten steht.

Schäuble hat mit Nachdruck darauf hingewiesen, daß eine Regelung des Grenzverlaufs Mitte Strom für den gesamten Grenzabschnitt der Elbe nicht getroffen werden kann. Beide SPD-Regierungen unter Brandt und Schmidt konnten eine derartige Regelung auch nicht treffen. Jede Regierung in der BRD müßte in einem solchen Falle mit einer Verfassungsklage – ähnlich wie beim Abschluß des Grundlagenvertrages – rechnen.[149] Selbst das von Schäuble vorgeschlagene Modell könnte ebenfalls eine Verfassungsklage nach sich ziehen. Schäuble schätzte jedoch ein, daß in diesem Falle das Verfassungsgericht sich dem Vorschlag der Regierung anschließen würde.

Die BRD sei auch für andere Lösungsvorschläge aufgeschlossen, soweit sie auch für die BRD-Seite vertretbar und innenpolitisch durchsetzbar sind. Das wichtigste sollte – so hat er auch Erich Honecker verstanden – darin bestehen, das offene Grenzproblem einvernehmlich zu regeln, ohne daß die eine oder andere Seite diskriminiert wird.

Was den Vorschlag der DDR anbetrifft, zunächst die unstrittigen Abschnitte Mitte Strom festzuschreiben und die übrigen Teilabschnitte zu einem späteren Zeitpunkt ebenfalls „Mitte Strom" zu regeln, so sei diese Variante für die BRD-Regierung völlig unakzeptabel. Schäuble bat nochmals, diese Frage auf unserer Seite zu überdenken, besonders auch im Hinblick auf die damit nicht klärbaren weiteren Fragen, wie sie bereits erwähnt wurden.

Zur Frage des Ausbaues und der Elektrifizierung einer Eisenbahntransitstrecke zwischen der BRD und Berlin (West) brachte Schäuble zum Ausdruck, daß seitens der BRD eine weitere Prüfung erfolgt und er zu gegebener Zeit auf dieses Vorhaben zurückkommen wird. Er vertritt den Standpunkt, daß zunächst Einvernehmen über die Neufestsetzung der Transitpauschale erzielt werden sollte.

Zu dem seitens der DDR vorgesehenen Erwerb von Airbussen schätzte Schäuble ein, daß hierzu die erforderlichen COCOM-Genehmigungen erteilt werden.

Schäuble informierte, daß Staatssekretär von Würzen in der nächsten Woche auf Genossen Dr. Beil zukommen wird und Zustimmung zu den Vereinbarungen über die Wirtschaftskommission für deren erste Tagung übermitteln wird.

Zur Kommission zur Durchführung der Vereinbarungen auf den Gebieten von Wissenschaft und Technik brachte Schäuble sein Unverständnis zum Ausdruck, daß die DDR gegen die Teilnahme eines Westberliner Vertreters Einspruch erhoben hat. Nach seiner Mei-

---

149 Das Bundesverfassungsgericht hatte am 31. Juli 1973 eine Klage Bayerns gegen den Grundlagenvertrag zwischen beiden deutschen Staaten abgewiesen. Vgl. dazu Ingo von Münch (Hrsg.): Dokumente des geteilten Deutschland. Bd. II, S. 359 ff.

nung entspricht es der erzielten Übereinkunft, daß die Westberliner Vertreter einbezogen werden können. Das müßte auch für den benannten Staatssekretär als Vertreter Westberlins gelten.

Er bittet um nochmalige Überprüfung dieser Frage durch die DDR, damit eine baldige erste Tagung der Kommission terminlich vereinbart werden kann.

Schäuble sicherte zu, daß er innerhalb der nächsten zwei Wochen zum Komplex der Neufestlegung der Transitpauschale den Standpunkt der BRD-Seite an mich übermitteln wird.

Er hält es für denkbar, daß bis Ende Juni 1988 auf unserer Ebene bei entsprechender Berücksichtigung der Vorstellungen der BRD zur weiteren Entwicklung des Reise- und Besucherverkehrs und anderer die Beziehungen zwischen beiden deutschen Staaten berührender Fragen grundsätzliches Einvernehmen über die Höhe der Pauschale erzielt wird. Danach könnten auf Expertenebene Vereinbarungen im Detail formuliert werden.

Abschließend bat Schäuble, dem Generalsekretär des ZK der SED und Vorsitzenden des Staatsrates der DDR, Erich Honecker, die besten Grüße zu übermitteln. [150]

Quelle: SAPMO - BArch, DY 30/vorl. SED, 42 168.

Dokument 12

Information über ein Gespräch von Franz Josef Strauß, Ministerpräsident von Bayern, mit Alexander Schalck am 5. Mai 1988

F. J. Strauß wurden herzliche Grüße des Generalsekretärs des ZK der SED und Vorsitzenden des Staatsrates der DDR, Erich Honekker, übermittelt.

Einleitend wurde von mir hervorgehoben, daß seitens der DDR auch in der zurückliegenden Zeit alles getan wurde, um die während des offiziellen Besuches des Generalsekretärs des ZK der SED und Vorsitzenden des Staatsrates der DDR, Erich Honecker, in der BRD und die im Gemeinsamen Kommuniqué getroffenen Absprachen im

---

150 Dem Gesprächsvermerk war ein Anhang „Zur Neufestsetzung der Transitpauschale für den Zeitraum 1990 - 1999" beigefügt. Die DDR sah sich demnach gezwungen, „aus ökonomischen Gründen" ab 1. Januar 1989 die Straßenbenutzungsgebühren generell zu erhöhen. Für Grunderneuerungsarbeiten auf den Transitautobahnen wurde bis 1999 eine Kostenbeteiligung Bonns von ca. 400 Mio DM verlangt. Vgl. die zitierte Quelle.

Geist der beabsichtigten positiven weiteren Entwicklung der Beziehungen zwischen der DDR und der BRD zu realisieren. [...][151]

Zusammenfassend wurde nochmals betont, daß die DDR auch weiterhin konstruktiv im Sinne der Einleitung einer neuen Etappe in den Beziehungen ihren Beitrag zur Verwirklichung des Gemeinsamen Kommuniqués leisten wird. Damit verbindet sich jedoch die Erwartung, daß bei den anstehenden und erörterten Fragen auch eine gebührende Berücksichtigung der Interessenlage der DDR erfolgt.

Strauß bedankte sich für die übermittelten Grüße des Generalsekretärs des ZK der SED und Vorsitzenden des Staatsrates der DDR, Erich Honecker, und bat, sie herzlich zu erwidern.

Er bedankte sich für die gegebenen Informationen über die Vorstellungen der DDR zur Regelung wichtiger, beide Seiten interessierender Fragen.

Mit der Bitte um äußerst vertrauliche Behandlung informierte mich Strauß, daß vor wenigen Monaten eine Strategiediskussion zur Politik gegenüber der DDR im sogenannten Zehnerausschuß der CDU/CSU-Fraktion stattgefunden hat. Strauß stellte dazu fest, daß zwei politische Konzeptionen zur Diskussion standen:
– Die Politik der Konfrontation mit allen ökonomischen Konsequenzen: Wegfall des Swing, keine „EG-Beteiligung" mehr, Korrektur der „römischen Verträge", strenge Regelung über die Kreditausreichung unter Inkaufnahme aller sich daraus für die BRD und Berlin (West) ergebenden negativen Folgen.[152]
– Die Politik des Dialogs, des Aufeinanderzugehens, Fortsetzung der positiven allseitigen Entwicklung der Zusammenarbeit in Politik, Wirtschaft, Wissenschaft und Technik, Verkehr, Kultur und ein garantierter Reise- und Besucherverkehr, Einschränkung des Niveauunterschiedes in Wirtschaft und Warenangebot, Abschluß von langfristigen Vereinbarungen über das „politisch Machbare".

Das Gremium hat sich eindeutig für den zweiten Weg entschieden, weil es auch nach Auffassung von Strauß dazu keine Alternative gibt.

Die BRD-Seite beobachtet, daß in einer Reihe von sozialistischen Ländern, darunter auch der DDR, die Verschuldung ansteigt, ohne sichtbare Anzeichen einer Erhöhung der Exporte, die zur Sicherung der Liquidität erforderlich wären. Das ist sicherlich nicht nur ein Problem der sozialistischen Länder, es berührt in gewissem

---

151 Es folgt eine Passage zu den konkreten Verhandlungen über Sachfragen, die exakt den Informationen aus dem Gespräch Schalcks mit Schäuble vom gleichen Tage entspricht (vgl. Dok. 11).

152 Eine Zollfreiheit galt übrigens nur im direkten Handel zwischen DDR und BRD, während die DDR mit den übrigen EG-Staaten Handelsbeziehungen entsprechend der Drittlandregelung unterhielt.

Maße auch die BRD (siehe dazu Ausführungen von Strauß auf dem Konjunkturforum anläßlich der Hannover-Messe im April 1988).

Strauß erinnert sich noch gut an die Zeit der 80er Jahre, als er sich aus guten Gründen für die Kreditgewährung an die DDR eingesetzt hat, was ihm nicht nur Freude bereitet hatte. Er war und ist nicht daran interessiert, daß durch eine Zuspitzung dieser Problematik Prozesse ins Rollen kommen, die für die weitere Entwicklung der Beziehungen zwischen der DDR und der BRD schädlich wären.

Aufgrund der Bedeutung der dargelegten Vorstellungen der DDR zur Transitpauschale und der damit zusammenhängenden Fragen hat Strauß sich entschlossen, diese Frage in der nächsten Koalitionssitzung im Mai auf die Tagesordnung zu setzen.

Er stimmt mit Schäuble überein, daß man in dieser Frage eine für beide Seiten interessante und vertretbare Lösung finden sollte.

Veröffentlichungen in der letzten Zeit, besonders aus den USA, in denen Konzeptionen zur Abkopplung der Mitgliedersstaaten des Warschauer Vertrages von der Sowjetunion durch gezielte politische und ökonomische Maßnahmen entwickelt werden, finden nicht seine Unterstützung. Sie sind nicht real und dürfen nicht Bestandteil einer ernsthaften Politik werden.

Wie auch in seinem Antwortschreiben an den Generalsekretär des ZK der SED und Vorsitzenden des Staatsrates der DDR, Erich Honecker, zur Einladung zur Konferenz über kernwaffenfreie Zonen zum Ausdruck gebracht, tritt Strauß leidenschaftlich nach wie vor dafür ein, daß die vorhandenen Probleme nicht durch Krieg gelöst werden können.[153]

Beide deutsche Staaten wären in einer solchen Auseinandersetzung die Hauptleidtragenden. Er schätzt allerdings ein, daß der Prozeß einer diffenzierten Entwicklung und auch der Haltung zur Sowjetunion durch eine dynamische oder stagnierende Wirtschaftsentwicklung maßgeblich beeinflußt wird.

Er legte erneut großen Wert darauf, daß der Wettstreit zwischen den Systemen ausschließlich mit friedlichen Mitteln geführt werden muß und es der Geschichte vorbehalten bleibt, welches System nach 20 oder 30 Jahren gesiegt hat.

Das sei auch der entscheidende Grund dafür, daß er die Politik der KPdSU und der Sowjetunion unterstützt. Sollte es der Sowjetunion nicht gelingen, bis Ende dieses Jahrhunderts eine prinzipielle Veränderung der Wirtschaftsstruktur und Dynamik, die jetzt auf Kohle und Stahl aufgebaut ist, vorzunehmen und eine moderne Industriegesellschaft zu gestalten, so wird die Sowjetunion am Ende

153 Vgl. Dok. 10.

dieses Jahrhunderts keine Weltmacht mehr, sondern ein Staat zweiter Ordnung sein. Das bedeutet für die Sowjetunion, vor allem Zehntausende von befähigten Wirtschaftskadern, Wissenschaftlern und Ingenieuren mit einer völlig neuen Denkweise heranzubilden und einzusetzen. Das wird sicherlich die schwierigste Aufgabe sein.

Strauß geht davon aus, daß der unterzeichnete Vertrag über die Vernichtung der atomaren Mittelstreckenraketen im USA-Senat ratifiziert wird. Dabei bemerkte er, daß man jetzt schon beginnt, das Ganze zu umgehen, indem man verstärkt auf wasser- und luftgestützte Raketen mit gleicher Reichweite und atomarer Sprengkraft ausweicht.

Nach dem jetzigen Verlauf der Vorwahlen in den USA glaubt er, daß Bush, der ein Freund von ihm ist, der nächste Präsident der USA sein wird. Er zählt nicht zum Kreis der Konfrontationspolitiker und ist kein Mann „drohender Gebärden".

Was die innerpolitische Parteienlandschaft der BRD anbetrifft, so rechnet er damit, daß Lambsdorff der nächste Vorsitzende der FDP wird. Bangemann hat zu starke Interessen – auch gegen den Willen seiner Partei – nach Brüssel zu gehen. Genscher steht nicht mehr als Vorsitzender der FDP zur Verfügung, schon deshalb nicht, weil zwischen Genscher und Lambsdorff starke persönliche Abneigungen bestehen.[154]

Zur Entwicklung der SPD möchte er feststellen, daß Vogel keine Chance hat, bei den nächsten Wahlen Bundeskanzler zu werden. Strauß geht davon aus, daß Kohl 1990 die Wahlen knapp mit der jetzigen Koalition gewinnen wird. Interessant sei die Entwicklung von Lafontaine. Offensichtlich hat dieser gemerkt, daß eine Politik am linken Flügel keine Perspektive hat und bewegt sich deshalb mit seinen Konzeptionen auf wirtschaftlichem Gebiet in die Nähe konservativer Kräfte. Ab und zu hört man auch Stimmen, daß die zukünftige politische Landschaft der BRD durch Lothar Späth und Oskar Lafontaine bestimmt werden könnte.

Zu den angesprochenen bilateralen Fragen betonte Strauß, daß er sich darüber im klaren ist, daß die einvernehmliche Regelung der Elbgrenze eine für beide Staaten politisch sehr bedeutsame Frage ist und daß man auf beiden Seiten ernsthaft weiter darüber nachdenken muß, wie diese ungeklärte Frage einvernehmlich und für beide Seiten vertretbar gelöst werden kann.

Strauß wies desweiteren generell darauf hin, daß der Bundeskanzler und vor allen Dingen sein Finanzminister zunehmend bei der Finanzierung des Haushaltes Probleme bekommen, und sich

---

154 Tatsächlich wurde Otto Graf Lambsdorff am 8. Oktober 1988 zum FDP-Bundesvorsitzenden gewählt. Martin Bangemann ging Anfang 1989 als EG-Kommissar nach Brüssel.

damit auch die Bereitstellung finanzieller Mittel für Projekte mit der DDR schwieriger gestaltet.

Strauß betonte abschließend erneut die Nützlichkeit dieser informellen Kontakte und würde es für zweckmäßig erachten, wenn die Möglichkeit besteht, noch vor Beginn der Sommerpause im Juni ein weiteres informelles Gespräch mit mir zu führen.

Quelle: SAPMO - BArch, DY 30/vorl. SED, 42 181.

Dokument 13

Vermerk über den Abschiedsbesuch von Ewald Moldt, Leiter der Ständigen Vertretung der DDR in Bonn, bei Helmut Kohl am 24. Mai 1988[155]

Bundeskanzler Kohl bat mich, seine Grüße an den Generalsekretär des ZK der SED und Vorsitzenden des Staatsrates der DDR, Erich Honecker, zu übermitteln. Er sei mit der Entwicklung der Beziehungen zwischen der DDR und der BRD zufrieden. Der Prozeß verlaufe positiv. Der Besuch des Genossen Erich Honecker in der BRD sei ein Höhepunkt gewesen, die von ihm ausgehenden Impulse seien in allen Lebensbereichen wirksam. Kohl wolle den Beziehungen zur DDR auch künftig seine volle Aufmerksamkeit widmen. Er gehe davon aus, daß in den nächsten zwei Jahren große Entscheidungen im internationalen Verhältnis zwischen den sich gegenüberstehenden politischen Kräften anstehen. Das Verhältnis zwischen beiden deutschen Staaten sei auch in diesem Zusammenhang von großer Bedeutung. Er erwähnte als für ihn besonders wichtig die Fragen des Umweltschutzes und des Reiseverkehrs.

Kohl bat mich, Genossen Erich Honecker zu übermitteln, daß er hinsichtlich der Regelung der Elbgrenze zu seinem Wort stehe.

Es brauche etwas Zeit. Vor allem dürfe die Regelung dieser Frage nicht unter den Druck der Öffentlichkeit geraten. Er sei überhaupt dafür, daß bei Entstehen von Problemen der direkte Arbeitskontakt in Absprach genommen werde. Dafür gebe es bewährte Linien, und auch das direkte Telefon stünde zur Verfügung. Die DDR solle Stellungnahmen in den Medien der BRD nicht überbewerten. Auch die Bundesregierung müsse damit leben. Die Presse kann nicht Barometer für den tatsächlichen Stand der Beziehungen sein.

---

155 Der Vermerk wurde am 25. Mai 1988 von Ewaldt Moldt für Erich Honecker persönlich angefertigt. – Nachfolger Moldts, der seit 1978 die Ständige Vertretung der DDR in Bonn geleitet hatte, wurde Horst Neubauer.

Seine private Reise in die DDR diene ausschließlich persönlichen Informationszwecken. Er möchte nochmals betonen, daß er kein Aufsehen beabsichtige.[156]

Ein Hauptaugenmerk seiner Tätigkeit richte er auf die Verbesserung der Beziehungen zur UdSSR. Wenn auch noch nicht alles im Ergebnis für ihn abzusehen sei, was Genosse Gorbatschow angepackt habe, so seien genügend Ansatzpunkte gegeben, um neue Fragen in den Beziehungen zur Sowjetunion aufzugreifen. Die Vorbereitungen für eine Reise in die UdSSR im Herbst 1988 verlaufen günstig. Der Besuch des Genossen Gorbatschow im Frühjahr 1989 in der BRD könne genutzt werden, um neue Überlegungen festzumachen. Er wolle Genossen Gorbatschow auf seine Politik zur weiteren Verbesserung der Beziehungen zur DDR aufmerksam machen. Die Verbesserung des Verhältnisses zwischen DDR und BRD werde seiner Meinung nach für den Gesamtprozeß zu mehr Entspannung hilfreich sein.[157]

Kohls Position in den Beziehungen zu den sozialistischen Staaten gründe sich darauf, schrittweise voranzukommen. Es dürfe seiner Meinung nach nichts überstürzt werden. Er verfolge mit Interesse die Entwicklung in Ungarn. Selbstverständlich begrüße er die neuesten Entscheidungen. Gleichzeitig schätze er ein, daß es sich um eine Gratwanderung handle, die im Interesse des Prozesses zur Verbesserung der Beziehungen zwischen Ost und West erfolgreich verlaufen müsse. Er gehe davon aus, daß man ihn bei uns verstehe, wenn er auch für diese Entwicklung an Behutsamkeit interessiert sei. Es sei seine Überzeugung, daß nur Stabilität in den sozialistischen Ländern den Prozeß der Annäherung absichern kann.

Was Polen anbetrifft, könne er die Situation nicht genügend einschätzen. Die wirtschaftliche Entwicklung verlaufe schwierig, und er könne nicht erkennen, was die Führung tatsächlich beabsichtigt.

Die Entwicklungen in Rumänien bereiten ihm Sorge. Er sieht kaum Ansatzpunkte, um in den Beziehungen weiterzukommen. Er werde sich weiter um die Aussiedlung der Bürger deutscher Nationalität aus Rumänien bemühen. Die Familienpolitik in der rumänischen Führung erschwere seiner Meinung nach manche Entwicklung.

Die innenpolitische Lage in den USA beurteilte Kohl unter dem Aspekt der Auswirkungen der Dollarkrise als schwierig. Die negativen Auswirkungen werden die nächsten beiden Jahre zu spüren bleiben. Außenpolitisch sei der Kurs auch für den neuen Präsidenten nicht mehr prinzipiell zu verändern. Wenn Bush die Wahlen gewinnt, seien die Erfahrungswerte ausreichend, um den mit der So-

---

156 Vgl. Dok. 14.
157 Vgl. Anm. 115.

wjetunion begonnenen Kurs fortzuführen. Im Falle eines Wahlsieges von Dukakis müsse auch dieser sich nach einem Außenminister umsehen, der die Fortführung des begonnenen Kurses absichert.

Nach Meinung von Kohl würde es zwei Begegnungen zwischen Gorbatschow und Reagan geben. Für den zweiten Gang sei es durchaus realistisch, mit der Unterzeichnung des Abkommens über die Halbierung der strategischen Offensivwaffen zu rechnen.

gez. Moldt

Quelle: SAPMO - BArch, DY30/IV 2/2035/68.

Dokument 14

**Chiffrierte Fernschreiben von Gerhard Müller,
1. Sekretär der SED-Bezirksleitung Erfurt,
an Erich Honecker vom 27./28. Mai 1988**[158]

Lieber Genosse Erich Honecker,
am 25.05.1988, um 12.50 Uhr reiste der Bundeskanzler der BRD, Helmut Kohl, über die Grenzübergangsstelle Wartha, Kreis Eisenach, zu einem Besuch in die DDR ein. Über die Autobahn erfolgte die Fahrt nach Gotha. In Gotha wurde bei einem Spaziergang das rekonstruierte Stadtzentrum besichtigt. Da die Bürger von Gotha keine Notiz von Kohl nahmen, wurden vom Bundeskanzler DDR-Bürger angesprochen. Gegen 14.30 Uhr traf der Bundeskanzler in Erfurt ein und besuchte den Erfurter Dom. Dabei kam es zu einem Zusammentreffen mit Bischof Wanke. Nach einem kurzen Besuch im Priesterseminar erfolgte ein Rundgang im historischen Stadtzentrum (Kraemerbrücke, Fischmarkt). In der Gaststätte Gildehaus trank Kohl ein Bier.

Auf dem Wege zum Domplatz wurden von ihm erneut DDR-Bürger angesprochen. Er gab Autogramme. Eine weibliche Person und eine männliche Person übergaben Kohl je einen Brief. Beide Personen wurden ermittelt. Durch Winken zu vorbeifahrenden Straßenbahnen wollte der Bundeskanzler auf sich aufmerksam machen.

Durch die Bürger der Städte Gotha und Erfurt wurde dem Bundeskanzler wenig Aufmerksamkeit geschenkt. Sympathiebezeugun-

---

158 Die Fernschreiben vom 27. Mai, 20.20 Uhr und vom 28. Mai, 10.20 Uhr, zeichnete Erich Honecker am 30. Mai 1988 ab und gab sie laut handschriftlichem Vermerk an Günter Mittag weiter. Groß- und Kleinschreibung wurden zur besseren Lesbarkeit wieder hergestellt.

gen fanden nicht statt. Gegen 16.45 Uhr erfolgte die Fahrt nach Weimar.
Mit sozialistischem Gruß
G. Müller

Lieber Genosse Erich Honecker,
am 24.05.1988 um 17.15 Uhr traf der Bundeskanzler der BRD, Helmut Kohl, im Interhotel Elephant in Weimar ein. Beim anschließenden Spaziergang in Begleitung seiner Frau, seines Sohnes, Regierungssprechers Ost und seines Mitarbeiters Prof. Dr. Bergsdorf durch das Stadtzentrum von Weimar kam es nicht zu Kontaktaufnahmen mit DDR-Bürgern. Nach dem Abendessen sprach Kohl mit einer Reisegruppe aus der BRD im Hotelrestaurant. Auch bei einem zweiten Spaziergang und dem anschließenden Barbesuch nahmen die Einwohner von Weimar und die Barbesucher keine Notiz von Kohl, was ihm offensichtlich nicht gefiel. Am 28.05. nach Einnahme des Frühstücks um 08.45 Uhr traten der Bundeskanzler und seine Begleitung die Weiterreise nach Dresden an.[159]
Mit sozialistischem Gruß
Gerhard Müller

Quelle: SAPMO - BArch, DY 30/vorl. SED, 42171.

Dokument 15

Wiedergabe von Aussagen des CDU-Politikers Volker Rühe in Hamburg am 30. Mai 1988[160]

– Michael Gorbatschow ist in seiner Politik gezwungen, auf die Erfolge des Westens (wirtschaftliche Stärke, politische Stabilität) zu reagieren – und nicht umgekehrt.

---

159 Aus Dresden wurden ähnliche Berichte nicht nach Ost-Berlin geschickt. Modrow beschrieb später, wie er unweit von Helmut Kohl einem Fußballspiel folgte. Man habe bewußt „voneinander keine Notiz" genommen. Vgl. Karl-Heinz Arnold/Hans Modrow: Von Dresden über Davos nach Bonn. In: Detlef Nakath (Hrsg.): Deutschlandpolitiker der DDR erinnern sich, S. 39.

160 Rühe war seit 1982 Vizefraktionsvorsitzender der CDU/CSU im Bundestag, zuständig u. a. für Außen-, Sicherheits- und Deutschlandpolitik. Er trat in Hamburg vor örtlichen CDU-Funktionären mit einem Vortrag über „Politik für Deutschland" auf. Der Bericht entstammte offensichtlich einer Quelle des Ministeriums für Staatssicherheit. Rühes Gespräch mit Honecker am 28. April 1988, auf das er sich bezog, vgl. in: Heinrich Potthoff: Die „Koalition der Vernunft", S. 753 ff.

– Gorbatschow muß vom Westen weiter unter Reformdruck gesetzt werden.

– Glasnost in der Sowjetunion ist eine reale Größe geworden; eine Perestroika im Sinne freier Marktwirtschaft gibt es in der Sowjetunion aber nicht.

– Die tatsächlichen außenpolitischen Ansichten Gorbatschows müssen an seiner Bereitschaft zur konventionellen Abrüstung und besonders beim Abbau von Überlegenheiten (Panzer) gemessen werden.

– Die veraltete DDR-Führung ist in einer Zwickmühle: In der DDR dringt Glasnost aus dem Westen (Medien) und Glasnost aus dem Osten ein. Trotzdem sind in der DDR keine Reformen in Sicht.

– In der Deutschlandpolitik der CDU/CSU gilt: Pacta sunt servanda; aber:

• Die Verträge müssen genutzt werden, um der Wiedervereinigung in kleinen Schritten kontinuierlich näherzukommen.

• Das gesamtdeutsche Bewußtsein muß im Rahmen dieser Verträge erhalten und gefördert werden. Deshalb wird die CDU/CSU auch nur eine deutsche Staatsbürgerschaft anerkennen – im Gegensatz zur SPD, die mittelfristig eine DDR-Staatsbürgerschaft akzeptieren wird.

• Die feste Bindung an den Westen ist unbedingt notwendig.

• Die BRD würde zum Spielball der internationalen Politik werden, wenn der Westen ihr gegenüber Mißtrauen wegen ihrer Deutschlandpolitik hegen würde.

• Das Festhalten an bewährten politischen Grundsätzen, wie z. B. an der Deutschlandpräambel im Grundgesetz, schließt eine pragmatische Deutschlandpolitik nicht aus, wie z. B. der von Strauß vermittelte Kredit für die DDR beweist.

– Rühe rechnete die 1,2 Millionen Ausreisen aus der DDR in die BRD zur Erfolgsbilanz der Bundesregierung. Er betonte – so will er es von Honecker erfahren haben –, daß 81 % der Reisenden Nichtrentner waren und daß nur 1 % der Reisenden in der BRD geblieben ist.

– Zu den nächsten Zielen der Bundesregierung führte Rühe aus:

• Der Druck auf die DDR-Regierung zur Erteilung weiterer Reisegenehmigungen wird erhöht werden.

• Durch eine umfangreiche Reisetätigkeit soll das gesamtdeutsche Bewußtsein gestärkt werden.

• Die Politik ist kein Management der deutschen Teilung, wie rechte Kritiker in der CDU behaupten, sondern es ist eine langfristig angelegte Konzeption, gegen die die DDR auf Dauer machtlos ist.

• Den westlichen Verbündeten muß durch die Bundesregierung immer wieder verdeutlicht werden, daß die deutsche Teilung eine europäische Teilung ist, die es zu überwinden gilt.

- Das Verhältnis zu Polen spielt aus mehreren Gründen eine wichtige Rolle in der Politik der Bundesregierung.
- Die Polen fühlen sich als ein (west-) europäisches Kulturvolk. Gegenwärtig wären 90 % der Polen bereit, ihr Land in Richtung Westeuropa zu verlassen.
- In Polen wächst das Verständnis für die offene Frage der deutschen Teilung und für die unrechtmäßige Vertreibung der Deutschen. Deshalb will die Bundesregierung das Verhältnis zu Polen nicht durch Diskussionen über die Oder-Neiße-Grenze belasten.
- Bis zu einem Friedensvertrag muß der bisherige Rechtsstandpunkt erhalten bleiben. Den Polen muß aber signalisiert werden, daß im Rahmen einer europäischen Friedensordnung eine einvernehmliche Lösung der Grenzfrage möglich ist.
- Als weiterer Grund für die Zurückhaltung der Bundesregierung in der Oder-Neiße-Grenzfrage nannte Rühe die Absicht, unter Ausnutzung der polnischen Probleme gemeinsame Handlungen der BRD und Polens *gegen* die DDR vorzunehmen. Es ergebe sich die reale Möglichkeit, damit die DDR in die Zange zu nehmen.[161]
- Zur Abrüstungsproblematik meinte Rühe:
- Er habe im Auftrag der Bundesregierung in letzter Zeit mehrere Verhandlungen mit Vertretern der britischen Regierung geführt.
- Er habe versucht, die Briten von der Problematik der Modernisierung der Kurzstreckenraketen zu überzeugen.
- Die 500-km Grenze bei der Raketen-Abrüstung hält er für fatal, weil dann auf deutschem Boden nur noch Raketen mit atomaren Sprengköpfen stationiert sind, die ausschließlich deutsches bzw. europäisches Gebiet treffen können. Damit stimme er auch mit Honecker überein.
- Im Gespräch mit Honecker sei überhaupt deutlich geworden, daß es eine Reihe gemeinsamer Positionen gebe. Rühe hob hervor, daß ein Gespräch mit Honecker angenehmer und konstruktiver sei als ein Gespräch mit der britischen Regierungschefin.
- Mit Sorge sieht Rühe, daß im Zuge der atomaren Abrüstung sich die zwangsläufig folgende konventionelle Aufrüstung weitgehend auf den europäischen Raum konzentrieren wird und damit ebenfalls eine mögliche militärische Auseinandersetzung vorrangig auf deutschem Boden ausgetragen wird.

Quelle: SAPMO - BArch, DY 30/IV 2/2039/19.

---

161 Vgl. auch die Verhandlungen über einen Vertrag zwischen der DDR und Polen über die Abgrenzung der Seegebiete in der Oderbucht, der am 22. Mai 1989 in Ost-Berlin unterzeichnet wurde. Vgl. ND, 23. Mai 1989.

Dokument 16

Vermerk über ein Gespräch von ZK-Sekretär Hermann Axen mit Wjatscheslaw Kotschemassow, UdSSR-Botschafter in der DDR, am 9. Juni 1988[162]

Genosse Axen erklärte, daß ihn das Politbüro beauftragt habe, eine Mitteilung zu den am gleichen Tag von der BRD-Zeitung „Die Welt" verbreiteten Äußerungen des Leiters der Abteilung Außenpolitik der Akademie der Wissenschaften der UdSSR, Prof. Daschitschew, zu machen.[163]

Laut dem BRD-Blatt hat Prof. Daschitschew in Bonn vor Journalisten „die Mauer und Stacheldraht an den Grenzen der DDR als ‚Überreste und Überlieferungen des kalten Krieges' (bezeichnet), die mit der Zeit verschwinden werden müssen". „Um ihre Beseitigung zu ermöglichen, müßten zuvor" – so hieß es in dem Pressebeitrag weiter, „entsprechende sicherheitspolitische und wirtschaftliche Bedingungen gesichert werden."

Gen[osse] Axen ersuchte den UdSSR-Botschafter dringend, daß diese veröffentlichten Äußerungen überprüft und dazu entsprechend Stellung genommen wird. Es sei allerdings kaum vorstellbar, daß die wörtlich wiedergegebenen Zitate frei erfunden seien. Daher würden sich die Äußerungen von Prof. Daschitschew unmittelbar gegen die Souveränität und Sicherheitsinteressen der DDR, gegen die Sicherheitsinteressen der Warschauer Vertragsstaaten, gegen unser gemeinsames politisches und Verteidigungsbündnis richten. Solche Äußerungen leiten Wasser auf die Mühlen der imperialistischen Propaganda. Gerade gegenwärtig bilde die Hetze gegen die Grenzen der sozialistischen Staaten in Europa, besonders gegen die „Mauer", einen Hauptbestandteil der Propaganda gegen den Sozialismus. In diesem Zusammenhang erinnerte Genosse Axen an die bekannten Ausfälle Reagans vom vergangenen Jahr auf der Hetzkundgebung in Westberlin, die in die gleiche Richtung gehenden Erklärungen des USA-Präsidenten während seines kürzlichen Aufenthaltes in Moskau.[164] Es handle sich um eine langfristig angelegte Kampagne gegen eine Grundbestimmung der europäischen Sicherheit, da die Unverletzlichkeit der Grenzen bekanntlich eine Haupterrungenschaft des europäischen Vertrags-

---

162 Der Vermerk ist am 10. Juni 1988 angefertigt worden.

163 Vgl. Die Welt, 9. Juni 1988.

164 Am 12. Juni 1987 forderte US-Präsident Reagan bei seinem Westberlin-Besuch am Brandenburger Tor, die Mauer niederzureißen. Die weitere Kritik richtete sich offenbar gegen Äußerungen Reagans auf einer Pressekonferenz zum Abschluß des Gipfeltreffens am 1. Juni 1988 in Moskau.

werkes und eine Hauptbestimmung der Schlußakte von Helsinki darstelle.

Insgesamt sei diese Kampagne gegen die Friedenspolitik und -initiativen der Staaten des Warschauer Vertrages, insbesondere der Sowjetunion, gegen die Anzeichen für eine Verbesserung der internationalen Lage gerichtet. Ihr Ziel sei es, von den Abrüstungs- und Entspannungsinitiativen der sozialistischen Staaten und den inneren Krisen- und Verfallsprozessen des Kapitalismus abzulenken. Nicht zuletzt ziele die Kampagne auch gegen das bevorstehende Internationale Treffen für kernwaffenfreie Zonen, dessen Ideen ein weltweites, zustimmendes Echo gefunden haben, das die aggressiven Kräfte durch Verleumdungen beeinträchtigen wollen.[165]

Genosse Axen erinnerte an die jüngsten Erklärungen des Genossen Erich Honecker gegenüber Genossen Wadim Sagladin, in denen die Wertschätzung für die Friedenspolitik der KPdSU und des Genossen Gorbatschow zum Ausdruck kamen, und betonte, daß die DDR die gemeinsame Friedenspolitik des Warschauer Vertrages vertrete und sich von dieser Politik nicht ablenken lassen werde.[166] Das erfordere zugleich, allen imperialistischen Diversionen sowie jeder entspannungsfeindlichen Hetze die gebührende Abfuhr zu erteilen.

Genosse Kotschemassow erwiderte, daß ihm die erwähnte Veröffentlichung nicht entgangen sei. Er verstehe die zum Ausdruck gebrachte Besorgnis. Es sei richtig, daß sorgfältig überprüft werden müsse, ob das Veröffentlichte den tatsächlichen Darlegungen entspricht. Aus Erfahrungen wisse man, daß gemachte Äußerungen in westlichen Medien häufig bewußt entstellt werden, um einen Keil in die Gemeinsamkeiten zu treiben, um einen Schatten auf die brüderlichen Beziehungen und die gemeinsame Außenpolitik zu werfen.

Genosse Kotschemassow räumte ein, daß schon in der Vergangenheit einige sowjetische Vertreter der Massenmedien, Publizisten und andere in ihren Äußerungen zu Fragen, die die DDR betreffen, Ungenauigkeiten zugelassen haben. Das schließe die Mauer ein.

Das letzte Beispiel dieser Art sei die Fernsehbrücke Moskau-Bonn gewesen. Im Auftrage des Genossen M. S. Gorbatschow habe er damals im Gespräch mit Genossen Erich Honecker erklärt, daß solche Äußerungen mit den bereits erwähnten Zielen nicht selten verzerrt wiedergegeben werden. Zugleich habe er bestätigt, daß während der Fernsehbrücke defensive, passive Positionen und Un-

---

165 Vgl. Anm. 142.

166 Am 6. Juni 1988 hatte Honecker den Leiter der Internationalen Abteilung im ZK der KPdSU, Wadim Sagladin, empfangen, der über den Verlauf des Gipfeltreffens zwischen Gorbatschow und Reagan in Moskau (29. Mai bis 2. Juni 1988) informierte. Vgl. SAPMO - BArch, DY 30/J IV 2/2A/3130.

genauigkeiten zugelassen worden seien. Vor allem sei auf das, was in Bonn gesagt wurde, jede klare Antwort ausgeblieben.[167]

Genosse M. S. Gorbatschow habe ihn in seiner Zeit beauftragt zu bekräftigen, daß Äußerungen dieser Art und Zurückweichen anstelle einer eindeutigen Stellungnahme nichts mit der offiziellen Politik der KPdSU und der sowjetischen Führung zu tun haben. Deshalb distanzierten sich das ZK der KPdSU, Genosse M. S. Gorbatschow, die sowjetische Führung mit aller Entschiedenheit von derartigen unrichtigen Äußerungen, die außer der persönlichen Meinung nichts wiedergeben würden. Das ZK der KPdSU werde diese Fakten jedoch nicht unbeachtet lassen.

Die Position der KPdSU zu den aufgeworfenen Fragen sei prinzipiell, absolut klar und unverändert. Dies seien prinzipielle Fragen der Nachkriegsordnung, unserer gemeinsamen Sicherheit. Es gehe um Positionen von grundsätzlicher, von strategischer Bedeutung. Genosse M. S. Gorbatschow habe auf der Pressekonferenz nach den Gesprächen in Moskau auf die Frage, wie er zu den Äußerungen Reagans zur „Mauer" stehe, unmißverständlich erklärt, daß er nicht gewillt sei, darüber zu sprechen. Dies sei – so Genosse M. S. Gorbatschow – „eine souveräne Angelegenheit, und nur die DDR als souveräner Staat", wie jeder andere, „habe zu entscheiden, wie sie ihre Grenzen sichert".

Der sowjetische Botschafter bat, daß das, was er im Namen der KPdSU und des Politbüros gesagt habe, mit Verständnis aufgenommen wird. Er ersuchte Genossen Axen, Genossen Erich Honekker und die Mitglieder des Politbüros des ZK der SED entsprechend zu informieren. Er als Botschafter möchte versichern, daß er alles tue, um solchen fehlerhaften Äußerungen vorzubeugen, und er habe dabei die volle Unterstützung aus Moskau. Sowjetische Publizisten, die in die DDR kommen und über Themen schreiben wollen, die mit der sogenannten deutschen Frage zusammenhängen, dürften dies nicht ohne Zustimmung des Botschafters. Man habe die Lehren aus den verantwortungslosen Ausführungen Jewtuschenkos gezogen, auf die Genosse Erich Honecker seinerseit aufmerksam gemacht hatte.[168] Genosse Kotschemassow betonte, daß er sich in seinem Handeln stets von prinzipiellen Positionen, von der Linie des ZK der KPdSU leiten lasse. All sein Handeln sei auf die stete Vertiefung der festen Freundschaft und Zusammenarbeit mit der DDR gerichtet.

---

167 Vgl. Daniel Küchenmeister (Hrsg.): Honecker – Gorbatschow, S. 178 f. (besonders Anm. 283)

168 Vgl. ebenda, S. 160 ff.

Der sowjetische Botschafter versicherte, daß er sich der grundsätzlichen Bedeutung der von Genossen Axen angesprochenen Angelegenheit bewußt sei. Es sei besser, solche Dinge offen anzusprechen, als zu schweigen. Er werde die sowjetische Führung informieren.

Genosse Axen brachte abschließend zum Ausdruck, daß er Genossen Erich Honecker und das Politbüro des ZK der SED über die Darlegungen des Genossen Kotschemassow in Kenntnis setzen werde.

Quelle: SAPMO - BArch, DY 30/IV 2/2035/60.

Dokument 17

Arbeitsmaterial der DDR-Delegation zu den deutsch-deutschen Beziehungen für das Gipfeltreffen der Warschauer Vertragsstaaten in Warschau am 15./16. Juli 1988[169]

Die DDR betrachtet die Beziehungen zur BRD als einen wichtigen Abschnitt des Kampfes um friedliche Koexistenz, europäische Sicherheit und Entspannung. Das Verhältnis DDR – BRD geht in seiner Bedeutung somit weit über den bilateralen Rahmen hinaus.

Die DDR bestimmt ihr Verhältnis zur BRD von folgenden grundsätzlichen Positionen aus:

– Auf dem Boden des untergegangenen Deutschen Reiches sind zwei souveräne, voneinander unabhängige Staaten mit unterschiedlicher Gesellschaftsordnung und Bündniszugehörigkeit entstanden. Zwischen ihnen bestehen unüberbrückbare gesellschaftliche Gegensätze.

– Durch das Vertragssystem, die Aufnahme der DDR und der BRD in die UNO wurde die „deutsche Frage" gelöst: den im Zentrum Europas entstandenen Status quo völkerrechtlich verbindlich zu fixieren. Eine „offene deutsche Frage" gibt es daher ebenso wenig wie einen „Anspruch auf Wiedervereinigung".

– Möglich und notwendig sind zwischen der DDR und der BRD Beziehungen auf der Grundlage des Völkerrechts entsprechend den Prinzipien der friedlichen Koexistenz. Für „besondere, innerdeutsche" Beziehungen ist kein Platz.

– Die alles übergreifende Frage im Verhältnis der beiden deutschen Staaten ist die Friedenssicherung. Sie müssen alles tun, damit von

---

169 Zu den Beschlüssen der Tagung des Politischen Beratenden Ausschusses des Warschauer Paktes vgl. ND, 18. sowie 22. Juli 1988. Die deutsch-deutschen Beziehungen wurden darin nicht erwähnt.

deutschem Boden nie wieder Krieg, sondern immer nur Frieden ausgeht.

In den vergangenen zwei Jahrzehnten ist es gelungen, bedeutende positive Ergebnisse bei der Durchsetzung der Politik der friedlichen Koexistenz zu erreichen. Die BRD mußte im europäischen
Vertragswerk die Realitäten in wesentlichen Punkten akzeptieren.
Auch die CDU/CSU mußte sich auf den Boden der Verträge stellen.

Die BRD mußte sich dazu bekennen, daß von deutschem Boden
nie wieder Krieg, sondern nur noch Frieden ausgehen darf. Es gelang, einen breiten politischen Dialog mit den wesentlichen politischen Kräften in der BRD zu entwickeln. Gegen den Widerstand
revanchistischer Kräfte wurden bedeutsame Fortschritte bei der
Normalisierung der sachlichen Beziehungen erreicht.

Von großer Bedeutung für die Entwicklung normaler Beziehungen zur BRD war der offizielle Besuch des Genossen Erich Honekker in der BRD vom 7. bis 11. September 1987. Der Besuch war
das wichtigste Ereignis in den Beziehungen seit Abschluß des
Grundlagenvertrages. Neben dem Grundlagenvertrag ist das Gemeinsame Kommuniqué vom 8. September 1987 die Grundlage für
die Gestaltung der Beziehungen. Der Besuch demonstrierte die
Souveränität und Gleichberechtigung der DDR. In den Mittelpunkt
des Besuches wurde die Verantwortung beider deutscher Staaten für
den Frieden gestellt. Der Besuch trug dazu bei, die Position realistisch eingestellter Kräfte in der BRD zu stärken. Auf der Basis der
Bekräftigung der Unverletzlichkeit der Grenzen der beiden Staaten
konnten weitere Schritte zur Normalisierung der sachlichen Beziehungen vereinbart werden.

Einer umfassenden Normalisierung der Beziehungen stehen jedoch noch beträchtliche Hindernisse entgegen. Die BRD versucht
immer wieder, gegenüber der DDR das Völkerrecht zu mißachten
und die völkerrechtswidrige „innerdeutsche" Doktrin durchzusetzen
(„Offenheit der deutschen Frage", „besondere, innerdeutsche" Beziehungen, Weigerung, offene politische Grundfragen zu regeln:
Anerkennung des Nichteinmischungsprinzips, Status der Vertretungen, Staatsbürgerschaft, Charakter der Grenze).

Zugleich muß auch die CDU/CSU-geführte Regierung dem internationalen Kräfteverhältnis, den „Ostverträgen" und der erfolgreichen Entwicklung der DDR Rechnung tragen. Sie ist gezwungen,
letztlich eine pragmatische Politik ausgehend von der staatlichen
Existenz der DDR zu betreiben.

Quelle: BArchP, DC 20, 5331.

Dokument 18

Schreiben von Erich Honecker an Helmut Kohl vom 21. Juli 1988

Sehr geehrter Herr Bundeskanzler!
Für Ihren Brief vom 23. März 1988 danke ich Ihnen.[170]
Es sind vor allem die positiven Veränderungen in den internationalen Beziehungen, von denen das Inkrafttreten des Abkommens über die Beseitigung sowjetischer und amerikanischer Raketen mittlerer und kürzerer Reichweite so augenfällig zeugt, die mich veranlassen, unseren Dialog zu Rüstungsbegrenzung und Abrüstung, zu Sicherheit und Stabilität in Europa jetzt weiterzuführen.

Gern greife ich Ihre Feststellung auf, „daß die gegebenen Chancen für weitere Schritte zu einem gesicherten Frieden mit weniger Waffen nun zügig und umfassend genutzt werden müssen, im nuklearen, chemischen und konventionellen Bereich". Die mannigfaltigen Initiativen der Deutschen Demokratischen Republik sind wie die auf der jüngsten Tagung des Politischen Beratenden Ausschusses der Staaten des Warschauer Vertrages vorgelegten Ideen und Vorschläge eben darauf gerichtet.[171]

In Ihrem Brief heben Sie hervor, daß die Bundesregierung wirksamer konventioneller Abrüstung sowie weiterführenden vertrauens- und sicherheitsbildenden Maßnahmen besondere Aufmerksamkeit schenkt. Die Staaten des Warschauer Vertrages haben auf ihrer jüngsten Tagung in Warschau dafür ein konkretes Konzept erarbeitet. Demzufolge könnte mit der Beseitigung von Asymmetrien und Ungleichgewichten begonnen werden, und zwar jenen, deren Existenz bei der anderen Seite die größte Besorgnis hervorruft.

Rasch sollte ein annähernd gleiches Niveau auf beiden Seiten erreicht werden, das niedriger wäre als das gegenwärtig jeweils vorhandene. Danach sollten drastische Reduzierungen der Streitkräfte und Rüstungen beider Bündnisse erfolgen, bis sie letztlich Verteidigungscharakter tragen. Selbstverständlich würde das bei umfassender Kontrolle, einschließlich von Inspektionen vor Ort, geschehen.

Die Erfahrungen mit den Wiener Reduzierungsverhandlungen besagen, daß konventionelle Abrüstung von Vertrauensbildung begleitet, ja gefördert werden muß. Deshalb liegen die Vorschläge zur Bildung eines europäischen Zentrums zur Verringerung der Kriegsgefahr in Europa bzw. eines Mechanismus zur friedlichen Krisenregulierung in Mitteleuropa auf dem Tisch. Ganz in diesem Sinne ha-

---

170 Vgl. Dok. 6.
171 Vgl. Anm. 169.

be ich kürzlich die Einrichtung eines „heißen Drahtes" auch zwischen Berlin und Bonn oder die Bildung ständiger gemischter Beobachtungsposten an strategisch wichtigen Punkten angeregt. All das – und vor allem ein Gipfeltreffen der KSZE-Staaten – könnte Verhandlungen für konventionelle Abrüstung in Europa von Beginn an begünstigen. Solche Maßnahmen wären ohne Schwierigkeit realisierbar, weil sie keinen überfordern. Sie wären erste Schritte auf dem Wege zu gemeinsamer Sicherheit, zu künftigen Strukturen gegenseitiger Nichtangriffsfähigkeit. Warum sollten die Deutsche Demokratische Republik und die Bundesrepublik Deutschland – beide unmittelbar an der sensiblen Trennlinie der Militärbündnisse gelegen – nicht vorangehen? Die beiden deutschen Staaten könnten damit wahre Schrittmacherdienste für größere Sicherheit und Stabilität in Europa leisten und entsprechend der auch von Ihnen, Herr Bundeskanzler, erklärten Verantwortungsgemeinschaft dazu beitragen, daß von deutschem Boden nur noch Frieden ausgeht.

Ihre Auffassung, daß „Nuklearwaffen mit Reichweiten unter 500 km für uns Deutsche besondere Relevanz haben", teile ich voll und ganz. Beide deutsche Staaten müssen daher ein ureigenes Interesse daran haben, daß in diesem Bereich keine „abrüstungspolitische Lücke" entsteht oder – was noch schlimmer wäre – die Beseitigung von Raketen mittlerer und kürzerer Reichweite qualitativ wie quantitativ durch nukleare Waffensysteme mit Reichweiten unter 500 km kompensiert würde.

Die Staaten des Warschauer Vertrages haben verschiedene Varianten für die Einbeziehung dieser Waffensysteme in Abrüstungsverhandlungen vorgeschlagen. Eine davon ist die Bildung von kernwaffenfreien Zonen. Das im Juni dieses Jahres in Berlin durchgeführte Internationale Treffen für kernwaffenfreie Zonen hat mich in der Überzeugung bestärkt, daß solche Zonen, darunter in Mitteleuropa, praktikable und vernünftige Möglichkeiten für die schrittweise Minderung der Gefahr eines atomaren Holocaust bieten. [172] Die Reduzierung und schließlich die Beseitigung der taktischen Kernwaffen in Europa könnten aber auch in gesonderten Verhandlungen erfolgen, zu deren Gegenstand auch die nuklearen Komponenten der doppelt verwendbaren Systeme gehören würden. Die Staaten des Warschauer Vertrages haben sich dafür ausgesprochen, solche Verhandlungen möglichst bald aufzunehmen.

Was die chemischen Waffen betrifft, würdigt die Deutsche Demokratische Republik die Haltung der Bundesrepublik Deutschland für deren umfassendes Verbot.

---

172 Vgl. Anm. 142.

Der von Ihrer Regierung an die Genfer Abrüstungskonferenz gerichtete Appell – chemische Waffen dürfen im Arsenal keines Staates mehr Platz haben – findet unsere Zustimmung. Es ist aber wohl unbestritten, daß ein umfassendes Verbot dieser Waffen, eine entsprechende Konvention in kürzester Frist nur zustandekommen, wenn alle, wirklich alle Anstrengungen darauf konzentriert werden. Gerade dies gebietet meines Erachtens, regionale Lösungen nicht zu unterschätzen oder gar auszuschlagen.

Manche der noch aufgetürmten Hindernisse für eine globale Regelung gelten nicht für regionale Lösungen.

Hier läßt sich manche Bresche für eine globale Konvention schlagen, die sich in Zukunft sogar als Durchbruch erweisen kann. Die DDR verfolgt deshalb neben ihrem vorrangigen Wirken für eine globale Regelung der C-Waffen-Abrüstung unbeirrt ihre regionalen Initiativen.

Ihnen, Herr Bundeskanzler, diese Überlegungen zu übermitteln, hielt ich für wichtig. Die Deutsche Demokratische Republik und die Bundesrepublik Deutschland beteiligen sich aktiv an der Erarbeitung von Abrüstungskonzepten in ihren Bündnissystemen. Es würde den Festlegungen des gemeinsamen Kommuniqués über meinen Besuch in Ihrem Land im vergangenen Jahr entsprechen, wenn daraus weitere Schritte für Frieden und Sicherheit in Europa erwachsen würden. Mit großem Interesse sehe ich deshalb Ihrer Antwort entgegen.

Mit vorzüglicher Hochachtung
gez. E. Honecker

Quelle: SAPMO - BArch, DY 30/vorl. SED, 41664.

Dokument 19

Information über ein Gespräch von ZK-Mitglied Otto Reinhold mit Bundesaußenminister Hans-Dietrich Genscher am 26. August 1988

Am 26.8.1988 hatte ich auf seinen Wunsch ein längeres Gespräch mit Genscher in Bonn. Im Unterschied zu anderen Gesprächen wurde ich in sein Ministerbüro eingeladen.[173]

---

173 Vgl. Anm. 109. Otto Reinhold, seit 1962 Direktor bzw. Rektor der ZK-Akademie für Gesellschaftswissenschaften und seit 1967 Mitglied des ZK,

Ausführlich ging er zunächst auf eine Reihe von Problemen des Abrüstungsprozesses ein. Er erklärte, daß es besonders wichtig sei, die KSZE-Konferenz in Wien so schnell wie möglich zum Abschluß zu bringen. Er bat darum, daß die DDR dabei mithelfen sollte. Der Abschluß dieser Konferenz ist die Voraussetzung dafür, daß die Gespräche über konventionelle Abrüstung beginnen können. Den möglichst schnellen Beginn dieser Gespräche halte er für außerordentlich wichtig, weil damit den Befürwortern der Modernisierung der Kurzstreckenraketen wichtige Argumente aus der Hand genommen würden. Außer der destruktiven Haltung Rumäniens blieben in Wien nur noch wenige Fragen übrig, über die man sicher eine Einigung erreichen könne.

Demnächst finden in der NATO die abschließenden Beratungen über ein Konzept zur konventionellen Abrüstung statt. Genscher hat dort die Vorstellungen der BRD vorzutragen. Diese Vorschläge entsprechen im wesentlichen jenen Vorschlägen, die zuletzt vom Warschauer Vertrag gemacht worden sind. Hier gibt es eine große Übereinstimmung, wenn es auch in Detailfragen noch viele Diskussionen geben wird. Die Konzeption, die er in der NATO vortragen wird, habe er im wesentlichen bereits Anfang des Jahres in einem Artikel in der „Frankfurter Rundschau" dargelegt. Immer wichtiger sei es dabei, über Fragen der Nichtangriffsfähigkeit zu diskutieren und daraus praktische Schlußfolgerungen zu ziehen. Er glaubt, daß sich seine Vorstellungen in der NATO insgesamt durchsetzen werden. Die Politik der gegenwärtigen französischen Regierung sei in diesen Fragen in Bewegung gekommen. Die Regierung versuche sehr vorsichtig, aber entschlossen, eine Korrektur der konservativen Position der früheren Regierung unter J. Chirac durchzusetzen. Er habe in den letzten Wochen auf privater Basis mehrere Gespräche mit Mitterand dazu gehabt, in denen diese Einschätzung bestätigt wurde.

Wenn bei den Präsidentschaftswahlen in den USA Dukakis siegen würde, wären viele Fragen des Abrüstungsprozesses einfacher zu lösen.[174] Sehr gut sei es, daß in Genf die Verhandlungen über Chemiewaffen wieder aufgenommen werden. Er meine, daß dabei ein vorsichtiger Optimismus am Platze sei.

Genscher berichtete, daß er bei seinem Besuch in Moskau sehr gute Gespräche mit Gorbatschow und Schewardnadse geführt hat.[175]

übermittelte die vorliegende Information am 29. August 1988 an Erich Honecker persönlich.

174 Die amerikanischen Präsidentschaftswahlen am 8. November 1988 ergaben einen Sieg des Republikaners George Bush über den Demokraten Michael Dukakis mit 54 gegenüber 46 Prozent der Stimmen.

175 Genscher besuchte vom 29. bis 31. Juli 1988 Moskau und traf außer mit Schwardnadse am 30. Juli auch mit Gorbatschow zusammen.

Er zieht daraus vor allem die Schlußfolgerung, daß im Rahmen der Europapolitik der Sowjetunion die BRD nunmehr als wichtigster Partner betrachtet wird und daß die Sowjetunion bereit ist, aus dieser Tatsache für die Beziehungen in allen anderen Bereichen die praktischen Schlußfolgerungen zu ziehen. Dadurch würden sehr gute Bedingungen für den Besuch in Moskau bestehen, den er mit Kohl im Oktober dieses Jahres durchführt.[176] Dieser Besuch werde gegenwärtig gut vorbereitet. Zur Eröffnung der UN-Vollversammlung habe ich ein Treffen mit Schewardnadse vereinbart, wo eine Bilanz dieser Vorbereitungen gezogen wird.

Auf meine Bemerkung erklärte er, daß er sehr wohl wisse, daß die DDR einen Anteil daran hatte, daß sich die Beziehungen der Sowjetunion und der BRD nunmehr so entwickeln.

Eine wichtige Rolle in der Diskussion in Moskau, aber auch bei anderen Gelegenheiten, habe die Befürchtung gespielt, daß die Bildung des Gemeinsamen Marktes in Westeuropa bis 1992 eine bremsende Wirkung für die Ost-West-Beziehungen haben könnte. Er teilt diese Auffassung nicht. Dazu möchte er zwei Gesichtspunkte hervorheben. Erstens ist für Westeuropa die Bildung eines solchen Gemeinsamen Marktes unbedingt notwendig, wenn Westeuropa in der kommenden Zeit im Konkurrenzkampf gegenüber den USA und Japan bestehen will. Nach all ihren vorliegenden Erkenntnissen wurden und werden in beiden Ländern umfangreiche Maßnahmen getroffen, die in den nächsten Jahren und Jahrzenten eine explosionsartige Entwicklung neuer Technologien erwarten lassen. Ohne Gemeinsamen Markt würde Westeuropa aufhören, ein ernsthafter Konkurrent und Partner zu sein.

Zweitens. Das bedeutet aber keinesfalls, daß dadurch eine Intensivierung der Beziehungen zwischen RGW und anderen Ländern verhindert würde. Um einer solchen Entwicklung einen Riegel vorzuschieben, wurde auf seine Initiative der Vertrag über die Beziehungen der EG und dem RGW noch während seiner Amtszeit als Präsident der EG abgeschlossen.[177] Dies solle als Signal ihrer Absichten auf diesem Gebiet wirken.

Der intensivere Ausbau der Beziehungen zwischen Ost und West würde gegenwärtig aber durch das technologische Gefälle behindert. Eine raschere technologische Entwicklung in den sozialistischen Ländern sei eine wichtige Bedingung für die weitere Gestaltung dieser Beziehungen.

---

176 Vgl. Anm. 110 und 128.

177 Am 25. Juni 1988 vereinbarten EG und RGW in Luxemburg die Aufnahme offizieller Beziehungen. Die Westberlin-Frage wurde ausgeklammert.

Genscher erklärte, daß er demnächst vor NATO-Gremien eine Rede über die Lage und die Entwicklungsprozesse in den sozialistischen Ländern Europas halten müsse. Er halte diese Rede für sehr wichtig, weil bei vielen NATO-Mitgliedern große Unkenntnis und viele Klischeevorstellungen vorherrschen. Vor allem besteht die Tendenz, alle Länder und alle Vorgänge über einen Kamm zu scheren und keinerlei Differenzierungen vorzunehmen.

Prinzipiell würde es zwei Auffassungen geben. Die einen meinen, je mehr sich in den sozialistischen Ländern Destabilisierungsprozesse vollziehen, um so besser könne man vom NATO-Standpunkt aus mit diesen Ländern verhandeln. Die andere Auffasssung geht von einer gegenteiligen Position aus. Je stabiler sich die sozialistischen Länder entwickeln, je besser ihre wirtschaftliche Entwicklung, ihr technologisches Niveau sei, um so besser können sich die Beziehungen entwickeln und ernsthafte Schritte auf dem Weg zu einem europäischen Haus gemacht werden.

Er vertrete ganz entschieden die letztere Position und unternehme alles ihm mögliche, diese Position in der praktischen Politik der NATO durchzusetzen. Er ist fest davon überzeugt, daß sich diese Haltung durchsetzen werde.

Neben Fragen zu Polen und Ungarn fragte er nach dem Verhältnis der DDR und der SED zum Kurs von Gorbatschow und der KPdSU.

Er wies darauf hin, daß es in Bonn nach dem Treffen des Genossen Erich Honecker mit Medwedjew die Meinung gäbe, Medwedjew wäre nach Berlin geschickt worden, um die DDR auf Vordermann zu bringen.[178]

Ich legte ihm ausführlich unsere Position dar. Dabei wies ich darauf hin, daß kein anderes sozialistisches Land die Politik der KPdSU besonders ökonomisch so umfangreich unterstützt, wie das die DDR tut, daß wir aber unsere Politik entsprechend unseren Bedingungen und Erfordernissen gestalten müssen. Er erklärte, dafür habe er volles Verständnis.

Er hätte dem sowjetischen Botschafter in Bonn scherzhaft erklärt, daß er ihm am liebsten verbieten würde, in der BRD zu propagieren, daß nur über zwei Wahlperioden eine bestimmte Funktion ausgeübt werden dürfe.

Genscher erklärte, in Bonn gäbe es viel Spekulationen über wachsende Widersprüche und Konflikte in der DDR. Er teile solche Spekulationen nicht. Er wisse genau, daß sich die Situation in der DDR wesentlich von der Lage in anderen sozialistischen Ländern

---

178 Das Treffen von Erich Honecker mit dem ZK-Sekretär der KPdSU, Wadim Medwedjew, fand am 24. August 1988 statt. Vgl. ND, 25. August 1988.

unterscheide. Er habe aber große Sorge über die weitere wirtschaftliche Entwicklung in der DDR. Er wolle sich nicht in die innere Entwicklung der DDR einmischen, aber die Beziehungen zwischen der BRD und der DDR würden erschwert, wenn das technologische und ökonomische Gefälle zwischen beiden Ländern größer würde. In aller Welt würde eine intensive Diskussion darüber stattfinden, welche neuen Formen und Methoden der Organisation und Leitung der Wirtschaft nach dem raschen technologischen Wandel in den 90er Jahren erforderlich seien. Dazu spielt z. B. die Frage, wie zusammen mit den Konzentrationsprozessen leistungsfähige Klein- und Mittelbetriebe und die Kombination zwischen beiden erreicht werde, eine entscheidende Rolle für die Bewältigung des technologischen Wandels. Er könne nicht feststellen, daß darüber in der DDR diskutiert würde. Ich erkläre ihm, daß wir sehr wohl die Herausforderungen genau kennen, denen wir uns bis zur Jahrhundertwende zu stellen haben, und daß auf Initiative unserer Partei zu diesen Fragen eine sehr umfangreiche und intensive Arbeit geleistet wird.

Genscher erklärte, daß nach seiner Meinung die Beziehungen zwischen der DDR und der BRD sich normal entwickeln, ohne spektakuläre neue Projekte und ohne nennenswerte Hindernisse. Es sei richtig, daß wir uns gegenwärtig darauf konzentrieren, jene Festlegungen mit Leben zu erfüllen, die beim Besuch Erich Honekkers in Bonn getroffen wurden. Ich erklärte, daß das im Prinzip mit unserer Einschätzung übereinstimmt, daß es aber notwendig wäre, dabei einige Probleme zu lösen.

Erstens gibt es immer wieder Versuche, die Belastbarkeit des Westberliner Abkommens zu testen. Die Gemeinsame Kommision für Wissenschaft und Technik ist deshalb nicht zustande gekommen, weil die Regierung in Bonn Vertreter Westberlins in die offizielle Regierungsdelegation aufgenommen hat. Ähnliche Probleme gibt es bei der Bildung einer Gemeinsamen Wirtschaftskommision.[179]

Genscher erklärte, daß in diesen Fragen in Bonn noch viel kleinkariertes Denken zu finden sei. Er habe die Lösung vorgeschlagen, Westberliner Vertreter als Einzelpersönlichkeiten zu beteiligen.

Er wird alles tun, um die Lösung konsequent durchzusetzen. Weiter erklärte ich ihm, daß in der Frage Elbgrenze und Salzgitter wir in den letzten Wochen bei bestimmten Kreisen in der BRD eine Verhärtung feststellen.

Man könne aber nicht nur ständig Forderungen an die DDR stellen, wenn man selbst nicht bereit ist, zumindest in einer dieser Fragen zu einer Lösung zu kommen. Er erklärte, daß in der FDP ei-

---

179 Vgl. Anm. 132. – Vor allem der Westberliner Wirtschaftssenator Peter Mitzscherling hatte die Bildung der letztgenannten Kommission behindert.

ne ähnliche Auffassung weit verbreitet sei, er aber gegenwärtig über den Stand der Dinge nicht genügend informiert sei.

Schließlich erklärte ich, daß wir beim Zusammenwirken oder beim parallelen Wirken in Fragen der Sicherheitspolitik, insbesondere beim Abrüstungsprozeß, noch viele und große unausgeschöpfte Möglichkeiten sehen. Nach unserer Meinung müsse dieser Bereich in den Beziehungen zwischen unseren Staaten ein wesentlich größeres Gewicht erhalten. Die Vorschläge, die Heinz Keßler dazu gemacht hat, zielen in diese Richtung.[180] Genscher erklärte, daß er damit im wesentlichen einverstanden sei und darüber nachdenken wird, was man über das bisherige Zusammenwirken hinaus machen könne.

Auf meine Frage, wer zum neuen Vorsitzenden der FDP im Oktober gewählt werden wird, erklärte er, diese Frage kann er heute nicht beantworten. In der Partei sei dazu eine Patt-Situation entstanden.

Lambsdorff habe jetzt einen klugen Schachzug gemacht, in dem er vorschlug, eine Frau zum Generalsekretär zu wählen. Er könne aber mit völliger Sicherheit sagen, daß unabhängig davon, wer von beiden Kandidaten zum Vorsitzenden gewählt wird, sich an den außerpolitischen und sicherheitspolitischen Positionen der FDP ebenso wenig etwas verändern wird, wie in den Beziehungen zur DDR. In dieser Frage gäbe es zwischen ihm und den beiden Kandidaten keinerlei Meinungsunterschiede.[181]

Genscher informierte, daß das nächste Treffen des Ost-West-Instituts der USA nach Potsdam in der BRD stattfindet. Er bat darum, daß, wie er in Potsdam, Oskar Fischer auf dieser Konferenz einen Vortrag hält.[182]

Genscher brachte sein Interesse zum Ausdruck, daß ähnlich wie mit der Friedrich-Ebert-Stiftung der SPD eine Form der Beziehung mit der Friedrich-Naumann-Stiftung der FDP gefunden wird. Wir vereinbarten, daß er bei meinem nächsten Aufenthalt in Bonn ein Gespräch mit Mischnick organisieren wird, der jetzt Präsident dieser Stiftung ist.

Genscher bat, herzliche Grüße an Genossen Erich Honecker zu übermitteln und erklärte, wenn wir irgendwelche Fragen haben, könnten wir uns jederzeit direkt an ihn wenden. Er sei immer bereit, mit uns zu sprechen.

Quelle: SAPMO - BArch, DY 30/IV 2/2035/68.

---

180 Vgl. den Artikel des DDR-Verteidigungsministers Heinz Keßler „Friedensbewahrung – Ziel und Zweck unserer militärischen Tätigkeit" in: ND, 9. August 1988.

181 Vgl. Anm. 154.

182 Vgl. Anm. 141.

Dokument 20

**Telefonische Mitteilung von ZK-Sekretär Hermann Axen
an Wadim Medwedjew, ZK-Sekretär der KPdSU,
vom 20. September 1988**

Guten Tag! Beste Grüße!

Es geht um folgende Frage: Das ZK der SED ist sehr befremdet, daß die Zeitung des Ministerrates der UdSSR, „Iswestija", vom 11.9.1988 ein Interview mit dem westdeutschen Sowjetologen Wolfgang Leonhard veröffentlicht hat. W. Leonhard hat bekanntlich im Jahre 1949 die SED und die DDR verraten und wurde als Renegat und Verräter aus unserer Partei ausgeschlossen.[183]

Bezeichnenderweise äußerte W. Leonhard seine feindlichen Auffassungen niemals in unserer Partei, niemals in der DDR, sondern nutzte einen Auslandsaufenthalt zur Republikflucht und legte von dort seine verräterischen Positionen dar.

Seit 1949 betätigt sich Leonhard unter der Bezeichnung eines „Sowjetologen" maßgeblich und ununterbrochen an der antikommunistischen, antisowjetischen Hetze der reaktionärsten Kreise der internationalen Monopolbourgeoisie, insbesondere der der BRD und der USA.

In unserer Partei und in unserem Volk ist diese Rolle Leonhards als einer der notorischen Anführer antikommunistischer Hetzpropaganda hinlänglich bekannt.

Um so größer ist das Erstaunen und das Befremden bei den Kommunisten der DDR, speziell des Lehrkörpers der Parteihochschule der SED „Karl Marx", aus der er 1949 ins Lager des Klassenfeindes desertiert ist, über die Tatsache, daß ausgerechnet die Zeitung der Regierung der UdSSR mit W. Leonhard ein Interview führt, wobei die Redaktion der „Iswestija" W. Leonhard als einen der „führenden Vertreter der ernsthaften Sowjetologie" vorstellt.

Deshalb ersuchen wir Sie, Genosse Medwedjew, um die Meinung des ZK der KPdSU zu dieser für uns völlig unbegreiflichen und nicht zu billigenden Veröffentlichung in der Regierungszeitung der UdSSR.

Quelle: SAPMO - BArch, DY 30/IV 2/2035/60.

---

183 Zur Biographie vgl. Wolfgang Leonhard: Die Revolution entläßt ihre Kinder. Köln 1955 (Neuauflage in 2 Bänden, Leipzig 1990).

Dokument 21

**Mitteilung von ZK-Sekretär Hermann Axen an Erich Honecker
über die Antwort auf einen SED-Protest
gegenüber dem ZK der KPdSU vom 27. September 1988**

Lieber Erich!

Genosse Kotschemassow hat mich um 8.00 Uhr angerufen und
mir folgende Antwort des ZK der KPdSU auf die von mir an Genossen W. Medwedjew, Sekretär des ZK der KPdSU, übergebene
Mitteilung des Politbüros des ZK der SED gegeben:

„Die Veröffentlichung des Gesprächs mit dem westdeutschen Sowjetologen W. Leonhard in der Zeitung ‚Iswestija‘ wurde ohne ge-
nügende Vorsicht vorgenommen, ohne vor allem das politische Ge-
sicht Leonhards ausgewogen zu berücksichtigen. Die Leitung der
Zeitung wurde in diesem Sinne darauf aufmerksam gemacht.

Gleichzeitig rechnen wir mit dem Verständnis unserer deutschen
Freunde dafür, daß unsere Presseorgane unter den gegenwärtigen
Bedingungen breite Selbständigkeit bei der Wahl von Themen und
Materialien für die Veröffentlichung genießen.

Das Redaktionskollegium der ‚Iswestija‘ begründete die Zweckmäßigkeit der Veröffentlichung dieses Gesprächs durch bestimmte
Verschiebungen (Veränderungen) beim Herangehen einer Reihe
Sowjetologen bei der Einschätzung der sozialpolitischen Prozesse in
den sozialistischen Ländern. Offensichtlich muß man aktiv die
stattfindenden positiven Veränderungen in der öffentlichen Meinung des Westens, in den dortigen wissenschaftlichen und politischen Kreisen beeinflussen.

Selbstverständlich jedoch muß man das in allen Fällen mit
größtem Verantwortungsgefühl und mit Sachkenntnis tun."

Genosse W. Kotschemassow fügte hinzu, daß die Mitteilung des
ZK der SED mit größtem Ernst aufgenommen wurde und entsprechend behandelt wird. [184]

gez. Axen

Quelle: SAPMO - BArch, DY 30/IV 2/2035/60.

---

184 Honecker waren bereits am 24. September 1988 Äußerungen des Sektor-
leiters DDR im ZK der KPdSU, Koptelzew, übermittelt worden, wonach
Moskau „das Fortbestehen gewisser Irritationen der SED im Hinblick auf
die Art und Weise der Durchführung der Politik der Umgestaltung und Offenheit" registriere. Einzelne Äußerungen von sowjetischen Vertretern zur
deutschen Frage wurden als „unverantwortlich" bezeichnet, darunter auch
das Interview mit Leonhard. Das ZK könne jedoch nicht verhindern, daß
„abweichende Äußerungen" publiziert würden. Vgl. die zitierte Quelle.

Dokument 22

**Schreiben von Helmut Kohl an Erich Honecker
vom 19. Oktober 1988**

Sehr geehrter Herr Generalsekretär,
für Ihr Schreiben vom 21. Juli 1988 danke ich Ihnen.[185]
Ich teile Ihre Einschätzung, daß die positiven Veränderungen in
den internationalen Beziehungen auch die Erfolgsaussichten unseres Dialoges verbessert haben. Gemeinsame Anstrengungen von
West und Ost können uns dem Ziel eines dauerhaften und stabilen
Friedens näherbringen. Diese Anstrengungen dürfen sich allerdings
nicht allein auf Rüstungskontrolle und Abrüstung beschränken. Sie
sollten sich auf alle Fragen beziehen, die von Bedeutung für die
Menschen, das heißt besonders auch für die Menschen in unseren
beiden Staaten sind.
Wir stimmen sicher darin überein, daß wir auf einer Reihe von
Gebieten Fortschritte in der Zusammenarbeit verzeichnen können.
Damit haben wir auch einen Beitrag zum West-Ost-Dialog geleistet.
Die wichtigsten Fortschritte bleiben solche, die den Menschen
unmittelbar zugute kommen, ihre Freiheitsräume vergrößern, der
Humanität und damit in besonderer Weise dem Frieden dienen. Ich
habe daher mit Befriedigung zur Kenntnis genommen, daß die Zahl
der Reisen zwischen den beiden deutschen Staaten weiter zugenommen hat, und gehe davon aus, daß diese Entwicklung Bestand
haben wird. Unser Ziel sollte es sein, noch bestehende Erschwernisse schrittweise abzubauen, damit alle Menschen, die es wünschen,
ungehindert zueinander kommen können. Ich begrüße auch, daß die
Kontakte in vielen anderen Bereichen verstärkt werden konnten.
Das gilt für zahlreiche Städtepartnerschaften, den Jugendaustausch
und den Kulturaustausch. Besondere Würdigung verdient ferner, daß
die humanitären Bemühungen in bewährter Weise fortgesetzt werden.
Ihr Besuch im September letzten Jahres hat wichtige Anstöße zu
der konstruktiven Weiterentwicklung unserer Beziehungen gegeben.
Die damals unterzeichneten Verträge werden schrittweise mit Leben
erfüllt. Die übrigen Abmachungen konnten zum Teil umgesetzt werden. Die Verhandlungen über den Ausbau der Eisenbahnverbindung
zwischen Hannover und Berlin sind aufgenommen worden. Vereinbarungen über Energieverbund und Verkehrsverbesserungen sind abgeschlossen worden. Die Regelungen für die Transit- und Straßenbenutzungspauschale haben auch eine langfristig stabilisierende Wirkung

---

185 Vgl. Dok. 17.

für die Entwicklung der Gesamtbeziehungen; ich gehe davon aus, daß davon die Lösung anderer anstehender Fragen günstig beeinflußt wird.[186]

Ich will nicht verschweigen, daß es andererseits in unserem Verhältnis weiterhin Belastungen gibt. Auf vielen Gebieten bleiben weiter intensive Bemühungen erforderlich. Das gilt auch für einige Bereiche, über die wir im letzten Jahr gesprochen haben.

Ich möchte unter anderem daran erinnern, daß wir in dem Gemeinsamen Kommuniqué auf die große Bedeutung einer umfassenden sachlichen Information durch Presse, Funk und Fernsehen für die weitere Entwicklung gutnachbarlicher Beziehungen hingewiesen und größtmögliche Unterstützung der Journalisten bei der Ausübung ihrer Tätigkeit zugesagt haben. Gerade auf dem Feld der Information und des Informationsaustausches scheinen mir Verbesserungen erforderlich und auch möglich. In diesem Zusammenhang ist Ihre damalige Zusage bezüglich des Einfuhrverbotes für periodisch erscheinende Presseerzeugnisse besonders wichtig. Auch eine weitere Verbesserung des Post- und Fernmeldeverkehrs muß im Auge behalten werden. Die im Gemeinsamen Kommuniqué erwähnten Bemühungen um Fragen des nichtkommerziellen Zahlungsverkehrs sollten verstärkt fortgeführt werden.

Ein dringlicher Bereich ist schließlich der Umweltschutz. Nach meiner festen persönlichen Überzeugung stehen hier alle Staaten in Europa ungeachtet ihrer politischen und gesellschaftlichen Systeme in einer besonderen Verantwortungsgemeinschaft gegenüber dieser Generation wie gegenüber kommenden Generationen. Ich hielte es für einen großen Gewinn, wenn die beiden Staaten in Deutschland in diesem Bereich der Zukunftssicherung eine beispielgebende Funktion für unseren Kontinent ausüben würden.

Ich freue mich, daß Bundesminister Dr. Schäuble im November Gelegenheit haben wird, diese und andere für unsere Beziehungen wichtigen Fragen im einzelnen mit Ihnen und Außenminister Fischer zu erörtern.[187]

Unser Dialog sollte dazu dienen, uns dem Ziel eines dauerhaften und stabilen Friedens näherzubringen. Dialog und Zusammenarbeit sind auch der Weg, um Stabilität zwischen West und Ost und mehr Sicherheit auf niedrigerem Rüstungsniveau zu erreichen.

Das Inkrafttreten des Abkommens über die weltweite Beseitigung amerikanischer und sowjetischer Mittelstreckenraketen hat ein

---

186 Vgl. Anm. 59.

187 Vgl. die Mitschrift des Treffens zwischen Honecker und Schäuble am 10. November 1988 in: Heinrich Potthoff: Die „Koalition der Vernunft", S. 818 ff.

politisches Momentum geschaffen, das es für Fortschritte und Ergebnisse in allen Bereichen des Rüstungskontrollprozesses zu nutzen gilt. Dabei sollten auch die im INF-Abkommen verankerten zukunftsweisenden Maßstäbe, wie das Prinzip asymmetrischer Reduzierungen und verläßlicher Verifikation, Anwendung finden.

Die rüstungskontrollpolitische Erfassung von Nuklearraketen unter 500 km Reichweite bleibt für die Bundesregierung ein wichtiges Ziel. Auch hier muß ein Ungleichgewicht abgebaut werden. In diesem Zusammenhang möchte ich meinen Appell wiederholen, daß die Staaten des Warschauer Paktes ihre große Überlegenheit in diesem Bereich abbauen, der für uns Grund zur Sorge bleibt. Die Staaten des W[arschauer] P[aktes] würden dadurch ohne Beeinträchtigung ihrer Sicherheitsinteressen die Ausgangslage für künftige Verhandlungen über amerikanische und sowjetische Kurzstreckenraketen verbessern.

Die Errichtung kernwaffenfreier Zonen ist für die Bundesregierung kein geeigneter Weg zu mehr Sicherheit und Stabilität. Wenn bei nuklearen Kurzstreckenraketen „keine abrüstungspolitische Lücke" entstehen soll, müssen deutliche und verifizierbare Reduzierungen auf gleiche Obergrenzen angestrebt werden, wie dies auch in den Verhandlungen über eine 50prozentige Verringerung der nuklearstrategischen Potentiale der Vereinigten Staaten und der Sowjetunion geschieht.

In dem Ziel, die Verhandlungen um ein weltweites Verbot chemischer Waffen möglichst frühzeitig zum erfolgreichen Abschluß zu bringen, weiß ich mich mit Ihnen einig. Die Bundesregierung anerkennt die aktiven Beiträge der Deutschen Demokratischen Republik zu den Arbeiten der Genfer Abrüstungskonferenz am Entwurf einer C-Waffen-Verbotskonvention.

Ich bin indes der Auffassung, daß wir unsere Kräfte ausschließlich auf den baldigen Abschluß der weit fortgeschrittenen Verhandlungen über ein weltweites Verbot chemischer Waffen konzentrieren sollten. Regionale Lösungen lehnt die Bundesregierung ab. Sie würden nach unserer Auffassung von dem globalen Chemiewaffenverbot ablenken, zusätzlich schwierige Verifikationsfragen aufwerfen und das Problem der Ausbreitung und Anwendung chemischer Waffen in der Dritten Welt übergehen.

Kernproblem für die Sicherheit Europas bleibt die konventionelle Überlegenheit der Staaten des Warschauer Vertrages. Ich habe deshalb mit großem Interesse zur Kenntnis genommen, daß die DDR und die Staaten des Warschauer Vertrages dem Anliegen der konventionellen Rüstungskontrolle in Europa zunehmend Bedeutung beimessen. Ihr erklärtes Ziel, durch Beseitigung von Asymmetrien und Ungleichgewichten ein annähernd gleiches niedrigeres Niveau der Streitkräfte auf beiden Seiten herzustellen, entspricht langjährigen Forderungen der Bundesregierung und ihrer Verbündeten.[188] Es geht uns in erster Linie darum, die Waffensysteme zu reduzieren und zu limitieren, die für die Fähigkeit zum Überraschungsangriff und zur raumgreifenden Offensive konstitutiv sind. Die Anzeichen konzeptioneller Annäherung der Positionen von Ost und West sind ermutigend.

Ich halte es daher für vordringlich, beim KSZE-Folgetreffen und bei den Mandatsgesprächen in Wien jetzt die Voraussetzung dafür zu schaffen, daß die Verhandlungen über konventionelle Rüstungskontrolle wie auch über weitere vertrauens- und sicherheitsbildende Maßnahmen in Europa noch in diesem Jahr beginnen können.

Diese Foren sind der geeignete Rahmen, schrittweise die konventionelle Stabilität in Europa herzustellen und durch weitere vertrauens- und sicherheitsbildenden Maßnahmen Offenheit und Berechenbarkeit militärischen Verhaltens zu erhöhen.

Damit die Verhandlungen beginnen können, ist eine rasche Einigung über die in Wien noch offenen Fragen eines Schlußdokuments erforderlich. Dies verlangt die politische Bereitschaft zu Fortschritten auch bei den Menschenrechten und menschlichen Kontakten. Gerade sie dienen Frieden und Sicherheit in Europa.

Mit freundlichen Grüßen
gez. H. Kohl

Quelle: SAPMO - BArch, DY 30/IV 2/2035/87.

Dokument 23

Aktennotiz über ein Gespräch von Erich Honecker mit Alexander Bondarenko, Leiter der 3. Europäischen Abteilung des UdSSR-Außenministeriums, am 30. Oktober 1988

Genosse Honecker begrüßte Genossen Bondarenko herzlich als alten Bekannten und gab seiner Freude Ausdruck, ihn als Sonderbotschafter des Genossen Gorbatschow in Berlin empfangen zu können.

Genosse Bondarenko übermittelte die herzlichsten Grüße der Genossen Michail Gorbatschow, Eduard Schewardnadse und der anderen Genossen der Partei- und Staatsführung der UdSSR. Er habe den Auftrag, Genossen Honecker persönlich über Verlauf und Ergebnisse des Besuchs des Kanzlers der BRD, Helmut Kohl, in

---

188 Vgl. Anm. 169.

Moskau zu informieren, kurzfristig von Genossen Schewardnadse nach dessen Gespräch mit Genossen Gorbatschow erhalten.[189]

Über den Besuch Kohls in Moskau legte Genosse Bondarenko folgendes dar:

Wichtigster Teil des Besuchs waren die Verhandlungen des Genossen Gorbatschow persönlich mit Bundeskanzler Kohl. Die den Kanzler begleitenden Minister Genscher, Scholz, Riesenhuber und Töpfer führten parallele Gespräche mit ihren sowjetischen Amtskollegen. Auf der Schlußsitzung im erweiterten Kreis berichteten die Minister den Delegationsleitern über die Ergebnisse ihrer Gespräche.

Auf Wunsch des Bundeskanzlers fand das erste Gespräch mit Michail Gorbatschow, das sich als das wichtigste Gespräch herausstellte, unter vier Augen statt. Genscher war darüber unzufrieden. Vor der Reise Kohls hatte der Botschafter der BRD in Moskau von Genscher übermittelt, daß dieser unbedingt an den Vier-Augen-Gesprächen teilnehmen wolle. Danach übermittelte der sowjetische Botschafter in Bonn, Kwizinski, telegrafisch den Inhalt eines Gesprächs mit Teltschik, dem Berater Kohls. Dort hatte dieser gesagt, er wisse, daß eine hochgestellte Persönlichkeit an den Vier-Augen-Gesprächen teilnehmen wolle. Der Bundeskanzler bitte die sowjetische Seite, dies nicht zuzulassen. Entsprechend diesem Wunsch des Bundeskanzlers sei dann auch verfahren worden. An dem Gespräch nahmen Genosse Anatoli Tschernjajew, Mitarbeiter des Generalsekretärs, und Horst Teltschik, Berater des Bundeskanzlers, teil.

Bei der Begrüßung Helmut Kohls sagte Michail Gorbatschow, daß der Besuch als ein großes, außergewöhnliches Ereignis betrachtet werde, sowohl was die bilaterale Zusammenarbeit als auch die europäische Politik betrifft. Die Tatsache, daß dieses Gipfeltreffen stattfinde, zeige, welches Gewicht beide Seiten dieser Begegnung beimessen. Die Sowjetunion strebe danach, daß die Beziehungen zur BRD sich auf gegenseitiges Vertrauen gründen und daß alle Beteiligten dem Geist der Zeit und dessen Imperativen entsprechend handeln. Hier und auch bei der konkreten Beratung von Fragen der bilateralen Beziehungen zur BRD hob Genosse Gorbatschow mehrfach den Gedanken hervor, daß diese auf den heute existierenden Realitäten beruhen müssen.

Kohl erwiderte, daß er der Herstellung persönlicher Beziehungen mit dem höchsten Repräsentanten der sowjetischen Führung außerordentlich große Bedeutung beimesse. In diesem Sinne sei er als Kanzler und als Bürger Kohl nach Moskau gekommen.

Michail Gorbatschow gab Kohl die Möglichkeit, als erster das Wort zu nehmen. Dieser machte folgende Ausführungen:

---

189 Vgl. Anm. 128.

Er ging davon aus, daß beide Staaten und die dort regierenden Parteien unterschiedliche Ideologien und Anschauungen vertreten. Dies solle man nicht herunterspielen, denn es sei eine Realität. Aber es habe auch wenig Sinn, Zeit auf die Diskussionen darüber zu verschwenden, wessen Ideologie besser sei. Ohne zu versuchen, sich gegenseitig zum eigenen Glauben zu bekehren, sollte man darüber nachdenken, wie man die Herzen und Hirne der Menschen einander näherbringen kann. Darin sehe er als Kanzler und Bürger seine menschliche Pflicht.

Kohl brachte zum Ausdruck, daß die Umgestaltung und die tiefgreifenden Reformen in der Sowjetunion große Möglichkeiten für die Gestaltung der bilateralen Beziehungen eröffnen. Unter diesen Bedingungen seien persönliche Kontakte zwischen den führenden Vertretern beider Länder von besonderer Bedeutung. In diesem Sinne betrachte er seinen Besuch in der Sowjetunion und den bevorstehenden Besuch Michail Gorbatschows in der BRD als eine Einheit. Er sei bereit, bei beiden Besuchen aktive Arbeit zu leisten, wie es sich gehört.

Als Grundsatzerklärung Kohls sei die Feststellung zu verstehen gewesen, daß die Bundesregierung den festen politischen Willen habe, eine neue Qualität der Beziehungen zur Sowjetunion zu erreichen.

Zu Fragen der Abrüstung erklärte Kohl, daß die BRD zur Lösung der dort bestehenden Probleme auch weiterhin ihren Beitrag leisten wolle. Auf nuklearem Gebiet seien ihre Möglichkeiten etwas begrenzt, da sie nicht über Kernwaffen verfüge und nicht nach deren Besitz strebe. Bei den konventionellen Rüstungen stehe die BRD laut Kohl nicht hinter den USA zurück: Sie sei der wichtigste Partner und Verbündete der USA, was bedeute, daß diese auf die BRD hörten.

Nach dem Niveau der Wirtschaftsentwicklung nehme die BRD den ersten Platz in Europa ein. Es sei abzusehen, daß sie diese Führungsposition auch in Zukunft ohne besondere Mühe behalten werde. Die Verwirklichung des europäischen Binnenmarktes ab 1992 bedeute keine Abkapselung der Länder dieser Region vom übrigen Europa. Das wäre ungünstig für die EG selbst, und niemand wolle, daß zwischen Ost- und Westeuropa ein neuer Vorhang errichtet werde.

In diesem Sinne bezeichnete Kohl unsere Idee von der Errichtung des Hauses Europa als annehmbar. Dazu konkretisierte er, daß dieses Haus viele Fenster und Türen haben müsse, daß die Menschen darin frei miteinander verkehren und niemand den freien Austausch von Waren, Ideen sowie Errungenschaften der Wissenschaft und Kultur behindern werde. Er wünsche, daß sich in dieser Richtung, einschließlich Fragen der Sicherheit und Abrüstung, die

Zusammenarbeit der BRD mit der Sowjetunion, ihrem wichtigsten östlichen Nachbar, künftig erfolgreich entwickle.

Bei seinen Darlegungen zur ökonomischen Zusammenarbeit wies Kohl darauf hin, daß er nicht zufällig von einer großen Gruppe prominenter Vertreter der Geschäftswelt begleitet werde. Sie alle seien stolz darauf, der wichtigste westliche Partner der Sowjetunion zu sein. Diesen Rang wollten sie niemandem abtreten. Gerade auf wirtschaftlichem Gebiet verfüge die BRD über die größte Handlungsfreiheit und könne auf viele Dinge eingehen, darunter auch auf neue Formen der Zusammenarbeit. Kohl persönlich trat jedoch dafür ein, mit vielen kleinen Schritten vorwärtszugehen und keine lautstarke Propaganda über grandiose Pläne zu betreiben. Man sollte viele Bäume pflanzen, damit in der Zukunft daraus ein dichter Wald wachse.

Genosse Gorbatschow warf zu dieser Frage ein, er habe gehört, daß die Industriellen mit der Sowjetunion zusammenarbeiten wollten, jedoch vom Kanzler zurückgehalten werden.

Kohl entgegnete, das könne man nicht so sagen. Einige der führenden Industriellen handelten jedoch nur ausgehend von konjunkturellen Erwägungen. Er sei dafür, die Zusammenarbeit vorsichtig und vorausschauend zu entwickeln.

Michail Gorbatschow führte in diesem Vier-Augen-Gespräch folgendes aus:

Zu den Perspektiven der Entwicklung der bilateralen Beziehungen hob er hervor, daß hier Beschlüsse gefaßt werden müssen, die weder den Interessen der Verbündeten noch der Partner oder dritter Länder Schaden zufügen. Diese Beziehungen müssen der Sache der europäischen Sicherheit und der internationalen Sicherheit insgesamt dienen. Die Zusammenarbeit muß die natürlichen Unterschiede in der gesellschaftlichen und politischen Ordnung, die historisch entstandenen Realitäten in Europa berücksichtigen und unter strikter Einhaltung der geschlossenen Verträge erfolgen.

Michail Gorbatschow betonte, daß gegenwärtig wirklich Voraussetzungen dafür bestehen, die Beziehungen auf ein neues Niveau zu heben und ein neues Kapitel zu beginnen. Die sowjetischen Menschen und nach seiner Kenntnis auch die Menschen in der BRD seien dazu bereit und wünschten dies.

In der Welt seien in den letzten Jahren große Veränderungen vor sich gegangen. Die Politik sei dynamischer und kraftvoller geworden. Das frühere Herangehen an die bilaterale und multilaterale Zusammenarbeit könne weder die Sowjetunion noch die BRD oder andere Staaten innerhalb und außerhalb Europas befriedigen. Gleichzeitig betonte Michail Gorbatschow, daß das Erreichen eines neuen

Niveaus in den Beziehungen ein Prozeß ist, der Zeit erfordert. Dabei dürfe nicht der Eindruck erweckt werden, daß die Sowjetunion oder die BRD den jeweils anderen „verführen" wollten. Es gehe um eine offene und ehrliche Politik, die nicht nur den eigenen Völkern, sondern auch den Völkern anderer Länder zugänglich und verständlich ist.

Beide Länder gehörten unterschiedlichen gesellschaftspolitischen Systemen und militärpolitischen Bündnissen an, betonte Michail Gorbatschow. Jeder habe seine Ideale und Werte. Man dürfe niemandem Anlaß geben, an der Treue zu den eingegangenen Bündnisverpflichtungen zu zweifeln. Andererseits stehe in den internationalen Beziehungen die vordringliche Aufgabe, Frieden und Sicherheit in Europa und in der Welt zu gewährleisten. Das sei nur möglich durch Entwicklung der Zusammenarbeit in allen Bereichen, durch die Einführung von Elementen wachsenden Vertrauens und gegenseitigen Verständnisses in diese Zusammenarbeit.

Kohl versicherte, daß dies den Absichten und Zielen seiner Regierung voll entspreche.

Michail Gorbatschow hob hervor, die Zeit sei reif, um große Veränderungen in den Ost-West-Beziehungen in Europa herbeizuführen und mit dem Bau des europäischen Hauses zu beginnen. Dabei bestehe seitens der Sowjetunion nicht die Absicht, alle europäischen Staaten zu einem Einheitsstaat zu verschmelzen, sondern es gehe um die Vereinigung der Anstrengungen für die Errichtung einer sicheren Welt. Europa sei in der Lage, diese Aufgabe zu erfüllen. Eine solche Entwicklung liege nicht nur im Interesse der Sowjetunion und der BRD, sondern auch der USA, Kanadas und anderer Staaten.

Die Sowjetunion fordere alle auf, aktiv an der Errichtung des Hauses Europa mitzuarbeiten. Er sprach sich dafür aus, diesen Gedanken zusammen mit der neuen Konzeption der bilateralen Beziehungen in das gemeinsame politische Dokument aufzunehmen, das bei seinem Gegenbesuch in der BRD im Jahre 1989 unterzeichnet werden soll.[190]

Genosse Bondarenko informierte darüber, daß es bereits eine prinzipielle Übereinkunft mit der westdeutschen Seite gebe, ein solches Dokument zu vereinbaren. Diese Übereinkunft wurde bereits während des Besuchs Genschers in Moskau und seiner Gespräche mit Michail Gorbatschow getroffen. Die sowjetische Seite hatte es bereits für den Besuch Kohls in Moskau vorgesehen. Dieser ließ jedoch übermitteln, er ziehe es vor, ein gemeinsames politisches Dokument erst im Ergebnis des Gegenbesuchs des Generalsekretärs

---

190 Vgl. Anm. 115. Die „Gemeinsame Erklärung" vom 13. Juni 1989 vgl. in: Bulletin, Presse- und Informationsamt der Bundesregierung, 15. Juni 1989.

des ZK der KPdSU zu vereinbaren. Auf die inoffizielle sowjetische Anfrage nach den Gründen, wurde darauf verwiesen, daß die alte Administration der USA bereits nahezu aus dem Amt geschieden sei und man die Position der neuen Administration abwarten wolle.

Genosse Honecker warf ein, die alte Administration habe im Zusammenhang mit dem Besuch bereits ihren Protest erklärt.

Genosse Bondarenko wies darauf hin, daß die BRD gegenwärtig ohne die USA keine wichtige politische Entscheidung fälle.

Im Gespräch mit Genossen Gorbatschow habe Kohl dem Vorschlag zugestimmt, die von Genossen Gorbatschow genannten Punkte sowie die Hauptrichtungen der bilateralen Zusammenarbeit in das Dokument aufzunehmen. Er erklärte in diesem Zusammenhang, auch die BRD betreibe einen offenen und ehrlichen Kurs. Sie habe nicht die Absicht, irgend jemanden in eine Falle zu locken. Es gehe ihr darum, Vertrauen zu schaffen.

Kohl machte auch Ausführungen zur sogenannten deutschen Frage. Er holte sehr weit aus und tastete sich vorsichtig an diese Problematik heran. Er begann damit, daß zwischen der BRD und der Sowjetunion schwierige Realitäten existierten, darunter auch auf psychologischem Gebiet. Dazu gehöre die Tatsache, daß nach dem Krieg die Grenzen verändert worden seien. Die BRD nehme gegenwärtig nur einen Teil des Territoriums des Deutschen Reiches ein. Deutschland sei gespalten.

Zu den Realitäten gehörten jedoch auch der Moskauer Vertrag und die Verträge mit der DDR und anderen sozialistischen Ländern, die eingehalten werden müßten. Es existierten Fragen, in denen es keine Übereinstimmung gebe. Diese Tatsache müsse man zur Kenntnis nehmen. Die Deutschen sagten, so führte Kohl aus, daß die Spaltung nicht das letzte Wort sei. Krieg und Gewalt seien jedoch nicht länger Mittel der Politik. Deshalb seien die Veränderungen, von denen man in der BRD spreche, nur auf friedlichem Wege zu erreichen. Möglicherweise müsse man darauf sehr lange warten. Dies sei jedoch kein Rückfall in den Revanchismus. Wenn man in der BRD davon spreche, daß die Einheit der Nation weiterbestehe, dann sei das nicht chauvinistisch zu verstehen. Sicher werde dies in der Praxis erst in einigen Generationen wirksam werden.

Kohl forderte, daß Westberlin vollständig in den Prozeß der Entwicklung der bilateralen Beziehungen eingeschlossen werden müsse, wobei das Vierseitige Abkommen zu berücksichtigen sei.

Michail Gorbatschow antwortete Kohl, daß er hier einen wichtigen Teil des Dialogs berührt habe, ohne dessen Klärung kein neues Kapitel in den Beziehungen eröffnet werden kann. Er sei bereit, ehrlich und offen über alle Fragen zu sprechen.

Genosse Gorbatschow wies darauf hin, daß die Sowjetunion mit der Deutschen Demokratischen Republik durch engste freundschaftliche und Bündnisbeziehungen verbunden ist. Sie treten auch für gute Beziehungen mit dem anderen deutschen Staat, der BRD, auf gesunder, langfristiger Grundlage ein. Was die Pläne für die Zukunft betreffe, die der Kanzler geäußert habe, so sei es besser, auf Versuche zu verzichten, die Geschichte neu zu schreiben. Hier kann man nichts machen, sagte Michail Gorbatschow. Es existierten der Moskauer Vertrag, die Schlußakte von Helsinki und andere Verträge, in denen die territorial-politischen Realitäten der Nachkriegszeit fixiert seien. Sie bestimmten den Weg in eine künftige gutnachbarliche Zusammenarbeit. Wenn man sich jedoch an Konzeptionen der 40er oder 50er Jahre klammere, könne das nur Zweifel an der Aufrichtigkeit der Politik der BRD in Ost und West hervorrufen. (Genosse Bondarenko wies in diesem Zusammenhang darauf hin, daß sich Michail Gorbatschow strikt an die Absprachen gehalten habe, die während des Arbeitsbesuchs des Genossen Honecker im September in Moskau vereinbart wurden.)[191]

Michail Gorbatschow betonte, die gegenwärtige Situation sei ein Ergebnis der Geschichte. Jegliche Versuche zu verändern, was die Geschichte hervorgebracht habe, können zu unvorhersehbaren und sehr gefährlichen Folgen führen. Beide Seiten sollten berücksichtigen, daß jeder von ihnen Verbündete hat, denen nicht gleichgültig ist, auf welcher Grundlage die Beziehungen entwickelt werden. Er verhehle nicht, daß die Position der Sowjetunion zu dieser Frage alle europäischen Staaten in Ost und West interessiert. Viele von ihnen stellten direkt die Frage, ob man einer Regierung vertrauen könne, die an ihre Nachbarn Ansprüche stellt und diese periodisch wiederholt.

Was Westberlin betreffe, so sei die Sowjetunion für die breiteste Teilnahme dieser Stadt an den europäischen und internationalen Beziehungen. Die Sowjetunion habe nicht die Absicht, Westberlin zu einer toten Stadt werden zu lassen. Sie sei bereit, die spezifischen Interessen Westberlins auf ökonomischem und kulturellem Gebiet zu berücksichtigen. Alle das gelte jedoch stets unter der Voraussetzung, daß der besondere Status der Stadt, der im Vierseitigen Abkommen festgeschrieben ist, nicht angetastet wird. Alle Versuche, diesen zu erschüttern oder im eigennützigen Interesse umzugestalten, können die Beziehungen nur zurückwerfen.

Genosse Gorbatschow betonte, er sei dafür, alle diese Fragen auszusprechen, weil sonst vertrauensvolle Beziehungen nicht möglich seien. Nostalgie nach alten Zeiten werde jedoch nur Mißtrauen aus-

---

191 Vgl. die Gesprächsniederschrift vom 28. September 1988 in: Daniel Küchenmeister (Hrsg.): Honecker – Gorbatschow, S. 186 ff.

lösen. Daran könne die Regierung der BRD kaum interessiert sein. Die Völker Europas dürften nicht den Eindruck erhalten, daß die Westdeutschen sich früher oder später wieder auf den Marsch machen.

Genosse Bondarenko bezeichnete es als bemerkenswert, daß Kohl nach diesem Gespräch in seinen Reden in Moskau nicht versuchte, den Eindruck zu erwecken, daß die sowjetische Seite ihre Position zu diesen Fragen verändern könnte. Er sagte auch in der Pressekonferenz in Moskau, daß es hier gegensätzliche Positionen gebe, ein Streit darum jedoch nicht sinnvoll sei und die Geschichte letztendlich das Urteil sprechen werde. Gleichzeitig betonte er, daß dies die notwendige und nützliche Zusammenarbeit nicht behindern solle.

Genosse Bondarenko schätzte diese Position als bemerkenswert ein, weil bekannt sei, mit welchen Aufträgen Kohl nach Moskau gekommen war. Die rechte Presse und Vertreter rechter politischer Kreise wie Zimmermann und andere hatten von ihm gefordert, in Moskau mit der Faust auf den Tisch zu schlagen und eine Veränderung der Positionen der Sowjetunion zu diesen Fragen zu erzwingen. Man habe hier einen Durchbruch erreichen wollen. Einen Durchbruch hat es nicht gegeben, warf Genosse Honecker ein.

Zu den Abrüstungsfragen legte Genosse Gorbatschow folgendes dar: Aus Bonn sei nicht selten zu hören, daß vor allem die Sowjetunion und die Staaten des Warschauer Vertrages abrüsten sollten. Was die Bundeswehr betreffe, so sehe man für sie vor allem Maßnahmen symbolischen Charakters vor, obwohl sie, wie Kohl selbst dargelegt hatte, nach Personalstärke und Ausrüstung die größte Armee in Westeuropa ist.

Kohl antwortete, die BRD gestalte sich in dieser Hinsicht ebenfalls um. Als Beispiel verwies er auf die Haltung der Regierung der BRD zum Abbau der 72 Raketen vom Typ Pershing Ia. Genosse Bondarenko kommentierte: „Die Botschaft hör' ich wohl, allein mir fehlt der Glaube."

Michail Gorbatschow habe den Kanzler daran erinnert, daß Bonn einerseits dem INF-Vertrag zustimmte, andererseits jedoch die Idee verkündet habe, eine europäische Streitmacht zu schaffen. Auch die Position der BRD zur Modernisierung der taktischen Nuklearwaffen sei nicht klar.

Kohl behauptete, er sei ohne jeden Zweifel ein Anhänger der 50%igen Reduzierung der strategischen Offensivwaffen. Mit dieser Position rechne man auch in der NATO. Die gleiche Position beziehe er auch zu den chemischen Waffen.[192] Die BRD trete entschieden dafür ein, daß sie vollständig verschwinden, obwohl einige ih-

---

192 Vgl. Dok. 21.

rer westlichen Freunde damit bestimmte Probleme hätten. Es sei nicht zu glauben, daß die BRD nicht selbst abrüsten wolle, daß sie nach großen Bergen von Waffen strebe und dabei zu Tricks greife. Wegen ihrer geographischen Lage sei die BRD mehr als andere Staaten an der Abrüstung interessiert. In diesem Sinne trete sie auch in der NATO auf.

Genosse Bondarenko kommentierte, Kohl habe mit diesen Ausführungen von der Gegnerschaft der BRD zur Beseitigung der taktischen Nuklearwaffen ablenken wollen. Michail Gorbatschow forderte ihn jedoch erneut auf, sich auch zu dieser Frage zu äußern. Genosse Schewardnadse tat dies im Gespräch mit Genscher ebenfalls.

Genosse Bondarenko schätzte ein, die Position der BRD zu den taktischen Nuklearwaffen sei sehr widersprüchlich. Genosse Honecker erinnere sich sicher daran, daß vor einiger Zeit Genscher, Kohl und sogar Dregger diese Waffen als besonders gefährlich für die Deutschen bezeichneten. Es wurde gefordert, daß sie verschwinden. Danach habe es eine Metamorphose gegeben, weil die USA diese Position nicht billigen.

Genosse Honecker warf ein, daß das Pentagon dahinter stehe.

In Moskau legten Kohl und Genscher übereinstimmend dar, daß sie für die Beseitigung der taktischen Nuklearwaffen seien. Dies könne jedoch nur parallel zur Reduzierung der konventionellen Waffen und der Streitkräfte in Europa erfolgen. In dieser Frage ständen sie in engem Kontakt mit ihren Bündnispartnern.

Weitere außenpolitische Fragen wurden ausführlich im Gespräch zwischen den beiden Außenministern erörtert. Zu den Wiener Verhandlungen äußerten Kohl und Genscher übereinstimmend, sie seien ehrlich daran interessiert, daß die Konferenz noch im November abgeschlossen werde. Mit Genscher sei in diesem Zusammenhang über das Mandat für weitere Verhandlungen, über die Maßnahmen gesprochen worden, die auf den einzelnen gesamteuropäischen Foren weiter erörtert werden sollen. Gegenwärtig treten die USA nahezu gegen die Hälfte dieser vorgesehenen Foren auf, darunter sogar gegen diejenigen, die von westeuropäischen Staaten vorgeschlagen wurden.

So seien die USA gegen die Durchführung eines Forums zu Wirtschaftsfragen, zu ökologischen Fragen und zu Fragen von Transport und Verkehr.

Genosse Schewardnadse forderte Genscher dazu auf, daß die BRD ihren konstruktiven Einfluß auf die USA geltend machen sole, um diese zu einer positiveren Position zu bewegen.

Genosse Schewardnadse legte ausführlich die sowjetische Position zu einem Gipfeltreffen aller 35 Teilnehmerstaaten der KSZE sowie zur Schaffung von Zentren zur Verringerung eines nuklearen Risikos und zur Verhinderung von Überraschungsangriffen dar.

Genscher und Kohl erklärten, sie seien offen für all diese Vorschläge, treten jedoch für ein schrittweises Vorgehen ein, um diese Ideen ausreifen zu lassen und sie für die anderen Teilnehmerstaaten besser annehmbar zu machen.

Die sowjetische Seite erhielt den Eindruck, daß die BRD durchaus an der Durchführung eines europäischen Gipfeltreffens interessiert wäre, jedoch auf die USA Rücksicht nimmt, die diesen Vorschlag ablehnen. Auch Frankreich beziehe zu diesem Projekt eine relativ positive Position.

Eduard Schewardnadse und Genscher vereinbarten, sich Anfang 1989 zu treffen, um den Gang der Vorbereitung zum Besuch Michail Gorbatschows, insbesondere die Verhandlungen über den Entwurf des gemeinsamen politischen Dokuments zu erörtern. Dazu wurden zwei gemischte Arbeitsgruppen in Bonn und Moskau gebildet. Seitens der BRD wurde Kastrup vom Auswärtigen Amt und seitens der Sowjetunion Genosse Bondarenko für die Leitung der Arbeitsgruppen verantwortlich gemacht. Hier stehe eine sehr schwierige Arbeit bevor.

Die sowjetische Seite habe bereits Thesen überreicht, in denen die Fragen aufgezählt sind, die in das Dokument Eingang finden sollen. Die Thesen waren von Eduard Schewardnadse bereits Anfang September in New York an Genscher übergeben worden. Die sowjetische Seite habe gehofft, daß sich die BRD während des Besuchs in Moskau dazu äußern werde. Dort wurden jedoch die Thesen lediglich als interessant bezeichnet und Zusatzvorschläge seitens der BRD angekündigt. Man erwarte, daß sie versuchen wird, ihre Positionen zur „deutschen Frage" in das Dokument hineinzudrücken.

Genosse Bondarenko wies darauf hin, daß in den Thesen klar der Gedanke der Entwicklung der Beziehungen auf der Grundlage der bestehenden Realitäten in Europa enthalten ist. Zu den Sicherheitsfragen wurde im sowjetischen Vorschlag der Hinweis darauf formuliert, daß die Zusammenarbeit auf diesem Gebiet den Charakter einer Partnerschaft tragen muß. Es ist bekannt, daß die CDU gegen diese Position auftritt. Sie ist der Meinung, daß die Zeit für die Herstellung partnerschaftlicher Beziehungen noch nicht reif sei. Dagegen fordere die SPD seit langem energisch, von Sicherheitspartnerschaft zu sprechen. Auch die SED arbeite in dieser Richtung aktiv mit den westdeutschen Sozialdemokraten. Es sei gemeinsame Position, daß die Sicherheit nicht gegeneinander, sondern nur noch miteinander gewährleistet werden kann. Diese Frage seien in den Thesen bereits detaillierter dargelegt worden. Die sowjetische Seite gehe davon aus, daß man kein Dokument annehmen könne, das nur hohle Deklarationen enthalte.

Bei der weiteren Arbeit an den Thesen werde schnell sichtbar werden, wie weit die BRD bereit sei, in den bilateralen Beziehungen, in den Fragen von Abrüstung und Sicherheit zu gehen. Genosse Bondarenko versprach, die Führung der DDR ständig über den Fortgang der Arbeit am gemeinsamen Dokument auf dem laufenden zu halten.

Auch bei diesem Besuch habe sich wieder bestätigt, daß die Vertreter der BRD die Taktik verfolgen, die Dokumente bis zum letzten Moment offenzuhalten und unter dem Druck der Zeitnot Zugeständnisse vom Partner zu erzwingen. Auch diesmal sei diese Taktik angewandt worden, allerdings ohne Erfolg.

Genscher bat um ein Gespräch bei Genossen Alexander Jakowlew. Dieser stimmte zu. Es war ein sehr konstruktives Treffen. Genscher hob das Interesse der BRD am Erfolg der sowjetischen Umgestaltung hervor. Im Gespräch kam er dem Prinzip der Sicherheitspartnerschaft ziemlich nahe. Er sprach jedoch von gemeinsamer Sicherheit. Genscher betonte, daß durch die Errichtung des europäischen Binnenmarktes ab 1992 die Bedingungen der Zusammenarbeit mit der sozialistischen Ländern nicht verschlechtert werden sollen.

Weiterhin fand ein Treffen Kohls mit Genossen Ryshkow statt, wo konkrete Fragen der ökonomischen Zusammenarbeit beraten wurden.

Mit den während des Besuchs unterzeichneten Wirtschaftsverträgen soll ein Grundstein für neue Formen der Zusammenarbeit, vor allem für Produktionskooperationen und die Errichtung gemeinsamer Betriebe, gelegt werden. Die unterzeichneten Abkommen über ökonomische und kulturelle Zusammenarbeit, über Kaderausbildung, Jugendaustausch und andere Fragen sind in der gemeinsamen Pressemeldung aufgeführt, die veröffentlicht wurde.

Diese Pressemeldung war eine Idee der BRD-Vertreter. Der Entwurf wurde der sowjetischen Seite nur sehr kurzfristig übermittelt.

Mehrere Minister, so z. B. Riesenhuber, Kiechle und der Staatssekretär im Wirtschaftsministerium von Würtzen, sprachen mehrfach über die Schwierigkeiten bei der Schaffung gemeinsamer Betriebe. Diese bestehen nach ihrer Meinung vor allem darin, daß die sowjetische Seite darauf besteht, ca. 30 % der Produktion der Betriebe der westdeutschen Partnerfirma als Kompensation für ihre Kapitalinvestitionen zu übergeben, die diese dann in der BRD oder in Drittländern realisieren muß. Alle Vertreter der BRD erklärten übereinstimmend, daß dies für sie als Prinzip nicht akzeptabel sei, höchstens als Ausnahmeregelung. Die sowjetische Seite werde dies weiter erörtern.

Ein sehr interessantes Moment dieses Besuchs bestand darin, daß erstmalig der Verteidigungsminister der BRD der Sowjetunion einen Besuch abstattete. Die Journalisten spielten dies entsprechend hoch, so daß es fast die Aktivitäten der Leiter der Delegationen in den Schatten stellte. Es fand ein Treffen von Verteidigungsminister Scholz und Genossen Jasow statt. Dort unterstützte Scholz das aus drei Etappen bestehende Programm des Warschauer Vertrages zur Reduzierung der konventionellen Waffen und Streitkräfte in Europa, das er als logisch bezeichnete. Vor allem konzentrierte er sich in seinen Darlegungen jedoch auf die Beseitigung der Ungleichgewichte und Asymmetrien sowie auf die Veränderung der Dislozierung der Truppen in Europa. Er negierte nicht, daß bei der Prüfung der Frage der Disproportionen nicht nur quantitative, sondern auch qualitative Parameter der Waffen berücksichtigt werden müssen. Er sprach sich sogar dafür aus, daß der Generalstabschef der Sowjetarmee und der Generalinspekteur der Bundeswehr ein Arbeitstreffen durchführen und für die Berücksichtigung der qualitativen Parameter eine gemeinsame Methodik ausarbeiten.

Die sowjetische Seite stimmte dem zu. Ein konkreter Zeitpunkt wird noch vereinbart werden.

Scholz sprach sich entschieden gegen die Beseitigung aller Kernwaffen in Europa aus. Dazu sei es nach seiner Meinung noch zu früh. Weder die BRD noch die NATO seien gegenwärtig bereit, von der Strategie der nuklearen Abschreckung abzugehen.

Scholz brachte die Hoffnung zum Ausdruck, daß Genosse Jasow Michail Gorbatschow während seines Besuches in der BRD begleiten werde. Er sprach jedoch keine gesonderte Einladung für den sowjetischen Verteidigungsminister aus.[193]

Genosse Bondarenko faßte zusammen, daß die sowjetische Führung insgesamt einschätzt, der Besuch Kohls in Moskau und die Verhandlungen seien nützlich, vielschichtig und inhaltsreich gewesen. Es wurde das Interesse der BRD demonstriert, bei Fortbestehen der Unterschiede in prinzipiellen Fragen die Beziehungen zur Sowjetunion zu entwickeln.

Insgesamt wurde ein guter Vorlauf für den bevorstehenden Besuch Michail Gorbatschows in der BRD geschaffen, obwohl noch sehr viel Arbeit bevorstehe. Die weitere erfolgreiche Vorbereitung dieses Besuchs hänge von vielen Faktoren ab, darunter auch davon, wie entschlossen und konsequent die BRD-Regierung und Kohl persönlich in der in Moskau festgelegten Richtung weiter vorwärts gehen werden. Außerdem hänge dies auch von der Lage in der

---

193 Verteidigungsminister Dmitri Jasow begleitete Gorbatschow nicht nach Bonn. Zur Delegation gehörten Schewardnadse, Jakowlew und Silajew.

NATO und von den politischen Orientierungen der neuen Administration der USA ab.

Als außerordentlich wichtigen Faktor hob Genosse Bondarenko das einheitliche Auftreten der sozialistischen Länder gegenüber der BRD hervor. Es sei wichtig, daß alle sozialistischen Länder den in der BRD vorhandenen Großmachtplänen ein festes Nein entgegensetzen. Alle sozialistischen Länder müßten fest auf dem Boden der Existenz zweier selbständiger, voneinander unabhängiger Staaten bleiben und in der Westberlin-Frage feste einheitliche Positionen beziehen, wie sie zwischen den Genossen Erich Honecker und Michail Gorbatschow abgestimmt wurden.

Genosse Bondarenko versicherte, daß sich die sowjetische Seite während der Vorbereitung und Durchführung des Besuchs stets an die zwischen den Genossen Honecker und Gorbatschow vereinbarte Linie und die während seines Besuchs im MfAA der DDR getroffenen konkreten Absprachen gehalten habe. Davon werde auch in der Zukunft nicht abgegangen werden.

Genosse Honecker dankte herzlich für die von den Genosse Gorbatschow und Schewardnadse übermittelten Grüße und erwiderte diese ebenso herzlich. Er sprach Genossen Bondarenko seinen Dank für die Information aus und teilte mit, daß das Politbüro diese auf seiner nächsten Sitzung behandeln werde.[194]

Genosse Honecker brachte zum Ausdruck, ausgehend von eigenen Kenntnissen und Einschätzungen sowie den Informationen aus der Presse, schätze die Führung der SED das Treffen Michail Gorbatschows mit Bundeskanzler Kohl sehr hoch ein. Vor dem Besuch sei zu erkennen gewesen, daß Kohl sehr viele Hoffnungen in seinen Koffer gepackt habe. Darüber habe es in der westlichen Presse sogar Karikaturen gegeben. Diese Hoffnungen blieben unerfüllt, weil sie auf keiner realen Grundlage beruhen.

Die DDR habe den Besuch ungeachtet dessen von Anfang an begrüßt. Genosse Honecker schloß sich der von Genossen Bondarenko dargelegten Einschätzung an, daß dieser Besuch ein Schritt in der richtigen Richtung war. Es sei klar, daß ohne die BRD kein entscheidender Fortschritt in der Entspannung erreicht und das Haus Europa nicht errichtet werden kann. Gleichzeitig müsse beachtet werden, daß die Entwicklungsperspektiven in der BRD weiterhin unklar sind. Die Widersprüche verschärften sich sogar während des Besuchs derart, daß die Berichterstattung davon zeitweilig überschattet wurde. Er meine damit die Vorgänge in einem der größten Bundesländer, Niedersachsen, wo die CDU mit nur einer Stimme

---

194 Die Mitschrift wurde auf der SED-Politbürositzung am 1. November 1988 zur Kenntnis genommen. Vgl. SAPMO - BArch, DY 30/J IV 2/2A/3168.

Mehrheit regiert. Dort habe der Landesvorsitzende der CDU und Innenminister Hasselmann auf Grund eines Meineids zurücktreten müssen. Dadurch entstehe, aus welchen Gründen auch immer, die Möglichkeit, daß die gegenwärtige Regierungskoalition in diesem Bundesland zerbricht. Es könnte zu einer Wiederholung der Ereignisse in Schleswig-Holstein kommen, was bedeuten würde, daß alle Bundesländer nördlich des Mains mit Ausnahme von Hessen, wo eine unklare Lage bestehe, von Sozialdemokraten regiert werden könnten.

In der BRD sei heute eine sehr starke Strömung zu Gunsten der Abrüstung zu beobachten. Das Bild der sozialistischen Länder beginne sich zu verändern. Hinsichtlich zur Sowjetunion seien sogar radikale Veränderungen eingetreten. Die Öffentlichkeit sei gegenüber der gegenwärtigen Regierung der BRD sehr empfindlich, wenn es um Fragen der Abrüstung gehe. Dies habe sich z B. darin gezeigt, daß die Regierung hinsichtlich der Lieferungen von Tornado-Flugzeugen in den Nahen Osten einen Rückzieher machen mußte. Eine ähnliche Lage bestehe auch hinsichtlich der Beteiligung der BRD an der Entwicklung von „Jäger 90". Es gebe überhaupt kein Verständnis mehr dafür, daß immer noch tausende BRD-Bürger verurteilt werden oder auf ihren Prozeß warten, die seinerzeit gegen die Stationierung von Pershing-II-Raketen und Cruise Missiles protestierten. Es gebe heute bis hinein in die Reihen der CDU/CSU und der FDP Widerstand gegen eine weitere Aufrüstung.

Obwohl ein Teil der Regierung der BRD früher dafür eintrat, die taktischen Nuklearraketen unter 500 km Reichweite zu beseitigen, habe Scholz in Moskau eine Wendung vollführt und die amerikanische Position der Beibehaltung der Strategie der nuklearen Abschreckung und der „flexible response" vertreten.

In der NATO sei die Diskussion zu diesen Fragen sehr widersprüchlich. Viele Regierungen treten gegen die Beibehaltung der taktischen Nuklearwaffen auf. Selbst die BRD-Regierung habe nun während der Tagung der nuklearen Planungsgruppe erneut die Position vertreten, hinsichtlich der taktischen Nuklearwaffen bestehe gegenwärtig kein Entscheidungsbedarf. Daraufhin sei diese Frage vertagt worden. Sie bleibe jedoch auf der Tagesordnung. Man halte auch an der Aktivierung der WEU fest, was mit den Versuchen zur Schaffung einer westeuropäischen Streitmacht in engem Zusammenhang stehe.

Zusammenfassend stellte Genosse Honecker fest, die BRD-Regierung laviere in den Fragen der Abrüstung. Unter bestimmten Umständen sei sie bereit, einem gewissen Abbau der konventionellen Waffen und Streitkräfte zuzustimmen und zugleich schrittweise, wie sie sage, an die Frage der taktischen Nuklearwaffen heranzugehen.

[...]¹⁹⁵

Genosse Honecker zog daraus die Schlußfolgerung, daß trotz öffentlicher gegenseitiger Tätscheleien und der Gründung einer französisch-westdeutschen Brigade die Grande Nation weiterhin die Grande Nation bleiben will.

Zur Haltung der BRD gegenüber den Realitäten in Europa legte Genosse Honecker dar: In Europa überwiegt die Meinung, daß es zu keiner Veränderung des Zustandes kommen darf, daß die Grenze zwischen den sozialistischen und den kapitalistischen Ländern Europas an Elbe, Werra und Böhmerwald verläuft. Selbst der König von Spanien und Felipe Gonzalez hätten zum Ausdruck gebracht, daß alle Träume, die auf Veränderung dieser Sachlage abzielten, das Gleichgewicht in Europa zerstören und die Kriegsgefahr erhöhen würden. Der König und die Königin von Spanien bekräftigten, daß sie im nächsten Jahr die DDR besuchen werden.[196] Er erwähne ihre Haltung, weil darin das unheimliche Gefühl in weiten Kreisen Europas und der Welt zum Ausdruck komme, daß die gegenwärtige BRD-Regierung mit verschiedenen Tricks versuche, eine Veränderung der Ergebnisse des 2. Weltkrieges und der Nachkriegsordnung herbeizuführen, und damit die Gefahr heraufbeschwöre, das Gleichgewicht zu zerstören. Die prinzipielle und offene Darlegung der sowjetischen Positionen durch Genossen Gorbatschow in den Gesprächen habe ihre Wirkung getan.

Genosse Bondarenko warf ein, daß Genosse Gorbatschow auch in der Tischrede sehr prägnant darauf eingegangen sei.

Genosse Honecker stimmte zu, daß diese Ausführungen um die ganze Welt gingen. Ungeachtet dessen, daß der Besuch in Moskau wegen der Zuspitzung der Ereignisse in der BRD in den Medien zunächst etwas überschattet wurde, erschienen gerade heute in einer Reihe von Zeitungen Leitartikel und Kommentare, in denen zum Ausdruck gebracht wurde, der Besuch habe gezeigt, daß man sich auf realem Boden bewegen muß, alles andere habe keine Zukunft. In der Presse werde auch darauf verwiesen, daß die westeuropäischen Länder seit langem die Position vertreten, es liege nicht im europäischen Interesse, sich gesamtdeutschen Träumereien hinzugeben.

Andererseits verlautete aus den USA, man sei dort nicht daran interessiert, daß Versuche Erfolg haben, die BRD zu neutralisieren.

---

195 Es folgt eine Passage, in der Honecker ein Gespräch mit USA-Vizeaußenminister Whitehead am 11. Oktober 1988 in Ost-Berlin kurz einschätzt sowie einige Sätze über sein, bereits einige Monate zurückliegendes Treffen mit dem französischen Präsidenten Mitterand im Januar 1988 äußert.

196 Erich Honecker besuchte am 3. und 4. Oktober 1988 offiziell Spanien.

Die USA sorgten sich vor allem darüber, daß man die BRD neutralisieren und sie selbst aus Europa verdrängen könnte.

Genosse Honecker faßte zusammen, die Mehrheit der Bevölkerung in der BRD und anderen westeuropäischen Ländern sei dafür, das im Ergebnis der Verträge geschaffene und in der Schlußakte von Helsinki festgeschriebene Gleichgewicht beizubehalten. Nur dann werde es möglich sein, den Frieden auch in Zukunft zu bewahren. Die Völker wollten in Ruhe und Frieden leben; sie seien gegen den Krieg sowohl mit nuklearen als auch mit konventionellen Waffen. Dies sei die Grundlage für den Erfolg der gemeinsamen Friedensoffensive der sozialistischen Länder und der entsprechenden Initiativen der Sowjetunion auf diesem Gebiet, die in Genf ihren Ausgangspunkt hatte, in Reykjavik weiterentwickelt wurden und auch während des kürzlichen Besuchs Kohls in Moskau ihren Ausdruck gefunden haben.[197]

Es stelle sich heute heraus, sagte Genosse Honecker, daß es richtig war, das Paket von Reykjavik aufzuschnüren und über die Probleme einzeln weiter zu verhandeln. Vieles sei von der künftigen Entwicklung in den USA abhängig. Whitehead machte bei seinem Besuch Reklame für Bush als Präsident. Genosse Honecker habe darauf nicht direkt geantwortet, sondern zum Ausdruck gebracht, er werde sich freuen, Whitehead nochmals zu treffen.

Zur Entwicklung der bilateralen Beziehungen zwischen der Sowjetunion und der BRD verwies Genosse Honecker auf die Äußerung Kohls, er wolle „Nägel mit Köpfen" machen. Damit habe er Kritik in der BRD entgegentreten wollen, der Besuch habe nur wenig Erfolg gebracht. Genosse Honecker betonte, die DDR spreche sich für die Entwicklung der Beziehungen zwischen der Sowjetunion und der BRD aus. Man habe Kohl jedoch in einer Frage in der Presse angreifen müssen, in der er doppelzüngig auftrat. Im gemeinsamen Kommuniqué zum Abschluß des Besuchs des Genossen Honecker in der BRD habe Kohl unterschrieben, daß die Beachtung der Prinzipien der Unverletzlichkeit der Grenzen, der territorialen Integrität und der Nichteinmischung in die inneren Angelegenheiten in den Beziehungen der BRD und der DDR ein wichtiger Beitrag zur Gewährleistung des Friedens ist.

Wenn jedoch Emissäre der BRD in die Welt reisten, wie jetzt z. B. Kohl, gingen sie im Grunde genommen nach wie vor von der Existenz des Deutschen Reiches in den Grenzen von 1937 aus. Dies sei, zart gesagt, nicht zeitgemäß und im Grunde genommen Revanchismus. Diese Leute strebten immer noch danach, im Zentrum Eu-

---

197 Vgl. Anm. 128.

ropas ein Großdeutsches Reich zu errichten, das Kaliningrad sowie große Teile Polens und der CSSR einschließe. Dies betrachteten sie jedoch nur als ein Übergangsstadium bei der Wiederherstellung des Reiches, denn nach einem alten deutschen Sprichwort kommt der Appetit beim Essen. Die Völker Europas wissen sehr genau, was das bedeutet. Dies alles solle laut Kohl „Schritt für Schritt" erreicht werden. Nach wie vor spukten in den Köpfen solcher Leute Illusionen vom Deutschen Reich Bismarckscher Prägung.

Die Wirtschaftsmanager sehen die Sache etwas anders, da sie an Geschäften interessiert sind. Sie stoßen sich daran, daß der Osthandel von der Regierung keine große Unterstützung erfährt. Im Westen treffen die Monopole der BRD auf starke Konkurrenz seitens der USA und anderer Länder. Gegenüber dem Osten werde man dadurch gehemmt, daß die Regierung die COCOM-Bestimmungen sehr strikt einhalte. Angesichts des harten Vorgehens der USA, wie es z. B. im Prozeß gegen den japanischen Toshiba-Konzern zum Ausdruck kam, der auf amerikanischen Druck durchgeführt wurde, fordern Unternehmen der BRD von der Regierung, daß sie auf die Aufhebung der COCOM-Bestimmungen hinwirkt. Die Vertreter der Wirtschaftskreise verstehen nicht, daß Kohl ein solcher Anhänger des COCOM ist. Auf diese Weise entstehe eine Lage, da die Großindustrie Druck auf die Regierung ausübe.

Selbst wenn man davon ausgehe, daß die CDU/CSU weiterhin stark bleibe, gehe ihr Einfluß jedoch generell allmählich zurück. Die FDP habe aufgrund der Politik Genschers etwas Auftrieb erhalten. Die Lage sei insgesamt sehr unberechenbar und könne sich weiter verändern. Die Nostalgie sei in dieser Regierung sehr stark, sie spüre jedoch, daß sie immer mehr in Widerspruch zu den Realitäten gerät. Deshalb sei es sehr richtig gewesen, daß Genosse Gorbatschow nicht nur auf die feste Haltung der sozialistischen Länder, sondern auch anderer Staaten in diesen Fragen hinwies. Die Vorbereitung und Durchführung des Treffens in Bonn werde das Terrain weiter auflockern und die Forderungen nach vernünftigen Beziehungen zur Sowjetunion noch stärker anwachsen lassen.

Angesichts dieser Lage versuche man in der BRD die Westberlin-Frage stärker in den Vordergrund zu schieben, in der Hoffnung, vielleicht hier eine gewisse Änderung zu erreichen. Die BRD-Regierung war damit jedoch schlecht beraten, da gerade das Vierseitige Abkommen die gegenwärtige Entwicklung Westberlins auf ökonomischem und kulturellem Gebiet garantiert.

Es sei bezeichnend, daß kein großer Konzern der BRD heute seinen Sitz in Westberlin habe, nicht einmal der Siemens-Konzern. Dort denke niemand daran, daß die gegenwärtige Lage kurzfristig verändert werden könne. Andererseits werde seit dem Vierseitigen Abkommen die freie Zufahrt zu Westberlin garantiert, und der Export dieser Stadt in den Westen betrage über 13 Mrd. DM. Genosse Bondarenko erinnere sich sicher noch an die Zeit, sagte Genosse Honecker, da auf jedem Frachtbrief aus Westberlin der Stempel der DDR stehen mußte.[198] Der reibungslose Verkehr habe wesentlich zur Entwicklung der Wirtschaft Westberlins beigetragen. Trotzdem erhalte die Stadt jedes Jahr über 12 Mrd. DM Subventionen aus dem Staatshaushalt der BRD.

Bürger, die aus der BRD nach Westberlin ziehen, erhalten ebenfalls Unterstützung. Ungeachtet dieser breiten Förderung durch die BRD geht die Bevölkerung Westberlins ständig zurück, wobei der Anteil der ausländischen Bürger wächst. Im Jahre 1950 gab es 2,3 Millionen ständige Einwohner Westberlins. Heute sind es noch 1,9 Millionen, darunter 200.000 Ausländer, vor allem Türken und Jugoslawen.

Die starke Industriemacht BRD habe Probleme, 30.000 Wohnungen im Jahr für deutsche Übersiedeln aus anderen Ländern zu bauen. Der Bundeskanzler werde beschuldigt, er verführe einerseits die Deutschen in anderen Ländern, in die BRD zu kommen, und habe andererseits keine Wohnungen für sie. Zum Vergleich stellte Genosse Honecker fest, daß in der Hauptstadt der DDR, Berlin, alljährlich ca. 30.000 Wohnungen gebaut werden, in der ganzen Republik ca. 215.000.

In der BRD würden gegenwärtig sehr starke Streichungen der Mittel für Arbeitslosenunterstützung, Gesundheitswesen und andere soziale Fragen vorgenommen. All das schwäche die Basis der Regierung. Dazu kommen die wiederholten Skandale, die in der Presse hochgespielt werden. Kohl müsse sich deshalb gegenwärtig vor allem der weiteren inneren Entwicklung widmen.

Genosse Honecker stellte fest, die Situation sei insgesamt unberechenbar und widersprüchlich. Falls sich die Lage der Regierung weiter verschlechterte, hätten die von Genossen Bondarenko übergebenen Thesen zum politischen Dokument mehr Aussicht auf Erfolg. Lediglich die FDP genieße noch eine bestimmte Popularität. Ohne sie könnte die Regierung gegenwärtig nicht bestehen.

Zusammenfassend könne man sagen, so hob Genosse Honecker hervor, daß die Ergebnisse der Verhandlungen in Moskau bedeut-

---

198 Das Recht auf Siegelung war im Berliner Abkommen über den innerdeutschen Handel vom. 20 September 1951 festgelegt worden. Das Transitabkommen vom 17. Dezember 1971 hob dies auf. Vgl. Detlef Nakath: Zur Geschichte der deutsch-deutschen Handelbeziehungen. Die besondere Bedeutung des Krisenjahres 1960/61 für die Entwicklung des innerdeutschen Handels (hefte zur ddr-ggeschichte, 4). Berlin 1993, S. 52 ff.

sam für den Frieden und die Entspannung in Europa sind. In der DDR schätze man die große Arbeit hoch ein, die von der sowjetischen Partei- und Staatsführung während des Besuchs im Sinne der gemeinsamen Positionen der sozialistischen Länder geleistet wurde. Die Ergebnisse des Treffens, wie sie von Genossen Bondarenko dargestellt wurden, stimmen voll und ganz mit dem Anliegen der Politik der DDR überein. Die DDR und die UdSSR wirkten in der internationalen Arena, wie es beim Arbeitsbesuch in Moskau mit Genossen Gorbatschow besprochen wurde, gemeinsam mit ihren Verbündeten im Warschauer Vertrag weiterhin konsequent für die Schaffung einer Welt ohne Kernwaffen, Kriege und Gewalt. Er denke, so sagte Genosse Honecker, daß die Ergebnisse des Treffens in Moskau ein Schritt nach vorn in dieser Richtung sind. Die DDR werde wie bisher auch künftig alle ihre Möglichkeiten nutzen, damit durch Dialog und Zusammenarbeit die Politik der friedlichen Koexistenz zwischen Staaten unterschiedlicher Gesellschaftsordnung weiter an Stärke gewinnt und der begonnene Abrüstungsprozeß durch neue Vereinbarungen, einschließlich eines Durchbruchs bei der drastischen Reduzierung von Streitkräften und konventionellen Rüstungen vom Atlantik bis zum Ural, weitergeführt und vertieft wird.

Genosse Honecker wies darauf hin, daß es in diesem Zusammenhang wichtig sei, den Dialog mit der BRD weiterzuführen, damit der Besuch Michail Gorbatschows in der BRD von Erfolg gekrönt wird. Dies werde mit der Zielstrebigkeit, wie sie Genosse Gorbatschow in seinem Auftreten beim kürzlichen Treffen in Moskau bewies, d. h. mit einer prinzipienfesten Position und flexibler Taktik, unbedingt erreicht werden. Dabei werde man weiter Schritt für Schritt vorwärtsgehen, wobei auch jetzt bereits klar sei, daß in vielen Fragen die USA das Sagen haben.

Dies werde durch eine Information aus den letzten Tagen, die Scholz und Kohl in Moskau noch nicht hatten, bestätigt. Im Westen wurde ein Material über die Existenz einer Einsatztruppe der USA bei nuklearen Zwischenfällen veröffentlicht. Über die Stärke, die Aufgaben und die Ausrüstung dieser Truppe ist der Regierung der BRD nichts bekannt. Aus den USA wurde mitgeteilt, daß dies die Regierung der BRD auch nichts angehe.

Genosse Honecker bat Genossen Gorbatschow mitzuteilen, daß sein prinzipielles Auftreten gegen die revanchistischen Illusionen im Koffer und im Kopf Kohls in der DDR große Beachtung gefunden habe. Mit dem Aufwerfen dieser Fragen in Moskau habe Kohl in der BRD wohl mehr verloren als gewonnen. Einige Zeitungen äußerten offen ihr Befremden darüber, wie der Kanzler eine solche

Frage stellen konnte, wenn er die Beziehungen zur Sowjetunion verbessern wollte. Die DDR veröffentlichte einige Stimmen im „Neuen Deutschland", um der eigenen Bevölkerung zu zeigen, daß die revanchistischen Träumereien Kohls auch im eigenen Lande nicht geteilt werden. Andererseits sei klar, daß mit dieser Regierung weiter verhandelt werden muß, um zu bestimmten Ergebnissen zu kommen.

Genosse Bondarenko dankte Genossen Honecker für die interessante und tiefgründige Analyse der Lage in der BRD und deren Politik gegenüber den sozialistischen Ländern. Er werde der sowjetischen Partei- und Staatsführung darüber berichten. Es sei wichtig, daß Genosse Honecker erneut die gemeinsame Position, die gemeinsamen Ziele und die Bereitschaft bekräftigt habe, in den behandelten Fragen weiterhin eng zusammenzuarbeiten. In der sowjetischen Führung werde sehr gut verstanden, daß die BRD zugleich Gegner und Partner sei.

Genosse Honecker bestätigte, daß man mit der BRD arbeiten müsse und zugleich die Widersprüche nicht übersehen dürfe.

Genosse Bondarenko wies darauf hin, daß in Moskau die aktive Reaktion der Massenmedien der DDR während des Besuchs und danach große Beachtung gefunden habe. Dies sei eine notwendige und rechtzeitige Unterstützung des gemeinsamen Vorgehens gewesen. Genosse Bondarenko übermittelte den Dank der sowjetischen Führung dafür. Bei der weiteren Vorbereitung des Besuchs des Genossen Gorbatschow in der BRD werde es noch viel Gelegenheit und Notwendigkeit geben, über alle Fragen sehr detailliert miteinander zu sprechen.

Genosse Honecker bekräftigte, daß der Außenminister der DDR stets bereit sei, konkrete Fragen zu beraten. Auch er werde sich persönlich jederzeit einschalten, wenn dies notwendig sei.

Genosse Kotschemassow teilte unter Hinweis auf die prinzipielle Übereinkunft während des Arbeitsbesuchs des Genossen Honecker in Moskau mit, daß Genosse Sljunkow vorschlage, seinen geplanten Besuch in der DDR vom 5. bis 7. Dezember 1988 durchzuführen, um konkrete Fragen der Zusammenarbeit in Wissenschaft, Technik und Produktion zu besprechen.[199]

Genosse Honecker stimmte zu und bat, weitere Einzelheiten mit Genossen Mittag zu besprechen. Er wies auf die Information über den Außenhandel des Kombinats „Fritz Heckert" Karl-Marx-Stadt mit der Sowjetunion hin. Es sei ihm unverständlich, wie übersehen werden konnte, daß das Kombinat jährlich einen Export von einer Milliarde Valuta-Mark in die Sowjetunion realisiert, davon ca. 50 Prozent für die Verteidigung. Dort würden Werkzeugmaschinen

---

199 ZK-Sekretär Nikolai Sljunkow kam erst später zu Gesprächen nach Berlin. Er traf am 26. Januar 1989 mit Erich Honecker und am 27. Januar mit Günter Mittag zusammen. Vgl. SAPMO - BArch, DY 30/J IV 2/2A/3190.

geliefert, die auf der COCOM-Liste stehen. Ein zweites solches Werk gebe es nur in der BRD. Diese sei jedoch am Import von Erzeugnissen des Kombinats „Fritz Heckert" ebenfalls sehr interessiert.

Genosse Winter war sehr erstaunt über die Ausführungen von Genossen Medwedjew. Es könne sich hier nur um ein Mißverständnis handeln.[200]

Genosse Kotschemassow bestätigte die hohe Einschätzung des Kombinats, das er selbst mehrfach besucht habe. Er werde sich um die Klärung der Angelegenheit bemühen.

Quelle: SAPMO - BArch, DY 30/IV 2/2035/60.

Dokument 24

Schreiben von Klaus Höpcke, stellvertretender DDR-Kultur-minister, an ZK-Sekretär Kurt Hager vom 15. Dezember 1988[201]

Lieber Genosse Kurt Hager!

Absprachegemäß habe ich in der Reihe „Reden über das eigene Land" in den Münchener Kammerspielen einen Vortrag über unsere Republik gehalten, der bei den Zuhörern insgesamt günstiges Echo fand; zweimal hat das Publikum sogar mit Zwischenbeifall Zustimmung demonstrativ bekundet.[202] Die BRD-Medien haben sehr unterschiedlich reagiert.

Am Rande der Veranstaltung kam es zu einer Begegnung mit einem Kreis von Repräsentanten der Münchner Öffentlichkeit. Unter den Gästen befand sich Peter Gauweiler, der das Gespräch mit mir suchte, um einige Gedanken zu erläutern, die er im Auftrag seines neuen Ministerpräsidenten Max Streibl unserer Führung zu übermitteln bat.[203] Ich möchte im folgenden außerhalb des üblichen Reiseberichts darüber informieren.

---

200 Rudolf Winter war seit 1970 Generaldirektor des Werkzeugmaschinen-kombinats „Fritz Heckert" in Karl-Marx-Stadt und seit 1981 ZK-Mitglied.

201 Das Schreiben wurde an Honecker weitergeleitet, von diesem abgezeichnet.

202 Den Text, von ZK-Sekretär Hager bestätigt, vgl. in: Reden über das eigene Land: Deutschland. 6. München 1988, S. 122 ff. Darin sind Vorträge von Martin Walser, Kurt Sontheimer, Walter Jens und Egon Bahr enthalten. In der Reihe der Verlagsgruppe Bertelsmann waren zuvor aus der DDR Altbischof Albrecht Schönherr und Schriftsteller Stephan Hermlin aufgetreten.

203 Peter Gauweiler galt als enger Vertrauter von Franz Josef Strauß, der ihn 1986 zum Staatssekretär im bayerischen Innenministerium berief. Nach dem Tod seines Förderers leitete er die oberste Baubehörde Bayerns.

Die in mehreren Wendungen des Gesprächs wiederkehrende Grundaussage war die Mitteilung, daß die bayerische Regierung an der von Franz Josef Strauß in Gang gesetzten Zusammenarbeit mit der DDR festhalte. Das gelte auch im Gegensatz zu gewissen Schwankungen, wie sie augenblicklich in Bonn zu beobachten seien.

Seiner eigenen neuen Zuständigkeit für Planungs- und Baufragen entsprechend erkundigte sich der Gesprächspartner nach unserem Minister für Bauwesen und meinte, auf diesem Gebiet gebe es noch unausgeschöpfte Möglichkeiten. Er spielte bei dieser Gelegenheit auch auf die Autobahn an.

Verständnis äußerte er zur DDR-Haltung gegenüber gewissen publizistischen und politischen Vorgängen in anderen sozialistischen Ländern. Er sagte: „Tatsächlich: Das darf es doch nicht geben, daß Sie auch noch in die Anarchie gehen." Nach Auffassung der bayerischen Staatsregierung müsse allen politisch Vernünftigen an einer stabilen DDR gelegen sein. Eine gewisse Beschwerde klang an, als Gauweiler auf den Widerspruch einging, der zwischen der guten, soliden Zusammenarbeit Bayern – DDR bei der AIDS-Bekämpfung und den Attacken der, wie er sich ausdrückte, besonders engen Freunde der DDR in München und anderswo in der BRD gegen die dieser Zusammenarbeit zugrundeliegenden Position der bayerischen Regierung zur konsequenten Eindämmung von AIDS bestehe.

Scherzhaft äußerte Gauweiler Verständnis für den Kampf der DDR um Anerkennung der eigenen Staatsbürgerschaft: Bayerns Verfassung sehe eine eigene Staatsbürgerschaft ebenfalls vor, sie sei aber noch nicht erreicht.

Der Gesprächspartner bot weiterführende, auch inoffiziell gehaltenen Begegnungen in jeder von der DDR-Seite für günstig gehaltenen Form an. Er betonte abschließend nochmals, daß er mit seinen Äußerungen im Auftrag von Ministerpräsident Max Streibl handle, mit dem er eigens vor unserem Gespräch zusammengekommen sei.

Mit sozialistischem Gruß

gez. Klaus Höpcke

P. S. Bei dem der Veranstaltung in München vorausgegangenen Friedrich-Wolf-Symposium in Neuwied, auf dem ich gemäß Beschluß des Sekretariats des ZK das Hauptreferat gehalten habe, ist in bemerkenswert klarer antifaschistischer und gegen den Antikommunismus Front machender Weise der frühere Bremer Bürgermeister und heutige SPD-Bundestagsabgeordnete Hans Koschnick aufgetreten.[204]

Quelle: SAPMO - BArch, DY 30/vorl. SED, 42332/2.

---

204 Anläßlich des 100. Geburtstages des Schriftstellers Friedrich Wolf hatte in dessen Geburtsort Neuwied (bei Koblenz) ein Symposium stattgefunden, auf dem Klaus Höpcke und Hans Koschnick mit Vorträgen auftraten.

Dokument 25

**Schreiben von Theo Waigel, Vorsitzender des CSU,
an Erich Honecker vom 22. Dezember 1988**

Sehr geehrter Herr Staatsratsvorsitzender!

Seit Sommer 1983 haben sich zwischen dem verstorbenen Vorsitzenden der Christlich Sozialen Union und Bayerischen Ministerpräsidenten, Franz Josef Strauß, und der Führung der DDR gute Kontakte entwickelt.[205] In persönlichen Begegnungen mit Ihnen, sehr geehrter Herr Staatsratsvorsitzender, und anderen führenden Persönlichkeiten Ihrer Partei und Ihrer Regierung wurden freimütig alle Themen der gegenseitigen Beziehungen erörtert.

Vor allem in Fragen der wirtschaftlichen, der wissenschaftlichen und kulturellen Zusammenarbeit sowie des grenzüberschreitenden Umweltschutzes konnten dabei wesentlichen Fortschritten der Weg geebnet werden. Nicht wenige Probleme wurden auf diese Weise erfolgreich gelöst und haben dadurch insgesamt die Beziehungen zwischen der Bundesrepublik Deutschland und der Deutschen Demokratischen Republik verbessert. In zahlreichen humanitären Fällen konnte dank dieser Kontakte geholfen werden. Diese Verbindung, die sich in den vergangenen Jahren positiv entwickelt hat, sollte nach meiner Überzeugung nach dem Tode von Franz Josef Strauß in beiderseitigem Interesse in der bisherigen Weise fortgeführt werden. Gerade von Bayern sind wesentliche Anstöße zur Verbesserung der Beziehungen zwischen der Bundesrepublik Deutschland und der Deutschen Demokratischen Republik ausgegangen.

In Übereinstimmung mit dem Bayerischen Ministerpräsidenten schlage ich deshalb vor, daß der Gesprächspartner von Franz Josef Strauß im I. Quartal des neuen Jahres zu einem ersten Zusammentreffen mit mir und Ministerpräsident Streibl nach München kommt.[206]

Ich wäre dankbar, wenn Sie mir eine Nachricht zukommen ließen, ob Sie mit dieser Handhabung einverstanden sind. Lassen Sie mich Ihnen bei dieser Gelegenheit meine besten Wünsche übermitteln.

Mit freundlichen Grüßen

gez. Ihr Theo Waigel

Quelle: SAPMO - BArch, DY 30/vorl. SED, 42181.

---

205 Vgl. die Niederschrift der Begegnung von Honecker und Strauß am 24. Juli 1983 in: Heinrich Potthoff: Die „Koalition der Vernunft", S. 145 ff. Vgl. dazu Franz Josef Strauß: Die Erinnerungen, S. 470 ff. Weitere Treffen von Strauß mit Honecker, Mittag und Schalck vgl. in: Detlef Nakath/Gerd-Rüdiger Stephan: Von Hubertusstock nach Bonn, S. 146 ff. Vgl. auch Dok. 9 und 11.

206 Gemeint ist Alexander Schalck.

Dokument 26

Schreiben von Erich Honecker an Altbundeskanzler Helmut Schmidt vom 23. Dezember 1988

Sehr geehrter Herr Schmidt!
Gewiß werden es zahlreiche Daten Ihres politischen Lebens sein, die aus Anlaß Ihres 70. Geburtstages historische Würdigung erfahren.[207] Es liegt nahe, daß ich den 11. Dezember 1981 herausgreife. Sie kamen allen Widerständen zum Trotz und in einer komplizierten Zeit als erster Staatsmann der Bundesrepublik Deutschland offiziell in die Deutsche Demokratische Republik. Unsere Begegnung am Werbellinsee, die ich in angenehmer Erinnerung bewahre, war die Voraussetzung für meinen offiziellen Besuch in der Bundesrepublik Deutschland als Staatsoberhaupt der Deutschen Demokratischen Republik im September 1987 und für eine positive Entwicklung der Beziehungen zwischen beiden deutschen Staaten zum Nutzen und Wohle ihrer Bürger.[208] Ihr ganz persönlicher Anteil, sehr geehrter Herr Schmidt, wird weltweit sehr hoch geschätzt.

Wir sind uns insgesamt fünfmal begegnet. Das Gespräch mit Ihnen hat mir stets viel bedeutet.

Wollen Sie also meinen besten Wünsche für die kommenden Jahre, für Gesundheit und das Gelingen neuer Vorhaben, an denen Sie es nicht fehlen lassen werden, entgegennehmen.

Mit einer Empfehlung an Ihre werte Gemahlin und mit vorzüglicher Hochachtung bin ich
Ihr gez. E. Honecker

Quelle: SAPMO - BArch, DY 30/J IV J/114.

---

207 Der 70. Geburtstag von Helmut Schmidt wurde am gleichen Tage begangen. Das offiziell veröffentlichte kurze Glückwunschschreiben Honeckers weicht erheblich von diesem Brief ab. Vgl. ND, 23. Dezember 1988.

208 Vgl. Aufzeichnungen über die Gespräche von Erich Honecker und Helmut Schmidt am 11. und 12. Dezember 1981 am Werbellinsee in: Detlef Nakath/ Gerd-Rüdiger Stephan: Von Hubertusstock nach Bonn, S. 57 ff.

KAPITEL 2

Frühjahr bis Herbst 1989: Krise ohne Ausweg
Lage in der DDR und Deutschlandpolitik bis zum Fall der Mauer

---

„40 Jahre DDR" sollten 1989 nach den Vorstellungen der SED-Führung durch eine umfassende Würdigung der politischen, wirtschaftlichen und geistig-kulturellen „Errungenschaften" begangen werden. Doch die ostdeutsche Wirtschaft befand sich im Niedergang, die politische Stabilität ging verloren, das gesellschaftliche Klima war auf dem Tiefpunkt angelangt.

Honecker widersprach Erwartungen auf jeglichen Wandel und prophezeite den Bestand der Mauer bis weit in das nächste Jahrhundert. Solche Durchhalteparolen und die offensichtliche Reformfeindlichkeit spitzten die innenpolitischen Spannungen zu.

Die deutsch-deutschen Beziehungen verliefen trotz aller Belastungen bis zum Juli 1989 in relativer Normalität.

Im Frühsommer, nach den Fälschungen der Kommunalwahlergebnisse und nach der offiziellen Zustimmung der DDR-Spitze zur blutigen Niederschlagung der chinesischen Studentenrevolte in Peking, erreichte die Krise eine neue Qualität. Viele Bürger sahen nur noch in der Flucht in den Westen eine Alternative. Einzelne versuchten dies über die Bonner Botschaften in den für sie erreichbaren Nachbarländern. In Ungarn sammelten sich in den Sommermonaten tausende Ausreisewillige, die hofften, über die Grenze nach Österreich und schließlich in die Bundesrepublik gelangen zu können. Andere, die für Veränderungen eintraten, gingen nach vielen Jahren erstmals wieder in der DDR auf die Straße.

Ost-Berlin sah sich als Opfer einer gesteuerten Verleumdungskampagne und machte den Initiator in Bonn aus. Die politische Führung der DDR erstarrte. Sprachlosigkeit und Handlungsunfähigkeit setzten ein. Honecker war erkrankt, das Politbüro wartete ab.

Neue gesellschaftspolitische Konzeptionen, auch solche für die deutsche Frage, waren in der DDR erforderlich. Nach der Entmachtung Honeckers im Oktober 1989 versuchte sein Nachfolger Krenz eine „Wende". In den Schubläden lag wenig Brauchbares. Hektik und Druck nahmen zu. Als am 9. November 1989 die Mauer zusammenbrach, schien die Zeit für bundesdeutsche Initiativen gekommen.

Das Jahr 1989 begann in den deutsch-deutschen Beziehungen ebenso wie das vergangene Jahr geendet hatte. Honecker empfing führende bundesdeutsche Politiker aus Regierung und Opposition zu Gesprächen. Bis Anfang Juli besuchten den SED-Generalsekretär die Unionspolitiker Lothar Späth, Ernst Albrecht und Rudolf Seiters sowie die Sozialdemokraten Björn Engholm, Henning Voscherau, Johannes Rau, Hans-Jochen Vogel und Walter Momper.[209] Bis Mitte 1989 änderte sich an den traditionell mit Honecker diskutierten Themen wenig. Darüber hinaus nutzten die Ostberlin-Besucher häufig die Möglichkeit zu Gesprächen mit dem für Wirtschaft zuständigen ZK-Sekretär Günter Mittag. Seit Ende 1988 setzte man in Bonn verstärkt auf die Ausweitung der deutsch-deutschen Kooperationsbeziehungen auf wirtschaftlichem Gebiet. Neu war in dieser Zeit auch der – allerdings erfolglose – Versuch der Bildung von deutsch-deutschen Joint Ventures. „Buisiness as usual" hieß am Ende vor dem Hintergrund der schwindenden Stabilität der DDR die Devise für zahlreiche westdeutsche Unternehmen. Sie wurden von den Politikern nach Kräften sekundiert. Derartige Themen diskutierte Mittag bei seinem Besuch der Hannover-Messe Anfang April 1989 sowie bei den folgenden politischen Gesprächen in Bonn. *(Dok. 33)* Auch Schalcks damalige Aktivitäten verfolgten ähnliche Ziele. *(Dok. 34)*

Die Position der DDR wandelte sich in der ersten Jahreshälfte 1989 kaum. Das geht aus einem Grundsatzpapier hervor, das der Leiter der Abteilung BRD im DDR-Außenministerium, Karl Seidel, am 29. März 1989 Günter Mittag zuleitete. Mittag erhielt die Ausarbeitung als Leiter der „Arbeitsgruppe des Politbüros", die sich mit der Koordinierung der Beziehungen zur Bundesrepublik und Westberlin befaßte. Ihr gehörten neben Werner Krolikowski, Herbert Häber und Egon Krenz auch Außenminister Oskar Fischer und Außenhandelminister Gerhard Beil sowie Alexander Schalck als Sekretär an. Mit der Bildung der Arbeitsgruppe waren die deutsch-deutschen Beziehungen der Außenpolitischen Kommission des Politbüros „weggenommen" worden, was zu einer Einschränkung des Tätigkeitsfeldes von ZK-Sekretär Hermann Axen geführt hatte.[210]

---

209 Auf die Wiedergabe der Gesprächsniederschriften wird hier verzichtet Vgl. Heinrich Potthoff: Die „Koalition der Vernunft", S. 830 ff. Bisher nicht publizierte Dokumente aus dem Umfeld dieser Besuche, wie z. B die Vermerke über die Gespräche von Ernst Albrecht, Björn Engholm und Lothar Späth mit Günter Mittag, werden hier erstmalig abgedruckt.

210 Vgl. dazu: Detlef Nakath: DDR und BRD. Der Weg vom Grundlagenvertrag zum Herbst 1989. In: DDR-Außenpolitik aus heutiger Sicht. Berlin 1994, S. 112.

Im Seidel-Papier vom 29. März 1989 *(Dok. 32)* wurde als Ausgangspunkt des Verhältnisses zur Bundesrepublik formuliert, „daß die BRD ein unverzichtbarer Partner friedlicher Koexistenzbeziehungen ist". Weiter hieß es: „Die Geschichte hat ihr Wort gesprochen. Man kann sie nicht neu schreiben. Die ‚deutsche Frage' ist nicht mehr offen. Es gibt nichts wiederzuvereinigen. Sozialismus kann man ebensowenig vereinen wie Feuer und Wasser." Zugleich wurde darauf verwiesen, daß es aus Sicht der DDR keine „innerdeutschen Sonderbeziehungen" gäbe. Als Beitrag zur friedlichen Koexistenz stünden Fragen der Friedenssicherung, der Abrüstung und der Entspannung im Mittelpunkt. Bonn solle eine Begegnung der beiden deutschen Verteidigungsminister als „wichtigen Schritt zu gegenseitigem Vertrauen" vorgeschlagen werden.[211]

Das Seidel-Papier wurde im Juli 1989 durch ein Positionspapier „Zur Lage in der BRD" als Arbeitsmaterial des DDR-Ministerratsvorsitzenden ergänzt. *(Dok. 36)* Darin äußerte sich immerhin die Befürchtung, daß die BRD in „Übereinstimmung mit den USA und anderen westlichen Ländern den Einfluß der Sowjetunion und ihrer Verbündeten zurückdrängen und die innere Entwicklung in den sozialistischen Ländern ‚systemverändernd' beeinflussen" wolle.

Insbesondere der Entwicklung des innerdeutschen Handels maßen beide Seiten erhebliche Bedeutung zu. Nach Einschätzung des „Deutschen Instituts für Wirtschaftsforschung" (DIW) hatte der deutsch-deutsche Warenaustausch 1988 „nominal stagniert". Preisbereinigt ergab sich sogar ein leichter Umsatzrückgang, obwohl die „politischen Rahmenbedingungen ... heute günstiger denn je" seien. Als Gründe dafür nannte das DIW die Warenstruktur des Handels und Schwächen in der Lieferfähigkeit der DDR bei hochwertigen Erzeugnisse, die zu einer Verschlechterung der Terms of Trade der DDR geführt hätten.[212] In den politischen Gesprächen des ersten Halbjahres spielten folglich Fragen der Handelsentwicklung eine wesentliche Rolle. Die Ministerpräsidenten der Bundesländer un-

---

211 Als offene politische Fragen nannte das Papier „die Beseitigung der sog. Erfassungsstelle Salzgitter und eine Regelung der Elbgrenze Mitte Strom entsprechend der seit 1945 bestehenden Praxis" sowie die „Herstellung normaler Beziehungen zwischen Volkskammer und Bundestag".

212 Vgl. Deutsches Institut für Wirtschaftsforschung. Wochenbericht 9-10/1989, S. 95 ff. Kaum erklärbar ist im Jahresergebnis 1988 des innerdeutschen Handels die Tatsache, daß die DDR den im Umfang von 850 Mio. DM zur Verfügung stehenden zinslosen Überziehungskredit (Swing) nach DIW-Berechnungen lediglich mit durchschnittlich 265 Mio. DM (31 Prozent) in Anspruch nahm, obwohl sich die Zahlungsbilanz 1988 bereits zuspitzte. Die Nichtauslastung kann nur politisch motiviert gewesen sein.

ternahmen immer häufiger den Versuch, gegenüber Honecker und Mittag die ökonomischen Interessen ihres Bundeslandes zu artikulieren. Dies führte mitunter zu merkwürdigen Erscheinungen. So setzte sich beispielsweise Ministerpräsident Lafontaine bei Honecker für die Beibehaltung saarländischer Weinlieferungen in die DDR ein und erhielt vom SED-Chef sogar eine positive Antwort. *(Dok. 31)* Andere Länderchefs, wie Albrecht *(Dok. 33)*, Engholm *(Dok. 27)* oder Späth (*Dok. 29*), wählten 1989 denselben Weg, ohne jedoch mit Honeckers vitalem Heimatgefühl operieren zu können.

Während die westlichen Gesprächspartner die Bildung von deutsch-deutschen Joint Ventures vorschlugen, setzte die DDR auf Kooperationsabkommen zwischen Unternehmen beider Staaten, die 1989 bereits in erheblicher Anzahl existierten.[213] Engholm schlug im Gespräch mit Mittag Kooperationen zwischen Firmen in Schleswig-Holstein und der DDR auf den Gebieten Entwicklung und Produktion von Umwelttechnik sowie im Bereich des Schiffbaus und der Werften vor. Späth und Mittag würdigten die positiven Erfahrungen bei der Gestattungsproduktion und stellten die Technologiekooperation im Werkzeugmaschinenbereich in Aussicht. Albrecht setzte sich für eine noch stärkere Beteiligung von DDR-Unternehmen an den Hannover-Messen ein und lobte die langjährige Zusammenarbeit mit dem Salzgitter-Konzern. Er hob das starke Interesse seines Landes am Stromverbund mit der DDR und am Ausbau der Eisenbahnstrecke zwischen Hannover und Berlin hervor. In der ersten Jahreshälfte 1989 gingen alle BRD-Politiker noch von einer wirtschaftlich und politisch stabilen DDR aus.

Im zweiten Halbjahr 1989 avancierte der neue Kanzleramtsminister Rudolf Seiters (CDU) zum häufigsten westdeutschen Gast in Ost-Berlin.[214] Seiters kam jedoch unter völlig veränderten politischen Bedingungen in die DDR. Seine fünf Besuche fanden am 4. Juli, 18. August, 20. November, 19./20. Dezember 1989 (als Begleiter von Bundeskanzler Kohl in Dresden) und 25. Januar 1990 statt.[215]

Seiters war auch der letzte hochrangige BRD-Politiker, der mit Erich Honecker zusammentraf. Bei dieser Begegnung am Vormittag des 4. Juli 1989 hob Seiters hervor, „daß er die Zusammenarbeit mit

---

213 Vgl. Horst Lambrecht u. a.: Ost-West-Kooperation, S. 47 ff.

214 Rudolf Seiters war am 21. April 1989 zum Bundesminister für besondere Aufgaben und Chef des Bundeskanzleramts ernannt worden. Er trat die Nachfolge des neuen Bundesinnenministers Wolfgang Schäuble an.

215 Vgl. Antonius John/Rudolf Seiters: Einsichten in Amt. Person und Ereignisse. Bonn/Berlin 1991, S. 55 ff. Vgl. Dok. 37, 52, 55 und 60 sowie (zum 4. Juli 1989) Heinrich Potthoff: Die „Koalition der Vernunft", S. 957 ff.

der DDR im gleichen Sinne fortführen wolle wie sein Vorgänger Schäuble". Die Ergebnisse des Besuches von Michail Gorbatschow in der BRD im Mai 1989, die vereinbarte Gemeinsame Erklärung verliehen der „weltpolitischen Entwicklung zusätzliche Impulse".[216] Auch Honecker würdigte den Verlauf der Gorbatschow-Visite in der Bundesrepublik und verwies darauf, daß er sich jüngst in Moskau ausführlich mit den Ergebnissen vertraut machen konnte.[217] Darüber hinaus sprachen Honecker und Seiters über bilaterale Themen wie den Ausbau der Eisenbahnstrecke von Berlin nach Hannover, den Stromverbund sowie den Umweltschutz.

Honecker erklärte laut Niederschrift in bemerkenswerter Offenheit: „Es könne auf BRD-Seite nicht unbemerkt geblieben sein, daß das Grenzregime der DDR geändert wurde und daß es keinen sog. Schießbefehl mehr gäbe. Die DDR habe das Grenzregime humanisiert, aber offenkundig will man das in Bonn nicht zur Kenntnis nehmen."[218] Diese Äußerung zum Schußwaffengebrauch nahm Seiters lediglich „mit Interesse" zur Kenntnis.

Zwei Tage nach dem Treffen zwischen Honecker und Seiters kam es noch zu einem konkreten Ergebnis. Am 6. Juli 1989 unterzeichneten die beiden Umweltminister Hans Reichelt und Klaus Töpfer in Bonn eine Vereinbarung über die Förderung von Umweltschutzprojekten in der DDR, an denen sich die BRD finanziell in einer Größenordnung von 300 Mio. DM beteiligen wollte.[219]

Honecker reiste am 7. Juli 1989 zum Gipfeltreffen des Warschauer Paktes nach Bukarest. Von dort mußte er mit einer akuten Gallenerkrankung nach Berlin zurückgeflogen und operiert werden. Das war das praktische Ende des Engagements Honeckers auf dem von ihm sehr geschätzten Gebiet der Deutschlandpolitik.

Nachdem die SED-Führung seit Ende 1987 gegen oppositionelle Gruppen und Dissidenten scharf vorging, das Ergebnis der Kommunalwahl am 7. Mai 1989 auf üble Weise gefälscht hatte und überdies auf Konfrontation zur sowjetischen Perestroika-Politik

---

216 Vgl. dazu die DDR-Niederschrift in: Heinrich Potthoff: Die „Koalition der Vernunft", S. 957 ff.

217 Vgl. die Niederschrift des Arbeitstreffens zwischen Honecker und Gorbatschow am 28. Juni 1989 in Moskau in: Daniel Küchenmeister (Hrsg.): Honecker – Gorbatschow, S. 208 ff. Über das Verhältnis der Sowjetunion zur DDR bzw. BRD und zur deutschen Frage erklärte dabei Gorbatschow: „Es habe während des Besuchs in der BRD keinen Kuhhandel und keine Zugeständnisse seitens der Sowjetunion gegeben." (Ebenda, S. 219 f.)

218 Vgl. Heinrich Potthoff: Die „Koalition der Vernunft", S. 961.

219 Vgl. ND, 7. Juli 1989.

ging,[220] war im Sommer 1989 für viele DDR-Bürger das Maß voll. Im Juli und August nutzten Tausende ihre Reisen nach Ungarn, um über Österreich in die Bundesrepublik zu gelangen.

Wenig später bildeten sich erste oppositionelle Bewegungen und Parteien. Die Gründung des „Neuen Forum" erfolgte am 9. September 1989, während sich die Sozialdemokratische Partei (SDP) am 7. Oktober 1989 in Schwante konstituierte.

Sechs Wochen nach seinem Besuch bei Honecker kam Kanzleramtsminister Seiters am 18. August 1989 erneut in die DDR. Die Lage hatte sich in kurzer Zeit dramatisch verändert.

Der Bonner Minister wurde im DDR-Außenministerium von Staatssekretär Herbert Krolikowski empfangen. *(Dok. 37)* Dieser forderte Seiters auf, darzulegen, welche Maßnahmen die Bundesrepublik zu unternehmen gedenke, „um den Aufenthalt von Bürgern der DDR in diplomatischen Vertretungen der BRD zu beenden". Seiters erläuterte die Rechtslage der Bundesrepublik, wonach „kein Deutscher aus einer Vertretung der BRD verwiesen werden könne". Krolikowski vertrat die Ansicht, daß die Praxis der Paßausgabe an Bürger der DDR durch bundesdeutsche Vertretungen „im krassen Widerspruch zu den Vereinbarungen zwischen beiden deutschen Staaten und zur Wiener Konsularkonvention" stünde und forderte, daß die DDR-Bürger „umgehend die BRD-Vertretungen verlassen und sich in ihre Wohnorte begeben" sollen. Jegliche Sonderregelungen für „Botschaftsbesetzer" lehnte er ab. Auch wenn das Gespräch in „sachlicher Atmosphäre" verlief, waren die Fronten verhärtet. Die DDR war zu keinem Kompromiß bereit. Entscheidungen traf das Politbüro unter der Leitung Mittags in dieser Frage nicht und blieb auch gegenüber den SED-Mitgliedern sprachlos.

Intern gab Staatssicherheitsminister Erich Mielke am 1. September 1989 eine Anweisung an die Leiter der Diensteinheiten heraus, in der er „höchste Wachsamkeit" und „alle erforderlichen Maßnahmen zur Verstärkung der vorbeugenden Arbeit, insbesondere zur vorbeugenden Verhinderung des ungesetzlichen Verlassens der DDR" über Ungarn sowie „von weiteren Erpressungsversuchen in diplomatischen Einrichtungen der BRD" forderte. *(Dok. 39)*

Politische Kontakte von DDR-Spitzenpolitikern mit Vertretern der Bundesregierung fanden nun kaum noch statt. Auf anderen Ebenen liefen dennoch weitere Kontakte. So reiste der 1. Sekretär der SED-Bezirksleitung Dresden, Hans Modrow, vom 25. bis 28. September 1989 nach Baden-Württemberg und traf neben Gesprächen

---

220 Vgl. dazu auch die Information für das SED-Politbüro „Erste zusammenfassende Wertung des Besuches des Genossen Gorbatschow in der BRD" vom Juni 1989 in: SAPMO - BArch, DY 30/IV 2/2039/294. (Dok. 35)

mit SPD-Landespolitikern auch mit Ministerpräsident Lothar Späth zusammen. Die Modrow-Reise war aufgrund eines Politbürobeschlusses vom 28. Februar 1989 über die Entwicklung der Beziehungen zur SPD zustande gekommen *(Dok. 30)* und wurde durch das ZK-Sekretariat am 23. August 1989 bestätigt. *(Dok. 38)* Modrow, der in Stuttgart einen für DDR-Politiker ungewöhnlich offenen Umgang mit den Pressevertretern pflegte, wurde durch ARD und ZDF den Fernsehzuschauern in Ost und West als „Hoffnungsträger" für eine Reformpolitik in der DDR nach sowjetischem Muster präsentiert.

Im September 1989 eröffnete der „Börsenverein der Deutschen Buchhändler zu Leipzig" in Köln eine Ausstellung. Aus diesem Anlaß empfing Bundespräsident Richard von Weizsäcker die DDR-Delegation mit Vizekulturminister Klaus Höpcke sowie dem Präsidenten des DDR-Schriftstellerverbandes Hermann Kant. Das Gespräch im Bonner Amtssitz des Bundespräsidenten sparte die gravierenden inneren Probleme der DDR völlig aus. *(Dok. 40)*

Die Führung von Partei und Staat in der DDR war seit Sommer 1989 nicht mehr Herr der Lage. Ihre verzweifelten Versuche zur Schadensbegrenzung, begleitet vom Bemühen, ein möglichst ungestörtes 40jähriges Jubiläum der DDR zu feiern, wirkten grotesk.

Die Ablösung Honeckers von allen Funktionen erbrachte keinen Durchbruch. Sein Nachfolger Egon Krenz versuchte konzeptionslos, die Kontakte zu bundesdeutschen Politikern wieder zu aktivieren. *(Dok. 44 und 45)* Bedrängt von der Situation, faßten SED-Führung und Ministerrat eine Reiseregelung *(Dok. 48)*, die das Gegenteil von dem bewirkte, was beabsichtigt gewesen war.

Die Bevölkerung und auch die Mehrheit der SED-Mitglieder erkannten die hoffnungslose Situation, in die sie eine handlungsunfähige und reformfeindliche Führung manövriert hatte. Am Rande der offiziellen Feierlichkeiten zum 40. Jahrestag der DDR und in den ersten Montagsdemonstrationen in Leipzig demonstrierten Zehntausende für Demokratie und Reformen in der DDR. Unter der Losung „Wir sind das Volk" forderten sie die Überwindung des Stalinismus, Reisefreiheit und demokratische Veränderungen. Die deutsche Einheit spielte noch eine untergeordnete Rolle.

In der Deutschlandpolitik mußte jedoch auf beiden Seiten radikal umgedacht werden. Völlig neue Überlegungen waren erforderlich, um der veränderten historischen Situation gerecht zu werden.

Dokument 27

Niederschrift über ein Gespräch von ZK-Sekretär Günter Mittag mit Björn Engholm, Ministerpräsident von Schleswig-Holstein, am 1. Februar 1989

G. Mittag begrüßte B. Engholm zu dem Gespräch. Es solle auf der Grundlage der gestrigen Begegnung beim Generalsekretär des ZK der SED und Vorsitzenden des Staatsrates der DDR, Erich Honekker, sich vor allem auf Fragen auf dem Gebiet der ökonomischen Beziehungen konzentrieren.[221] Man werde dann gut vorankommen, wenn die entsprechenden Vorschläge auf der Grundlage der Gleichberechtigung und des gegenseitigen Vorteils für beide Seiten ausgearbeitet und verwirklicht werden.

Engholm habe im Hinblick auf das Ergebnis seines Gesprächs mit E. Honecker von einem qualitativen Schritt in der Entwicklung der Beziehungen gesprochen, und das werde auch von unserer Seite so gesehen, betonte G. Mittag.

B. Engholm erklärte sich mit dem Prinzip „geben und nehmen" einverstanden. Das gelte natürlich für die Ökonomie insbesondere, und hier gehe es nicht nur um kurzfristige, sondern auch um längerfristige Beziehungen. Damit solle gleichzeitig auch jener Prozeß untermauert werden, der zum gemeinsamen europäischen Haus führe.

B. Engholm würdigte gleichzeitig die große Aufmerksamkeit, die seine gestrige Begegnung mit E. Honecker in den Medien der DDR, insbesondere auch im „Neuen Deutschland", gefunden habe und bemerkte dazu, daß er froh wäre, wenn er eine solche Presse in seinem eigenen Bundesland Schleswig-Holstein hätte.[222]

Auf eine entsprechende Frage Engholms hinsichtlich der DDR zu „Joint Ventures" antwortete G. Mittag, daß die DDR den Weg der Kooperation zwischen Unternehmen der DDR und Unternehmen in anderen Ländern gehen wolle und daß dies nicht als ein allgemeines Schlagwort verstanden werden dürfe, sondern daß es hier um konkrete ökonomische Vereinbarungen und Verträge zum gegenseitigen Vorteil gehe. In diesem Sinne sei die DDR bereit, die Kooperation auszubauen. Dazu sollten von beiden Seiten Vorschläge auch für eine längere Perspektive ausgearbeitet und geprüft werden.

B. Engholm erwähnte dann den Gedanken eines Projektes, das sich auf den Aufbau einer Produktionsstätte für Nutzkraftwagen

---

221 Vgl. die DDR-Niederschrift sowie Erinnerungen Björn Engholms über das Gespräch zwischen Honecker und Engholm am 31. Januar 1989 in Ost-Berlin in: Heinrich Potthoff: Die „Koalition der Vernunft", S. 830 ff.

222 Vgl. ND, 1. Februar 1989.

durch den Daimler-Benz-Konzern in Schleswig-Holstein bezog. Dabei werde in Erwägung gezogen, beispielsweise Werkzeugmaschinen aus der DDR zu kaufen, eingeschlossen auch bestimmte Zulieferungen.

Er bezog sich dabei auf eine entsprechende Information des Konzernvorsitzenden E. Reuter, und Reuter habe ihn gleichzeitig gebeten, gegenüber der DDR das grundsätzliche Interesse seines Unternehmens zur Intensivierung der Zusammenarbeit mit der DDR hier zum Ausdruck zu bringen.

G. Mittag sagte die Prüfung eines solchen Vorschlages, der natürlich noch konkretisiert werden müsse, zu. Dies müsse in direkten Gesprächen mit der Unternehmensführung von Daimler-Benz erfolgen, um konkret auszuloten, was gegebenenfalls möglich sei. Im Ergebnis dieser Gespräche werde für eine entsprechende Information an die Schleswig-Holsteinische Landesregierung gesorgt.

B. Engholm bekundete des weiteren Interesse an der Zusammenarbeit zwischen Schleswig-Holsteinischen Unternehmen und solchen der DDR an der Entwicklung und Produktion von Umwelttechnik.

E. Honecker habe bereits gesagt, daß die Bildung eines Gemeinschaftsunternehmens nicht der richtige Weg wäre, daß jedoch die DDR auf diesem Gebiet zur Kooperation bereit ist.

Er, Engholm, meine, daß es auf dieser Grundlage möglich wäre, konkrete Aufgaben zur Entwicklung, Produktion und auch zum Verkauf von Umwelttechnik in Angriff zu nehmen.

G. Mittag bemerkte dazu, daß von seiten der DDR Möglichkeiten gesehen werden. Sie müßten im Konkreten untersucht werden, um zu einer echten Kooperation zu kommen. All das müsse im gegenseitigen Interesse geschehen. G. Mittag verwies dabei auf in der DDR vorhandene wissenschaftlich-technische Lösungen auf dem Gebiet der Umwelttechnik, beispielsweise bei der Rauchgasentschwefelung und auf anderen Gebieten, die sowohl als Lizenzen angeboten werden und die gleichzeitig in der Praxis erprobt sind.

B. Engholm seinerseits erwähnte das Interesse Schleswig-Holsteins an der Abwasserbehandlung, insbesondere hinsichtlich des Phosphat- bzw. Nitratgehalts. Hier gebe es bestimmte Anlagen, von denen Teile in Schleswig-Holstein selbst produziert werden würden. Insgesamt wäre dafür bei konsequenter Verwirklichung dieser Aufgaben im Maßstab der BRD ein Markt von 30 bis 40 Milliarden DM Investitionsvolumen vorhanden. Zweifellos wäre dies auch für die DDR von Bedeutung.

G. Mittag verwies in dem Zusammenhang auf das noch stattfindende Gespräch Engholms mit H. Reichelt, der über Ergebnisse, Erfahrungen und Leistungsfähigkeit der DDR auf dem Gebiet der Umwelttechnik informieren werde.[223] In der DDR seien auf diesem Gebiet modernste Anlagen in Realisierung. Engholm bemerkte daraufhin, daß man all das Gute, was an Erfahrungen auf diesem Gebiet in der DDR bereits vorliegt, nutzen wolle.

B. Engholm verwies des weiteren auf die beabsichtigte Kooperation zwischen dem Schiffbau der DDR und Werftunternehmen, die in Schleswig-Holstein ansässig sind. Er betonte, daß die DDR eine gut funktionierende Werftindustrie besitze, die in hohem Grade ausgelastet sei. In Schleswig-Holstein sei die Qualität ebenfalls sehr gut, aber es fehle an der Auslastung. Deshalb habe man Interesse an der Prüfung von Möglichkeiten der Zusammenarbeit mit der DDR auf diesem Gebiet, um eventuelle Möglichkeiten der Kooperation zu erörtern.

G. Mittag verwies darauf, daß vorgesehen ist, daß noch im Juni dieses Jahres eine Delegation des Schiffbaus der DDR nach Kiel reisen werden und daß man bei dieser Gelegenheit konkret über einen Vorschlag zur Kooperation sprechen solle.

G. Mittag erklärte weiter, daß es die grundsätzliche Position der DDR sei, mit Schleswig-Holstein die Handels- und Wirtschaftsbeziehungen stärker zu entwickeln. Vorher seien die Chancen dafür nicht groß gewesen. Obwohl die Wirtschaftsbeziehungen insgesamt als gut einzuschätzen seien, wäre ihr Umfang von 300 bis 350 Mio. [Mark] in bedeutendem Maße ausbaufähig, und dies gelte noch mehr für die Qualität dieser Beziehungen. Es gehe also darum, generell zwischen der DDR und der BRD die Handels- und Wirtschaftsbeziehungen weiter zu entwickeln und in bezug auf Schleswig-Holstein solle dies künftighin in besonderem Maße erfolgen.

G. Mittag schlug vor, dafür die verschiedensten Möglichkeiten und Wege aktiv zu nutzen. So solle das bisher vorgesehene Gespräch mit Wirtschaftskreisen Schleswig-Holsteins in Kiel stattfinden und nicht, wie ursprünglich beabsichtigt, in der Handelsvertretung der DDR in Düsseldorf. Das wird es ermöglichen, daß eine größere Anzahl von Unternehmen Schleswig-Holsteins daran teilnimmt und daß man zu besseren Ergebnissen kommt. Dies möchte er hier gleich so festlegen. Zugleich müßten weitere Möglichkeiten genutzt werden, das betrifft insbesondere eine Präsentation der Schleswig-Holsteinischen Wirtschaft im Internationalen Handelszentrum[224] in Berlin. Das betreffe vor allem aber auch die stärkere Nutzung der Leipziger Messe und hier habe sich als die beste Me-

---

223 Vgl. ND, 2. Februar 1989.

224 Das „Internationale Handelszentrum" wird im weiteren mit „IHZ" abgekürzt.

thode, insbesondere auch zur Einbeziehung kleinerer und mittlerer Unternehmen, die Einrichtung von Gemeinschaftsständen bewährt. Von seiten der DDR würde das ausdrücklich unterstützt werden.

G. Mittag informierte Engholm darüber, daß eine Teilnahme der DDR an der Kieler Woche erfolgen wird. Des weiteren werden Vertreter der DDR am Internationalen Umweltkongreß im September in Hamburg teilnehmen.

B. Engholm begrüßte diese Vorschläge der DDR. Er würde die Einrichtung einer Gemeinschaftsausstellung auf der Leipziger Messe sowie die Nutzung der im IHZ gegebenen Möglichkeiten für Schleswig-Holstein unterstützen. Positiv bewähre sich bereits jetzt, daß die Industrie- und Handelskammer in Lübeck einen Kooperationsvertrag mit der Außenhandelskammer der DDR abgeschlossen habe und daß er mit Leben erfüllt wird.

G. Mittag führte dann weiter aus, daß zur qualitativen Entwicklung der Handels- und Wirtschaftsbeziehungen Wissenschaft und Technik von entscheidender Bedeutung seien. Er erläuterte in dem Zusammenhang die Einschätzung der DDR hinsichtlich der wissenschaftlich-technischen Ergebnisse auf höchstem Niveau als entscheidender Wachstumsquelle. Dafür nutze die DDR die ihr eigenen spezifischen Möglichkeiten. Bewährt habe sich dabei insbesondere auch die enge Kooperation von Wissenschaft und Produktion in Form der Zusammenarbeit zwischen den Kombinaten, den Hoch- und Fachschulen sowie der Akademie der Wissenschaften der DDR. Auf diesem Gebiet seien gerade in den letzten Jahren internationale Spitzenleistungen auf dem Gebiet der Mikroelektronik, Rechentechnik und auf anderen Gebieten erreicht worden. Zugleich habe sich das Niveau von Lehre und Forschung an den Hoch- und Fachschulen qualitativ verändert. Diesen Weg werde man weiter konsequent beschreiten.

B. Engholm bemerkte daraufhin, daß die Leistungen der DDR, insbesondere auf dem Gebiet der Mikroelektronik große Beachtung fänden und stellte die Frage, ob der 1-Mega-Bit-Schaltkreis fertig sei, was G. Mittag bejahte. Gleichzeitig wurde Engholm erläutert, daß dies in enger Zusammenarbeit von Wissenschaft und Produktion in der kurzen Frist vorbildfrei innerhalb von zwei Jahren geschafft wurde, und in der gleichen Weise werde man an die Arbeit beim 4-Mega-Bit-Schaltkreis herangehen. Das unterscheide sich grundsätzlich von dem Vorgehen in der BRD, wo beispielsweise der Siemenskonzern für Technologie und Ausrüstungen Lizenzen genommen habe.

G. Mittag erläuterte in dem Zusammenhang, daß die Entwicklung der Mikroelektronik für die Zukunft eines modernen Industrielandes entscheidend sei, um im Wettlauf mit der Zeit zu bestehen.

B. Engholm sagte daraufhin, daß man auch in Schleswig-Holstein den Kampf um wirkliche Zukunftsprogramme aufnehmen wolle. Es gäbe, wenn auch noch etwas verschwommen, Vorstellungen, daß sich auf Grundlage der Arbeiten der Konzerne Siemens und Tompson auch Betriebe bzw. Institutionen in Schleswig-Holstein an der Entwicklung eines 64-Mega-Bit-Schaltkreises beteiligen wollten, wobei es Überlegungen geben würde, den 16-Mega-Bit-Schaltkreis „zu überspringen". Gleichzeitig verwies Engholm darauf, daß die BRD-Regierung bei den Projekten der Mikroelektronik zögerlich handeln würde. Er meinte, daß auf diesem zukunftsträchtigen Gebieten eventuell auch eine Zusammenarbeit mit der DDR erfolgen solle, „wenn nicht die Cocomliste da wäre". G. Mittag sagte daraufhin, daß diese Liste noch da ist und strikt angewendet wird, worauf Engholm bemerkte „ja, das stimmt". G. Mittag sagte in diesem Zusammenhang weiter, daß die DDR nur dann Verträge abschließe, wenn von vornherein klar sei, daß sie auch eingehalten werden. Diese Garantien müßten bestehen. Was die genannten Vorstellungen zum Überspringen einer Entwicklungsstufe in der Mikroelektronik anbelangt, so möchte er zwar diese Überlegungen nicht von der technischen Seite her beurteilen, aber die Entwicklungsgeschichte der Produktivkräfte zeige, daß ein solches Überspringen technologischer Stufen nicht so einfach sei.

B. Engholm sagte dann abschließend, daß er aus dem Gespräch hinsichtlich der Entwicklung der Beziehungen zwischen Schleswig-Holstein und der DDR, die lange Jahre geschlummert hätten, jetzt entnehmen würde, daß dafür „grünes Licht" gegeben worden sei.[225]

G. Mittag sagte, so könne man das auffassen, und was die DDR anbelangt, werde aktiv daran gearbeitet, sie zu entwickeln. Er möchte jedoch nochmals betonen, daß das, was festgelegt und vereinbart worden ist bzw. vereinbart wird, dann auch durchgeführt werde. Das sei die Grundlage einer stabilen Entwicklung der Beziehungen.

B. Engholm lud G. Mittag zu einem geeigneten Zeitpunkt zu einem Besuch in Schleswig-Holstein ein.

Quelle: SAPMO - BArch, DY 30/J/NL 2316.

---

225 Zu den Ergebnissen seines DDR-Besuchs äußerte sich Engholm in einer Regierungserklärung vor dem Kieler Landtag. Vgl. ND, 17. Februar 1989.

Dokument 28

**Schreiben von Erich Honecker an Helmut Kohl
vom 10. Februar 1989**[226]

Sehr geehrter Herr Bundeskanzler!

Für Ihr Schreiben vom Oktober vergangenen Jahres danke ich Ihnen.[227]

Seither gibt es bemerkenswerte internationale Entwicklungen. Es wächst die Erkenntnis, daß Sicherheit nur noch miteinander möglich ist. Nimmt man aber die Dinge wie sie sind, wird offensichtlich, daß für eine unwiderrufliche Wende zum Besseren noch vieles zu tun bleibt.

Die Deutsche Demokratische Republik sieht nach wie vor in der aktiven Förderung des Abrüstungs- und Entspannungsprozesses durch beide deutsche Staaten den Kern des politischen Dialogs, den ich mit Ihnen, Herr Bundeskanzler, fortführen möchte. In diesem Anliegen fühle ich mich bestärkt, weil auch Sie darauf verweisen, daß uns der Dialog einen dauerhaften und stabilen Frieden näherbringen soll.

Der Vertrag über die Beseitigung der Raketen mittlerer und kürzerer Reichweite der UdSSR und der USA wird vereinbarungsgemäß realisiert.[228] Hier ist wesentlich:

Die Deutsche Demokratische Republik und die Bundesrepublik Deutschland erfüllen ihre eingegangenen Verpflichtungen. Dieser Beitrag um Einstieg in reale Abrüstung wird allgemein anerkannt.

Beide deutsche Staaten treten für die Halbierung der strategischen Offensivwaffen der USA und der UdSSR bei strikter Einhaltung des ABM-Vertrages ein. Das ist bedeutungsvoll, denn würden die Verhandlungen bald erfolgreich sein, käme dies allen zugute.

Im Verlaufe der Pariser Konferenz zum Verbot chemischer Waffen hat jeder unserer Staaten mit konkreten Vorschlägen seinen Willen belegt, zur Befreiung der Menschheit von der Last dieser gefährlichen Bedrohung beizutragen. Offensichtlich bleibt jedoch der Weg zu einer globalen Beseitigung dieser Waffen kompliziert. Die Aufnahme der Produktion binärer chemischer Waffen spricht für sich. Beide deutsche Staaten sollten alles tun, damit diese heimtückischen Massenvernichtungswaffen nicht weiter verbreitet und so schnell wie möglich verboten werden. Die Schaffung einer von

---

226 Honecker zeichnete den Brief am selben Tag ab und gab ihn laut handschriftlichem Vermerk an die SED-Politbüromitglieder zur Information.
227 Vgl. Dokument 22.
228 Vgl. Anm. 126.

161

chemischen Waffen freien Zone in Mittel- oder Gesamteuropa würde das gewiß erleichtern. Das darauf zielende gemeinsame Verhandlungsangebot der Regierungen der Deutschen Demokratischen Republik und der Tschechoslowakischen Republik an die Bundesrepublik halten wir deshalb aufrecht.[229]

Herr Bundeskanzler!

Die Vereinbarung, ab 6. März diesen Jahres Verhandlungen über radikale konventionelle Abrüstung und weitere vertrauens- und sicherheitsbildende Maßnahmen in Europa zu beginnen, ist herausragendes Ergebnis des Wiener KSZE-Folgetreffens.[230] Das ist nur zu verständlich, denn die Minderung der Kriegsgefahr ist für alle Menschen das wichtigste. Auch um diesen bevorstehenden Verhandlungen ein möglichst günstiges Umfeld zu bereiten, hat sich die DDR entschlossen, den einseitigen Maßnahmen der UdSSR zum Abbau ihrer konventionellen Streitkräfte und Rüstungen eigene Schritte hinsichtlich ihrer Nationalen Volksarmee sowie des Verteidigungshaushaltes hinzuzufügen. Andere Teilnehmerstaaten des Warschauer Vertrages handeln ebenso. Damit sind bedeutende Strukturveränderungen in unseren Streitkräften verbunden, die ihnen einen noch ausgeprägteren Verteidigungscharakter geben. Zugleich wird es möglich sein, sich zu gegebener Zeit von der Realisierung der verkündeten Maßnahmen zu überzeugen.

Die Deutsche Demokratische Republik knüpft, wie ihre Verbündeten, an diese Vorleistungen keinerlei Bedingungen, erwartet jedoch eine konstruktive analoge Reaktion. Es würde die bevorstehenden Verhandlungen wesentlich erleichtern, wenn keine Seite die zur Erörterung stehenden Waffensysteme, vor allem die für Überraschungsangriffe geeigneten, aufstocken würde. Soweit es uns betrifft, wären wir zu einem solchen Moratorium sofort bereit. Ein Aufgreifen dieses Angebots sollte nach der Offenlegung der Militärpotentiale des Warschauer Vertrages um so leichter fallen. Die Deutsche Demokratische Republik und die Bundesrepublik Deutschland könnten als unmittelbar an der sensiblen Trennlinie der Militärbündnisse gelegene Staaten wahrhaftig Schrittmacherdienste für gegenseitige Vertrauensbildung leisten. Auch gilt noch immer die Anregung, als beispielgebende Maßnahme einen „heißen Draht" zwischen Berlin und Bonn oder ständige gemischte Beobachtungsposten an strategisch wichtigen Punkten einzurichten. Natürlich wäre es nur logisch, dem sicherheitspolitischen Dialog zwischen unse-

---

229 Vgl. dazu die gemeinsame Erklärung von SED, KPTsch und SPD „Für ein Verbot chemischer Waffen" in: ND, 6. April 1988.

230 Vgl. das Abschlußdokument des KSZE-Treffens und das Mandat für Verhandlungen über konventionelle Streitkräfte in: ND, 21./22. Januar 1989.

ren Staaten eine neue Qualität zu geben. Die Einladung des Verteidigungsministers der Deutschen Demokratischen Republik an den Bundesminister für Verteidigung gehört dazu.[231]

Die Diskussionen in der Bundesrepublik zur Frage taktischer Kernwaffen verfolge ich sehr aufmerksam. Stimmen, die in diesem Bereich auf westlicher Seite einen Spielraum sehen, zum Beispiel für die Verminderung der Atomartillerie, sind interessant. Ich möchte unterstreichen, was ich bereits während meines Besuches in Bonn erklärte: Jede derartige Maßnahme, die zu wirklicher Abrüstung führt, also nicht anderweitig kompensiert wird, kann mit unserer adäquaten Antwort rechnen bis hin zu weiteren Null-Lösungen. Zugleich verhehle ich meine große Sorge darüber nicht, daß Programme wie „Lance 2" oder „KOLAS" alle Abrüstungsbemühungen ad absurdum führen können. Die Friedenspflicht beider deutscher Staaten wie ihre besondere Gefährdung durch taktische Kernwaffen gebieten, deren Ausgrenzung nicht zuzulassen. Sie kennen auch meine Auffassung zur Errichtung eines kernwaffenfreien Korridors in Mitteleuropa. Auch dieser Vorschlag bleibt aktuell.

Für mich gibt es keinen Zweifel, daß in den bevorstehenden Verhandlungen in Wien eine Einigung über den Abbau wesentlicher Asymmetrien bei den Land- und Luftstreitkräften und ihre radikale Reduzierung möglich ist. Gegenseitige strukturelle Angriffsunfähigkeit in Europa ist aber letztlich nur erreichbar, wenn früher oder später Verhandlungen über die Reduzierung und Begrenzung der Seestreitkräfte eingeleitet werden. Deshalb plädiere ich schon heute dafür, daß beide deutsche Staaten in ihren Bündnissen auf die Vorbereitung entsprechender Verhandlungen dringen.

Soweit, Herr Bundeskanzler, einige Überlegungen zu Fragen, deren Erörterung ich für vordringlich halte, weil sie das Leben aller Menschen betreffen. Ich stimme Ihnen zu, daß Rüstungskontrolle und Abrüstung gewiß nicht alles sind. Aber es bleibt dabei: Dauerhafte Sicherheit und gegenseitig vorteilhafte Zusammenarbeit zum Wohle der Menschen sind letztlich nur durch die Einstellung des Wettrüstens, Abrüstung, echte Vertrauensbildung und völlige Normalisierung der Staatenbeziehungen auf dem Wege des politischen Dialogs erreichbar.

Mit vorzüglicher Hochachtung
gez. E. Honecker

Quelle: SAPMO - BArch, DY 30/IV 2/2035/87.

---

231 Vgl. dazu ein Interview des DDR-Verteidigungsministers Heinz Keßler in: Die Zeit, 30. September 1988; ND, 1./2. Oktober 1989. Vgl. Anm. 180.

Dokument 29

Vermerk über ein Gespräch von ZK-Sekretär Günter Mittag mit Lothar Späth, Ministerpräsident von Baden-Württemberg, am 23. Februar 1989

G. Mittag begrüßte L. Späth zur Weiterführung des Gesprächs über Fragen der wirtschaftlichen Zusammenarbeit, die bereits bei E. Honecker grundsätzlich behandelt worden sind.[232] Diesen Fragen werde mit Recht eine besondere Aufmerksamkeit gewidmet, denn das liege in beiderseitigem Interesse. Im Ergebnis einer dazu geleisteten intensiven Arbeit habe der gegenseitige Handelsumsatz 1988 r[un]d 1 Mrd. erreicht, was gegenüber dem Vorjahr eine Steigerung von r[un]d 25 Prozent bedeute. Es gebe also hier mit diesem Bundesland eine dynamische Entwicklung.

Dabei müsse man gleichzeitig die qualitative Entwicklung sehen. Dies betreffe die Seite von Wissenschaft und Technik sowie das Bestehen von langfristig stabilen Wirtschaftsbeziehungen sowohl mit großen Konzernen als auch mit einer Vielzahl mittlerer und kleinerer Firmen. Insgesamt erweise sich die Wirtschaft Baden-Württembergs als leistungsfähig. Dafür spreche auch die hohe Forschungsintensität und die enge Zusammenarbeit vieler Unternehmen mit Hochschulen und Universitäten sowie anderen Einrichtungen der Wissenschaft. So hätten sich bereits seit längerer Zeit von der Effektivität her sehr interessante Beziehungen auf den Gebieten von Wirtschaft, Wissenschaft und Technik sowie Handel herausgebildet. Das betreffe auch die Gestattungsproduktion, wo gerade hier mit dem in Baden-Württemberg ansässigen Unternehmen Salamander ein über ein Jahrzent zum Vorteil beider Seiten funktionierendes Beispiel für eine Kooperation geschaffen worden sei, das auch in internationalem Maßstab Beachtung und Anwendung gefunden habe.

G. Mittag betonte dann, daß die DDR aufgrund der gerade in der wirtschaftlichen Zusammenarbeit mit Baden-Württemberg gesammelten guten Erfahrungen die DDR bereit sei, diese Zusammenarbeit, insbesondere auch mit den kleineren und mittleren Unternehmen auch in Zukunft weiter zu entwickeln. In dem vorangegangenen Gesprächen habe E. Honecker bereits darauf verwiesen, daß die DDR den Fünfjahrplan für den Zeitraum 1991 bis 1995 vorbereite und in dem Zusammenhang längerfristige Beziehungen von Bedeutung seien, die sich dann auch ökonomisch vorteilhaft auswirken würden. Es müßten Voraussetzungen geschaffen werden, um Export und Import

---

232   Vgl. die DDR-Niederschrift des Gesprächs von Honecker mit Späth am selben Tag in: Heinrich Potthoff: Die „Koalition der Vernunft", S. 843 ff.

stärker auszugleichen, und man müsse deshalb überlegen, wie die Arbeit nach vorn gerichtet werden könne. Dabei würden sich auch mit den bereits vereinbarten Verträgen über weitere Gestattungsproduktionen (Schiesser, Blaupunkt) sowie mit dem Anlagengeschäft auch in Drittländern und weiteren Gebieten der Zusammenarbeit auf einer bereits erreichten guten Vertrauensbasis sicher neue Möglichkeiten ergeben.

Nicht geringe Impulse würden von der gegenseitigen Beteiligung an Messen und Ausstellungen ausgehen, die man noch aktiver umsetzen sollte. Aufbauend auf den erreichten Ergebnissen und gesammelten Erfahrungen, halte es die DDR für zweckmäßig, den Weg der Kooperation weiter zu gehen. Dieser Weg sollte auch hinsichtlich der wissenschaftlichen Einrichtungen und Hochschulen bestritten werden, wozu man einige konkrete Vorschläge ausarbeiten solle. Bemerkenswert sei, daß von den 27 Themen des Abkommens zur Zusammenarbeit in Wissenschaft und Technik zwischen der DDR und der BRD 10 Themen allein in Baden-Württemberg angesiedelt sind.[233] Sie haben beträchtliche Bedeutung und betreffen wichtige Objekte für die Zukunft.

G. Mittag unterbreitete den Vorschlag, auf geeigneten Gebieten Beispiele für die Entwicklung einer Forschungs-, Produktions- und Absatzkooperation anhand einiger Pilotprojekte nach gegenseitiger Prüfung zu schaffen. Das könne beispielsweise auf dem Gebiet des Werkzeugmaschinenbaus, des Textilmaschinenbaus und auf anderen Gebieten erfolgen. Dazu übergebe er L. Späth eine Liste von etwa 20 Vorschlägen von seiten der DDR, um daraus einige für die weitere Arbeit auszuwählen. Späth nahm diese Liste entgegen und sagte nach kurzer Durchsicht, daß man schon auf den ersten Blick sehen könne, daß es sich hier ausschließlich um Hochtechnologien handelt.

G. Mittag sagte, daß man mit ihrer Verwirklichung einen qualitativ neuen Schritt gehen würde, einen wichtigen Schritt, um die stagnierende Tendenz in den Handelsbeziehungen mit der BRD insgesamt zu beseitigen. Späth habe sich heute dazu bereits geäußert, und das seien ernste Fragen. Es sei heute auch, so G. Mittag weiter, über Erfahrungen in der Ausbildung von Führungskräften gesprochen worden. Er erwähnte, daß es in der DDR dazu, beispielsweise am Z[entralinstitut für] s[ozialistische] W[irtschaftsführung] Rahnsdorf, gute Erfahrungen gebe, und Erfahrungen gebe es zweifelsohne auch in entsprechenden Einrichtungen Baden-Württembergs. Bestimmte Beziehungen seien hier überlegenswert. Das Institut in Rahnsdorf werde man in Kürze der internationalen Presse vorstellen.

---

233 Vgl. Der Besuch von Generalsekretär Honecker in der Bundesrepublik Deutschland, S. 47 ff.

L. Späth dankte für die Ausführungen G. Mittags und betonte, daß aus seiner Sicht in den letzten Jahren ein richtiger Weg zur Stärkung des Wirtschaftsaustausches beschritten worden wäre. In der Tat stünde jetzt ein qualitativer Sprung bevor. Darunter verstehe er nicht eine formale Orientierung auf „Joint Ventures" oder ähnliches. Er möchte ebenfalls den Gedanken der Kooperation aufgreifen und in dem Zusammenhang auf folgendes verweisen: Auch aus seiner Sicht sei eine stärkere Ausgeglichenheit des Handels mit der DDR erforderlich. Hier stehe sein Land vor einem Problem, vor dem es in den Export/Importbeziehungen mit allen entwickelten Industrieländern stehe. Anders sei die Sache bei Ländern, die vorwiegend Rohstofflieferanten seien. Im Falle eines Landes wie der DDR komme man nur auf dem Wege einer technologischen Kooperation weiter, um beispielsweise sich ergänzende Sortimente auf einem bestimmten Sektor des Maschinenbaus zu produzieren und auf dem Markt anzubieten. Er meine jedoch, daß dazu die DDR ihren Anteil am Welthandel steigern müsse, um so manövrierfähiger zu sein.

Die übergebene Liste, so L. Späth weiter, zeige, daß die Zusammenarbeit mit Firmen im „oberen Viertel" des Technologieniveaus angesiedelt seien. Er erwähnte hier die Werkzeugmaschinenfirma „Trumpf", dessen Inhaber zugleich Präsident der Industrie- und Handelskammer seines Landes sei und der zu seinen engsten Beratern zähle. Wenn hier sich eine erfolgreiche Zusammenarbeit entwickelte, würde zugleich ein Signal an alle mittelständischen Betriebe mit positiver Breitenwirkung gesetzt. Er verwies auf die große psychologische Wirkung eines gelungenen Vorhabens in der Zusammenarbeit mit der DDR für andere und betonte in dem Zusammenhang, daß man deshalb alles für diesen Erfolg eines solchen Pilotprojektes tun müsse. Dabei sei aus der Sicht eines mittelständischen Unternehmers wichtig, daß der Partner schnell lieferfähig sei, daß man rasch reagieren könne, daß notwendige Entscheidungen im Zusammenhang mit dem Abschluß eines möglichen Geschäftes oder einer aussichtsreichen Produktion schnell, manchmal auch – wie er sich ausdrückte – „innerhalb von zehn Minuten" zu treffen seien. Es wäre deshalb für die Organisierung einer solchen Kooperation nötig, daß auch die DDR-Partner über eine entsprechende Entscheidungsvollmacht verfügen müßten. Darin sehe er ein Problem. Er wisse sehr genau, welch gute Qualität die DDR-Facharbeiter produzieren würden, wie gut man hier die Produktion organisieren könne – aber der Entscheidungsweg sei oftmals zu lang. Er spreche hier ausdrücklich nicht von Grundsatzentscheidungen bei großen Projekten, sondern von dieser speziellen Form der Zusammenarbeit mit mittelständischen Unternehmen, deren Kapitalausstattung ja eine andere sei als bei Großunternehmen.

Von einer grundsätzlichen positiven Haltung zur vorgeschlagenen Zusammenarbeit ausgehend, schlug L. Späth vor, etwa fünf Projekte auszuwählen und sie ständig zu verfolgen, damit nichts schiefgehe. Dazu solle eine Arbeitsgruppe, also eine „Kooperationsgruppe", geschaffen werden. Sie könne beispielsweise von je einem Vertreter der staatlichen Seite und je einem Vertreter der Wirtschaft zusammengesetzt sein. G. Mittag stimmte diesem Vorschlag grundsätzlich zu.

Des weiteren meinte L. Späth, daß man Führungskräfte beider Seiten bei den geplanten Pilotprojekten der Kooperation in mehrwöchentlichen Lehrgängen in Einrichtungen beider Seiten gemeinsam qualifizieren sollte, auch um das gegenseitige Verständnis zu vertiefen und die Zusammenarbeit zu erleichtern.

G. Beil bemerkte daraufhin, daß man sofort die bevorstehende Leipziger Frühjahrsmesse nutzen solle, um die Beteiligten zusammenzuführen.[234] Es sei bereits festgelegt, so G. Mittag, daß der Stand der Firma „Trumpf" beim Rundgang besucht werde. Es wurde Einverständnis erzielt, die Messe aktiv für die Organisierung der in Frage kommenden Pilotprojekte zu nutzen. L. Späth sagte seinerseits zu, die in diesem Jahr geplante Präsentation der DDR zu den wissenschaftlich-technischen Tagen in Stuttgart aktiv zu unterstützen. Dafür werde das repräsentative „Haus der Wirtschaft" zur Verfügung gestellt. G. Mittag schlug vor, in die geplante Kooperation von vornherein auch Hochschulen und wissenschaftliche Einrichtungen beider Seiten einzubeziehen.

Späth bedankte sich abschließend für die große Offenheit und den konstruktiven Gehalt des Gespräches mit G. Mittag und erklärte nochmals seine Bereitschaft, als Ministerpräsident des Landes Baden-Württemberg bei allen auftretenden Fragen der weiteren Zusammenarbeit aktiv zu helfen.

Quelle: SAPMO - BArch, DY 30/J/NL 23/16.

Dokument 30

SED-Politbürobeschluß zur Fortsetzung der Beziehungen mit der SPD vom 28. Februar 1989

1. Die Maßnahmen zur Fortsetzung der Beziehungen mit der SPD im Jahre 1989 werden bestätigt. (Anlage)

---

234 Gerhard Beil nahm als DDR-Außenhandelsminister am Gespräch teil.

Im Mittelpunkt des Dialogs mit der SPD stehen die zentralen Fragen des Kampfes um Frieden, Abrüstung, Sicherheit und Vertrauensbildung unter Beachtung der internationalen Lage.

2. Alle Aktivitäten gegenüber der SPD werden durch die Abteilung für Internationale Politik und Wirtschaft des ZK koordiniert und sind mit ihr abzustimmen.

3. Zur Entsendung bzw. zum Empfang von Delegationen werden dem Politbüro bzw. dem Sekretariat des ZK zu gegebener Zeit Vorlagen unterbreitet.

Anlage: Maßnahmen zur Fortsetzung der Beziehungen mit der SPD im Jahre 1989

Die Beziehungen zur SPD und ihr nahestehenden Organisationen und Kräften im Jahre 1989 werden auf der Grundlage

– der im Bericht über den offiziellen Besuch des Generalsekretärs des ZK der SED und Vorsitzenden des Staatsrates der DDR, Genossen Erich Honecker, in der BRD vom 7. bis 11. September 1987 enthaltenen Schlußfolgerungen (Beschluß des Politbüros des ZK 552/87 vom 15.09.1987);[235]

– des Gesprächs des Generalsekretärs des ZK der SED und Vorsitzenden des Staatsrates, Genossen Erich Honecker, mit Hans-Jochen Vogel am 29. April 1988;[236]

– der „Analyse zur Lage in der BRD – Schlußfolgerungen für eine gemeinsame Politik" (Beschluß des Politbüros des ZK 386/87 vom 23.06.1987)[237] kontinuierlich weitergeführt.

Ziel ist die Fortsetzung des gemeinsamen Ringens um Abrüstung, Sicherheit und Vertrauensbildung sowie die weitere Ausprägung von übereinstimmenden Positionen zur Durchsetzung friedlicher Koexistenz und gemeinsamer Sicherheit.

Die Beziehungen zur SPD werden in Vorbereitung auf den 50. Jahrestag des Beginns des zweiten Weltkrieges in besonderem Maße genutzt, um gemeinsam auf konkrete Fortschritte in der Friedenssicherung hinzuwirken und aktiv dazu beizutragen, daß von deutschem Boden nie wieder Krieg, sondern immer nur Frieden ausgeht.

In den Gesprächen ist die Position der SED zur in der BRD und in Westberlin aufkommenden neonazistischen Gefahr darzulegen und dahin zu wirken, die Aktivitäten der SPD gegen Neofaschismus zu verstärken. Jeglichem Versuch zur Einmischung in die inneren Angelegenheiten der DDR wird entschieden entgegengewirkt.

---

235 Vgl. den Wortlaut des Berichtes in: Hans-Hermann Hertle u. a.: Der Staatsbesuch, S. LXXXV ff..

236 Vgl. Heinrich Potthoff: Die „Koalition der Vernunft", S. 762 ff.

237 Vgl. Hans-Hermann Hertle u. a.: Der Staatsbesuch, S. III ff.

Folgende Maßnahmen zur Fortsetzung der Beziehungen mit der SPD sind im Jahre 1989 vorgesehen:

I. Gespräche des Generalsekretärs des ZK der SED und Vorsitzenden des Staatsrates der DDR, Genossen Erich Honecker [...][238]

II. Fortsetzung der Gespräche zu Fragen der Abrüstung, Sicherheit und Vertrauensbildung [...][239]

III. Die Kontakte zur SPD-Bundestagsfraktion werden mit dem Ziel der Herstellung normaler Beziehungen zwischen der Volkskammer der DDR und dem Deutschen Bundestag der BRD fortgesetzt [...][240]

IV. Weiterführung der Kontakte zwischen SED und SPD auf zentraler Ebene [...][241]

V. Die Kontakte zu Landes- Bezirks- und Kreisverbänden der SPD werden fortgesetzt und schrittweise ausgebaut [...][242]

VI. Weiterführung der Kontakte mit der Westberliner SPD, Fortsetzung der Gesprächsrunde mit Vertretern der Führung der Westberliner SPD

Termin: Juni 1989

Verantwortlich: Abteilung für Internationale Politik und Wirtschaft des ZK

Quelle: SAPMO - BArch, DY 30/J IV 2/2/2317.

---

238 Geplant waren Treffen mit Hans-Jochen Vogel und Oskar Lafontaine.

239 Angesprochen wurden hier Treffen der Arbeitsgruppe von SED und SPD zu sicherheitspolitischen Fragen über Vorschläge für strukturelle Angriffsunfähigkeit und für eine Zone verringerter Rüstungen und Streitkräfte, Maßnahmen zur Popularisierung der Initiativen von SED und SPD für eine chemiewaffenfreie Zone, für einen atomwaffenfreien Korridor sowie für eine Zone des Vertrauens und der Sicherheit in Zentraleuropa, die Durchführung von sicherheitspolitischen Foren sowie die Beteiligung der SED an der SPD-PVAP-Arbeitsgruppe zur Sicherheit im Ostseeraum.

240 Hier waren im einzelnen der Besuch einer SPD-Bundestagsfraktion unter Leitung Horst Ehmkes bei der DDR-Volkskammer, der Besuch des Ausschusses für Land-, Forst- und Nahrungsgüterwirtschaft der Volkskammer bei der Bonner SPD-Fraktion, der Besuch der Arbeitsgruppe Jugendpolitik der SPD-Bundestagsfraktion auf Einladung der FDJ-Fraktion der Volkskammer sowie der Besuch einer Delegation der SPD-Bundestagsfraktion zur Umweltpolitik in der DDR vorgesehen.

241 Dabei ging es vor allem um Gespräche mit einzelnen SPD-Politikern sowie um Arbeitskontakte zwischen gesellschaftswissenschaftlichen Einrichtungen der SED und entsprechenden SPD-internen bzw. -nahen Gremien.

242 Es folgt die Nennung von zehn einzelnen Kontaktvorhaben vorwiegend zwischen Landesverbänden der SPD und Bezirksleitungen der SED bzw. zwischen einzelnen Kreisverbänden der SPD und Kreisleitungen der SED.

Dokument 31

Schreiben von Erich Honecker an Oskar Lafontaine,
Ministerpräsident des Saarlandes, vom 10. März 1989

Sehr geehrter Herr Ministerpräsident!
Ihr Schreiben habe ich zum Anlaß genommen, den zuständigen
Organen zu empfehlen, der Bitte des saarländischen Winzerverbandes hinsichtlich der Fortsetzung der Weinlieferungen zu entsprechen.[243] Sie können also davon ausgehen, daß die saarländischen
Weinlieferungen, wenn auch nicht erhöht, so doch im bisherigen
Umfang weitergeführt werden.
Mit freundlichen Grüßen
gez. E. Honecker

Quelle: SAPMO - BArch, DY 30/J IV J/114.

Dokument 32

Konzeption des DDR-Außenministeriums über „Grundpositionen
im Verhältnis zur BRD" vom 29. März 1989[244]

In Gesprächen mit Politikern der BRD ist von folgendem auszugehen:
1. Ausgangspunkt der Gestaltung des Verhältnisses zur BRD ist
die Tatsache, daß die BRD ein unverzichtbarer Partner friedlicher
Koexistenzbeziehungen ist. Dauerhafte Friedenssicherung in Europa ist ohne Einbeziehung der BRD unrealistisch. Das erfordert eine
dynamische Politik gegenüber der BRD, wobei die DDR angesichts
ihrer Lage und Potenzen eine besondere Verantwortung hat. Von
den Beziehungen DDR/BRD dürfen keine zusätzlichen Belastungen
für die europäische und Weltentwicklung ausgehen, sondern sie
müssen im Gegenteil Impulse für friedliche Zusammenarbeit und
Entspannung geben. Das ist ihr Beitrag für die Schaffung eines gemeinsamen europäischen Hauses.
2. Normale, vernünftige Beziehungen zwischen der DDR und
BRD setzen die strikte Beachtung der realen Lage voraus:
– Es gibt zwei souveräne, voneinander unabhängige deutsche Staaten mit unterschiedlicher Gesellschaftsordnung und Bündniszuge-

---

243 Das genannte Schreiben Lafontaines wurde bisher nicht aufgefunden.

244 Das Material wurde vom Abteilungsleiter Karl Seidel ausgearbeitet und am
    Tage der Übermittlung an ZK-Sekretär Mittag von diesem abgezeichnet.

hörigkeit. Sie müssen friedlich nebeneinander und miteinander existieren. Die Geschichte hat ihr Wort gesprochen. Man kann sie nicht neu schreiben.

– Die „deutsche Frage" ist nicht mehr offen. Es gibt nichts wiederzuvereinigen. Sozialismus und Kapitalismus kann man ebensowenig vereinen wie Feuer und Wasser.

– Es gibt keinen Platz für „innerdeutsche Sonderbeziehungen". Die Beziehungen sind auf der Grundlage der Prinzipien der friedlichen Koexistenz zu gestalten, d. h. auf der Grundlage der Achtung der Souveränität, der Gleichberechtigung, der Nichteinmischung und des gegenseitigen Vorteils.

3. Die Existenz beider deutscher Staaten ist ein grundlegendes Element der europäischen Nachkriegsordnung, ihrer Stabilität und des europäischen Gleichgewichtes. Daran rütteln heißt Frieden und Stabilität gefährden.

Spannungen in Europa ergeben sich nicht durch die Existenz von zwei deutschen Staaten, sondern durch Bestrebungen, die europäische Nachkriegsordnung immer wieder in Frage zu stellen. Durch das europäische Vertragswerk wurden verbindliche und dauerhafte Rechtsgrundlagen für die gegenwärtigen Grenzen in Europa geschaffen.

4. Die DDR betrachtet die Friedenssicherung als die alles überragende Frage in den Beziehungen DDR/BRD. Unverrückbarer Grundsatz ist und bleibt: Beide deutsche Staaten müssen alles tun, damit von deutschem Boden nie wieder Krieg, sondern immer nur Frieden ausgeht. Sie bekennen sich heute beide zu dieser Verpflichtung. Dementsprechend müssen sie aktiv für Frieden, Abrüstung und Entspannung eintreten.

Das erfordert gegenwärtig ihr Eintreten für die Halbierung der strategischen Offensivwaffen der UdSSR und der USA bei strikter Einhaltung des ABM-Vertrages; das weltweite Verbot der chemischen Waffen; den nuklearen Teststopp und die drastische Reduzierung der konventionellen Rüstungen vom Atlantik bis zum Ural.

Die DDR unterstützt die einseitigen Abrüstungsmaßnahmen der UdSSR. Sie selbst wird bis 1990 die NVA um 10 000 Mann und die Verteidigungsausgaben um 10 Prozent reduzieren.

Die BRD und die NATO sollten diesen Beispielen folgen.

Bei den Wiener Verhandlungen über konventionelle Abrüstung und Vertrauensbildung muß zügig und konstruktiv verhandelt werden. Dabei geht es darum, Asymmetrien auf beiden Seiten abzubauen, danach die Streitkräfte und Rüstungen unter die erreichte Obergrenze weiter zu reduzieren und einen Zustand gegenseitiger Angriffsunfähigkeit zu gewährleisten.

Für beide deutsche Staaten hat die Reduzierung und schließliche Beseitigung nuklearer Kurzstreckensysteme geradezu lebenswichtige Bedeutung. Darüber sollten ohne Verzug Verhandlungen aufgenommen werden. Es geht um eine 3. und 4. Null-Lösung.

Die DDR wendet sich entschieden gegen Bestrebungen zur sog. Modernisierung nuklearer Kurzstreckenwaffen. In Wahrheit geht es dabei um neue Aufrüstung, die die Mittelstreckenraketen kompensieren soll. Die DDR ist unverändert der Auffassung, daß regionale Lösungen (atomwaffenfreier Korridor, chemiewaffenfreie Zone, Zone des Vertrauens und der Sicherheit) große Bedeutung für Friedenssicherung und Vertrauensbildung haben.

Die DDR hält eine Begegnung zwischen den Verteidigungsministern beider deutscher Staaten, wie vom Verteidigungsminister der DDR, H. Keßler, vorgeschlagen, für einen wichtigen Schritt zu mehr gegenseitigem Vertrauen.[245]

5. Seit dem offiziellen Besuch Erich Honeckers in der BRD im September 1987 gibt es beachtliche Fortschritte in den Beziehungen auf zahlreichen Gebieten. Vieles ist in Gang gekommen und geht in die richtige Richtung. Das Gemeinsame Kommuniqué vom 8. September 1987 hat sich als gute Grundlage dafür erwiesen. Die DDR ist gewillt, auch weiterhin gegenüber der BRD eine Politik zu betreiben, die bei Beachtung der gesellschaftlichen Gegensätze und der unterschiedlichen Bündniszugehörigkeit auf Sicherung des Friedens, Dialog und sachliche Zusammenarbeit gerichtet ist. Das kann aber natürlich nur auf Gegenseitigkeit beruhen.

Einige Vorgänge in letzter Zeit (Besuchsabsagen, Erklärungen führender Politiker, Bundestagsdebatte am 16.3.1989) lassen Zweifel aufkommen, ob die führenden Kreise der BRD-Regierungskoalition gegenüber der DDR die Linie fortführen wollen, die im Gemeinsamen Kommuniqué vom 8. September 1987 vereinbart war.[246]

Bestrebungen zur Einmischung und Druckausübung können nur zu Belastungen führen und das bisher Erreichte gefährden.

Dazu gehören auch Versuche, unter mißbräuchlicher Berufung auf das Abschlußdokument von Wien sich in innere Angelegenheiten der DDR einzumischen.[247] Das Wiener Dokument legt bekannt-

---

245 Vgl. Anm. 231.

246 Wegen Zwischenfällen an der Berliner Mauer hatten Bundeswirtschaftsminister Helmut Haussmann und Bundesbauminister Oscar Schneider am 12. bzw. 13. März 1989 offizielle Besuche in der DDR abgesagt. Daraufhin verzichteten die DDR-Minister für Hoch- und Fachschulwesen, Hans Joachim Böhme, sowie für Umweltschutz und Wasserwirtschaft, Hans Reichelt, auf geplante Bonn-Besuche.

247 Vgl. Anm. 230.

lich eindeutig fest, daß das Recht jedes Staates zu achten ist, seine Gesetze und Verordnungen, seine Politik und Praxis selbst zu bestimmen. Das gilt uneingeschränkt auch für das Recht der DDR, Ordnung und Gesetzlichkeit an ihren Grenzen zu gewährleisten. Verleumderische Behauptungen über angebliche Menschenrechtsverletzungen und einen sog. Schießbefehl sind darauf gerichtet, die Beziehungen zu stören, die DDR zu diskreditieren und ihr internationales Ansehen herabzusetzen.

Dabei ist die Sachlage völlig klar: Das Grenzgebiet zur BRD und zu Westberlin ist militärisches Sperrgebiet. Sein Betreten ist für Unbefugte verboten. Dies ist bekannt. Wer widerrechtlich in dieses Gebiet eindringt, muß sich möglicher Folgen bewußt sein. Was den Schußwaffengebrauch durch bewaffnete Organe der DDR betrifft, so regelt er sich wie in der BRD auch, wie dies gerade durch jüngste Veröffentlichungen bestätigt worden ist.

Über Fragen der Wahrung der Rechtsordnung der DDR gibt es für niemanden in der BRD ein Mitspracherecht, ebensowenig wie es eine „Obhutspflicht für alle Deutschen" gibt.

6. Die DDR bleibt an normalen Beziehungen zur BRD entsprechend dem Gemeinsamen Kommuniqué vom 8. September 1987 interessiert. Notwendig ist, sich von Augenmaß und Beachtung der beiderseitigen Interessen leiten zu lassen. Die DDR hofft und erwartet, daß man seitens der BRD wieder auf den Boden sachlicher Beziehungen, auf die Geschäftsgrundlage des Gemeinsamen Kommuniqués vom 8. September 1987 zurückfindet. Davon ausgehend gibt es aus der Sicht der DDR genügend Möglichkeiten für den weiteren Ausbau der Beziehungen. Das betrifft u. a. solche Fragen wie:

– die Entwicklung des Handels zum gegenseitigen Nutzen;

– den Ausbau der Verkehrsbedingungen, wie dies in den Verhandlungen über den Ausbau der Eisenbahntransitstrecke Berlin-Hannover zum Ausdruck kommt;

– die Erweiterung der Beziehungen auf dem für beide Seiten wichtigen Gebiet von Wissenschaft und Technik entsprechend dem Abkommen vom September 1987;

– den Ausbau der Beziehungen auf dem Gebiet des Schutzes der Umwelt. Bekanntlich hat sich die DDR bereit erklärt, Verhandlungen über die Gewässergüte der Elbe aufzunehmen.

– die Fortführung der Kulturbeziehungen, wie dies in den für 1990/91 zu vereinbarenden neuen Maßnahmen des Kulturaustausches seinen Ausdruck finden kann.

Schließlich wäre es für die Entwicklung der Beziehungen von großer Bedeutung, wenn es endlich gelingen würde, einige offene politische Fragen zu lösen, die die Beziehungen seit langem belasten.

Dazu gehört die Beseitigung der sog. Erfassungsstelle Salzgitter und eine Regelung der Elbgrenze Mitte Strom entsprechend der seit 1945 bestehenden Praxis. Auch die Herstellung normaler Beziehungen zwischen Volkskammer und Bundestag ist längst überfällig.

Quelle: SAPMO - BArch, DY 30/IV 2/2039/328.

Dokument 33

Niederschrift über das Gespräch von ZK-Sekretär Günter Mittag mit Ernst Albrecht, Ministerpräsident von Niedersachsen, am 28. April 1989

G. Mittag begrüßte E. Albrecht zu dem Gespräch über Fragen der Wirtschafts- und Handelsbeziehungen, nachdem am Tage zuvor bei E. Honecker ein umfassender Meinungsaustausch stattgefunden hat.[248] E. Albrecht bat in dem Zusammenhang, dem Generalsekretär des ZK der SED und Vorsitzenden des Staatsrates der DDR, Erich Honecker, zu übermitteln: Er möchte bereits zu diesem Zeitpunkt sagen, wie außerordentlich erfreut er über die Ergebnisse der Gespräche und seines Aufenthaltes in der DDR sei. Das betreffe auch die gestrigen Gespräche zu Fragen des Umweltschutzes bzw. der Zusammenarbeit auf dem Gebiet von Wissenschaft und Technik.

G. Mittag ging in seinen anschließenden Ausführungen davon aus, daß die DDR fest entschlossen ist, die im Gemeinsamen Kommuniqué anläßlich des offiziellen Besuches Erich Honeckers in der BRD im September 1987 getroffenen Vereinbarungen zu verwirklichen. In dem gestrigen Gespräch bei E. Honecker sei dargelegt worden, was an positiven Ergebnissen erreicht wurde und was noch weiter getan werden müsse.

Auf seinen Besuch der Hannover-Messe eingehend, sagte G. Mittag, daß es möglich war, hier mit kompetenten Vertretern der niedersächsischen Landesregierung wie der Wirtschaftskreise darüber zu sprechen, was in der Zusammenarbeit auf wirtschaftlichem Gebiet erreicht worden ist und welche weiteren Möglichkeiten es gibt.[249] Die DDR habe mit rund 5000 m^2 in diesem Jahr ihre bisher größte Ausstellung auf der Hannover-Messe „Industrie" durchgeführt, das se

---

248 Vgl. die DDR-Niederschrift sowie den Vermerk von niedersächsische Seite über das Gespräch zwischen Honecker und Albrecht am 27. April 1989 in: Heinrich Potthoff: Die „Koalition der Vernunft", S. 876 ff.

249 Günter Mittag besuchte am 6. April 1989 die Hannover-Messe.

soviel wie die anderen auf der Hannover-Messe vertretenen sozialistischen Länder zusammengenommen belegt hätten; worauf Albrecht bemerkte: „Das stimmt." Diese Teilnahme der DDR in Hannover hat, so G. Mittag weiter, ihre Ursache darin, daß die Leipziger Messen in wachsendem Maße von niedersächsischen Firmen genutzt werden und sich die dort geführten Gespräche positiv ausgewirkt hätten.

So gebe es aus der Sicht der DDR gute Voraussetzungen für den weiteren Ausbau der Handels- und Wirtschaftsbeziehungen auch mit dem BRD-Land Niedersachsen, deren Umsatz 1,4 Milliarden erreicht hätte. Zu dieser stabilen und dynamischen Entwicklung habe die langjährige Zusammenarbeit mit solchen Unternehmen, wie Salzgitter, Volkswagen u. a., bedeutend beigetragen. Es gebe hier eine auf gegenseitigem Vertrauen und Berechenbarkeit angelegte Arbeit, die man als solche auch erhalten müsse. G. Mittag verwies in dem Zusammenhang auf irreführende Meldungen, die beispielsweise im „Spiegel" verbreitet worden seien. Solche Gerüchte würden störend wirken, worauf E. Albrecht dieser Feststellung zustimmte.

G. Mittag hob die Bedeutung bestehender Abkommen und Verträge über die längerfristige Zusammenarbeit hervor und verwies dabei auf das Walzen von Warmband durch Salzgitter, den langfristigen Vertrag für den Export von Kraftfahrzeugelektrik durch die DDR sowie den in diesem Jahr erfolgenden Beginn der Gestattungsproduktion von Autoradios der Firma Blaupunkt.

Entsprechend den vorliegenden positiven Ergebnissen könnten dann weitere Gebiete einer solchen längerfristigen Zusammenarbeit geprüft werden. Die DDR sei an stabilen und berechenbaren Wirtschaftsbeziehungen interessiert. Darin eingeschlossen seien auch die Erfahrungen und weiteren Möglichkeiten bei der Einbeziehung mittelständischer Firmen, wofür es bereits gute Beispiele geben würde. Dies stehe auch im Zusammenhang mit der Vorbereitung auf den Fünfjahrplanzeitraum 1991 - 1995. G. Mittag verwies dabei auf das für 1989 geplante Wachstum des Nationaleinkommens um 4 Prozent, das in der Praxis verwirklicht wird.

Anknüpfend an die auch auf der „CeBIT" wie der Industrie-Messe in Hannover sichtbar gewordene Bedeutung der Mikroelektronik für die Rechentechnik als auch den Maschinenbau, die eine objektive Entwicklungstendenz darstelle, ging G. Mittag auf Meinungen ein, die in der BRD zur Mikroelektronik geäußert werden. Hier stelle man die besorgte Frage, ob es gelingen wird, daß man in Westeuropa diese Technik heute und in Zukunft meistere oder vom „Alleinhersteller" Japan technologisch und damit ökonomisch abhängig werde. Es seien Zahlen bekannt geworden, wo 3 Mrd. Mark mikroelektronische Schaltkreise einen Warenumsatz von 600 Mrd.

in der BRD bestimmten. Es setze sich immer mehr die Erkenntnis durch, daß ohne integrierte Mikroelektronik Erzeugnisse des Maschinenbaus nicht mehr zu kostendeckenden Preisen zu verkaufen seien. Wer hier nicht mithalte, würde seine Positionen auf dem Weltmarkt aufgeben müssen. Aus diesen Erkenntnissen heraus wolle man offenbar in der BRD ein breites gesellschaftliches Verständnis für die Notwendigkeit eigenen Engagements auf dem Gebiet der Mikroelektronik im Interesse der Erhaltung der erreichten wirtschaftlichen Positionen und des Lebensstandards schaffen.

Was die DDR anbelange, so stelle sie sich auf diese Entwicklungstendenzen ein. Dies werde sich künftighin auch im Exportangebot und den dazu stattfindenden Messen und Ausstellungen in Hannover und an anderen Orten noch deutlicher zeigen.

Besonders für die Maschinenbauerzeugnisse gelte darüber hinaus, daß durch den Einsatz von höherveredeltem Stahl und der Mikroelektronik Gewicht wie Materialverbrauch weiter gesenkt werden. Es zeige sich in dem Zusammenhang auch, daß frühere Prognosen über einen ständig weiter fortschreitenden Prozeß des Ersatzes von Stahl durch Plaste sich in der heutigen Wirklichkeit nicht mehr bestätigen würden.

G. Mittag informierte E. Albrecht über die Teilnahme der DDR an weiteren in Hannover stattfindenden Fachmessen, wie der Europäischen Werkzeugmaschinenausstellung und der „Biotechnica", sowie über die Durchführung eines Wirtschaftssymposiums in Wolfenbüttel. Gleichzeitig betonte er, daß sich die Vorstellung von Firmen, insbesondere auch mittelständischen Unternehmen, im Internationalen Handelszentrum Berlin, wie viele Beispiele zeigen würden, positiv ausgewirkt hätte. Hier könnten gezielt und konkret die Möglichkeiten der wirtschaftlichen Zusammenarbeit zwischen kompetenten Vertretern besprochen werden. Er forderte dazu auf, daß diese Möglichkeiten von seiten der Unternehmen in Niedersachsen mit Unterstützung der Landesregierung noch besser genutzt werden, um die von beiden Seiten angestrebte Entwicklung der Handels- und Wirtschaftsbeziehungen zu fördern.

In seiner Erwiderung dankte Albrecht zunächst für die Möglichkeit des Gesprächs und die eingehenden Darlegungen, um dann auf die von G. Mittag genannten Punkte einzugehen.

Er sei erfreut, daß es in bezug auf die Entwicklung des Handelsumsatzes Niedersachsens mit der DDR eine ständige kontinuierliche Aufwärtsentwicklung gegeben habe und bestätigte, daß dazu gerade die von G. Mittag bereits angeführten längerfristigen Wirtschaftsbeziehungen mit solchen Unternehmen wie Salzgitter und Volkswagen entscheidend beigetragen hätten. In diesem Sinne solle auch die künftige Arbeit von seiten seiner Landesregierung unterstützt werden. Man wolle von seiten Niedersachsens den „Wirtschaftstag der DDR" auf der Hannover-Messe 1990 gut vorbereiten, damit dies nicht nur eine Demonstration, sondern ein Erfolg werde. In dem Zusammenhang schlage er vor, dazu auch eine geeignete kulturelle Vorstellung der DDR an diesem Tag in Hannover zu organisieren in dem Sinne, wie das bereits im gestrigen Gespräch von E. Honecker angeregt worden sei, nämlich in Hannover eine Eiskunstlaufveranstaltung der DDR durchzuführen.

Er begrüße auch, wie stark sich die DDR auf den Messen in Hannover engagiere, und sagte seinerseits zu, die Beteiligung von Firmen Niedersachsens auf den Messen in Leipzig auszubauen und zu fördern. Das betreffe vor allem auch modernste Technologien. Er stimme dem zu, was G. Mittag über die Mikroelektronik als tragendes Element der heutigen und künftigen wirtschaftlichen Entwicklung sagte. Sie würde die Grundlage für eine lange Aufschwungphase der wirtschaftlichen Entwicklung im internationalen Maßstab bilden, deren Ende noch nicht abzusehen sei, und verwies dabei auf die Theorie der „langen Wellen" in der Wirtschaftsentwicklung. Es bestätige sich auch aus seiner Sicht, daß die Anwendung der Mikroelektronik für den Maschinenbau bestimmend sei. Dies werde sich auch in besonders starkem Maße auf der in diesem Jahr in Hannover stattfindenden Europäischen Werkzeugmaschinen-Messe zeigen, an der sich ja die DDR mit entsprechenden Erzeugnissen beteiligen werde.

Gleichzeitig möchte er auf die heranreifende Bedeutung der Biotechnologie und der dazu stattfindenden Messe „Biotechnica" verweisen. Hier bestehe auch eine unmittelbare Beziehung zur Lösung von Aufgaben auf dem Gebiet des Umweltschutzes. In der Stadt Braunschweig bestehe das bedeutendste Großforschungszentrum der BRD auf dem Gebiet der Biotechnologie. Er begrüße, daß in diesen und in anderen Fragen eine enge Zusammenarbeit mit kompetenten wissenschaftlichen Einrichtungen der DDR bestehe, die weiter ausgebaut werden soll.

Auf die von G. Mittag angesprochene Frage, inwieweit sich die BRD den Herausforderungen der Mikroelektronik stellen wolle, eingehend, sagte E. Albrecht: Wir sind entschlossen, diesen Wettbewerb aufzunehmen und in ihm mitzuhalten. Man wolle den bestehenden Rückstand auf dem Gebiet der Entwicklung von Chips und ihrer Technologie aufholen. Dazu fördere man von seiten der BRD das mit anderen EG-Staaten bestehende Projekt zur Entwicklung eines „Super-Chips" (gemeint ist offensichtlich die Herstellung des 64-Megabit-Chips und das dazu ausgearbeitete Projekt „Jessi").

In Niedersachsen wolle man dazu entsprechende Einrichtungen in Hannover, Braunschweig, Claustal-Zellerfeld, Göttingen ausbauen. Seiner Ansicht nach würde künftighin das hauptsächliche Wachstum auf dem Gebiet der Software zu verzeichnen sein. Hierzu wolle man ebenfalls die Kapazitäten ausbauen unter Einbeziehung mittelständischer Unternehmen, um in noch größerer Breite anwenderbezogene Software zu schaffen. Aus der Sicht internationaler Vergleiche habe seiner Ansicht nach die DDR gerade auf diesem Gebiet der Software gute Chancen, um führend mitzuhalten.

Er unterstütze auch das, was von G. Mittag zur Bedeutung des langfristigen Charakters der Beziehungen mit Unternehmen in Niedersachsen gesagt worden ist. Er wisse, wie sehr von seiten des Vorsitzenden des Salzgitter-Konzerns, E. Pieper, der langfristige und berechenbare Charakter der Wirtschaftsbeziehungen zur DDR auf einer guten Vertrauensbasis geschätzt werden würde. Dies sei natürlich auch aus der Sicht der von diesem Unternehmen durchzuführenden Investitionen von Bedeutung.

Er greife, so E. Albrecht weiter, auch den Gedanken auf, daß die mittelständischen Unternehmen mehr an der Kooperation beteiligt sein sollten. Jetzt sei dafür der richtige Augenblick. Es gehe darum, diese mittelständischen Unternehmen von einer bisher örtlich begrenzten Perspektive auf den Export modernster Technologien zu orientieren. Deshalb greife er auch die gegebene Anregung zur Durchführung von Ausstellungen im Internationalen Handelszentrum auf.

Bezug nehmend auf die bereits im Gespräch bei E. Honecker aufgeworfenen Fragenkomplexe „Stromverbund" bzw. „Eisenbahntransitstrecke" unterstütze er den Gedanken, daß die Verhandlungen über das Projekt der Eisenbahnschnellverbindung zügig zu Ende geführt werden sollten. G. Mittag bemerkte daraufhin, daß es notwendig sei, bei der Bestimmung der Trassenführung genau zu wissen, über welche Kosten man dabei redet, um reale und begründete Entscheidungen treffen zu können, woraufhin E. Albrecht zustimmte. Im Sinne eines weit in die Zukunft reichenden Projektes erläuterte E. Albrecht seinen Standpunkt zu wirtschaftlichen und ökologischen Vorteilen der Verwirklichung des „Transrapid-Systems", also eines Magnetbahn-Hochgeschwindigkeitszuges mit 400 bis 500 km pro Stunde gegenüber dem Kurzstreckenflugverkehr im Inland, und legte dann dar, daß eines Tages, vielleicht auch als „Zukunftsmusik" eine solche Verbindung von Moskau bis Lissabon über Warschau und Berlin zustande kommen könnte.

Auf eine entsprechende Frage von G. Beil machte E. Albrecht die Zusage, unter Nutzung der Möglichkeiten von Wirtschaftsförderungsunternehmen seines Landes die Durchführung von thematisch orientierten Ausstellungen mittelständischer Betriebe auf den Messen in Leipzig sowie im I[nternationalen] H[andels-]Z[entrum] Berlin zu unterstützen.

Abschließend brachte E. Albrecht nochmals seine Übereinstimmung mit den von G. Mittag dargelegten Einschätzungen und Punkten für den weiteren Ausbau der Zusammenarbeit zwischen Niedersachsen und der DDR zum Ausdruck und sagte dafür die volle Unterstützung seiner Landesregierung zu.

An dem Gespräch nahmen von seiten der DDR die Genossen G. Beil, A. Schalck sowie Karl Seidel und von seiten der BRD der Minister für Bundes- und Europaangelegenheiten, Heinrich Jürgens, der Umweltminister, Werner Remmers, der Leiter der Staatskanzlei, Staatssekretär Josef Meyer, und der Leiter der Ständigen Vertretung der BRD, Franz Bertele, teil.

Quelle: SAPMO - BArch, DY 30/J/NL 23/16.

Dokument 34

Vermerk über ein informelles Gespräch von Lothar Späth, Ministerpräsident von Baden-Württemberg, mit Alexander Schalck am 19. Mai 1989

Das Gespräch erfolgte auf Wunsch von Späth im Rahmen seines vom 15. bis 19.5.1989 durchgeführten privaten Besuches der DDR und erfolgte im Grand Hotel in Berlin.

Zu Beginn des Gespräches habe ich Lothar Späth beste Grüße des Generalsekretärs des ZK der SED und Vorsitzenden des Staatsrates der DDR, Erich Honecker, übermittelt.

Lothar Späth bat mich, seinerseits diese Grüße herzlich zu erwidern und brachte seinen Dank zum Ausdruck, daß es ihm und seiner Familie möglich war, 5 Tage während seines privaten Aufenthaltes viele bedeutende Sehenswürdigkeiten der DDR in Eisenach, Weimar, Dresden, Meißen und Berlin kennenzulernen. Er sei außerordentlich beeindruckt, was seitens der DDR auch auf dem Gebiet der Kultur, Kunst und Pflege historischer Denkmäler und Gedenkstätten geleistet wird. Besonders tief habe ihn und seine Familie der Besuch der Mahn- und Gedenkstätte Buchenwald berührt.

Anknüpfend an die mit dem Generalsekretär des ZK der SED und Vorsitzenden des Staatsrates der DDR, Erich Honecker, am 23.2.1989 während des offiziellen Besuches geführten Gespräche brachte Späth zum Ausdruck, daß diese Reise ihn in vielem bestärkt habe, was gemeinsam erörtert und abgesprochen wurde.[250]

Ich habe gegenüber Lothar Späth vor allem zum Ausdruck gebracht, daß seitens der DDR zielstrebig Aktivitäten zur Realisierung der während des offiziellen Besuches am 23./24.2.1989 getroffenen Absprachen eingeleitet worden sind. Das betrifft insbesondere den Ausbau der Wirtschafts- und Handelsbeziehungen, speziell die Prüfung von Möglichkeiten beiderseits vorteilhafter Kooperationsbeziehungen zwischen ausgewählten Kombinaten und Betrieben der DDR und Firmen Baden-Württembergs.

In den auf der Leipziger Frühjahrsmesse 1989 und danach geführten Gesprächen zwischen den vorgeschlagenen Kombinaten und Firmen hat sich gezeigt, daß durchaus Ansatzpunkte für längerfristig orientierte Kooperationsbeziehungen, vor allem auf dem Gebiet des Werkzeugmaschinenbaues, gegeben sind. Es sollte angestrebt werden, die Gespräche intensiv mit dem Ziel weiterzuführen, baldmöglichst erste Vereinbarungen abzuschließen.

Auch auf dem Gebiet der wissenschaftlich-technischen Zusammenarbeit sind die vorgesehenen erweiterten Kontakte zwischen den zuständigen Institutionen der Akademie der Wissenschaften der DDR und den entsprechenden wissenschaftlichen Einrichtungen in Baden-Württemberg aufgenommen worden. Die vereinbarten Beziehungen zwischen Universitäten und Hochschulen werden realisiert.

Auf Einladung des Direktors des Zentralinstitutes für sozialistische Wirtschaftsführung wird der Rektor der Universität Mannheim am 18./19.6.1989 dieses Zentralinstitut besuchen.

Damit wird einem besonderen Wunsch von Späth, auch auf diesem Gebiet eine Zusammenarbeit zu entwickeln, entsprochen.

Auf kulturellem Gebiet wurden beiderseits eine Reihe von Aktivitäten zur weiteren Entwicklung eingeleitet. Das kommt z. B. in dem Besuch des Ministers für Wissenschaft und Kunst der baden-württembergischen Landesregierung Anfang Juni 1989 in der DDR sowie in dem vorgesehenen Gespräch des Kulturbeauftragten der baden-württembergischen Landesregierung, Prof. Gönnenwein, mit dem Minister für Kultur der DDR zum Ausdruck.

Die DDR geht davon aus, daß auch bei den anstehenden Vereinbarungen des Kulturarbeitsplanes zum Kulturabkommen für die Jahre 1990/1991 zwischen der DDR und der BRD die Wünsche Baden-Württembergs angemessen berücksichtigt werden.

Abschließend zu diesem Komplex habe ich Lothar Späth informiert, daß der Staatssekretär im Ministerium für Wissenschaft

---

250 Vgl. Anm. 232.

und Technik der DDR, Dr. Stubenrauch, vom 25. - 27.6.1989 Baden-Württemberg besuchen wird. In diesem Zusammenhang können auch die für Juni 1989 vorgesehenen Gespräche zum Ausbau der wirtschaftlichen Beziehungen, insbesondere zum Stand der Kooperationsgespräche, erfolgen.

Lothar Späth bedankte sich für die gegebenen Informationen und brachte zum Ausdruck, daß die baden-württembergische Landesregierung und er persönlich voll mit dem Dargelegten übereinstimmen.

Späth wird sich konsequent dafür einsetzen, daß auch von seiner Seite die anläßlich des offiziellen Besuches getroffenen Absprachen zielstrebig zum beiderseitigen Nutzen realisiert werden.

Was die internationale Lage anbetrifft, so brachte Späth seine Besorgnis zur Entwicklung einer Reihe von Ländern zum Ausdruck, die unter Berücksichtigung der weltpolitischen Lage weitreichende Konsequenzen nach sich ziehen könnten. Er bezog sich dabei insbesondere auf die letzten Entwicklungen in der VR China, in der UdSSR, in Ungarn und in der VR Polen. Hinzu kommen die entstandenen erheblichen Differenzen zwischen den USA und der BRD sowie einer Reihe anderer europäischer Länder im Hinblick auf die unterschiedlichen Standpunkte zur Modernisierung der Kurzstreckenraketen.

Diese Entwicklungen, die gegenwärtig bis zu ihrem Ende nicht zu übersehen sind, stärken vor allem die konservativen Kräfte in den USA und tragen nicht dazu bei, die in Gang gekommene Abrüstung und Entwicklung der internationalen wirtschaftlichen Beziehungen in dem notwendigen Tempo voranzubringen.

In diesem Zusammenhang sei es auch strategisch bedeutsam, daß bei sich weiter verstärkenden Widersprüchen zwischen den USA einerseits und der BDR sowie einigen anderen westeuropäischen Ländern andererseits zur Stationierung und Modernisierung der Kurzstreckenraketen in Europa die konservativen Kräfte der USA sich stärker auf Japan orientieren. Er verwies in diesem Zusammenhang auf das bereits bekannte Beispiel zwischen den USA und Japan zur Entwicklung und Produktion eines modernen Kampfflugzeuges und daß eine stärkere Hinwendung der USA auf den asiatischen Raum von Japan positiv aufgenommen wird.

Ein Ergebnis daraus wäre, daß die USA und Japan gemeinsam mit allen Konsequenzen auf dem europäischen Binnenmarkt auftreten würden. Eine derartige bedeutende Verschiebung des Kräfteverhältnisses liegt nicht im Interesse Westeuropas und der BRD.

Späth mißt den jüngsten Ereignissen in der VR China große Bedeutung bei. Mit dem voraussichtlichen baldigen Ausscheiden von

Deng Xiaoping, der mit der Wiederzusammenführung der UdSSR und der VR China seine Mission als erfüllt ansieht, stellt sich die Frage, ob die gegenwärtige chinesische Führung in der Lage sein wird, die herangereiften inneren Probleme so zu lösen, daß es zu keinen größeren Konflikten und Konsequenzen kommt.

Was die Entwicklung in der UdSSR anbetrifft, so gibt es theoretisch mehrere Varianten, wie die Entwicklung verlaufen kann. Er persönlich hält es für wahrscheinlich, daß es Gorbatschow und der derzeitigen Führung gelingt, die politische Macht fest in der Hand zu behalten und unter Berücksichtigung der Korrektur bestimmter Extreme die eingeleitete Entwicklung weiterzuführen.

So mußten z. B. unter Berücksichtigung der massenpolitischen Auswirkungen die eingeleiteten Preismaßnahmen zurückgestellt werden. Es gibt jedoch auch ernstzunehmende Meinungen, die andere Varianten bis hin zur politischen Machtübernahme durch andere Persönlichkeiten bei einem Scheitern der Politik Gorbatschows nicht ausschließen.

Was die Entwicklung in Ungarn anbetrifft, so ist es nach der Auffassung von Späth möglich, daß der derzeitige Generalsekretär der USAP, Grosz, sich nicht behaupten kann. Es besteht aus seiner Sicht die Gefahr, daß durch zu weitreichende unrealistische Entwicklungskonzeptionen in diesem Lande erhebliche soziale Auseinandersetzungen entstehen und möglicherweise auf unkonventionellem Wege Kräfte an die Macht gelangen, die sich für eine Stärkung der sozialistischen Machtverhältnisse einsetzen.

Die Lage in Polen bezeichnete Späth als völlig unübersichtlich. Innerhalb der BRD gibt es unterschiedliche Standpunkte zur weiteren Entwicklung der Beziehungen zwischen der BRD und der VR Polen. Späth selbst vertritt den Standpunkt, daß Bundeskanzler Kohl nicht zum 50. Jahrestag des Ausbruchs des 2. Weltkrieges nach Polen fahren sollte.

Eine derartige Reise würde sich in der gegenwärtigen Lage für die CDU innenpolitisch negativ auswirken und den Republikanern Auftrieb geben. Es bestehen ernsthafte Zweifel, ob es richtig ist, weitere finanzielle Hilfen und Kredite für Polen zu mobilisieren.

Was die innenpolitische Situation in der BRD und in der CDU betrifft, so bemerkte Späth, daß die Konflikte zwischen Bundeskanzler Kohl und dem Generalsekretär der CDU, Geißler, sich weiter zuspitzen und kein Konsens erkennbar sei. Kohl würde zunehmend nervöser und sensibler auf Kritiken und anstehende Fragen innerhalb der CDU reagieren.

Bei den bevorstehenden Wahlen zum Europaparlament besteht die reale Gefahr, daß die CDU/CSU nur einen Stimmenanteil unter

40 % ereicht.[251] Dadurch würden sich auch weitere Signalwirkungen für die anstehenden Landtagswahlen und die Wahlen zum Bundestag ergeben.

Späth sieht eine zunehmende Polarisierung im rechten und linken Teil des Parteienspektrums. Auf der linken Seite würde das insbesondere die „Alternativen" betreffen, die in Westberlin mitregieren und auch in der BRD zunehmend Einfluß gewinnen. Die rechtsextreme Polarisierung konzentriere sich vor allen Dingen auf die „Republikaner". Nach seiner Meinung wäre es denkbar, daß durch diese extremen Parteien bis zu 30 % des gesamten Wählerpotentials erfaßt werden könnten. Insbesondere gelte es, wenn es aus nationalen Interessen der BRD zweckmäßig sein sollte, eine große Koalition zwischen der CDU und der SPD anzustreben. Die FDP würde in einer solchen Parteienlandschaft sowohl auf Bundes- als auch auf Landesebene nur eine unbedeutende Rolle spielen.

Späth bemerkte, daß der persönliche Druck auf ihn wachse, sich für die Funktion als Bundeskanzler zur Verfügung zu stellen. Er habe eine derartige Entscheidung bisher nicht getroffen. Sollte es jedoch im Interesse der CDU liegen und ein entsprechender Wunsch der Führungsgremien an ihn herangetragen werden, so werde er sich dieser Verantwortung nicht entziehen.

Auf die Beziehungen zur DDR eingehend, begrüßte Späth ausdrücklich, daß der Präsident des Industrie- und Handelstages, Hans-Peter Stihl, bei dem bevorstehenden Besuch in der DDR durch das Mitglied des Politbüros und Sekretär des ZK der SED, Günter Mittag, empfangen wird.[252] Stihl kommt aus Baden-Württemberg und ist einer der erfolgreichsten privaten Unternehmer. Er gehört in der BRD zu den einflußreichsten Vertretern der Industrie und zeichnet sich durch eine hohe Zuverlässigkeit bei der Regierung eingegangener Zusagen aus. Späth schätzte ein, daß der Besuch sich günstig auf den Ausbau der Wirtschaftsbeziehungen auswirken wird.

Späth unterbreitete die Bitte, daß anläßlich des vom 14. bis 19.9.1989 stattfindenden Treffens der ASPEN-Studiengruppe zum Thema „Perspektiven für ein gemeinsames europäisches Haus im KSZE-Rahmen" auch Gespräche mit Repräsentanten der DDR ermöglicht werden.

Des weiteren äußerte Späth den Wunsch, dem Präsidenten des Diakonischen Werkes, Neukamp (Sitz in Stuttgart), ein Gespräch mit einem Repräsentanten der Partei- und Staatsführung zu ermög-

---

251 Bei den Wahlen zum Europäischen Parlament am 18. Juni 1989 erreichten die CDU/CSU 37,8 Prozent, die SPD 37,3 Prozent, die Grünen 8,4 Prozent, die Republikaner 7,1 Prozent und die FDP 5,6 Prozent der Stimmen.

252 Mittag und Stihl trafen am 3. September 1989 in Leipzig zusammen.

lichen. Das Gespräch könnte auch ohne Teilnahme von Vertretern der evangelischen Kirche in der DDR geführt werden. Späth bemerkte in diesem Zusammenhang, daß die gegenwärtigen Beziehungen zwischen Staat und evangelischer Kirche in der DDR vielen Politikern und kirchlichen Würdenträgern Sorgen bereiten.

Er persönlich und gleichgesinnte Kräfte sind sich darüber im klaren, daß diese Beziehungen in entscheidendem Maße durch die Haltung einzelner Würdenträger der Kirche in der DDR belastet werden. Das gilt vor allem in bezug auf die Wahrnehmung von Interessen oppositioneller Kräfte in der DDR, die ansonsten mit der Kirche wenig zu tun haben. Es wäre nach Auffassung von Späth für die Entwicklung der Beziehungen zwischen beiden deutschen Staaten atmosphärisch wichtig, wenn Neukamp, der persönlich eine ausgleichende Position einnimmt und in der DDR im Bereich des diakonischen Werkes bei der Leitung von Pflegeanstalten für schwerstbehinderte Kinder einen guten Ruf genießt, eine derartige Gesprächsmöglichkeit eingeräumt würde.

Abschließend bedankte sich Späth nochmals für die ihm während seines privaten Aufenthaltes in der DDR gebotenen Möglichkeiten und gewährte Unterstützung und betonte, daß er jederzeit als Ansprechpartner zur Verfügung steht. Späth schlug vor, ein weiteres informelles Gespräch für Ende August 1989 in Stuttgart vorzusehen.

Quelle: SAPMO - BArch, DY 30/vorl. SED, 42 181.

Dokument 35

Information für das SED-Politbüro über den BRD-Besuch von Michail Gorbatschow, KPdSU-Generalsekretär und Vorsitzender des Obersten Sowjets der UdSSR, vom Juni 1989[253]

Mit dem Besuch des Genossen Michail Gorbatschow (12. - 15. Juni) weilte seit 1981 erstmalig wieder der höchste sowjetische Repräsentant in der BRD. Zusammen mit dem Besuch Kohls im Oktober 1988 in der UdSSR wurde damit eine neue Qualität im Dialog und in den Beziehungen zwischen der UdSSR und der BRD begründet, die von Bedeutung für den Ost-West-Dialog insgesamt ist.

---

253 Diese Information mit dem Titel „Erste zusammenfassende Wertung des Besuches des Genossen Gorbatschow in der BRD" wurde offenbar ZK-intern an Honecker übergegeben. Das SED-Politbüro beriet am 15. und am 20. Juni 1989 über Ergebnisse und Auswirkungen der offiziellen Visite des KPdSU-Generalsekretärs in Bonn.

Beide Seiten maßen dem Besuch des Genossen Gorbatschow in der BRD große politische Bedeutung bei.

Von sowjetischer Seite war der Besuch vor allem von der Absicht bestimmt, die BRD stärker in den gesamteuropäischen Entspannungs- und Abrüstungsprozeß einzubeziehen. Ausgangspunkt ist dabei die Erkenntnis, daß angesichts ihrer herausragenden Stellung in der NATO, ihres politischen, ökonomischen und militärischen Gewichts dauerhafte Friedenssicherung in Europa ohne feste Einbindung der BRD nicht möglich ist. Eine wesentliche Rolle spielt darüber hinaus das herausragende Interesse der UdSSR am Ausbau der wirtschaftlichen und wissenschaftlich-technischen Beziehungen zur BRD.

Die BRD-Regierung ihrerseits ist sich der Bedeutung der Beziehungen zur UdSSR als Kernstück ihres Verhältnisses zu den sozialistischen Ländern bewußt. Maßgebend dafür ist das Interesse der BRD – ohne die Priorität des Bündnisses mit den USA und des Verhältnisses zur NATO in Frage zu stellen – ihr politisches Gewicht in Europa zu erhöhen. Ferner spielen die wirtschaftlichen Interessen der BRD-Industrie und das Bestreben eine Rolle, durch vielfältige Kontakte auf die Umgestaltungen in sozialistischen Ländern im Sinne einer „Systemveränderung" einzuwirken und zwischen den sozialistischen Ländern differenzierend zu wirken. Dabei richtet sich der Hauptstoß gegen die DDR. In diesem Sinne bezeichnete Kohl die Teilung als eine „offene Wunde" und forderte „den Abriß der Mauer".

Dem setzte Genosse Gorbatschow die „unbestreitbaren Verdienste" der DDR als „stabiler und wachsender Faktor des Helsinki-Prozesses" entgegen. Eine direkte Erwiderung auf die Ausfälle Kohls erfolgte in der Öffentlichkeit nicht.

Im Gegensatz zu den Ausführungen Kohls enthielt der Toast von Weizsäcker keine Angriffe auf die DDR.

Wichtigstes konkretes politisches Besuchsergebnis war die Unterzeichnung einer Gemeinsamen Erklärung, die beide Seiten als „historisch" bewerteten.[254] Während die BRD zunächst ein Papier zu Fragen der bilateralen Beziehungen angestrebt hatte, wurde diese Erklärung auf sowjetisches Drängen als Grundsatzdokument angelegt, mit dem es der UdSSR gelang, die BRD auf wichtige und perspektivische Grundaussagen zur Friedenssicherung, Abrüstung und Entspannung festzulegen:

– Im Mittelpunkt jeder Politik muß die Sorge um das Überleben der Menschheit stehen. Krieg ist kein Mittel der Politik mehr. Jeder Krieg muß verhindert werden.

---

254 Vgl. Anm. 190.

– Eigene Sicherheit darf nicht auf Kosten der Sicherheit anderer gewährleistet werden.

– Das Streben nach militärischer Überlegenheit wird verurteilt.

– Beide Seiten treten für die Halbierung der strategischen Offensivwaffen, die Einhaltung des ABM-Vertrages, ein Gleichgewicht bei konventionellen Streitkräften, ein Verbot der C-Waffen, einen Kerntest-Stopp, für vertrauens- und sicherheitsbildende Maßnahmen ein (zu den taktischen Kernwaffen keine Aussage).

– Europa muß Beispiel für stabilen Frieden und friedlichen Wettbewerb in der Welt werden. Von besonderer Bedeutung sind dabei die Achtung der Integrität und Sicherheit jedes Staates, das Recht aller Staaten auf freie Wahl ihres Systems, das Recht auf nationale Selbstbestimmung, Vorrang der Normen des Völkerrechts.

– Grundlage für den Ausbau der Zusammenarbeit zwischen der UdSSR und der BRD bleibt der Moskauer Vertrag. Die Einbeziehung Westberlins in die Zusammenarbeit erfolgt unter Bezugnahme auf das Vierseitige Abkommen.

Entsprechend seinem Kompromißcharakter enthält das Dokument auch Aussagen, die die BRD im Sinne ihrer Ziele auszunutzen versucht:

– Beide Seiten werden zur Überwindung der „Trennung Europas" beitragen.

– Einführung des Begriffes „europäische Friedensordnung".

– Betonung der Achtung des Selbstbestimmungsrechtes der Völker, der Verwirklichung der Menschenrechte, der Förderung des Austausches von Menschen und Ideen sowie der Notwendigkeit, die Ursachen für Spannung und Mißtrauen zu beseitigen (wird mit Blickrichtung auf die DDR interpretiert).

Neben der Gemeinsamen Erklärung wurden 11 staatliche Verträge und Vereinbarungen unterzeichnet sowie eine abgestimmte Pressemitteilung veröffentlicht. (Anlage)[255]

In einer gemeinsamen Erklärung von Genossen Schewardnadse und Genscher wird das Drängen auf den baldigen Abschluß und das rasche Inkrafttreten einer Konvention über ein weltweites, umfassendes und wirksam verifizierbares Verbot chemischer Waffen als vorrangiges Ziel ihrer Bemühungen um Rüstungskontrolle und Abrüstung betont.

Das Auftreten des Genossen Gorbatschow vor dem „Ostausschuß" der BRD-Wirtschaft und in Stuttgart machte das herausra-

---

255 Vgl. ebenda. Die persönliche Berichterstattung Schewardnadses über die Bonner Vereinbarungen an Honecker bei einem Treffen am 9. Juni 1989 in Ost-Berlin vgl. in: Gerd-Rüdiger Stephan (Hrsg.): „Vorwärts immer, rückwärts nimmer!", S. 75 ff.

gende Interesse der UdSSR deutlich, das ökonomische Potential der BRD in höherem Maße für die wirtschaftlichen Umgestaltungsprozesse zu nutzen. Er unterbreitete ein umfangreiches Angebot zur wirtschaftlichen und wissenschaftlich-technischen Zusammenarbeit (u. a. Einrichtung einer freien Wirtschaftszone in der Region Leningrad, Rohstofferschließung auf der Halbinsel Kola, Zusammenarbeit in Schiffbau, Luftfahrt und Atomkraftindustrie, Kooperation mit sowjetischen Betrieben, die der Konversion unterliegen, Auftragsforschung wissenschaftlicher Institutionen der Sowjetunion für BRD-Unternehmen, Mitarbeit an gesamteuropäischen Projekten in den Bereichen moderner Kommunikations- und Verkehrsmittel). Er wandte sich gegen die bestehenden Diskriminierungen im Handel, besonders die sogenannte COCOM-Liste, und brachte sowjetische Besorgnisse zum EG-Binnenmarkt zum Ausdruck.

Die führenden BRD-Wirtschaftsvertreter bekundeten ihr Interesse an der wirtschaftlichen Zusammenarbeit, erneuerten zugleich ihre Forderungen nach wesentlichen Erleichterungen im Wirtschaftsverkehr mit der UdSSR.

Das außerplanmäßige Treffen des Genossen Gorbatschow mit dem SPD-Vorsitzenden Vogel kam schließlich auf Drängen der SPD zustande, die kurz vor den Kommunalwahlen in Rheinland-Pfalz und im Saarland sowie vor den „Europa"-Wahlen eine zu starke Erhöhung des innenpolitischen Ansehens der CDU auf Kosten der SPD befürchtet.[256] Während dieses Gespräches wurde ausdrücklich das Ziel einer dritten Null-Lösung von beiden Seiten unterstrichen. Vogel bewertete den Besuch positiv und begrüßte die „Gemeinsame Erklärung".

Zu den Ergebnissen des BRD-Besuches des Genossen Gorbatschow ist zunächst festzustellen:

– Die BRD konnte fester in den Prozeß der Entspannung und gesamteuropäischen Zusammenarbeit einbezogen werden. Die Fragen der Friedenssicherung und Abrüstung wurden durch Genossen Gorbatschow in den Vordergrund gerückt. Die BRD mußte sich dazu bekennen, für Abrüstung und Sicherheit einzutreten, ohne dabei aber von bekannten NATO-Positionen abzugehen.

– Der Besuch wird insgesamt positive Wirkungen auf das Ost-West-Verhältnis haben. In Hauptfragen der gesamteuropäischen Beziehungen mußte die BRD von den grundlegenden Realitäten ausgehen. Der Behauptung von der Bedrohung aus dem Osten wurde weiterer Boden entzogen; der Antisowjetismus wurde zurückgedrängt.

---

256 Das Gespräch von Michail Gorbatschow mit Hans-Jochen Vogel, Vorsitzender der SPD, fand am 13. Juni 1989 in Bonn statt. Die Mitteilung der Agentur TASS darüber vgl. in: Prawda, Moskau, 14. Juni 1989.

– Durch die Ergebnisse des Besuches werden die Beziehungen zwischen der BRD und der UdSSR offensichtlich normalisiert. Es wurden Voraussetzungen für einen breiten Ausbau der Beziehungen auf vielen Gebieten geschaffen.

– Rolle und Gewicht der BRD wurden nicht nur innerhalb des westlichen Bündnisses ausgewertet. Die Bestrebungen der BRD, eine Schlüsselrolle in den Beziehungen zu den sozialistischen Staaten zu spielen, wurden gefördert.

– Innenpolitisch werden die Positionen von Kohl und der CDU/CSU gestärkt.

– Es ist der BRD nicht gelungen, Zugeständnisse der UdSSR hinsichtlich der nationalistischen Ziele der BRD zu erlangen. Für Westberlin bleibt das Vierseitige Abkommen die Grundlage.

– Die Gemeinsame Erklärung bietet der BRD Anknüpfungspunkte für ihre Zielsetzungen (insbesondere gegenüber der DDR – Hinweis auf Selbstbestimmungsrecht, Menschenrecht, Überwindung der Trennung Europas).

In einer ersten Einschätzung habe Genosse Gorbatschow zum Verlauf des Besuches hervorgehoben, daß die Ergebnisse die Erwartungen erfüllt haben. Die Wirkung auf die BRD-Öffentlichkeit sei höher als angenommen gewesen. Genosse Gorbatschow habe darauf hingewiesen, daß die Würdigung des besonderen Beitrages der DDR für Frieden und Fortschritt in Europa ihre Wirkung bei führenden Politikern der BRD nicht verfehlt habe. Insgesamt sei der Druck auf die BRD-Politiker erhöht worden, die Beziehungen mit der Sowjetunion und den anderen sozialistischen Staaten weiterzuentwickeln.

Große Bedeutung für Solidarität mit den Werktätigen wird dem Auftreten des Genossen Gorbatschow am 15. Juni in Duisburg beigemessen.[257]

Quelle: SAPMO - BArch, DY 30/IV 2/2039/294.

---

257 Der Auftritt Gorbatschows vor etwa 9000 Stahlwerkern der Hoesch AG fand nicht in Duisburg, sondern in Dortmund statt. Vgl. ND, 16. Juni 1989; Michail Gorbatschow: Erinnerungen, S. 706 ff.

Dokument 36

Arbeitsmaterial des Büros von Willi Stoph, Vorsitzender des DDR-Ministerrates, „Zur Lage in der BRD" vom Juli 1989

Die gegenwärtige Lage ist widersprüchlich und differenziert. Einer relativ günstigen wirtschaftlichen Entwicklung, die von einer starken Expansion auf den Außenmärkten getragen wird, stehen gleichzeitig große soziale Probleme und eine sie verschärfende reaktionäre Wendepolitik gegenüber.

Infolgedessen spitzen sich soziale und politische Auseinandersetzungen zu, gestaltet sich die Lage insgesamt labiler.

Im politisch-parlamentarischen Kräfteverhältnis vollziehen sich spürbare Veränderungen. Die Regierungskoalition verfügt zwar über eine sichere parlamentarische Mehrheit und erhält auch weiterhin die Unterstützung durch die Monopolbourgeoisie, aber das Vertrauen in die Regierungskoalition nimmt ab.

Die CDU/CSU befindet sich in einer krisenhaften Lage. Einerseits Hauptpartei des Monopolkapitals muß sie andererseits ihre Massenbasis (Volkspartei) sichern, um regierungsfähig zu bleiben.

Ihr sozialreaktionärer Kurs, ihre widersprüchliche Haltung zu Abrüstung und Entspannung haben zu spürbarem Ansehensverlust und schwächer werdender Massenbasis geführt. Allein 1988 verlor die CDU 30.000 Mitglieder.

Die CDU/CSU muß zwar auf den Friedenswillen der Bevölkerung Rücksicht nehmen, andererseits werden immer wieder revanchistische Positionen betont, um den sogenannten rechten Rand zu binden.

Die CSU vertritt am nachdrücklichsten Forderungen nach konservativer Politik. Angesichts anhaltender Wählerverluste sind in CDU/CSU Reaktionen in folgender Richtung zu verzeichnen:

– Verschärfung der nationalistischen Linie,
– zugleich Bemühen um größere soziale und politische Flexibilität,
– Regierungsumbildung, personelle Änderungen überhaupt.

Im Unterschied zur CDU/CSU konnte die FDP ihre Stellung zunächst festigen. Sie zog erneut in die Mehrheit der Länderparlamente ein und regiert in einigen Ländern mit. Die FDP-Partei der Unternehmer und des Mittelstandes vertritt innenpolitisch einen klar sozialreaktionären Kurs. Außenpolitisch vertritt die FDP realistischere Positionen in den Fragen der Abrüstung und Entspannung.

Durch ihre Bindung an die CDU/CSU geriet die FDP in letzter Zeit zunehmend in deren Abwärtssog. Kleinbürgerliche Kreise wandern zu den Grünen oder den Rechtsradikalen ab.

Die SPD ist eine starke politische Kraft der BRD und die sozial-
reformistische Stütze des Systems. Die SPD profitierte bisher vor
allem von der Schwäche der CDU und weniger von eigener Stärke.
In zunehmendem Maße wird diese Umverteilung durch die gewachsene neonazistische Gefahr in Frage gestellt. Ohne die Verankerung
der BRD in der NATO in Frage zu stellen, lehnt sie Hochrüstung
und Konfrontation ab, tritt für Abrüstung und Entspannung ein und
befürwortet Sicherheitspartnerschaft. Die SPD hat erhebliche Schwierigkeiten, in der Wirtschafts- und Sozialpolitik wirksamere Alternativen zu entwickeln. Maßgebliche Kreise der SPD verfolgen weiterhin
einen reformistischen Kurs, mit dem die Modernisierungsinteressen
des Großkapitals in „sozialpartnerschaftlicher Weise" mit den Interessen der Bevölkerungsmehrheit in Übereinstimmung gebracht
werden sollen. Die SPD ist gegenwärtig zu Koalitionen mit den
Grünen auf Landesebene bereit, lehnt dies aber für die Bundesebene
ab. Die Grünen repräsentieren ein Wählerpotential von ca. 3 Millionen. Die Grünen verfügen über gesicherte parlamentarische Positionen im Bundestag und in einigen Landesparlamenten. Ihrem Wesen
nach sind die Grünen eine radikale, demokratische Bewegung mit
kleinbürgerlicher Basis und unterschiedlichen politisch-ideologi-
schen Auffassungen. Seit Anfang 1989 haben sich die realpoliti-
schen Strömungen weitgehend durchgesetzt. Das ist verbunden mit
Abstrichen von bisherigen „grünen" Positionen und zunehmender
Profilierung als parlamentarische Alternativkraft. Die außenpolitischen Positionen der Grünen bieten positive Anknüpfungspunkte,
insbesondere ihre Forderung nach radikaler Abrüstung. Gleichzeitig
sind Teile der Grünen bestrebt, staatsfeindliche Kräfte in den sozialistischen Ländern zu unterstützen.

Die DKP ist die einzige Partei, die für eine grundlegende Alternative zum staatsmonopolistischen Kapitalismus kämpft. Sie hat
maßgeblichen Anteil an der Entwicklung der BRD-Friedensbewe-
gung, konnte ihre Politik aber nicht einem größeren Wählerkreis als
parlamentarische Alternative bewußt machen. Die DKP steht unter
zunehmendem antikommunistischen Druck. Angesichts neuer, sehr
komplizierter äußerer und innerer Bedingungen finden ernste Auseinandersetzungen um den Kurs der Partei statt.

Während das rechtsradikale Potential offiziell mit 3000 - 3500
angegeben wird, obwohl verschiedene Untersuchungsergebnisse auf
13 - 15 % der Bevölkerung hinweisen, ist es in Wirklichkeit wesentlich breiter, reicht von den „Republikanern" bis zur CDU/CSU.
Es besteht die Gefahr, daß das Anwachsen des Neonazismus, insbesondere in Gestalt der „Republikaner" und der DVU das politisch-
parlamentarische Kräfteverhältnis der BRD verändert. Die Wahler-

gebnisse der „Republikaner" in Westberlin und bei den jüngsten Kommunal- sowie EG-Wahlen widerspiegeln nicht nur ein langfristig angelegtes strategisches Konzept, sondern auch das Interesse finanzkräftiger Kreise, die an der Etablierung neofaschistischer Gruppierungen interessiert sind. Neben der Tatsache, daß der Faschismus in der BRD nie wirklich bewältigt wurde, stellen die offizielle Politik des Revanchismus, Nationalismus und Antikommunismus, aber insbesondere die labiler gewordene soziale und politische Lage den entscheidenden Nährboden für Neofaschismus dar.

Zur Außenpolitik der BRD

1. Grundsätzliche Faktoren, die die Außenpolitik der BRD bestimmen

– Position als eine der führenden imperialistischen Mächte, die zunehmend weltweite Interessen geltend macht. Zweite Macht im Imperialismus, zweitstärkste Kraft in der NATO, wachsende Eigenständigkeitsbestrebungen, gegründet vor allem auf die wirtschaftlichen Potenzen und die starke Position in der westeuropäischen Staatengruppierung.

– Als Bollwerk gegen den Sozialismus entstanden sind seit Gründung der BRD Antikommunismus und Revanchismus Grundbestandteile ihrer Politik. Davon ausgehend, haben das Bündnis mit den USA und die Stärkung der NATO und ihres westeuropäischen Pfeilers Priorität in der Außenpolitik der BRD. Auf dieser Grundlage wird das langfristige strategische Ziel verfolgt, in einem „vereinten Europa" die „Einheit Deutschlands in Freiheit" zu vollenden.

– Lage an der Trennlinie der beiden Systeme. Damit ist die BRD in besonderem Maße den Wirkungen des veränderten internationalen Kräfteverhältnisses und dem Zwang zur Anpassung unterworfen. In der Interessenlage der BRD haben Faktoren an Gewicht gewonnen, die objektiv Tendenzen zu Entspannung und Verständigung im Ost-West-Verhältnis fördern und zu einer verstärkten Zusammenarbeit mit den sozialistischen Staaten führen.

2. Haltung zu Sicherheit, Abrüstung und KSZE-Prozeß

Die Haltung der BRD-Regierung zu Sicherheit und Abrüstung bleibt widersprüchlich. Die offizielle Regierungspolitik in diesen Fragen basiert auf der Doppelstrategie des sog. Harmel-Berichts.[258] Vor allem innerhalb der CDU/CSU dominiert nach wie vor das Bestreben, der angeblichen sowjetischen Bedrohung aus einer Position der militärischen Stärke heraus zu begegnen. Durch eine Kombina-

---

258 Vgl. den Harmel-Bericht, ein Anhang zum Schlußkommuniqué der NATO-Ministertagung vom 13./14. Dezember 1967 in Brüssel über die künftigen Aufgaben des Bündnisses, in: Außenpolitik der Bundesrepublik Deutschland. Dokumente von 1949 bis 1994. Köln 1995, S. 311 ff.

tion von qualitativer Aufrüstung der Bundeswehr (besonders im konventionellen Bereich durch Einsatz von Hochtechnologie) und einer „Rüstungskontrollpolitik" steht das Streben nach einseitigen Vorteilen für die NATO weiterhin im Vordergrund. An der Doktrin der nuklearen Abschreckung wird festgehalten. Regionale Abrüstung wird abgelehnt. Über verbale Bekundungen hinaus werden keine eigenen Beiträge der BRD zum Abrüstungsprozeß erbracht.

Zugleich haben die veränderten Bedingungen konzeptionelle Überlegungen hinsichtlich der effektivsten Anpassung ausgelöst, die zu intensiven und kontroversen Debatten um die zukünftige außen- und sicherheitspolitische Orientierung der BRD führten. Diktiert von den Erfordernissen des Nuklearzeitalters wird die traditionelle sicherheitspolitische Orientierung zunehmend mit realistischeren Ansätzen verbunden. Diese sind bei der FDP am stärksten ausgeprägt und äußern sich u. a. in der von Genscher propagierten „kooperativen Sicherheitspolitik". Von Aspekten einer stärkeren Berücksichtigung nichtmilitärischer Formen der Gewährleistung der Sicherheit auch in den Reihen der konservativen CDU zeugt die im Beschluß ihres 36. Bundesparteitages verankerte Forderung nach „kooperativen Lösungen" in der Sicherheitspolitik. Rechtskonservative Kräfte agieren massiv gegen ein flexibleres Auftreten der BRD-Regierung und verfolgen das Konzept einseitiger, konfrontativer Sicherheit und eine klare Dominanz des militärischen Faktors. Generell wird deutlich, daß sich auch aus Sicht der BRD-Regierung die Sicherheitsfragen zu einem immer bedeutsameren Bereich des Dialogs mit den sozialistischen Staaten entwickeln (bei strikter Berücksichtigung der Prämissen der NATO-Solidarität). Prägnanter Ausdruck dafür ist die Gemeinsame Erklärung UdSSR – BRD vom 13. Juni 1989.[259]

Die flexiblere Linie zeigt sich in der Unterstützung des INF-Abkommens sowie der Unterstützung der Halbierung der strategischen Offensivwaffen bei Einhaltung des ABM-Vertrages, eines weltweiten Verbots der chemischen Waffen und der schrittweisen Einstellung von Nukleartests. Die BRD-Regierung trägt eine besondere Verantwortung für die Festlegung und Formulierung der entsprechenden Positionen des westlichen Bündnisses für das im Rahmen des KSZE-Prozesses zustande gekommene Mandat für Verhandlungen über konventionelle Streitkräfte sowie vertrauens- und sicherheitsbildende Maßnahmen in Europa und das NATO-„Gesamtkonzept". Ihr wiederholt artikuliertes Interesse an der Aufnahme konventioneller Abrüstungsverhandlungen sowie an Verhandlungen zu den nuklearen Kurzstreckenra-

---

259 Vgl. Anm. 190.

keten widerspiegelt den Stellenwert, den sie der Abrüstungs- und Rüstungskontrollproblematik aus spezifischen Interessenlagen heraus generell beimißt. Die offizielle Position der BRD-Regierung in den gegenwärtig stattfindenden Verhandlungen über konventionelle Streitkräfte ist in den Grundsätzen identisch mit der der USA-Administration und hat unter dem Vorwand der Beseitigung einer angeblichen konventionellen Überlegenheit des Warschauer Vertrages unilaterale, drastische Reduzierungen seitens der sozialistischen Staaten zum Ziel. Zugleich werden in einzelnen Teilbereichen Nuancierungen zur USA-Position sichtbar.

Die BRD-Regierung hält an der Doktrin der nuklearen Abschreckung fest. Sie ist gegen eine völlige „Denuklearisierung" Europas und besteht auf der Option des Ersteinsatzes von Kernwaffen. Weitere Null-Lösungen werden nicht als zweckmäßig erachtet. Ein „notwendiges Minimum" an Kernwaffen müsse als „politisches Instrument" bleiben. In diesem Zusammenhang steht die BRD-Haltung zur Frage der Kurzstreckenraketen. Mit der Formulierung der „Synchronisation" von Verhandlungen zur konventionellen Abrüstung und zu nuklearen Kurzstreckenraketen ist die BRD-Regierung bemüht, zu verdecken, daß sie keine von ihr angestrebte verbindliche Zusage für Verhandlungen über nukleare Kurzstreckenraketen auf dem Brüsseler NATO-Gipfel gegenüber den USA und Großbritannien durchsetzen konnte. Entgegen früheren Positionen wird jetzt erklärt, daß entsprechende Verhandlungen erst nach Erreichen eines Abkommens in Wien beginnen könnten.

Die BRD betrachtet den KSZE-Prozeß als wichtiges Instrument ihrer Mitgestaltung des Ost-West-Verhältnisses. Zum Zustandekommen der KSZE-Dokumente hat die BRD eigene Beiträge geleistet. Dabei spielt zugleich das Bestreben eine Rolle, den KSZE-Prozeß als Instrument des Systemwandels in sozialistischen Staaten zu mißbrauchen („Verbesserung der Lage der Menschen" als Maßstab der KSZE).

3. Westpolitik der BRD

3.1. Das Bündnis mit den USA ist und bleibt Hauptachse der BRD-Außenpolitik. Es beruht auf grundlegenden klassenbedingten Gemeinsamkeiten und Zielen („Wertegemeinschaft"), wobei Widersprüche und Gegenstände keineswegs ausgeschlossen bleiben. Es handelt sich um ein Widerspruchsverhältnis zwischen Zusammenarbeit und Rivalität. Den „Nuklearschirm" und die militärische Präsenz der USA in Westeuropa betrachtet die BRD nach wie vor als entscheidenden Rückhalt in der Systemauseinandersetzung.

Zwischen BRD und USA existieren enge ökonomische, wissenschaftliche, kulturelle und rüstungswirtschaftliche Verflechtungen bei weiterhin dominierender Position der USA. Die BRD ist wichtigster Verbündeter der USA in Europa und Hauptpartner in der NATO. Es wirken spezielle Bindungen aus der Nachkriegszeit. Die BRD ist ein gewichtiger, aber nicht gleichgewichtiger Partner der USA.

In den letzten Jahren hat in der BRD eine kritischere Sicht gegenüber der USA-Politik zugenommen. Das Gewicht der BRD im Bündnis sowie ihre Bereitschaft, eigene Interessen wahrzunehmen, ist gewachsen. Spürbar ist eine stärkere Ausprägung des „Europäismus" in der BRD-Außenpolitik. Das Verhältnis BRD – USA ist insgesamt komplizierter geworden. Die Widerspruchsbereiche haben sich erweitert. Insgesamt kann davon ausgegangen werden, daß sich in absehbarer Zeit keine grundlegenden Veränderungen in den Beziehungen BRD – USA ergeben werden. Auffassungsunterschiede werden bisher unterhalb der Schwelle ernsthafter Belastungen der Gesamtbeziehungen ausgetragen. Es bleibt ein vordringliches Anliegen der BRD, die USA zu einer stärkeren Berücksichtigung westeuropäischer Interessen zu veranlassen und den Spielraum für die außen-, sicherheitspolitischen und außenwirtschaftlichen Interessen der BRD auszubauen.

3.2. Die weitere Formierung der EG-Gruppierung, die Verstärkung der „europäischen Dimension", ist zentraler Bestandteil der BRD-Außenpolitik. Im Wechselverhältnis zwischen „Atlantismus" und „Europäismus" gewinnt die westeuropäische Komponente an Gewicht. Längerfristig strebt die BRD eine politische Union mit militärpolitischen und militärischen Funktionen ohne Verselbständigung von den USA an. Dies ist untrennbar mit der Orientierung auf einen „europäischen Pfeiler" der NATO verknüpft.

Die beschleunigte Fortführung der Integration in Westeuropa wird von der BRD als zentrales Element der Systemauseinandersetzung bewertet. Dabei wird die Abstimmung und Kooperation mit Frankreich deutlich verstärkt. Sie soll mehr als bisher auf die militär- und sicherheitspolitische Ebene ausgedehnt werden und damit Kristallisationspunkt einer gemeinsamen westeuropäischen Außen- und Sicherheitspolitik werden. Zugleich mißt die BRD Großbritannien zunehmende Bedeutung im Dreieck Bonn – Paris – London bei.

In der EG besitzt die BRD ökonomisch die dominierende und politisch eine Frankreich und Großbritannien gleichrangige Position. Ohne Mitwirkung der BRD sind keine Integrationsfortschritte möglich. Zu einer „klassischen" Hegemonialpolitik ist die BRD nicht imstande. Hinsichtlich der ökonomischen Integration orientiert die BRD auf die Schaffung des EG-Binnenmarktes bis Ende 1992.

Die BRD mißt der Westeuropäischen Union (WEU) bei der Stärkung des „Europäischen Pfeilers" der NATO wachsende Bedeutung bei. Die WEU soll als Bindeglied zwischen der koordinierten Außenpolitik der westeuropäischen Staaten im Rahmen der Europäischen Politischen Zusammenarbeit und der militärpolitischen Zusammenarbeit im Rahmen der NATO aktiviert werden. Langfristig wird das Ziel verfolgt, die WEU als militärpolitische Komponente einer künftigen „Europäischen Union" zu entwickeln.

3.3. Die BRD-Regierung mißt der Erhöhung des Gewichts der BRD in der NATO erstrangige Bedeutung bei. Kohl bezeichnete das „Atlantische Bündnis" als „Kern der Staatsräson" der BRD. Die BRD ist die militärische Hauptbasis der NATO. Die BRD-Streitkräfte sind die stärksten und modernsten nichtnuklearen Streitkräfte der NATO in Westeuropa. Als einziger NATO-Staat hat die BRD alle Kampfverbände der NATO unterstellt.

Die BRD will weiterhin ein eigenes militärisches Engagement außerhalb des NATO-Bereiches möglichst vermeiden, aber Lücken bei einem möglichen Einsatz von NATO-Streitkräften anderer Staaten außerhalb Europas ausfüllen.

4. Politik der BRD gegenüber den sozialistischen Staaten

Die Politik der BRD gegenüber den sozialistischen Staaten ist mehrgleisig. Erklärungen über Dialog und Zusammenarbeit stehen Bestrebungen zum „Einwirken" und revanchistische Rechtspositionen entgegen. Es besteht Übereinstimmung mit den USA und anderen westlichen Ländern, den Einfluß der Sowjetunion und ihrer Verbündeten zurückzudrängen und die innere Entwicklung in den sozialistischen Ländern „systemverändernd" zu beeinflussen.

Die BRD-Regierung kommt jedoch nicht umhin, in ihrer Ostpolitik die mit dem europäischen Vertragswerk geschaffenen Tatsachen zu berücksichtigen. Maßgebende BRD-Monopolkreise haben starkes Interesse an stabilen Wirtschaftsbeziehungen mit den sozialistischen Staaten. Die BRD will überdies den durch den Entspannungsprozeß der 70er Jahre gewonnenen außenpolitischen Spielraum erhalten und ausbauen. Außerdem kann das Interesse der Mehrheit der BRD-Bevölkerung an Frieden, Entspannung und normalen Beziehungen zu den sozialistischen Ländern nicht unberücksichtigt gelassen werden.

Die CDU/CSU-geführte Regierung kann daher nicht umhin, die Ostpolitik der früheren SPD-geführten Regierung grundsätzlich fortzuführen. Diese weitgehend objektiv begründete Notwendigkeit bleibt weiter wirksam. Ihr Gewicht kann bei einer weiteren Ost-West-Entspannung sogar zunehmen.

Davon ausgehend, überwiegt ein pragmatischer Kurs gegenüber den sozialistischen Staaten, wobei die BRD sogar die Stellung eines privilegierten Partners anstrebt. Mit dem Ausbau der Beziehungen ist die Absicht verbunden, eigene Sachinteressen in Politik, Wirtschaft, Wissenschaft und Technik, Umweltschutz, Kultur und humanitären Fragen durchzusetzen, dies zugleich aber auch zu differenzierender Einflußnahme zu nutzen.

Man rechnet mit dem Interesse der sozialistischen Staaten an der Wirtschaftskraft der BRD (Konzept der „friedlichen Kooperation zur Öffnung und Wandlung des Sozialismus", Politik des „Wandels durch Einwirkung"). Langfristig wird eine „Überwindung der Teilung Europas" und eine von westlichen Vorstellungen geprägte „europäische Friedensordnung" angestrebt.

Die BRD-Regierung ist sich der herausragenden Bedeutung der Beziehungen zur UdSSR für die Gestaltung des Verhältnisses zu anderen sozialistischen Staaten bewußt. Sie unternimmt große Anstrengungen, um die Beziehungen zur UdSSR auszubauen (Besuche Kohls und Gorbatschows, Gemeinsame Erklärung vom 13. Juni 1989).

Realistische Elemente in der BRD-Ostpolitik sind zugleich mit Bestrebungen verknüpft, die revanchistischen Forderungen in Form der sogenannten Rechtspositionen ständig zu bekräftigen.

Gegenüber China verfolgt die BRD den Kurs, auf lange Sicht die Beziehungen auf ökonomischem, kulturellem, wissenschaftlichem und technischem Gebiet auszubauen. Sie betrachtet sich als der privilegierte wirtschaftliche und politische Partner Chinas in Westeuropa. Im Zusammenhang mit der Zerschlagung konterrevolutionärer Kräfte in China trat eine Belastung der Beziehungen ein.

5. Politik der BRD gegenüber Entwicklungsländern

Die Beziehungen der BRD zu den Entwicklungsländern erlangen zunehmendes Gewicht in der BRD-Außenpolitik. Dabei geht es um gesamtimperialistische wie spezifische Ziele. Die grundsätzliche Linie besteht darin, die Entwicklungsländer an das kapitalistische System zu binden, revolutionäre und progressive Tendenzen zurückzudrängen und imperialistische Interessen langfristig abzusichern. Dies wird in engem Zusammenwirken mit den USA verfolgt, ohne dabei flexiblere Methoden als die der USA aufzugeben (politisch-diplomatische Aktivitäten, Vermeiden von Konfrontation, differenzierte Nutzung des westlichen Wirtschaftspotentials).

Zugleich ist die BRD bemüht, spezifische Ziele zur Verbesserung ihrer ökonomischen und politischen Positionen in den Entwicklungsländern durchzusetzen, eigene Interessensphären unter Ausnutzung der EG auszubauen und politischen Einfluß auf nationale Befreiungsbewegungen zu erlangen.

Quelle: BArchP, DC 20, 4302.

**Vermerk über ein Gespräch von Herbert Krolikowski,
stellvertretender DDR-Außenminister,
mit Kanzleramtsminister Rudolf Seiters am 18. August 1989**

Nach der Begrüßung forderte Herbert Krolikowski Seiters auf darzulegen, welche Maßnahmen die BRD zu unternehmen gedenkt, um
den Aufenthalt von Bürgern der DDR in diplomatischen Vertretungen der BRD zu beenden.

Rudolf Seiters erklärte, daß sein Besuch in Berlin dem Ziel diene, ein „politisch und menschlich schwieriges Problem" zu lösen.
Ausgehend von seiner vor einigen Tagen abgegebenen Erklärung
betonte er, daß seine Regierung zu konstruktiven Beziehungen mit
der DDR bereit sei, jedoch diese Entwicklung durch die gegenwärtige Situation gefährdet werden könne.[260] Die gegenwärtige Situation
ergebe sich daraus, daß die bisher von der DDR gegebene Zusage
zur Straffreiheit nicht ausreiche, um die sich in den Vertretungen
befindlichen Leute zum Verlassen der Vertretungen zu bewegen.
Der einzig gangbare Weg für die BRD sei ein freiwilliges Verlassen.
Wenn die DDR keine weitergehenden Zusagen geben würde, könne
die gegenwärtige Situation noch für einen langen Zeitraum andau-
ern. Damit würden die Beziehungen einer Schädigung ausgesetzt.

Sehr ausführlich ging Seiters danach auf die – wie er sagte –
unterschiedlichen Rechtspositionen in der Frage der Staatsbürgerschaft ein. Er versuchte zu begründen, daß die BRD durch das
Grundgesetz und das Urteil des Bundesverfassungsgerichtes verpflichtet sei, für alle Deutschen zu handeln. Im Grundlagenvertrag
sei diese Frage offen geblieben. Daraus ergebe sich, daß kein Deutscher aus einer Vertretung der BRD verwiesen werden könne. Das
gleiche gelte auch hinsichtlich der Ausgabe von Pässen. Angesichts
der in der BRD bestehenden Rechtslage sei die Ausgabe der Pässe
rechtmäßig und die Vertretungen der BRD seien dazu verpflichtet.

Rudolf Seiters forderte, daß die DDR zu der früher geübten
Praxis zurückkehrt oder – wenn sie das nicht für möglich halte –
wenigstens die Zusage gebe, daß die Ausreiseanträge der sich jetzt

---

260 Am 8. August 1989 war die Ständige Vertretung Bonns in Ost-Berlin für
     den Publikumsverkehr geschlossen worden, da dort bereits 130 Personen
     Zuflucht gesucht hatten, um ihre Ausreise zu erzwingen. In den folgenden
     Tagen setzten hektische diplomatische Bemühungen ein, ähnliche Situa-
     tionen an den BRD-Botschaften in Budapest, Prag und Warschau zu ent-
     spannen. In Ungarn sammelten sich hunderte Ausreisewillige in Auffang-
     lagern. Vgl. dazu Konrad H. Jarausch: Die unverhoffte Einheit, S. 29 ff.

in den Vertretungen befindlichen Leute von den Behörden der DDR nochmals geprüft werden.

Herbert Krolikowski wies in seiner Erwiderung darauf hin, daß die Darlegungen von Seiters völlig außer acht lassen, wer die gegenwärtige Situation verursacht hat. Ausgangspunkt für die entstandene Situation sei die Tatsache, daß die BRD Bürgern der DDR den Aufenthalt in ihren diplomatischen Vertretungen gestattet, was mit dem vereinbarten Recht auf freien Zugang in keinem Zusammenhang steht. Nachdrücklich wies er darauf hin, daß Fragen der Ausreise von Bürgern der DDR ausschließlich in die Kompetenz der zuständigen Organe der DDR fallen. Alle damit zusammenhängenden Fragen sind für alle Bürger verbindlich geregelt. Alle Versuche einzelner Bürger, unter Umgehung der Rechtsordnung Sonderrechte für sich in Anspruch zu nehmen, werden von der DDR nicht hingenommen. Der widerrechtliche Aufenthalt einiger DDR-Bürger in BRD-Vertretungen kann nur als Versuch der Erpressung gewertet werden, der zurückgewiesen werden muß.

Nachdrücklich ging er auf die Feststellung der Artikel 4 und 6 des Grundlagenvertrages ein, die auch für die BRD verbindliche Gültigkeit haben. Unter Hinweis auf die von BRD-Seite erfolgten Veröffentlichungen über die Ausgabe von 500 Pässen an DDR-Bürger in Budapest und den Transport weiterer 1000 Pässe nach Budapest legte Herbert Krolokowski dar, daß die Praxis der Paßausgabe an Bürger der DDR im krassen Widerspruch zu den Vereinbarungen zwischen beiden deutschen Staaten und zur Wiener Konsularkonvention stehen.

Anhand zahlreicher Beispiele wies Herbert Krolikowski nach, wie die Situation außerdem durch eine umfangreiche Propagandawelle von den Medien der BRD angeheizt wurde.

Obwohl ganz offensichtlich ist, daß die entstandene Situation von der BRD zu verantworten sei, werde jetzt von BRD-Seite die Forderung erhoben, daß die DDR Maßnahmen zur Lösung des Problems ergreifen müsse. Es sei ein Gebot der Zeit, daß den DDR-Bürgern in den BRD-Vertretungen von BRD-Seite klar gemacht werde, daß es keinen Sonderweg an den Gesetzen vorbei zur Ausreise geben könne. Gleichzeitig müsse die Paßausstellung für DDR-Bürger durch die BRD eingestellt werden. Was die Probleme in den BRD-Vertretungen anbelange, so müßten sie von der BRD-Seite selbst gelöst werden. Die DDR zeige ein großes Entgegenkommen, wenn sie diesen DDR-Bürgern die Zusicherung geben würde, daß ihnen aus dem widerrechtlichen Aufenthalt in den Vertretungen keine strafrechtlichen Folgen entstehen. Weitergehende Zusagen können von der DDR nicht gegeben werden.

Herbert Krolikowski forderte Seiters auf, dafür Sorge zu tragen, daß die DDR-Bürger umgehend die BRD-Vertretungen verlassen und sich an ihre Wohnorte begeben. Er legte dar, daß die Botschaft der DDR in Budapest beauftragt sei, den Bürgern der DDR bei der Rückreise in die DDR Unterstützung einschließlich der Ausstellung neuer Personaldokumente zu geben. Er verwies auf die dazu gegebene Pressemitteilung der DDR-Botschaft.

Mit großem Nachdruck wies Herbert Krolikowski die Versuche Seiters zurück, mit Belastungen der Beziehungen zu drohen. Die DDR habe wiederholt ihren Willen zum Ausdruck gebracht, die Beziehungen zur BRD entsprechend dem Kommuniqué vom September 1987 zu entwickeln.

Wenn gegenwärtig auf BRD-Seite von einer Belastung der Beziehungen die Rede sei, so habe das nicht die DDR zu verantworten. Gleichzeitig warnte er davor, ständig neue Versuche zur Einmischung in innere Angelegenheiten der DDR zu unternehmen. Die gesellschaftliche Entwicklung der DDR sei einzig und allein Sache der DDR, und man brauche dazu keine Bevormundung von außerhalb. Er legte dar, wie erfolgreich sich die DDR zum Wohle ihrer Bürger seit dem VIII. Parteitag der SED entwickelt hat.

Bezug nehmend auf die Forderung von Seiters, daß die DDR die Zusage geben sollte, daß die Ausreiseanträge der betreffenden DDR-Bürger nach Verlassen der BRD-Vertretungen erneut geprüft werden, legte Herbert Krolikowski dar, daß eine solche Forderung unverständlich ist, da sie hinter den rechtlichen Möglichkeiten jedes Bürgers der DDR noch zurückbleibe. Die Rechtspraxis der DDR sei hinreichend bekannt und daraus ergebe sich, daß jeder Bürger umfassende Möglichkeiten habe, Verwaltungsentscheidungen prüfen zu lassen. Eine Bevorteilung der Bürger, die sich widerrechtlich in Botschaften der BRD aufhalten, sei nicht möglich. Damit würde das Problem nicht gelöst, sondern die Grundlage für neue Fälle gelegt.

Herbert Krolikowski forderte Seiters auf, die DDR-Bürger in den BRD-Vertretungen offen über ihre tatsächliche Lage zu informieren und ihnen deutlich zu machen, daß es keine Sonderregelungen geben wird. Nur so sei es möglich, derartige Probleme dauerhaft zu regeln, was auch im Interesse der BRD selbst liegen müßte. Im Gegensatz dazu steht die von BRD-Seite geübte Praxis, durch Inaussichtstellung von Verhandlungen Erwartungen zu wecken, daß für die Einsitzer doch noch Sonderregelungen zu erreichen sind.

Rudolf Seiters versuchte nochmals, den Standpunkt der BRD-Seite zu begründen. Gleichzeitig erklärte er, daß die Bundesregierung die gestiegene Zahl genehmigter Ausreisen aus der DDR würdige und an einer Fortsetzung dieses Prozesses interessiert sei. Jedoch könne seiner Meinung nach der Aufenthalt von DDR-Bürgern in den Vertretungen der BRD für lange Zeit nicht beendet werden, wenn von der DDR keine weitergehenden Zusage gemacht werden können. Daraus würde sich eine starke Belastung der Beziehungen ergeben.

Seiters stellte sich die Frage, wie die Formulierung im Brief Erich Honeckers an Bundeskanzler Kohl zu verstehen sei, daß den Leuten nach Verlassen der Vertretung keine Nachteile entstehen würden und ob sich das auch auf die weitere berufliche Entwicklung beziehen würde.[261]

Herbert Krolikowski betonte, daß im Brief des Generalsekretärs des ZK der SED und Vorsitzenden des Staatsrates, Erich Honecker, an Bundeskanzler Kohl die Position der DDR umfassend dargelegt sei und man dem nichts hinzufügen könne. Was die von Seiters aufgeworfene Frage anbelange, verwies Herbert Krolikowski darauf, daß alle mit der beruflichen Tätigkeit zusammenhängenden Fragen in der DDR sehr großzügig im Interesse der Werktätigen im Arbeitsgesetzbuch geregelt sind. Dieses Gesetz gelte natürlich auch für die DDR-Bürger, die sich gegenwärtig in den BRD-Vertretungen aufhalten. Es hänge viel von diesen Bürgern selbst ab, wie sie sich nach Verlassen der Vertretungen wieder in ihre bisherige Umwelt einordnen. Mögliche Probleme mit ihren Mitbürgern müßten sie schon selbst klären. Das könne nicht durch staatliche Verordnungen geschehen.

Abschließend bekräftigte Herbert Krolikowski nochmals den Standpunkt der DDR und forderte Seiters auf, die DDR-Bürger unverzüglich zum Verlassen der BRD-Vertretungen zu veranlassen und die widerrechtlichen Praktiken der Botschaften der BRD einzustellen.

Im Anschluß an das Gespräch verwies Herbert Krolikowski seinen Gesprächspartner auf den am 18.8.1989 von der Ständigen Vertretung der DDR in der BRD gegenüber dem Bundeskanzleramt der BRD vorgetragenen Protest gegen die schwere Provokation gegen die Staatsgrenze der DDR in den Nachtstunden vom 17. zum 18. August 1989. Er legte die näheren Einzelheiten zur Beschießung von DDR-Territorium von der BRD aus dar und betonte, daß derartige Provokationen auch in einem Zusammenhang zu der gegenwärtigen Hetzkampagne gegen die DDR zu sehen sind.[262]

---

261 Vgl. das Schreiben Honeckers an Kohl in: Gerd-Rüdiger Stephan (Hrsg.): „Vorwärts immer, rückwärts nimmer!", S. 107 f.

262 In der Nacht vom 17. zum 18. August waren in Wahlhausen (Kreis Heiligenstadt) nahe der Grenze zwischen der DDR und der Bundesrepublik, angeblich von westlicher Seite aus, Schüsse auf Gebäude abgegeben worden. Vgl. ND, 19./20. und 21. August 1989.

Ministerialdirigent Duisberg vom Bundeskanzleramt erklärte dazu, daß es sich hier möglicherweise um kriminelle Handlungen von Privatpersonen handle und deshalb kein Protest an die Adresse der Regierung gerechtfertigt sei. Rudolf Seiters sagte eine Prüfung des Sachverhalts zu.

Das Gespräch verlief in einer sachlichen Atmosphäre.

An dem Gespräch nahmen teil: von DDR-Seite Kurt Nier, Stellvertreter des Ministers für Auswärtige Angelegenheiten, Hans Schindler, amt[ierender] Leiter der Abteilung BRD.

Von BRD-Seite Dr. Franz Bertele, Leiter der Ständigen Vertretung der BRD und Dr. Claus-Jürgen Duisberg, Ministerialdirigent im Bundeskanzleramt der BRD.

gez. Schindler

Quelle: SAPMO - BArch, DY 30/IV 2/2035/68.

Dokument 38

Beschluß des ZK-Sekretariats über die Reise einer Delegation der SED-Bezirksleitung Dresden nach Baden-Württemberg vom 23. August 1989

Betreff: Entsendung einer Delegation der Bezirksleitung der SED zu einem Besuch auf Einladung des Landesvorstandes der SPD und des Vorstandes der sozialdemokratischen Fraktion im Landtag von Baden-Württemberg vom 25. bis 28. September 1989 in Baden-Württemberg (BRD)[263]

Beschluß:

1. Der Entsendung einer Delegation der Bezirksleitung der SED zu einem Besuch auf Einladung des Landesvorstandes der SPD und des Vorstandes der sozialdemokratischen Fraktion im Landtag von Baden-Württemberg vom 25. bis 28. September 1989 in Baden-Württemberg (BRD) wird zugestimmt.

Der Delegation gehören an:

Genosse Hans Modrow, Mitglied des Zentralkomitees, 1. Sekretär der Bezirksleitung Dresden der SED, Leiter der Delegation,

---

263 Die Vorlage war bereits am 7. August 1989 von der ZK-Abteilung für Internationale Politik und Wirtschaft eingebracht worden. Ihre Behandlung verzögerte sich offenbar durch die Krankheit Honeckers. Am 23. August 1989 war als Berichterstatter der ZK-Abteilungsleiter Gunter Rettner aufgetreten. Der protokollarische Beschluß lautete: „Die Vorlage wird bestätigt."

Genosse Prof. Dr. Hans-Jürgen Jacobs, Mitglied der Bezirksleitung Dresden der SED, Rektor der Technischen Universität Dresden,
Genosse Friedrich Wokurka, Mitglied der Bezirksleitung Dresden der SED, Generaldirektor des VEB Kombinat Robotron,
Genosse Prof. Dr. Eckart Kröplin, Kandidat der Bezirksleitung Dresden der SED, Chefdramaturg und stellvertretender Intendant der Staatsoper Dresden,
Genosse Dieter Wolter, Sektorleiter der Bezirksleitung Dresden der SED,
Genosse [...], Kraftfahrer in der Bezirksleitung Dresden der SED,
Genosse [...], Kraftfahrer in der Bezirksleitung Dresden der SED.
2. Die Linie für das politische Auftreten der Delegation ist mit der Abteilung für Internationale Politik und Wirtschaft des ZK der SED abzustimmen.
3. Das Rahmenprogramm für den Besuch wird zustimmend zur Kenntnis genommen (Anlage).[264]
4. Die Ausstattung der Reise erfolgt durch die Abteilung für Internationale Politik und Wirtschaft des ZK der SED.
5. Die Kosten trägt die Hauptkasse des ZK.[265]

Quelle: SAPMO - BArch, DY 30/J IV 2/3A/4864.

Dokument 39

Anweisung von Erich Mielke, Minister für Staatssicherheit, an die Leiter der Diensteinheiten vom 1. September 1989

Seitens der BRD-Regierung wird die Verwirklichung der auf eine Beendigung der Erpressungsversuche in diplomatischen Einrich-

---

264 Das Rahmenprogramm sah am 25. September 1989 die Begrüßung durch Ulrich Maurer, Vorsitzender der SPD-Landtagsfraktion, und Dieter Spöri, SPD-Fraktionsvorsitzender, am 26. September Gespräche mit der SPD-Landtagsfraktion und dem DKP-Bezirksvorstand, am 27. September einen Besuch bei Daimler-Benz (Treffen mit Edzard Reuter) und beim Oberbürgermeister in Mannheim, am 28. September 1989 ein Gespräch mit Ministerpräsident Lothar Späth sowie ein Abschlußgespräch mit Ulrich Maurer und Dieter Spöri vor. Das Programm wurde wie vorgesehen absolviert. Der Reisebericht der SED-Delegation konnte bisher nicht gefunden werden.

265 In der Vorlage waren als Reisekosten 6122 DM eingesetzt (5322 DM Reisedevisen, 300 DM Sicherheitsbetrag und 500 DM Beförderungskosten). Das Material wurde von den ZK-Mitarbeitern Rettner, Konrad (Abteilung Kaderfragen) und Wildenhain (Abteilung Finanzverwaltung) abgezeichnet.

tungen der BRD gerichteten, zwischen der DDR und BRD einvernehmlich getroffenen konstruktiven Vereinbarungen, in den letzten Stunden bewußt verzögert.

Dieses auf Zeitgewinn gerichtete Vorgehen steht im unmittelbaren Zusammenhang mit den völkerrechtswidrigen Machenschaften der BRD in der U[ngarischen] V[olks-]R[epublik] und der gegenwärtigen Haltung bestimmter Kräfte der UVR-Regierung. Letztere sind offensichtlich unter dem Druck der BRD bereit, die Ausschleusung einiger tausend sich in der UVR aufhaltender DDR-Bürger zuzulassen.

Durch derartige Kräfte werden die sich in diplomatischen Einrichtungen aufhaltenden Bürger der DDR ihre Standpunkte nur schwerlich aufgeben und ihre Erpressungsversuche fortsetzen, was mit der gegenwärtigen Verzögerungstaktik des Gegners beabsichtigt ist.

Ausgehend von diesen neuen Lagebedingungen und ihrer weiteren Entwicklung ist höchste Wachsamkeit geboten.

Die operativen Kräfte und Mittel sind verstärkt und zielgerichtet zum rechtzeitigen Erkennen sich abzeichnender Auswirkungen im Verantwortungsbereich zum Einsatz zu bringen. Über die Stimmung und Reaktion der Bevölkerung ist die ZAIG ständig zu informieren.

Zur Lage im Verantwortungsbereich sind die 1. Sekretäre der Bezirks- und Kreisleitungen aktuell in Kenntnis zu setzen.

Es sind alle erforderlichen Maßnahmen zur Verstärkung der vorbeugenden Arbeit, insbesondere zur vorbeugenden Verhinderung des ungesetzlichen Verlassens der DDR über die UVR sowie von weiteren Erpressungsversuchen in diplomatischen Einrichtungen der BRD einzuleiten.

Mit dem Ziel, die Rückkehr der in den Botschaften der BRD befindlichen Erpresser bzw. sich noch in der UVR befindlichen Bürger der DDR in ihre Wohnorte zu erreichen, sind geeignete Familienangehörige/Verwandte bzw. Personen aus dem Umgangskreis dieser DDR-Bürger auszuwählen und für entsprechende Maßnahmen der zielgerichteten Einflußnahme vorzubereiten. Der Einsatz dieser Personen hat nur nach Abstimmung mit der ZKG zu erfolgen.

Es ist zu sichern, daß alle geeigneten Möglichkeiten zum Erkennen rückkehrwilliger Bürger der DDR, besonders solche, die in den letzten Tagen die DDR über die UVR ungesetzlich verlassen haben, genutzt werden. Ihre Rückführung und die Prüfung einer Nutzung für die Öffentlichkeitsarbeit hat unverzüglich zu erfolgen.

gez. Mielke

Quelle: BStU, ZA, Dokumentenstelle 103614.

Dokument 40

Gesprächsnotiz von Klaus Höpcke, stellvertretender DDR-Kulturminister, über ein Treffen mit Bundespräsident Richard von Weizsäcker am 7. September 1989[266]

Der Bundespräsident der BRD, Dr. Richard von Weizsäcker, hat anläßlich der Eröffnung der Ausstellung „Bücher aus der Deutschen Demokratischen Republik" in Köln am 7. September 1989 einen kleinen Kreis der Delegationen des Börsenvereins der Deutschen Buchhändler zu Leipzig (einschließlich des für das Buchwesen der DDR zuständigen Stellvertreters des Ministers für Kultur und des Präsidenten des DDR-Schriftstellerverbands) und des Börsenvereins des Deutschen Buchhandels Frankfurt am Main zu einem Gedankenaustausch in der Villa Hammerschmidt empfangen.[267]

Ausgehend von einer kurzen einführenden Information des Vorstehers des BRD-Börsenvereins Günther Christiansen über den erfolgreichen Verlauf der Ausstellung von Büchern aus der Bundesrepublik in den DDR-Städten Berlin, Rostock, Dresden und Weimar sowie über die in Köln eröffnete Ausstellung von Büchern aus der DDR, die danach in Heidelberg, München und Hamburg gezeigt werden soll, ergab sich ein Gespräch, in welchem der BRD-Präsident politische Aufgeschlossenheit und sachliches Interesse für Ergebnisse und Probleme der Zusammenarbeit zwischen beiden deutschen Staaten im Bereich des Buchwesens zeigte.

Besprochen wurden folgende Fragen:

Auf Richard von Weizsäckers Frage, ob es rechtliche Probleme im Zusammenhang mit der Ausstellung gebe, wurde ihm geantwortet, daß das bei dieser Ausstellung wegen ihres nichtkommerziellen Charakters nicht der Fall sei, worauf – wie wir in einem Kabel gelesen hätten – auch sein Amt hingewirkt hätte. Dagegen bereiteten zu den Buchmessen in Frankfurt am Main die namensgleichen Verlage Reclam und Brockhaus immer noch Schwierigkeiten. Mit ihren überlebten Ansprüchen – so wurden sie auch vom Geschäftsführer des BRD-

---

266 Das Treffen in Bonn fand auf Initiative des Bundespräsidenten statt. Eingeladen war die Delegation des DDR-Börsenvereins für den Deutschen Buchhandel mit Vizekulturminister Klaus Höpcke. Das Ministerium für innerdeutsche Beziehungen hatte abgeraten, Höpcke einzubeziehen.

267 Die Ausstellungsserie, noch im Gefolge des Honecker-Besuchs in Bonn 1987 vereinbart, begann mit Ausstellungen von Büchern aus der Bundesrepublik in der DDR (Ost-Berlin, Dresden, Rostock und Weimar). Die DDR-Ausstellung wurde nachfolgend in Hamburg, Heidelberg, Köln und München präsentiert.

Börsenvereins charakterisiert – verhinderten sie bisher eine Teilnahme der beiden genannten DDR-Verlage. Es wurde Zuversicht geäußert, daß diese Hemmnisse letzten Endes überwunden werden können.

Zum Umfang des gegenseitigen Buchaustausches wurde informiert, daß der gegenseitigen Lizenznahme und -vergabe eine zahlenmäßige Ausgewogenheit besteht, die aber durch die Tatsache beeinträchtigt wird, daß Bücher aus der Bundesrepublik in DDR-Verlagen in höcherer Auflage, in mehr Exemplaren erscheinen als umgekehrt, was schon für sich genommen – absolut – eine Disproportion ergibt, die sich noch vergrößert, wenn man berücksichtigt, daß die Bevölkerung der BRD etwa 60 Millionen Bürger, die der DDR 16,6 Millionen umfaßt. Auch im Handel mit fertigen Büchern und Zeitschriften, dem sogenannten Sortimentsexport bzw. -import nimmt, so wurde dargelegt, die DDR-Seite augenblicklich aus der BRD etwas mehr als umgekehrt. Als einer der Gesprächspartner vom BRD-Börsenverein diese Problematik im Sinne einer Behinderung deutete, verwiesen wir darauf, daß das Streben nach Ausgewogenheit im Handel ja nicht eine Erfindung der DDR ist.

Auf die Frage nach Kooperationsbeziehungen zwischen Verlagen unserer Länder wurde die Auskunft gegeben, daß jährlich etwa 800 Kooperationen verschiedener Art bei der Buchherausgabe zustande kommen.

Der BRD-Bundespräsident erkundigte sich sodann, wie wir die Besprechung von DDR-Bürgern in den BRD-Medien beurteilen. Als Beispiel des Wandels zum Guten erwähnten wir die überwiegend dem literarischen Rang Erwin Strittmatters entsprechenden Rezensionen nach dem Erscheinen seines Romans „Der Laden" bei Kiepenheuer und Witsch, wogegen Strittmatter vorher oft ganz unangemessen behandelt worden war. Daneben gebe es anhaltend viel Voreingenommenheit und Oberflächlichkeit. Als negatives Beispiel wurden schließlich die Berichte angeführt, in denen viele Zeitungen sowie die Rundfunk- und Fernsehstationen anläßlich der Buchmessen in Leipzig und Frankfurt am Main die Leistungen des DDR-Verlagswesens gezielt herabzusetzen trachteten.

Des weiteren wurden Lesesituation und Leseforschung in der DDR und in der BRD erörtert, wobei der Bundespräsident die ausgeprägte Freude am Bücherlesen, wie sie in der DDR anzutreffen sei und wohl noch stärker in der UdSSR, besonders hervorhob.

Wir verwiesen auf Möglichkeiten des Zusammenwirkens mit der „Stiftung Lesen" der BRD, wie es sich kürzlich bei der wissenschaftlichen Konferenz über „Leser und Lesen in Gegenwart und Zukunft" in Leipzig am Rande der IBA bewährt hat.

Richard von Weizsäcker sprach von der Bedeutung der Arbeit, die von den Buchschaffenden beider Länder geleistet wird. Er sagte unumwunden, daß manche Werke von Schriftstellern der DDR ihm gewichtiger sind als die von Autoren der BRD. Er entnehme den in dem Gespräch geäußerten Gedanken und Erfahrungen, daß in geistig offenem Sinne zusammengewirkt werde. Daß das weiter so geschehe, sei sein Wunsch. Es ist klar, sagte er, daß wir über einiges, was als höchste Werte, letzte Wahrheiten empfunden und bezeichnet werden könne, nicht einer Meinung sind und vielleicht auch nicht sein werden. Deswegen nichts zu unternehmen aber hieße, in eine unfruchtbare Wartehaltung zu verfallen. Man müsse Praktisches in Angriff nehmen, wie das ja auch in Verwirklichung des Grundlagenvertrages geschehe, in dessen Präambel stehe, worüber man sich nicht einigen konnte, und dessen Paragraphen dennoch Ansatzpunkte für viel nützliches Handeln enthalten.

Fast zum Schluß, als DDR-Börsenvereinsvorsteher Jürgen Gruner schon zum Dank angesetzt und auf die Anwesenheit des DDR-Verlagswesens auf der Fankfurter Buchmesse im Oktober 1989 hingewiesen hatte, machte der BRD-Bundespräsident eine Andeutung zur diesjährigen Friedenspreisverleihung in der Frankfurter Paulskirche (man will den Preis an Vaclav Havel verleihen und weiß nicht, ob der Preisträger da sein wird; die Laudatio soll der französische Apologet der nuklearen Erpressung André Glucksmann halten).[268] Zu einem Gespräch darüber kam es nicht, weil Weizsäcker das Thema fallen ließ, als Jürgen Gruner unter dem Lachen aller Anwesenden sagte: „Herr Bundespräsident, es war doch ein so schöner Nachmittag."

Der bei der Übermittlung der Einladung gegebene Hinweis, evtl. gebe es noch eine Frage, die der BRD-Bundespräsident unter vier Augen besprechen wolle (Botschafter Horst Neubauer, den ich nach möglichen Gegenständen fragte, meinte, es könne sich um das Auftreten von jungen DDR-Musikern in der Residenz von Weizsäckers handeln, wozu abschlägiger Bescheid gegeben worden ist), fand keine Bestätigung, eine solche zusätzliche Unterredung fand nicht statt.

An dem Gedankenaustausch in der Villa Hammerschmidt nahmen von DDR-Seite teil: Jürgen Gruner, Vorsteher des Börsenver-

---

268 Klaus Höpcke hatte am 2. März 1989 auf einer Beratung des PEN-Zentrums der DDR einer Entschließung zugestimmt, die sich gegen die Inhaftierung Vaclav Havels wandte. Daraufhin war am 6. März 1989 seine Ablösung als Vizekulturminister vom Ministerratsvorsitzenden Stoph unterschrieben worden. Kurzfristig verfügte Honecker noch am gleichen Tage die Aussetzung dieser Maßnahme. Höpcke wurde mit einer Aussprache bei Stoph und einer „Mißbilligung" innerhalb des Ministeriums bestraft.

eins der Deutschen Buchhändler zu Leipzig, Direktor des Verlags
Volk und Welt Berlin; Klaus Höpcke, Stellvertreter des Ministers
für Kultur; Hermann Kant, Präsident des Schriftstellerverbands;
Elmar Faber, Vorsitzender des Verlegerausschusses des DDR-Börsenvereins, Direktor des Aufbau-Verlags Berlin und Weimar; Nor-
bert Mahn, Generaldirektor des Außenhandelsbetriebs Buchexport
Leipzig; Hans Baier, Geschäftsführer des DDR-Börsenvereins.

Quelle: SAPMO - BArch, DY 30/vorl. SED, 42171.

Dokument 41

**Vorlage für das SED-Politbüro über die weitere
Zusammenarbeit mit der SPD vom 8. September 1989**[269]

I. In jüngster Zeit tritt verstärkt eine Reihe führender Politiker der
SPD mit öffentlichen Äußerungen hervor, die eine direkte Einmischung in die inneren Angelegenheiten der DDR bedeuten. Die von
ihnen an die Adresse der Partei- und Staatsführung der DDR gerichteten Angriffe reihen sich ein in die seit Monaten anhaltende Anti-
DDR-Kampagne seitens der BRD. Sie zielen darauf, die SED zu
veranlassen, die Linie ihrer Politik zu verlassen und solche „Reformen" einzuleiten, die eine allmähliche Sozialdemokratisierung der
Gesellschaftsordnung der DDR bewirken sollen.

Gegenwärtige rasche Wandlungen in der internationalen Politik,
krisenhafte Erscheinungen in einigen sozialistischen Ländern, die
Zunahme sozialdemokratischer Tendenzen in einigen Staaten des
Warschauer Vertrages, die Verbreitung illusionärer Vorstellungen
durch Publikationen über die Revision der Nachkriegsordnung in Europa haben in der SPD deutlich zu einer Modifizierung ihrer „Ost- und
Deutschlandpolitik" in Richtung Annäherung an die Regierungspartei-
en geführt. Die Diskussionen in den Führungskreisen der SPD darüber, die sehr differenziert verlaufen, sind noch nicht abgeschlossen.

Das derzeitige Auftreten führender Sozialdemokraten hat sowohl
strategische wie taktische Gesichtspunkte. In der SPD hatte sich im
Unterschied zur CDU/CSU und zur FDP der Prozeß der Anpassung

---

269 Der Titel der von ZK-Sekretär Axen in das SED-Politbüro am 8. September 1989 eingebrachten Vorlage lautete „Information zu aktuellen Entwicklungen in der SPD im Zusammenhang mit der gegenwärtigen Anti-
DDR-Kampagne". Vgl. SAPMO - BArch, DY 30/J IV 2/2A/3239.

„deutschlandpolitischer Vorstellungen" an die Realitäten am weitesten vollzogen.

Die Partei geht mehrheitlich davon aus, daß eine auf „Wiedervereinigung" gerichtete Politik in der Gegenwart illusionär ist und die Zweistaatlichkeit für lange Zeit fortbestehen wird.

Die Anerkennung der europäischen Nachkriegsordnung und der Unverletzlichkeit der Grenzen, einschließlich der Oder-Neiße-Grenze und der Grenze zwischen der DDR und der BRD, werden als Bedingung für den Erhalt des Friedens betrachtet. Bei der Schaffung einer europäischen Friedensordnung ist nach Ansicht der SPD sicherheitspolitischen Fragen Vorrang einzuräumen.

In diesem Sinne hat sie ihr Konzept der Sicherheitspartnerschaft gegen erheblichen Widerstand entspannungsfeindlicher Kreise in der BRD entwickelt. Zugleich hat sie jedoch am Weiterbestehen der „einen deutschen Nation" festgehalten und auch den „Wiedervereinigungsanspruch" des BRD-Grundgesetzes in ihrer offiziellen Parteipolitik nicht korrigiert.

Unbestritten ist in der SPD die Verantwortung beider deutscher Staaten für Frieden und Entspannung in Europa. Der von ihr geführte Dialog mit der SED war in den letzten Jahren in hohem Maße davon geprägt.

Dabei hat die SPD immer das Ziel verfolgt, ihre Politik des „Wandels durch Annäherung" auch durch das Mittel des Dialogs tragfähig zu machen, ideologisch in die DDR hineinzuwirken und Veränderungen im Sinne des sozialdemokratischen Gesellschaftsmodells in der DDR herbeizuführen, die langfristig eine Annäherung der DDR an die BRD ermöglichen sollen.

In dieser Richtung wurden ihre Aktivitäten gegenüber Kreisen der Evangelischen Kirchen in der DDR und in gewissem Maße auch gegenüber oppositionellen Kräften entwickelt.

Zum anderen hatte die Friedenspolitik der SED für die Ausarbeitung des Konzepts der SPD zur Sicherheitspartnerschaft und zu einer europäischen Friedensordnung eine große Bedeutung. Das hatte die SPD nach dem Scheitern des Schmidt-Kurses innenpolitisch in die Lage versetzt, die mehrheitliche Stimmung der Bevölkerung für Entspannung, die Einstellung des Wettrüstens und der Konfrontationspolitik im Gegensatz zur CDU/CSU zu nutzen.

Insofern ist eine grundlegende Änderung der strategischen Zielsetzung in der „Ost- und Deutschlandpolitik" der SPD, längerfristig gesehen, für die Partei bisher nicht absehbar. Taktische Differenzen innerhalb der Führung der SPD und der sozialdemokratischen Bundestagsfraktion bestehen jedoch seit längerer Zeit und haben im Zuge der aktuellen Entwicklungen eine Belebung erfahren.

Für den Übergang eines Teils führender Politiker der SPD auf einen Kurs der offenen Einmischung in die inneren Angelegenheiten der DDR sind weitere Ursachen ersichtlich:

– Mit Blick auf die bevorstehenden Bundestagswahlen 1990 und unter Berücksichtigung der Tatsache, daß die CDU/CSU-FDP-Regierung im wesentlichen die einst von SPD und FDP entwickelte Vertragspolitik gegenüber der DDR fortsetzt, hält es die SPD-Führung für opportun, ihre Politik gegenüber der DDR in Richtung auf eine verstärkte Einflußnahme auf innere Entwicklungen zu verändern. Insbesondere weicht sie vor dem Vorwurf, „im Schlepptau der SED zu agieren", zurück.

– Die Neubelebung nationalistischer Tendenzen in der BRD hat offensichtlich dazu geführt, daß die Sozialdemokratie als Sachwalter bürgerlich-patriotischer Losungen auftritt, um diese Frage nicht allein den konservativen Kräften zu überlassen.

– Unter dem Eindruck von Entwicklungen in der UdSSR, aber insbesondere in der VR Polen und der Ungarischen VR, haben Auffassungen in der SPD Raum gewonnen, die DDR könne sich perspektivisch einer Sozialdemokratisierung nicht entziehen.

In diesem Sinne sind die in letzter Zeit erfolgten Aktivitäten und Maßnahmen der SPD zu sehen:

– Von grundsätzlicher Bedeutung in dieser Richtung war die von Erhard Eppler am 17. Juni 1989 im Bundestag gehaltene Rede.[270]

– Am 26. Juni 1989 faßte der Parteivorstand der SPD einen Beschluß „Grundsätze für die Wahrnehmung von Kontakten mit der SED und deren Gliederungen sowie mit Institutionen, Parteien, Organisationen und Gruppierungen in der DDR". Erstmalig wird darin in einer für alle SPD-Gliederungen verbindlichen Richtlinie dazu aufgefordert, die offiziellen Kontakte mit der SED für die direkte Einflußnahme auf kirchliche Kreise und auf oppositionelle, feindliche Kräfte in der DDR zu nutzen.

– Der geschäftsführende Vorstand der SPD-Bundestagsfraktion verabschiedete am 21. August 1989 eine Erklärung, in der er sich in anmaßender Weise in die Politik der DDR einmischte.

– Führende SPD-Politiker, wie H.-J. Vogel und Karsten D. Voigt, spielten sich zu Anwälten jener DDR-Bürger auf, die die Republik über Botschaften der BRD in sozialistischen Ländern bzw. über Ungarn unrechtmäßig verlassen wollen.[271]

---

270 Der Vorsitzende der SPD-Grundwertekommission, Erhard Eppler, hatte sich in seiner Gedenkrede zum 17. Juni 1953 im Bundestag kritisch zur Lage in der DDR geäußert. Vgl. auch Junge Welt, (Ost-)Berlin, 19. Juni 1989.

271 Vgl. z. B. ND, 19. Juli sowie 7. September 1989.

Gegenwärtig sind hinsichtlich der Inhalte und der Schärfe der Angriffe auf die sozialistische Staats- und Gesellschaftsordnung der DDR in der SPD vor allem drei Kräftegruppierungen erkennbar:

1. Die der engeren Parteiführung zugehörigen Hans-Jochen Vogel, Johannes Rau, Anke Fuchs, Horst Ehmke, Karsten D. Voigt sowie Erhard Eppler plädieren offen für eine direkte Einmischung in die inneren Angelegenheiten der DDR mit dem Ziel der Beseitigung der führenden Rolle der SED. Demagogisch wird von materiellen Hilfen für die DDR gesprochen, wenn sie „weitgehende Reformschritte" einleiten würde.

2. In besonders scharfmacherischer Weise äußert sich eine Gruppe sozialdemokratischer Politiker, wie Hans Büchler, Ludwig Stiegler, Erhard Körting und Horst Niggemeier. Sie fordern die SED direkt auf, „die politische Macht in Staat und Wirtschaft" zu teilen, halten die Wiederzulassung der SPD in der DDR für unausbleiblich und fordern eine „Österreichisierung der DDR".

3. Demgegenüber bekunden realistischere Kräfte in der SPD, wie Egon Bahr, Henning Voscherau, Walter Momper, in widersprüchlicher Weise zwar Interesse an einer Einflußnahme auf die innere Entwicklung in der DDR, warnen jedoch vor einer offenen Destabilisierung der DDR und den damit verbundenen Gefahren für den Entspannungsprozeß in Europa.

Auffallend ist, daß solche Politiker, wie Oskar Lafontaine, Björn Engholm, Gerhard Schröder, Karl-Heinz Hiersemann, Rudolf Scharping, sich bisher weitgehend zurückhalten.

II. 1. In der Frage der Respektierung der DDR-Staatsbürgerschaft hat der SPD-Vorsitzende Hans-Jochen Vogel seine bisherigen Positionen preisgegeben und ist auf die CDU/CSU-Positionen eingegangen. In einem der gegenwärtigen Anti-DDR-Kampagne gemäßen Ton erklärte Vogel, eine diesbezügliche „Änderung des Grundgesetzes" mache „derzeit keinen Sinn". Damit leistet er Schützenhilfe für die von der BRD zur Zeit massiv verfolgten Versuche zur Destabilisierung der DDR.

2. Bei den Angriffen von SPD-Politikern auf die sozialistische Staats- und Gesellschaftsordnung in der DDR dominiert die Forderung nach tiefgreifenden Reformen und innenpolitischen Wandlungsprozessen analog zu Entwicklungen in anderen sozialistischen Staaten, um die Arbeiter- und Bauernmacht, die sozialistische Demokratie durch Formen und Prinzipien der bürgerlichen Demokratie zu ersetzen, die führende Rolle der Partei und den sozialistischen Staat zu beseitigen.

Eine weitere Angriffsrichtung besteht darin, die historischen Errungenschaften des realen Sozialismus in der DDR zu verleugnen der DDR-Führung „Reformunwilligkeit" bzw. „Reformunfähigkeit" zu unterstellen und die politischen und wirtschaftlichen Strukturen in der DDR als „starr", „dogmatisch" und „uneffektiv" zu diffamieren. So

– appellierte der Vorstand der SPD-Bundestagsfraktion an die „DDR-Führung, ihren Kurs zu ändern und das Maß an Pluralismus ... zu ermöglichen, das heute in der Sowjetunion bereits selbstverständlich ist";

– betonte H.-J. Vogel, die DDR könne „nicht auf einem Parteiverständnis existieren, das die UdSSR überwunden habe", und richtete an die DDR-Führung die Forderung, einen „beschleunigten Reformprozeß" in Gang zu setzen;

– erklärte Anke Fuchs, daß „obrigkeitsstaatliches Verhalten der Staatsorgane der DDR und die geringe Bereitschaft der SED-Führung, mit der Bevölkerung einen umfassenden Reformdialog ähnlich wie in der Sowjetunion voranzubringen, zu einem tiefen Gefühl der Perspektivlosigkeit der Menschen beigetragen hat";

– riet Karsten D. Voigt der DDR, „das alte Denken wenigstens ein bißchen durch Glasnost und Perestroika" zu ersetzen, denn „wo auf Reformen verzichtet" werde, bleibe „nur noch die Alternative Stagnation oder Aufruhr";

– verneinte Ludwig Stiegler (SPD-Bundestagsabgeordneter), daß „die von der SED beanspruchte alleinige Führungsrolle ... von dem Vertrauen der Menschen getragen" und „durch politische Leistungen gerechtfertigt" sei; das „ungarische Modell" lade daher „zur Nachahmung ein";

– vertritt Hans Büchler die Auffassung, daß die Formierung einer Opposition in der DDR, die als politische Alternative zur SED auftreten kann, „für die Stabilität der DDR lebensnotwendig" sei.

III. Angesichts der jüngsten Entwicklungen stellt sich die Frage nach dem Sinn und den Perspektiven der Dialogpolitik der SED mit der SPD. Die von der SED frühzeitig in einer besonders komplizierten Situation entwickelte Position von der Notwendigkeit des politischen Dialogs hat sich in der Praxis voll bestätigt. Die Notwendigkeit des politischen Dialogs zwischen Ost und West wird heute weltweit anerkannt. Er ist zu einer wichtigen politikbestimmenden Größe geworden.

Der seit 1983 geführte Dialog zwischen SED und SPD hat in den letzten Jahren zu einer Reihe von bedeutsamen Ergebnissen bei der Durchsetzung der Politik der friedlichen Koexistenz zwischen Staaten unterschiedlicher Gesellschaftsordnung im Kampf um Frieden, Abrüstung und Entspannung und der Verbesserung der Beziehungen zwischen der DDR und der BRD geführt.

Insbesondere hat er dazu beigetragen, daß durch die gemeinsamen Initiativen beider Parteien für eine chemiewaffenfreie Zone, für einen atomwaffenfreien Korridor sowie für eine Zone des Vertrauens und der Sicherheit in Europa ein wichtiger Beitrag für eine Wende in den internationalen Beziehungen geleistet wurde.[272]

Zugleich wurden durch den Dialog die neuen sicherheitspolitischen Überlegungen in der SPD gefestigt und weitergeführt und die im Dokument „Der Streit der Ideologien und die gemeinsame Sicherheit" enthaltenen Grundsätze von der Notwendigkeit eines friedlichen Wettstreits der Systeme in der SPD mehrheitsfähig.[273]

Allerdings ist eine Tendenz der Schwerpunktverlagerung von der Friedenssicherung hin zum „inneren Dialog" in der DDR nach sozialdemokratischen Vorstellungen verstärkt festzustellen.

Der Dialog trug dazu bei, alte Feindbilder abzubauen, den militanten Antikommunismus zurückzudrängen und trotz aller Widersprüchlichkeit ein realistischeres Verhältnis zur DDR zu entwickeln.

Nicht zu unterschätzen ist die Tatsache, daß sich im Zuge der Gestaltung des Dialogs Tausende von Sozialdemokraten und sozialdemokratisch geprägten Gewerkschaftern durch Besuche und zahlreiche Gespräche von der tatsächlichen sozialistischen Entwicklung in der DDR überzeugen konnten.

Insbesondere in den letzten Jahren hat der Dialog an Breite und Vielfalt zugenommen. In vielen Gliederungen der SPD entstand der Wunsch nach Herstellung von Kontakten zu Gliederungen der SED.

Ungeachtet aller Komplikationen und widersprüchlichen Tendenzen wäre ein Ausstieg oder ein partielles Zurückziehen aus dem Dialog mit der SPD gleichbedeutend mit einer Einschränkung der offensiven Einflußmöglichkeiten der SED im Interesse des Friedens, der Sicherheit, einer Koalition der Vernunft und des Realismus.

IV. Erste Schlußfolgerungen zur Fortsetzung der Kontakte mit der SPD

1. Die Politik des Dialogs ist auch in Zukunft unter Beachtung der konkreten politischen Situation fortzuführen.

2. Neben den zentralen Fragen der Friedenssicherung ist in den Dialog stärker die Forderung nach Respektierung des völkerrechtlichen Charakters des ersten sozialistischen Staates auf deutschem Boden einzubeziehen. Die Existenz zweier deutscher Staaten ist

---

272 Vgl. Anm. 123 und 124. Den Vorschlag der gemeinsamen Arbeitsgruppe von SED und SPD für eine „Zone des Vertrauens und der Sicherheit in Zentraleuropa" vgl. in: ND, 8. Juli 1988.

273 Das Papier der SPD-Grundwertekommission und der ZK-Akademie für Gesellschaftswissenschaften vom 27. August 1987 vgl. in: Kultur des Streits. Die gemeinsame Erklärung von SPD und SED. Köln 1988, S. 8 ff.

und bleibt eine Grundbedingung für das friedliche Zusammenleben der Völker und das bestehende Kräftegleichgewicht in Europa.

Der Revanchismus, die Infragestellung bestehender Grenzen, die Einmischung in die inneren Angelegenheiten anderer Staaten stellen eine ernste Störung für die Gestaltung eines zukünftigen europäischen Hauses dar. Im Dialog mit der SPD ist noch stärker als bisher die Position der SED zum Neonazismus in der BRD zu vertreten.

3. Angesichts der von maßgeblichen Kräften der Führung der SPD mitgetragenen Angriffe auf den Sozialismus in der DDR, die führende Rolle der SED und die Partei- und Staatsführung ist verstärkt die öffentliche kritische Auseinandersetzung mit jenen sozialdemokratischen Politikern zu führen, die sich – egal in welcher Form – in die inneren Angelegenheiten der DDR einmischen.

4. Es sind alle Möglichkeiten der Parteikontakte und des Dialogs zu nutzen, um jene sozialdemokratischen Kräfte zu stärken, die an der konstruktiven Fortsetzung der Kontakte mit der SED interessiert sind und sich für eine sachliche, realistische und gutnachbarliche Gestaltung der Beziehungen zwischen der DDR und der BRD bzw. Berlin (West) aussprechen und einsetzen.

Es sollten in nächster Zeit mit einer Reihe von SPD-Politikern Gespräche geführt werden mit dem Ziel, daß sie in der Öffentlichkeit realistische Standpunkte zu den aufgeworfenen Fragen beziehen und sich gegen Versuche der Einmischung in die inneren Angelegenheiten der DDR aussprechen.

Interne Gespräche sollten geführt werden mit Oskar Lafontaine, Gerhard Schröder, Karl-Heinz Hiersemann, Rudolf Scharping u. a.

Verantwortlich: Genosse Gunter Rettner

5. Es ist zu prüfen, ob das für den 26. September 1989 in Aussicht gestellte Gespräch zwischen Genossen Erich Honecker und Oskar Lafontaine stattfinden kann.[274]

6. Die Tätigkeit der gemeinsamen Arbeitsgruppe von SED und SPD zu sicherheitspolitischen Fragen in Europa wird fortgesetzt.

Verantwortlich: Genosse Hermann Axen

7. Eine endgültige Entscheidung über den Besuch einer Delegation der SPD-Bundestagsfraktion unter Leitung von Horst Ehmke auf Einladung der Volkskammer in der DDR vom 18. bis 22. September 1989 sollte entsprechend der aktuellen Entwicklung getroffen werden.[275]

8. Der touristische Tagesaufenthalt von 100 Abgeordneten der SPD-Bundestagsfraktion unter Leitung von H.-J. Vogel am 16. Ok-

---

274 Ein Treffen von Honecker und Lafontaine fand nicht mehr statt.

275 Den Besuch einer Delegation der SPD-Bundestagsfraktion sagte erst am 16. September 1989 DDR-Volkskammerpräsident Horst Sindermann ab.

tober 1989 in der Hauptstadt der DDR sollte ebenfalls von der aktuellen politischen Entwicklung abhängig gemacht werden.[276]

9. Zu den jüngsten Äußerungen E. Epplers gegen die Dialogpolitik ist öffentlich Stellung zu nehmen.

Verantwortlich: Genosse Otto Reinhold

10. Durchgeführt werden sollten:

– Der Besuch von Genossen Hans Modrow auf Einladung der SPD Baden-Württemberg vom 25. bis 29. September 1989 in der BRD.

– Der Besuch von Genossen Johannes Chemnitzer bei der SPD Schleswig-Holstein vom 30. Oktober bis 1. November 1989 in der BRD.

– Die Studienreise einer Delegation von Parteischülern der SPD vom 12. bis 15. Oktober 1989 in Berlin, Leipzig und Erfurt.

– Besuche von Gerhard Schröder sowie einer Delegation der Arbeitsgemeinschaft für Arbeitnehmerfragen in der SPD unter Leitung von Rudolf Dreßler in der DDR entsprechend ihrer Bitten im IV. Quartal 1989.

– Die zwischen dem ZK der SED und der Westberliner SPD-Führung vereinbarte Fortsetzung der regulären Gesprächsrunde (21. September 1989) wird wahrgenommen.

– Der Meinungsaustausch zwischen Vertretern der Redaktionskollegien der „Einheit" und der Zeitschrift „Die Neue Gesellschaft/ Frankfurter Hefte" im November 1989.[277]

11. Versuchen, die Kontakte mit der SED zu nutzen, um oppositionelle Kräfte in der DDR zu unterstützen und sich in die inneren Angelegenheiten einzumischen, ist entschieden entgegenzutreten.

Quelle: SAPMO - BArch, DY 30/IV 2/2035/61.

Dokument 42

Material des Bundeswirtschaftsministeriums zur weiteren Entwicklung der Beziehungen mit der DDR vom 19. Oktober 1989[278]

1. Ausgangslage

Das bisherige starre Planwirtschaftssystem der DDR stößt – im Vergleich zu marktwirtschaftlich orientierten Volkswirtschaften – zunehmend an systembedingte Grenzen der Steigerung seiner Leistungs-

---

276 Die Reise fand schließlich ebenfalls nicht statt.

277 Von der Planung unter Punkt 10 wurde nur die Modrow-Reise realisiert.

278 Das Papier wurde der DDR-Seite offenbar über Alexander Schalck zugespielt und fand sich in einer Mappe zum Außenhandel des Büros Stoph.

fähigkeit. Letztlich fällt damit die DDR als wichtiges Industrieland in ihrer internationalen Konkurrenzfähigkeit mit zunehmenden Rückwirkungen auf die Binnenwirtschaft immer schneller zurück.

Fehlende marktwirtschaftliche Steuerungsmechanismen
- unrealistisches Preissystem,
- Inflexibilitäten infolge jährlich festgelegter Produktionsziele,
- Zulieferprobleme,
- vorherrschendes Autarkiestreben – die Produktionsstruktur der DDR hat sich in den letzten 40 Jahren im Prinzip kaum geändert –,
- damit mangelnde Einbeziehung in die internationale Arbeitsteilung,
- nur geringer Einfluß der westlichen Außenmärkte auf Produktionsentscheidungen und interne Rentabilität,
- fehlende Motivation der Beschäftigten infolge geringer finanzieller Leistungsanreize,
- mangelnde Konsumgüterversorgung,
- Überbeschäftigung infolge von Unproduktivität,

haben eine zu geringe Innovations- und Investitionstätigkeit, zu langsame Umsetzung des technischen Fortschritts, ständige Stokkungen im Wirtschaftsablauf, Fehlallokationen, eine desolate Infrastruktur zur Folge. Im Ergebnis liegt die Produktivität der DDR-Wirtschaft um etwa 50 % unter der unserer Wirtschaft.

Verschärft werden die Probleme aktuell durch die Unsicherheiten im Außenhandel mit den RGW-Ländern. Die DDR ist eines der am stärksten außenhandelsorientierten Industrieländer der Welt und wickelt rd. 65 % des Außenhandels mit den RGW-Ländern ab. Die hier völlige Umorientierung ihrer östlichen Hauptpartnerländer macht zumindest das außenwirtschaftliche Plansystem der DDR weitgehend obsolet.

2. Reformschritte

Die Ablösung von Dr. Mittag zeigt, daß offenbar die Führung der DDR selbst nicht mehr daran glaubt, daß das starre planwirtschaftliche System die Lösung der schwierigen Aufgaben bewirken kann.[279] Neben grundsätzlich gesellschaftlichen Reformen müßte die DDR möglichst bald eine umfassende Wirtschaftsreform vornehmen. Dies ist allein Angelegenheit der DDR. Wir wissen aber aus unserer Erfahrung, daß die Effektivität solcher Maßnahmen um so höher ist je grundlegender die Reformschritte konzipiert sind und je früher sie in Angriff genommen werden. Dies lehren auch die Entwicklungen etwa in Ungarn und Polen.

---

279 Das 9. Plenum des SED-Zentralkomitees hatte am 18. Oktober 1989 neben der Ablösung von Honecker durch Krenz beschlossen, die ZK-Sekretäre Joachim Herrmann und Günter Mittag von ihren Funktionen zu entbinden.

Als wichtige strukturbestimmende Reformen gelten insbesondere:
- Auflockerung des zentralen Plansystems,
- leistungsorientierte Entlohnung,
- bessere Konsumgüterversorgung,
- grundsätzliche Ausweitung der Selbständigkeit der Betriebe (mit eigenen Entscheidungskompetenzen über Produktion und Preise, eigenen Außenhandelskompetenzen, rentabilitätsmäßiger Eigenverantwortung, Einführung eines Konkursrechts),
- Einführung und Förderung von Wettbewerb durch Auflösung der Monopolstruktur der Wirtschaft (Kombinatsreform),
- Reform der überalterten Produktionsstruktur,
- Zulassung und Förderung von joint ventures und sonstigen Kapitalbeteiligungen (mit Mehrheitsbeteiligungen, Investitionsförderverträgen und Transferierbarkeit der Gewinne),
- Förderung der Privatinitiative durch Zulassung und Gleichstellung von Privatunternehmen vor allem auch im Dienstleistungs- und Handwerksbereich,
- grundsätzliche Preisreform (Zulassung eines Großhandelssystems mit marktgerechten Preisen, Rückführung der Subventionen beim privaten Verbrauch),
- stärkere Einbeziehung in die internationale Arbeitsteilung,
- Zulassung eines funktionsfähigen Geld-, Kredit- und Kapitalmarktes,
- Konvertierbarkeit der Währung.

3. Möglichkeiten unsererseits

a) Der Bundeswirtschaftsminister begrüßt die Aussage von Generalsekretär Krenz in seiner gestrigen Rede, die Wirtschaftsbeziehungen zwischen den beiden Deutschen Staaten weiter auszubauen.[280] Die Bundesregierung hat in der Vergangenheit stets erklärt, daß sie bereit ist, die wirtschaftliche Zusammenarbeit mit der DDR weiter zu intensivieren und zu fördern. Daran wird festgehalten. Die Besonderheiten des innerdeutschen Handels mit den beachtlichen Vorteilsregeln für die DDR werden fortgesetzt, auch unter den Bedingungen des EG-Binnenmarktes. Es ist aber Angelegenheit der DDR, die einen Ausbau der Wirtschaftsbeziehungen behindernde Strukturschwäche auf der Seite der Verkäufe der DDR (mit einem viel zu geringen Anteil wettbewerbsfähiger Fertigprodukte) zu beheben. Dazu ist es auch dringend erforderlich, daß die DDR eine Entrümpelung zahlreicher den Handel nicht fördernder Maßnahmen vornimmt, insbesondere durch Erleichterung der Geschäftsmöglichkeiten, breitere Informationen über die Wirtschaft der DDR, insbe-

---

280 Vgl. die Rede von Egon Krenz auf dem 9. ZK-Plenum am 18. Oktober 1989, in: Beginn der Wende und Erneuerung. (Ost-)Berlin 1989, S. 11 ff.

sondere über die Betriebe, Zulassung von Direktkontakten mit den Produktionsbetrieben der DDR, damit eine Lockerung des Außenhandelsmonopols, die Lockerung der Gegengeschäftspraxis, eine Verbesserung der Absatzorganisation der DDR im Bundesgebiet, die Abschaffung der zwangsweisen Einschaltung von Vertretern und vor allem die Schaffung einer fortschrittlichen joint-venture-Gesetzgebung.

Damit könnte der dringend notwendige Ausbau der betrieblichen Kooperation auf allen Ebenen (Konsumgüter, Investitionsgüter, F[orschungs-] u[nd] E[ntwicklungs]-Bereich) erhebliche Fortschritte erzielen. Hier besteht auf unserer Seite die Bereitschaft, diese, wo notwendig, zu fördern, etwa durch Marketingberatung und Managementschulung, die risikomäßige Absicherung von Gemeinschaftsinvestitionen. Die Bundesregierung ist auch bereit, gegebenenfalls über die Möglichkeit weiterer Handelsliberalisierungen zu sprechen.

Umfassendere wirtschaftliche und finanzielle Maßnahmen wie etwa Hilfe beim Ausbau der Infrastruktur, insbesondere im Verkehrs- und Kommunikationsbereich, im Umweltschutz und in der Energiewirtschaft, bei der Städtebausanierung, bei Ausbau der Tourismusmöglichkeiten, möglicherweise auch einer finanziellen Förderung privater Wirtschaftsbetätigung in der DDR, etwa durch Öffnung verschiedener bestehender ERP-Programme bzw. umfassender Kreditmöglichkeiten hängen aber davon ab, ob und inwieweit die angekündigten Reformschritte nicht im Ansatz stecken bleiben, sondern im gesellschaftspolitischen wie im wirtschaftlichen Bereich zu grundlegenden Änderungen führen.

4. Der Bundesminister für Wirtschaft ist bereit, zu einem möglichst baldigen Zeitpunkt mit dem Nachfolger von Dr. Mittag zu einem Gespräch über die anstehenden Probleme zusammenzukommen.

Quelle: BArchP, DC 20, 5107.

Dokument 43

Information von Max Schmidt, Direktor des Institutes für Internationale Politik und Wirtschaft, an Egon Krenz über politische Gespräche in der BRD vom 23. Oktober 1989[281]

Im Zusammenhang mit der Teilnahme am Malente-Symposium zu Ost-West-Wirtschaftsbeziehungen und der Jahreskonferenz des Institutes für Ost-West-Sicherheitsstudien in Frankfurt/M. in der vergan-

---

281 Die Information wurde von Krenz am 26. Oktober 1989 abgezeichnet und mit dem Weiterleitungsvermerk „Genossen des PB" (Politbüros) versehen.

genen Woche hatte ich eine Reihe persönlicher Gespräche mit Politikern der BRD, darunter Lothar Späth, Kurt Biedenkopf, Walter Leisler Kiep, Björn Engholm, Karsten Voigt, Josef Holik (Abrüstungsbeauftragter der BRD-Regierung), Klaus Citron, Abteilungsleiter bei Außenminister Genscher.[282]

Daraus ist folgendes hervorzuheben:
– Es besteht Erleichterung darüber, daß die Parteiführung der DDR zur Handlungsfähigkeit zurückgefunden habe. Das entspreche auch dem grundlegenden Interesse der meisten Politiker der BRD an der Stabilisierung der Lage in der DDR und ihrer Auffassung, daß sich das Verhältnis zwischen beiden Staaten – trotz der schwierigen gegenwärtigen Situation – wieder positiv gestalten und entwickeln müsse. Im Grunde sei man – so Späth und Kiep – aufeinander angewiesen, um die Dinge in Mitteleuropa im Griff zu halten. Eine Beruhigung der Lage in der DDR sei dazu nötig, aber auch Stabilitätshilfe seitens der Bundesrepublik. Dies werde zwar gegenwärtig von vielen Aufgeregtheiten und Emotionen auf beiden Seiten überlagert, werde sich aber durchsetzen. Viel hänge davon ab, wie erste Maßnahmen der neuen Führungsspitze der SED greifen. Späth, Kiep – auch Engholm – gingen davon aus, daß sich nach der angekündigten nächsten ZK-Sitzung und den sicher dabei zu erwartenden Neubesetzungen der Funktionen (z. B. im Wirtschaftsbereich) die Möglichkeit und die Notwendigkeit zu politischen und wirtschaftlichen Gesprächen auf hoher Ebene zwischen DDR und Bundesrepublik ergeben.[283] Dies könne und sollte auch bereits jetzt durch Kontakte vorbereitet werden. Signale aus der DDR in dieser Richtung – auch auf internen Wegen – würde man erwarten.[284] Aus ihrer Sicht wäre es wohl auch für die Stimmung in der DDR wie der Bundesrepublik (im Hinblick auf Dämpfung der Aufgeregtheit) günstig, wenn in der nächsten öffentlichen Rede des neuen Generalsekretärs die Gestaltung eines normalen und zukunftsreichen Verhältnisses zwischen beiden deutschen Staaten noch deutlicher angesprochen werde. Aus vielen Informationen wisse man, daß auch in der DDR Ungewißheiten über das zukünftige Verhältnis zur Bundesrepublik bestünden. Auch wenn man Diskussionen in Polen und

---

282 Max Schmidt, seit 1973 Direktor des dem ZK der SED unterstellten Institutes für Internationale Politik und Wirtschaft (IPW), gehörte seit 1985/86 auch den Leitungsgremien des „Institute for East-West-Security-Studies" New York, des Institutes für Friedensforschung und Sicherheitspolitik der Universität Hamburg und des Konfliktforschungsinstitutes SIPRI Stockholm an. Er unterstützte das „neue Denken" der UdSSR in der Abrüstung.

283 Die 10. Plenum tagte vom 8. bis 10. November 1989. Vgl. Gerd-Rüdiger Stephan: Die letzten Tagungen des Zentralkomitees der SED 1988/89, S. 310 ff.

284 Vgl. dazu Jürgen Nitz: Länderspiel, S. 164 ff.

der UdSSR betrachte – so besonders Biedenkopf und Kiep – seien ihrer Meinung nach konstruktivere Aussagen aus der DDR über ihre Rolle im sich wandelnden Europa nötig.

– Kiep brachte die Bereitschaft großer Teile der BRD-Wirtschaft zur Intensivierung der Wirtschaftsbeziehungen mit der DDR zum Ausdruck. Natürlich wolle man nicht nur aus humanitären Gründen helfen, sondern Geschäfte machen – dies aber auf lange Sicht und auf höherer Ebene. In diese Richtung denken Siemens, VW und viele andere. Die Hoffnung gehe dahin, daß sich die künftigen Verantwortlichen für die Wirtschaft etwas beweglicher zeigen würden. Herrn Mittag habe man sehr viele Angebote gemacht, von denen man nicht wisse, ob sie überhaupt über ihn hinausgegangen seien. Starke Bereitschaft bestehe weiterhin, bei der Modernisierung der Infrastruktur und der Kommunikationsmittel der DDR (Verkehr, Nachrichtenwesen, Telefonnetz) sowie im Fahrzeugbau zu kooperieren. Noch sei z. B. die VW-Entscheidung offen, ein Werk für einen Mittelklassewagen nicht in Spanien, sondern – bei Bereitschaft – in der DDR zu errichten. Dies können das Autoproblem in der DDR lösen helfen, zumal Bezahlung durch Export als VW-Modelle erfolgen soll. Mehr Flexibilität erwarte man bei neuen Kooperationsformen, vor allem in der Industriekooperation. Vielleicht solle man auch mal einige (nicht zu aufwendige) Beispiele von Joint Ventures schaffen. Kiep wie Späth wiesen auf den starken Trend zur Arbeitsteilung hin, während man in den Kombinaten der DDR immer noch den viel aufwendigeren Weg der Fertigung in die Tiefe gehe. Man wolle der DDR-Wirtschaft keine Vorschriften machen, empfehle aber mehr das Studium der internationalen Wirtschaftstrends in Produktion und Management. Dazu gehöre auch ein ausgewogenes Verhältnis großer, mittlerer und kleinerer Betriebe. Kiep wie Späth boten an, nach der Wahl eines neuen Wirtschaftssekretärs für weitreichende Gespräche – bei Kiep auch intern, evt. zusammen mit einigen Wirtschaftsfachleuten – zur Verfügung zu stehen. Hinweise könnten auch über das IPW geleistet werden.

– Einige Gesprächspartner – so Voigt, Citron, Holik – machten darauf aufmerksam, daß die neue DDR-Führung auch bedenken möge, daß die Ereignisse der letzten Wochen und Monate ihrem außenpolitischen Prestige geschadet haben. Viel Kredit aus der ersten Hälfte der 80er Jahre sei aufgebraucht. Sowohl die richtige außenpolitische Darstellung der geplanten Veränderungen sei wichtig (weil die DDR unter starker internationaler Aufmerksamkeit stehe) als auch eine sichtbare Beteiligung an der neuartigen Diskussion von Fragen internationaler Sicherheit, der gegenseitigen Interessenlagen und den künftigen Erfordernissen der Rüstungsbegrenzung und Abrüstung. Man habe von der Ausarbeitung einer neuen Militärdoktrin der DDR gehört und hoffe, daß im Zusammenhang damit auch zu solchen Fragen wie der künftigen Gestaltung der Rolle der W[arschauer] V[ertrags-]O[rganisation], der Sicherheitsinteressen der DDR, den militärischen Strukturen für die Zeit nach einem ersten Abkommen in Wien gesprochen und die Stimme der DDR wieder deutlicher vernehmbar werde.

– Von Citron (wie er sagte, im Auftrag von Genscher) sowie vom Direktor des Forschungsinstitutes der Gesellschaft für Auswärtige Politik, Karl Kaiser, wurde angeboten, unter Wissenschaftlern beider Staaten intern über die künftige Gestaltung der Beziehungen DDR – BRD und die deutsche Frage im gesamteuropäischen Kontext nachzudenken und der Politik gewisse Vorleistungen zu erbringen (z. B. in kleinen Runden mit dem IPW). Dies solle keineswegs eine Diskussion über Wiedervereinigungsfragen sein, sondern mehr darüber, wie einerseits die neue innere Entwicklung in der DDR die Grundlage für mehr Stabilität der DDR werde und wie sich andererseits unter solchen Bedingungen ein neues Beziehungsgeflecht beider Staaten entwickle, das ein förderndes Element gesamteuropäischer Entwicklung ist.

gez. Max Schmidt

Quelle: SAPMO - BArch, DY 30/IV 2/2039/335.

Dokument 44

Empfehlungen von Alexander Schalck für das Gespräch von Egon Krenz mit Wolfgang Mischnick, Vorsitzender der FDP-Bundestagsfraktion, am 25. Oktober 1989

Das Zustandekommen des Gespräches mit einem führenden Vertreter der FDP wird begrüßt.[285]

Wir haben das Auftreten führender Politiker der FDP, insbesondere von Wolfgang Mischnick und Graf Lambsdorff, in den letzten Wochen mit Interesse zur Kenntnis genommen. Es war von Zurückhaltung und Ausgewogenheit gekennzeichnet. Wir betrachten es als Ausdruck des Interesses der FDP, sachliche Beziehungen mit der DDR aufrechtzuerhalten und zum Wohle der Menschen auszubau

---

285 Wolfgang Mischnick amtierte seit 1968 als FDP-Fraktionsvorsitzender im Bundestag und seit 1987 als Vorstandsvorsitzender der Naumann-Stiftung Die Disposition von Schalck blieb undatiert, wurde wohl kurzfristig erstellt.

en. Wir haben deshalb auch die kürzliche Reise einer Gruppe FDP-Abgeordneter unter Leitung von Mischnick in die DDR unterstützt.

In den Gesprächen, die Wolfgang Mischnick mit dem Stellvertreter des Vorsitzenden des Staatsrates der DDR und Vorsitzenden der LDPD, Manfred Gerlach, sowie mit weiteren Politikern der DDR geführt hat, konnte er sich bereits mit vielen anstehenden Fragen und Problemen, aber auch dem neuen Herangehen an ihre Lösung, vertraut machen.[286]

Wie ich gestern vor der Volkskammer bekräftigt habe, orientieren wir innenpolitisch auf weitgehende Erneuerungen und Reformen.[287] Es handelt sich nicht um taktische Erwägungen, sondern um eine strategische Linie, die darauf gerichtet ist, solche Veränderungen einzuleiten und zu realisieren, die den Bedürfnissen der Bürger der DDR entsprechen. Ein wesentlicher Punkt dabei ist eine veränderte Medienpolitik, die sie sicherlich auch persönlich bereits praktisch erlebt haben.

Ich möchte nachdrücklich bekräftigen, daß die sozialistische Ordnung der DDR nicht zur Disposition steht. In diesem Prozeß der Erneuerung wird die SED in einem ehrlichen Miteinander mit allen konstruktiven gesellschaftlichen Kräften auch weiterhin die führende Rolle einnehmen. Zu allen anstehenden Fragen wird ein umfassender Dialog mit allen Schichten der Bevölkerung erfolgen.

Es liegt im Interesse beider deutscher Staaten, das in den Beziehungen Erreichte auf keinen Fall aufs Spiel zu setzen, sondern zu bewahren und unter Berücksichtigung der neuen Chancen und Möglichkeiten auszubauen. Die DDR ist bereit, das ihrige zu tun, um auf der Basis der Gleichberechtigung und zum gegenseitigen Vorteil auf vielen Gebieten weitergehende Schritte der Zusammenarbeit mit der BRD zu sondieren und zu verhandeln. Das betrifft die politischen Beziehungen ebenso wie die Handelsbeziehungen, den Ausbau der wirtschaftlichen und wissenschaftlich-technischen Kooperation, Fragen des Umweltschutzes, des Verkehrs, des Post- und Fernmeldewesens bis hin zur kulturellen und touristischen Zusammenarbeit. Wir wollen einen Beitrag leisten, um unsere Beziehungen auf eine neue Stufe zu heben und ein friedliches und geregeltes Nebeneinander beider deutscher Staaten zu ermöglichen.

Inwieweit diese neuen Chancen genutzt werden können, wird jedoch wesentlich davon abhängen, daß die BRD ebenfalls eine

---

286 Mischnick war am 24. Oktober 1989 in Ost-Berlin bereits mit dem LDPD-Vorsitzenden Manfred Gerlach zusammengetroffen.

287 Die Erklärung von Krenz anläßlich seiner Wahl zum Vorsitzenden des Staatsrates und des Nationalen Verteidigungsrates durch die DDR-Volkskammer am 24. Oktober 1989 vgl. in: ND, 25. Oktober 1989.

Politik der Sachlichkeit, Vernunft und des guten Willens gegenüber der DDR verfolgt.

Es wäre im Interesse der Beziehungen und der Menschen sehr wünschenswert, daß die FDP in diesem Sinne ihr ganzes Gewicht in das politische Leben der BRD und in die Entscheidungen der Regierungskoalition einbringt. So ist es nach unserer Meinung höchste Zeit, daß die besonders von den BRD-Medien entfachte Hysterie zum Thema „Ausreisen von DDR-Bürgern" eingestellt wird. Durch alle realistischen Politiker sollte beruhigend auf die Lage eingewirkt werden. Die DDR will keine Konfrontation, weder nach innen noch nach außen.

Die angestrebten Veränderungen und Erneuerungen dürfen nicht durch ständige Einmischung in die inneren Angelegenheiten der DDR behindert oder sogar gefährdet werden. Dabei ist klar, daß alles allseitig durchdacht werden muß und auch Zeit für die Ausarbeitung ausgewogener wirkungsvoller Maßnahmen benötigt wird.

Mit großer Ernsthaftigkeit und Intensität wird gegenwärtig am Reisegesetz für DDR-Bürger gearbeitet.

Die vorgesehenen außerordentlich großzügigen und weitreichenden Regelungen sind für die DDR mit erheblichen weiteren Belastungen und Risiken des Mißbrauchs verbunden. Bekanntlich erheben wir seit langem die Forderung, daß die BRD die Staatsbürgerschaft der DDR voll respektiert. Die völkerrechtswidrigen Praktiken der BRD hinsichtlich der DDR-Staatsbürgerschaft stellen ein ernstes Hindernis dar.

Es wäre sicherlich der BRD-Regierung bei gutem Willen möglich, zumindest einige wesentliche praktische Unzuträglichkeiten der Nichtrespektierung der Personalhoheit der DDR auszuräumen (z. B. Verzicht auf die Aufnahme von Bürgern der DDR in BRD-Botschaften und Ausstellung von BRD-Reisedokumenten).

Gleichzeitig sind mit der vorgesehenen neuen Reiseregelung erhebliche neue zusätzliche Belastungen zu erwarten.

Da eine Ausweitung dieses Reiseverkehrs zum Wohle der Menschen nach den langjährigen Äußerungen nahezu aller BRD-Politiker ein außerordentlich bedeutsames Ziel ist, das den Gesamtbeziehungen beider Seiten dient, sollte auch gemeinsam über einer Ausgleich dieser ökonomischen Belastungen nachgedacht werden.

Es darf nichts von dem aufs Spiel gesetzt werden, was zwischen den beiden deutschen Staaten zum Nutzen der europäischen Sicherheit und der Menschen bisher erreicht werden konnte. Die Anmaßung einer „Obhutpflicht für alle Deutschen" und die Beschwörung der Grenzen von 1937 sind nicht dazu angetan, die Beziehungen zwischen der DDR und der BRD und die Stabilität in Europa zu för dern. Wir vermerken mit Interesse, daß sich die FDP gegen die Grenzdiskussion wendet. Wir stimmen damit überein, daß das Rad der Geschichte nicht zurückgedreht werden darf.

Stabile Beziehungen zwischen beiden deutschen Staaten sind von großer Bedeutung für die europäischen Sicherheit. Keiner darf die staatliche Ordnung des anderen zu untergraben versuchen. Damit wird die Idee des europäischen Hauses unterlaufen.

Die DDR bekennt sich zu ihrer Friedenspflicht. Sie verfolgt weiterhin die Politik des Dialogs, der Vernunft und des Realismus. Zu friedlicher Koexistenz, zu Abrüstung, Entspannung und Zusammenarbeit gibt es keine vernünftige Alternative. Wir begrüßen die Übereinstimmung mit der FDP in dieser Frage.

Die DDR wird es nicht an konstruktiven Aktivitäten fehlen lassen, um den Prozeß der Abrüstung und Entspannung zu fördern. Sie geht davon aus, daß es den beiden deutschen Staaten zukommt, mit besonderer Anstrengung für das friedliche Zusammenleben in Europa zu wirken. Viel hängt dabei davon ab, ob und in welcher Weise die DDR und die BRD ihre spezifischen und gemeinsamen Anliegen immer umfassender zu regeln vermögen.

Ich möchte nochmals bekräftigen, daß die DDR für normale Beziehungen und gute Nachbarschaft zwischen der DDR und der BRD eintritt. Das erfordert, von den Realitäten auszugehen. Unabdingbar ist die Achtung der Souveränität, der territorialen Integrität, der Unabhängigkeit und Nichteinmischung.[288]

Quelle: SAPMO - BArch, DY 30/IV 2/2039/238.

Dokument 45

Maßnahmekatalog von Alexander Schalck nach dem Telefonat von Egon Krenz mit Helmut Kohl vom 26. Oktober 1989[289]

1. Der Bundesminister für besondere Aufgaben und Chef des Bundeskanzleramtes der BRD, Rudolf Seiters, ist durch den Minister für Auswärtige Angelegenheiten, Genossen Oskar Fischer, zu einem offiziellen Besuch in die DDR für Ende November 1989 einzuladen.[290]

---

288 Die Niederschrift des Gespräches von Krenz mit Mischnick am 25. Oktober 1989 vgl. in: Heinrich Potthoff: Die „Koalition der Vernunft", S. 965 ff.

289 Das Telefonat von Krenz und Kohl vom 26. Oktober 1989 vgl. in: Gerd-Rüdiger Stephan (Hrsg.): „Vorwärts immer, rückwärts nimmer!", S. 180 ff.

290 Vgl. Dok. 52.

Bundesminister Seiters wird durch den Generalsekretär des ZK der SED und Vorsitzenden des Staatsrates der DDR, Genossen Egon Krenz, zu einem Gespräch empfangen.

Verantwortlich: Genosse Oskar Fischer

2. Im Zusammenhang mit der vorgesehenen Beschlußfassung des neuen Reisegesetzes sind Sofortmaßnahmen vorzuschlagen, um eine ordnungsgemäße Grenzabfertigung, insbesondere gegenüber Westberlin, unter Berücksichtigung der zu erwartenden beträchtlichen Ausweitung des Reise- und Besucherverkehrs zu gewährleisten.

Verantwortlich: Genosse Erich Mielke, Genosse Gerhard Strauch, Genosse Otto Arndt

Termin: sofort

3. Es ist kurzfristig ein Entscheidungsvorschlag über den Status derjenigen DDR-Bürger vorzulegen, die über die ungarische Grenze bzw. mit Sonderzügen aus Prag und Warschau in die BRD ausgereist sind.

Verantwortlich: Genosse Wolfgang Herger, Genosse Friedrich Dickel, Genosse Erich Mielke, Genosse Ernst Höfner

Termin: sofort

4. Es ist kurzfristig ein Vorschlag über Amnestierung von Bürgern der DDR, die wegen Republikflucht (§ 213 StGB) verurteilt bzw. inhaftiert sind, vorzulegen. In diesem Zusammenhang sind, soweit erforderlich, gleichzeitig entsprechende Veränderungen gesetzlicher Bestimmungen vorzuschlagen.

Verantwortlich: Genosse Klaus Sorgenicht, Kollege Hans-Joachim Heusinger, Genosse Friedrich Dickel

Termin: sofort

5. Es sind längerfristig orientierte Vorschläge für die weitere Entwicklung und den Ausbau der Wirtschaftsbeziehungen mit der BRD unter Einbeziehung neuer Formen der Zusammenarbeit auszuarbeiten und dem Politbüro vorzulegen.

Verantwortlich: Genosse Willi Stoph, Genosse Gerhard Schürer, Genosse Gerhard Beil, Genosse Alexander Schalck

Termin: Dezember 1989

6. Es ist eine langfristig orientierte Konzeption für den weiteren Ausbau der Zusammenarbeit mit der BRD auf dem Gebiet des Umweltschutzes auszuarbeiten und dem Politbüro vorzulegen. In diese Konzeption ist auch das weitere Vorgehen der DDR zu den gegenüber der BRD anstehenden Fragen des Kaliabbaus im Werragebiet einzubeziehen.

Verantwortlich: Genosse Willi Stoph, Kollege Hans Reichelt, Genosse Gerhard Schürer, Genosse Kurt Singhuber, Genosse Oskar Fischer

Termin: Februar 1990

7. Die Verhandlungskonzeption für die weitere Gestaltung der Beziehungen zwischen der DDR und der BRD auf dem Gebiet des Post- und Fernmeldewesens einschließlich der Neufestsetzung der Postpauschale ist kurzfristig fertigzustellen und dem Politbüro zur Entscheidung vorzulegen. Dabei ist davon auszugehen, daß die offiziellen Verhandlungen mit der BRD im Dezember 1989 aufgenommen werden können.

Verantwortlich: Genosse Willi Stoph, Kollege Rudolph Schulze, Genosse Alexander Schalck

Termin: November 1989

8. Es ist eine Konzeption zu erarbeiten, die davon ausgeht, mit hohem ökonomischen Nutzen für die DDR das Projekt des Ausbaus und der Elektrifizierung der Eisenbahnstrecke Berlin – Hannover zu realisieren (Ausschreibung für BRD-Firmen). Die Konzeption und Vorschläge für die mit der BRD-Seite zu führenden Verhandlungen sind dem Politbüro zur Entscheidung vorzulegen.

Verantwortlich: Genosse Otto Arndt, Genosse Gerhard Schürer, Genosse Alexander Schalck, Genosse Wolfgang Junker

Termin: November 1989

9. Es ist eine Vorlage über Maßnahmen zur weiteren Entwicklung des organisierten NSW-Tourismus für DDR-Bürger unter besonderer Berücksichtigung des Tourismus in die BRD auszuarbeiten und dem Politbüro vorzulegen.

Verantwortlich: Genosse Otto Arndt, Genosse Erich Mielke, Genosse Alexander Schalck

Termin: Dezember 1989

10. Der mit der BRD-Seite ausgehandelte Kulturarbeitsplan für den Zeitraum 1990/1991 kann im Dezember 1989 abgeschlossen werden.

Verantwortlich: Genosse Oskar Fischer

Termin: Dezember 1989

Quelle: SAPMO - BArch, DY 30/IV 2/2039/328.

Dokument 46

Vermerk über ein Gespräch von Oskar Fischer mit Wjatscheslaw Kotschemassow, UdSSR-Botschafter in der DDR, am 7. November 1989[291]

Das Gespräch fand auf Wunsch des Ministers, Genossen Fischer, statt.

---

291 Laut Vermerk begann das Gespräch gegen 11.45 Uhr.

I. Genosse Oskar Fischer informierte darüber, daß im Politbüro die Problematik der Ausreisen von DDR-Bürgern und die damit verbundenen Probleme in der CSSR (Blockierung der Grenzübergangsstellen) beraten worden sei. Es bestehe die Pflicht, die tschechoslowakischen Genossen zu entlasten. Die Grenze DDR/BRD werde nicht geöffnet, weil sie unkontrollierbare Wirkung hätte. Ebenso könne die Grenze zur CSSR nicht geschlossen werden.

Folgende Maßnahmen seien beabsichtigt:

1. Die Kampagne in den Medien, die DDR-Bürger zum Hierbleiben zu veranlassen, wird verstärkt. Es werde versucht, auch andere bestimmte Leute dafür zu gewinnen. Zugleich sollen in dieser Kampagne die Rückkehrer aus der BRD wirksam gemacht werden.

2. Die Kampagne gegen die BRD hinsichtlich der „Obhutspflicht" wird ebenfalls verstärkt. Dabei ist die Unterstützung unserer Verbündeten erwünscht. Unsere Botschafter in Westeuropa sind angewiesen, gleiches zu erwirken.

3. Der Teil des Reisegesetzes, der sich mit der ständigen Ausreise von DDR-Bürgern befaßt, wird vorgezogen.

4. Mit der CSSR ist zu beraten, ob es ihr Entlastung bringen würde, ihre Grenzübergangsstelle zu Bayern Brambach/Vojtanov (Cheb) in die Ausreise einzubeziehen. Zugleich soll sie gefragt werden, ob sie die Grenze zur DDR schließen kann. Dies hieße allerdings, die gutwilligen DDR-Bürger zu bestrafen. Würde die DDR schließen, gäbe es eine Machtprobe.

5. Die DDR wird in Bonn informieren, was hinsichtlich der Ausreise von DDR-Bürgern auf sie zukommt. Es wird entschieden verlangt, daß sie gegen die Einreise von DDR-Bürgern auftritt. Wir werden sie bei ihrem eigenen Wort nehmen.

6. Genosse Schabowski wird heute die Blockparteien und Genosse Jarowinsky die Kirchenvertreter über diese Dinge informieren.

7. Genosse Ziebart wird vom Minister sofort informiert, da er heute in Prag um 13.15 Uhr einen Termin bei Genossen Lenart hat.

Genossen Krenz ist die Meinung von Genossen Gorbatschow sehr wichtig sowohl hinsichtlich des gesamten Problems als auch hinsichtlich der Absichten zum Reisegesetz. Die DDR wäre für Unterstützung dankbar.[292]

Genosse Kotschemassow dankte für die Information. Er schlug vor, als zusätzliche Maßnahme auch die ehemaligen Verbündeten (USA, Großbritannien, Frankreich) einzubeziehen, um diese zu veranlassen, Druck auf die BRD auszuüben.

292 Vgl. Valentin Falin: Politische Erinnerungen. München 1993, S. 488 f.; Wjatscheslaw Kotschemassow: Meine letzte Mission, S. 184 ff.

Genosse Fischer hielt das für gut. Genosse Kotschemassow sicherte die sofortige Weiterleitung nach Moskau und Rückantwort zu.

Quelle: BArch P, DC 20, 4933.

Dokument 47

**Schreiben von Oskar Fischer an Egon Krenz
vom 8. November 1989**

Werter Genosse Krenz!
Weisungsgemäß übermittelte der Gesandte unserer Vertretung in Bonn, Gen[osse] Glienke, am 7.11.1989 an den Abteilungsleiter im BRD-Bundeskanzleramt Duisberg (Seiters war nicht in Bonn) die Information, daß die DDR beabsichtige, den Teil des Reisegesetzes, der sich mit ständiger Ausreise befaßt, sobald als möglich in Kraft zu setzen. Dabei wurde die Erwartung zum Ausdruck gebracht, daß die BRD entschiedener gegen Ausreisen von DDR-Bürgern auftritt.
Duisberg sagte sofortige Information an Kohl zu.[293] Die Absicht der DDR wurde begrüßt. Für die eingetretene Situation trage die Bundesregierung keine Verantwortung. Sie läge vor allem bei der früheren Führung der DDR. Führende Vertreter der BRD-Regierung hätten in letzter Zeit die DDR-Bürger mehrfach dazu aufgefordert, in der DDR zu bleiben. Kohl werde dies auch heute vor dem Bundestag tun. Der Umfang der Ausreisen belaste auch die BRD. Ein Arbeitsstab unter Leitung von Seiters habe beraten, wie die Lage gemeistert werden könne. Dabei sei man zu der Auffassung gekommen, daß die DDR-Führung alles tun müsse, um das Vertrauen der Bürger wiederzugewinnen. Die BRD könne nur wenig tun. Duisberg stimmte zu, daß beide Seiten der gegenwärtigen Psychose entgegenwirken müßten.
Duisberg bat um kurfristige Information über den Zeitpunkt des Inkrafttretens des Teiles des Reisegesetzes, der die ständigen Ausreisen betrifft.
Ich bitte um Kenntnisnahme.
Mit sozialistischem Gruß
gez. Oskar Fischer

Quelle: BArch P, DC 20, 4933.

---

293 Vgl. dazu Horst Teltschik: 329 Tage. Innenansichten der Einigung. Berlin 1991, S. 11 ff.

Dokument 48

Reisebeschluß des DDR-Ministerrates vom 10. November 1989

Zur Veränderung der Situation der ständigen Ausreise von DDR-Bürgern nach der BRD über die CSSR wird festgelegt:[294]

1. Die Verordnung vom 30. November 1988 über Reisen von Bürgern der DDR in das Ausland (GBl. I Nr. 25 S. 271) findet bis zur Inkraftsetzung des neuen Reisegesetzes keine Anwendung mehr.

2. Ab sofort treten folgende Regelungen für Reisen und ständige Ausreisen aus der DDR in das Ausland in Kraft:

a) Privatreisen nach dem Ausland können ohne Vorliegen von Voraussetzungen (Reiseanlässe und Verwandschaftsverhältnisse) beantragt werden. Die Genehmigungen werden kurzfristig erteilt. Versagungsgründe werden nur in besonderen Ausnahmefällen angewandt.

b) Die zuständigen Abteilungen Paß- und Meldewesen der VPKA in der DDR sind angewiesen, Visa zur ständigen Ausreise unverzüglich zu erteilen, ohne daß dafür noch geltende Voraussetzungen für eine ständige Ausreise vorliegen müssen. Die Antragstellung auf ständige Ausreise ist wie bisher auch bei den Abteilungen Innere Angelegenheiten möglich.

c) Ständige Ausreisen können über alle Grenzübergangsstellen der DDR zur BRD bzw. zu Berlin (West) erfolgen.

d) Damit entfällt die vorübergehend ermöglichte Erteilung von entsprechenden Genehmigungen in Auslandsvertretungen der DDR bzw. die ständige Ausreise mit dem Personalausweis der DDR über Drittstaaten.

3. Über die Regelungen ist die Pressemitteilung am 10. November 1989 zu veröffentlichen.

Verantwortlich: Regierungssprecher beim Ministerrat der DDR.

Quelle: BArch P, DC 20, I/3-2867.

---

294 Vgl. die Erklärung von Generalsekretär Egon Krenz zur Ausreise- bzw. Reiseregelung auf der 10. ZK-Tagung der SED am Nachmittag des 9. November 1989 in: Gerd-Rüdiger Stephan (Hrsg.): „Vorwärts immer, rückwärts nimmer!", S. 238 f.

KAPITEL 3

Herbst 1989 bis Frühjahr 1990: „Deutschland, einig Vaterland"

Umorientierung auf eine baldige staatliche Einheit

Der DDR-Ministerrat unter dem neuen Vorsitzenden Hans Modrow trat am 17. November 1989 mit einer ausdrücklich als Reformprogramm deklarierten Regierungserklärung an. Das von der SED dabei erneut mit den Blockparteien eingegangene Bündnis schien die Gewähr zu bieten, um das politische System, Wirtschaft, Bildung, Ökologie und Verwaltung in den kommenden Monaten zunächst weg von der bisherigen Praxis des realen Sozialismus umzugestalten. Die komplizierte innenpolitische Situation, insbesondere nach dem Zerfall der traditionellen Führungsstrukturen der SED Anfang Dezember 1989, erschwerte die Umsetzung dieses Konzepts, das zunächst noch auf einen gewissermaßen utopischen und theoretisch verschwommenen „demokratischen Sozialismus" zielte, erheblich. Hinzu kamen praktische Inkonsequenzen und Fehleinschätzungen, vor allem hinsichtlich der deutschen Frage. Modrows Idee einer „Vertragsgemeinschaft" zwischen beiden deutschen Staaten konnte sich nicht durchsetzen. Die Bundesregierung unterbreitete nach dem Mauerfall zunächst Vorschläge für eine Konföderation, orientierte sich ab Ende Dezember 1989 auf eine baldige staatliche Vereinigung. Über Zwischenschritte gelangte Modrow zu einer strategischen Neuorientierung in Form der Initiative „Für Deutschland, einig Vaterland". Erst mit dieser Kurskorrektur in der nationalen Problematik und mit der nahezu gleichzeitigen Aufnahme von Vertretern der Bürgerbewegung in eine „Regierung der nationalen Verantwortung" stabilisierte sich vorübergehend die politische Lage.

Das erweiterte Modrow-Kabinett versuchte, in den nicht mehr aufzuhaltenden Einigungsprozeß Werte und Ergebnisse der vierzigjährigen Existenz der DDR einzubringen. Sie setzte auf den internationalen Einfluß Moskaus, um Übergangsregelungen durchzusetzen. Die zunehmende politische und wirtschaftliche Schwäche der UdSSR setzte diesen Bemühungen Grenzen. Mit den Volkskammerwahlen am 18. März 1990 bestätigte eine Mehrheit der DDR-Bürger den Kurs von Kanzler Kohl auf die deutsche Einheit.

Der am 18. Oktober 1989 zum neuen SED-Generalsekretär und sechs Tage später zum DDR-Staatsratsvorsitzenden avancierte Egon Krenz bemühte sich in der Innen- und Außenpolitik um Schadensbegrenzung. Für ihn hatte die Erhaltung der DDR oberste Priorität. Sein Gespräch mit dem FDP-Fraktionsvorsitzenden Wolfgang Mischnick am 25. Oktober 1989 und das Telefonat mit Helmut Kohl am folgenden Tag zeigten jedoch, daß er nicht mehr Herr der Situation war. Die anhaltenden Demonstrationen, verbunden mit an Schärfe zunehmenden Auseinandersetzungen innerhalb der SED, zwangen Krenz mehr und mehr zu ungewollten Zugeständnissen.

Inmitten der Wende des Herbstes 1989 traf Krenz am 1. November 1989 in Moskau mit dem sowjetischen Partei- und Staatschef Gorbatschow zusammen. Die Unterredung im Kreml begann mit dem deutlichen Hinweis des KPdSU-Generalsekretärs an seinen Amtskollegen, „man müsse verhindern, daß ein Knäuel von Problemen entstehe, das nicht mehr entwirrt werden kann."[295]

Krenz bezeichnete die ökonomische Lage der DDR als schlecht. Die jährlichen Zinszahlungen von 4,5 Mrd. US-Dollar vertilgten 62 Prozent des gesamten Exporterlöses. Die Zahlungsbilanz sei in der DDR nicht bekannt. Der erstaunte Gorbatschow riet zur Darlegung der Lage auf der bevorstehenden ZK-Tagung.

Krenz bat seinen Gastgeber um eine Erläuterung, „welchen Platz die Sowjetunion der Bundesrepublik Deutschland und der Deutschen Demokratischen Republik im gesamteuropäischen Haus einräumt". Die DDR sei ein Kind der UdSSR und diese müsse ihre „Vaterschaft" anerkennen. Weiterhin schlug Krenz vor, bei der Gestaltung der Beziehungen zur Bundesrepublik darauf Wert zu legen, keinen Schußwaffengebrauch an der Grenze mehr zuzulassen, bis Weihnachten ein Reisegesetz zu verabschieden und die akute Valutaknappheit der DDR in bezug auf die Reisemöglichkeiten darzulegen. Von einer Grenzöffnung war noch keine Rede.

Symptomatisch für die Konzeptionslosigkeit in der SED-Führung war schließlich die Art und Weise der längst überfälligen Öffnung der Grenzübergänge zur Bundesrepublik und Westberlin in der Nacht vom 9. zum 10. November 1989.[296] Auch Bundeskanzler Kohl wurde von der Maueröffnung überrascht. Er weilte vom 9. bis 14. November 1989 zu einem Staatsbesuch in Polen, den er spontan

---

295 Diese und folgende Zitate vgl. in: SAPMO - BArch, DY 30/IV 2/1/704. Der Text wurde vollständig veröffentlicht. Vgl. Gerd-Rüdiger Stephan (Hrsg.): „Vorwärts immer, rückwärts nimmer!", S. 199 ff.

296 Vgl. zur Maueröffnung Igor W. Maximytschew/Hans-Hermann Hertle: Die Maueröffnung. Eine russisch-deutsche Trilogie. In: Deutschland Archiv, H. 11/1994, S. 1137 ff.; H. 12/1994, S. 1241 ff.

unterbrach. Am Vormittag des 11. November 1989 telefonierte der Kanzler zum zweiten Mal mit Krenz und begrüßte die „sehr wichtige Entscheidung der Öffnung".[297] Kohl kündigte den Besuch von Kanzleramtsminister Seiters für den 20. November 1989 an und machte sein Interesse an einer schnellen Begegnung mit Krenz und dem neuen DDR-Ministerpräsidenten deutlich. Als Kohl schließlich am 19. Dezember 1989 nach Dresden kam, war Krenz bereits ein Privatmann ohne jede politische Funktion.

Hans Modrow, seit dem 13. November 1989 neuer Ministerratsvorsitzender, begrüßte in seiner Regierungserklärung am 17. November 1989 die Ankündigung eines Treffens zwischen Bundeskanzler Kohl und SED-Generalsekretär Krenz, reklamierte für derartige Gespräche jedoch die Kompetenz der DDR-Regierung. Er war nicht mehr bereit, dem Politbüro oder anderen Parteigremien die Entscheidungshoheit über staatliche Fragen zuzubilligen.

Am 20. November nahm Modrow an dem Gespräch von Krenz mit Kanzleramtsminister Seiters teil. In der Verantwortung der Regierung sah Modrow die Wirtschaftsbeziehungen zwischen den deutschen Staaten, den Umweltschutz, das Verkehrswesen, die Post- und Fernmeldebeziehungen, den nichtkommerziellen Zahlungsverkehr, den Medienaustausch, den Tourismus und die Drogenbekämpfung. *(Dok. 52)*

Am 4. Dezember 1989 traf Hans Modrow am Rande einer Beratung der führenden Politiker des Warschauer Vertrages mit dem UdSSR-Ministerpräsidenten Nikolai Ryshkow zusammen. Ausführlich argumentierte Modrow zur deutschen Frage. Gegenwärtig wäre es am besten, „die Position zweier deutscher Staaten standhaft zu verteidigen". Die politische und ökonomische Zusammenarbeit mit der BRD müßte ausgebaut werden. *(Dok. 54)*

In einem Vorbereitungspapier für eine Begegnung von Modrow mit Gorbatschow wurde die Erwartungshaltung an die sowjetische Seite artikuliert: „Wir brauchen auch zukünftig die klare Unterstützung der UdSSR, um der nationalistischen Welle seitens der BRD begegnen zu können."[298] Weiter hieß es, daß man bei Wahrung der Zweistaatlichkeit durchaus über eine Konföderation sprechen könne.

Der UdSSR-Premier lehnte die Verwirklichung einer deutschen Konföderation ausdrücklich ab. Dies würde die politische Lage in ganz Europa destabilisieren. Ryshkow argwöhnte weiter, daß das

---

297 Vgl. die DDR-Mitschrift des Telefonats von Krenz mit Kohl in: Gerd-Rüdiger Stephan (Hrsg.): „Vorwärts immer, rückwärts nimmer!", S. 243 ff. bzw. Heinrich Potthoff: Die „Koalition der Vernunft", S. 989 ff.

298 Ebenda.

Volk der DDR mit seinem relativ hohen Lebensstandard (im Vergleich zu den anderen realsozialistischen Staaten), „wegen der großen ökonomischen Unterschiede zur BRD in eine schwierige Lage geraten könnte". Zu empfehlen wäre das Überdenken vieler westdeutscher Angebote und nicht deren sofortige Annahme.

Kurz nach dem außerordentlichen Parteitag der SED (8./9. und 16./17. Dezember 1989 in Berlin), der die Umbennung in SED/PDS vorgenommen, ein vorläufiges Statut beschlossen sowie einen völlig neuen Vorstand gewählt hatte, fand das Treffen von Ministerpräsident Modrow mit Bundeskanzler Kohl statt. Kohl und seine Begleitung (u. a. die Minister Blüm, Haussmann, Seiters, Wilms) trafen am 19. Dezember in Dresden ein. In der „Gemeinsamen Mitteilung" stimmten beide Seiten noch der Vertragsgemeinschaft zu. Konkrete Festlegungen wurden hinsichtlich von Erleichterungen im Reiseverkehr (für Bundesbürger) getroffen. Die Gespräche sollten einige Wochen später in Bonn fortgesetzt werden. *(Dok. 56)*

Am Abend des 19. Dezember sprach Kohl improvisiert zu Tausenden Dresdenern in der Innenstadt. In diesen Augenblicken dürften sich angesichts der euphorischen Zustimmung der anwesenden DDR-Bürger für die Politik und Person Kohls neue Konstellationen und Perspektiven zur Lösung der deutschen Frage entwickelt haben. Nachdem die westdeutsche Delegation am 20. Dezember Dresden wieder verlassen hatte, wurden die Weichen in Bonn endgültig auf die schnelle staatliche Vereinigung gestellt.

Am 20. Dezember 1989 trafen DDR-Außenminister Fischer und der Abteilungsleiter im UdSSR-Außenministerium Bondarenko in Berlin zusammen. Dabei legten beide viel zu „optimistische" Erwartungen hinsichtlich der Position Bonns zur deutschen Einheit dar. Offensichtlich war das Dresdener Treffen zu diesem Zeitpunkt noch nicht ausreichend bewertet worden. *(Dok. 57)*

Die 45. Tagung des RGW in Sofia bot erneut Anlaß für ein Treffen zwischen Modrow und seinem sowjetischen Amtskollegen Ryshkow. Modrow konstatierte am 10. Januar 1990, daß sich Kanzler Kohl nicht an die Verabredungen von Dresden hinsichtlich einer Vertragsgemeinschaft halten würde. Dessen ungeachtet werde die DDR der UdSSR in Kürze den Entwurf einer solchen Vereinbarung mit der Bundesrepublik zur Kenntnis bringen. *(Dok. 58)*

Am 12. Januar äußerte sich Modrow gegenüber dem Abgeordneten des US-amerikanischen Repräsentantenhauses Stephen J. Solarz zur deutschen Frage. Dabei ging Modrow, der noch am Vortag vor der Volkskammer ausdrücklich hervorgehoben hatte, daß eine Vereinigung von DDR und BRD nicht auf der Tagesordnung stünde, primär vom Selbstbestimmungsrecht des deutschen Volkes aus. Die

Lage in Europa erfordere ein etappenweises Vorgehen bei einer Vereinigung der beiden deutschen Staaten. Modrow lehnte eine NATO-Mitgliedschaft für das vereinigte Deutschland ausdrücklich ab. Die Militärblöcke sollten besser aufgelöst werden. *(Dok. 59)*

Der Besuch des DDR-Außenministers Oskar Fischer in Moskau am 19./20. Januar 1990 berücksichtigte weitere Lageveränderungen. Fischer gestand die Zunahme von Krisenerscheinungen ein. Dennoch halte man an der Absicht fest, eine Vertragsgemeinschaft zu verwirklichen. Angesichts der Dynamik der Entwicklung vertagte man sich auf den Modrow-Besuch in Moskau. Offenkundig reichte die sowjetische Macht nicht mehr aus, um die Existenz der DDR mittelfristig abzusichern. *(Dok. 60)*

Der DDR-Ministerpräsident begab sich am 29. Januar 1990, unmittelbar nach einer Rede vor der Volkskammer, in der er die Bildung einer „Regierung der Nationalen Verantwortung" unter Einbeziehung von Vertretern der Bürgerbewegung und die Vorverlegung der Volkskammerwahlen auf den 18. März 1990 bekanntgegeben hatte, auf die Reise nach Moskau.

Die DDR-Niederschrift des Gesprächs von Modrow mit Gorbatschow am 30. Januar 1990 in Moskau ist aktenkundig. *(Dok. 62)*[299] Bereits vor dem Treffen erklärte der sowjetische Partei- und Staatschef gegenüber Medienvertretern: „Mir scheint, es gibt ein gewisses Einvernehmen darüber bei den Deutschen in Ost und West sowie bei den Repräsentanten der vier Mächte, daß die Vereinigung der Deutschen niemals und von niemanden prinzipiell in Zweifel gezogen wird."[300] Dies war ein Fingerzeig, daß in Moskau Veränderungen vor sich gegangen waren. Und tatsächlich hatten drei Tage zuvor intensive Diskussionen innerhalb des engsten sowjetischen Führungskreises stattgefunden. Man verständigte sich, der deutschen Vereinigung nicht mehr grundsätzlich entgegenzutreten.[301]

Gorbatschow äußerte sich später: „Einige Tage vor Modrows Besuch hatten wir in meinem Arbeitszimmer eine Beratung über die deutsche Frage im kleinen Kreis durchgeführt. Anwesend waren Ryshkow, Schewardnadse, Jakowlew, Falin, Krjutschkow, Achromejew und meine persönlichen Mitarbeiter Tschernjajew und

---

299 Im Protokoll fehlen allerdings einige wichtige Angaben. Hans Modrow begleiteten sein persönlicher Mitarbeiter Karl-Heinz Arnold, Vizeaußenminister Harry Ott, und der DDR-Botschafter in Moskau, Gerd König. An dem rund zweistündigen Gespräch nahmen von sowjetischer Seite Nikolai Ryshkow, Eduard Schewardnadse und Valentin Falin teil.

300 ND, 31. Januar 1990.

301 Dies bestätigten inzwischen mehrere ehemalige Moskauer Spitzenfunktionäre, u. a. Valentin Falin, Julij Kwizinskij und Anatoli Tschernjajew.

Schachnasarow. Die Diskussion dauerte vier Stunden. Danach war unser Kurs für die nächste Zukunft abgesteckt: Die Wiedervereinigung Deutschlands sei unvermeidlich. Die UdSSR solle die Initiative zu einer Konferenz der ‚Sechs' ergreifen, also der vier Siegermächte und der beiden deutschen Staaten."[302]

Modrow hatte den Entwurf einer Erklärung mitgebracht, in der er sich für eine schrittweise Verwirklichung der deutschen Einheit aussprach. Seine Initiative „Für Deutschland, einig Vaterland" versuchte, der wachsenden Stimmung zuungunsten der deutschen Zweistaatlichkeit Rechnung zu tragen.

Der KPdSU-Chef begrüßte die Kursnahme Modrows auf eine stufenweise Vereinigung. Gorbatschow werde diese Vorschläge der sowjetischen Führung vorlegen. Er eröffnete Modrow, „ähnliche Überlegungen seien vor einigen Tagen an demselben Tisch erörtert worden". Gleichzeitig schätzte er die Herstellung der militärischen Neutralität von DDR und BRD als kompliziert ein.

Modrow stellte sein Konzept nach der Rückkehr aus Moskau auf einer Pressekonferenz der Regierung in Berlin vor. Die der Öffentlichkeit präsentierte endgültige Fassung bezeichnete die staatliche Vereinigung Deutschlands als auf der Tagesordnung stehend. Die Spaltung der deutschen Nation müsse überwunden werden, ein Friedensvertrag solle den Schlußstrich unter den zweiten Weltkrieg ziehen. Da die Annäherung der deutschen Staaten niemanden bedrohen solle, könne der Prozeß gesamteuropäisch verlaufen.[303]

Das Konzept stellte lediglich die Anpassung an Positionen dar, die inzwischen von einer Bevölkerungsmehrheit getragen wurden. Modrow wollte noch ein Stück „Masse" in die Verhandlungen einbringen, wurde aber in Bonn nach der Vorverlegung des Wahltermins bereits nicht mehr als geeigneter Partner akzeptiert.

Nachdem es am Rande des Weltwirtschaftsforums im schweizerischen Davos am 3. Februar 1990 zu einem weiteren Treffen zwischen Kohl und Modrow gekommen war, wobei der Kanzler eine baldige wirtschaftliche Hilfe für die DDR ankündigte, besuchte eine westdeutsche Regierungsdelegation offiziell Moskau. Bei ihren Gesprächen mit Gorbatschow am 10. Februar erhielten Kohl und Genscher die Zusage, daß die UdSSR die Entscheidung der Deutschen, künftig in einem Staat leben zu wollen, respektieren werde.

Am 13./14. Februar wurde der im Dezember vereinbarte Gegenbesuch Modrows in Bonn realisiert. In der Einschätzung durch den DDR-Ministerrat galt als entscheidendes Ergebnis die Überein-

---

302 Michail Gorbatschow: Erinnerungen, S. 714 f.

303 Vgl. ND, 2. Februar 1990.

stimmung darüber, „daß von beiden Seiten eine baldige Vereinigung der DDR und der BRD in Form eines deutschen Bundesstaates angestrebt wird". *(Dok. 63)* Beide Seiten unterstützten die Idee einer „2+4-Konferenz" zur Lösung der deutschen Frage.

Meinungsunterschiede hatte es nicht nur zur Anerkennung der deutsch-polnischen Grenze gegeben. Kohl bezeichnete sowohl eine Vertragsgemeinschaft wie konföderative Strukturen als „durch die Entwicklung überholt". Statt dessen sollte eine „Währungs- und Wirtschaftsgemeinschaft" gebildet werden.

Man einigte sich, Gespräche über letzteren Vorschlag „unverzüglich" aufzunehmen. Die DDR-Forderung nach einem Solidarbeitrag der Bundesrepublik in Höhe von 15 Mrd. DM wurde abgelehnt. Der Hinweis Modrows, daß zum Jahresende ein Kredit von 3 Mrd. DM für die DDR fällig werde, blieb ebenso unbeantwortet.

Am 2. März 1990 fand in Moskau eine Begegnung des sowjetischen Außenministers Eduard Schewardnadse mit dem Vorsitzenden der DDR-SPD, Ibrahim Böhme, statt. Letzterer sah sich offenbar schon als künftiger Ministerpräsident. Bonn, so Böhme, würde mit der Diskussion um den Artikel 23 des Grundgesetzes die Vereinigung künstlich forcieren. Aufgabe der neuen Regierung nach dem 18. März sei es, dem Volk die Kompliziertheit der Vorgänge zu erläutern und die Stimmungen zu kanalisieren. *(Dok. 65)*

Anfang März konsultierte das DDR-Außenministerium nochmals die sowjetischen Kollegen. Die DDR-Seite konstatierte, daß die Verantwortlichen im Kreml offenbar in vielen Fragen noch im „Anfangsstadium" stünden. Eine NATO-Mitgliedschaft des vereinten Deutschlands werde jedenfalls abgelehnt. *(Dok. 66)*

Eine DDR-Regierungsdelegation unter Leitung Modrows besuchte am 5./6. März 1990 Moskau und traf mit Gorbatschow zusammen. In den Gesprächen gelangten beide Seiten zu der Auffassung, „daß Artikel 23 des Grundgesetzes der BRD keine geeignete Grundlage für den Prozeß der Annäherung und Vereinigung beider deutscher Staaten sein kann", und „daß die Währungsunion der DDR mit der BRD und damit die Übernahme der D-Mark als Zahlungsmittel auch auf dem Territorium der DDR in absehbarer Zeit drastisch die Ökonomie sowohl im Inland als auch in den Außenwirtschaftsbeziehungen ändern wird". Abschließend wurde die sowjetische Unterstützung für die „Sicherung der Eigentumsverhältnisse in der DDR" dargelegt. Der Sowjetunion kam es aber vor allem darauf an, daß nach dem 18. März 1990 die „Stabilität und Kontinuität der Beziehungen" gewahrt bliebe. *(Dok. 67)*

**Vermerk über ein informelles Gespräch von Alexander Schalck
mit Kanzleramtsminister Rudolf Seiters am 15. November 1989**

Das Gespräch und die Verhandlungen gestalteten sich außerordentlich kompliziert.[304]

Es wurde deutlich, daß offensichtlich auch in der Bundesregierung und Regierungskoalition unterschiedliche Standpunkte zur weiteren Zusammenarbeit mit der DDR bestehen und starke Kräfte dafür plädieren, keine direkten Mittel zur Reisefinanzierung der DDR zur Verfügung zu stellen.

Eine primäre Rolle in den Gesprächen spielten nach wie vor Grundfragen der weiteren Gestaltung des politischen Systems der DDR. Die BRD-Seite hält es erstens für außerordentlich wichtig, daß offiziell von seiten der SED eine Änderung des Artikels 1 der Verfassung der DDR angekündigt wird.[305]

Zweitens würde nach Auffassung der BRD eine eindeutige Festlegung, daß bereits im Jahre 1990 Kommunalwahlen stattfinden, zur Glaubwürdigkeit der im Aktionsprogramm getroffenen Aussagen beitragen.[306]

Derartig kurzfristig anberaumte Kommunalwahlen könnten auch noch unter der derzeitigen Verfassung – ausgenommen des jetzigen Artikels 1 – stattfinden. Es müßte deutlich gesagt werden, daß danach 1991 Volkskammerwahlen bereits unter den Bedingungen einer insgesamt überarbeiteten Verfassung stattfinden.

Die BRD-Seite geht drittens davon aus, daß sowohl zu den Kommunalwahlen als auch zu den Volkskammerwahlen jeweils auf der Grundlage der geltenden Verfassung neue Parteien und Gruppierungen, die sich zur Wahl stellen, zugelassen werden.

In Vorbereitung des Gespräches zwischen dem Staatsratsvorsitzenden und dem Ministerpräsidenten der DDR einerseits und dem Bundeskanzler andererseits müsse eindeutig geklärt sein, wie die DDR diese Fragen handhaben wird.[307] Lediglich eine Zusage zur Prüfung dieser Fragen sei nicht ausreichend.

Seiters brachte zum Ausdruck, daß aus Sicht des Bundeskanzlers ein derartiges Gespräch mit dem Staatsratsvorsitzenden der

---

304 Das Gespräch fand in Bonn statt.

305 Die Volkskammer strich am 1. Dezember 1989 die bislang festgeschriebene Führungsrolle der Arbeiterklasse und ihrer Partei aus der Verfassung.

306 Vgl. das am 10. November 1989 beschlossene Aktionsprogramm der SED in: Schritte zur Erneuerung. Berlin 1989, S. 20 ff.

307 Vgl. Dok. 52.

DDR und Generalsekretär des ZK der SED, Egon Krenz, und mit dem Vorsitzenden des Ministerrates der DDR, Hans Modrow, in der letzten Woche vor dem Weihnachtsfest möglich wäre, wenn in den Gesprächen mit Bundesminister Seiters am 20.11.1989 seitens der DDR-Führung eindeutig positive Signale in der dargelegten Richtung gegeben werden.

In diesem Zusammenhang brachte Seiters eindeutig die Meinung des Bundeskanzlers zum Ausdruck, wonach von der DDR-Führung keine Verhandlungen mit Politikern erfolgen sollten, die nicht kompetent sind.

Es gehe aus Sicht des Bundeskanzlers nicht an, daß andere „Jubelfeiern" machen, während die Bundesregierung die Arbeit leistet, verhandelt und die Verantwortung zu tragen hat.

So würde es z. B. die offiziellen Verhandlungen mit der Bundesregierung außerordentlich erschweren, wenn eine etwaige Öffnung des Brandenburger Tores als neuer Grenzübergang ohne vorherige Kenntnis der Bundesregierung mit anderen Parteien und Politikern erfolgt. Kohl würde sich in diesem Falle persönlich brüskiert fühlen.

Das weitere Gespräch konzentrierte sich auf folgende Fragen:

1. Reiseverkehr

Es wurde von Seiters nunmehr auch die Liberalisierung des Reiseverkehrs von West nach Ost gefordert. Das betrifft vor allem folgende Fragen:

– Längerfristige Visaerteilung für BRD-Bürger und Westberliner bei Einreisen in die DDR sowie Möglichkeit der Visaerteilung für die DDR einschließlich Berlin.

– Aufhebung der Einreiseverweigerung für ehemalige DDR-Bürger, einschließlich derjenigen, die die DDR ungesetzlich verlassen haben.

– Benutzung des gesamten Berliner Autobahnringes für den Transitverkehr BRD/Berlin (West).

– Großzügigere Regelungen bei der Einfuhr von Geschenken in die DDR, insbesondere Abschaffung bzw. starke Reduzierung der Zollgebühren.

2. Seiters sprach eine Reihe weiterer Einzelfragen an, die teilweise bereits in vorherigen Gesprächen gestellt wurden. Das betrifft:

– Status der über Prag, Budapest und Warschau ausgereisten DDR-Bürger.

– Entscheidungen zu angeblich noch in der DDR inhaftierten „politischen Häftlingen", darunter Fluchthelfer.

3. Weitere Zusammenarbeit auf dem Gebiet der Wirtschaft

Die BRD-Seite geht davon aus, daß in gemeinsamen Kommissionen alle anstehenden Fragen einer verstärkten Zusammenarbeit einschließlich neuer Formen auf den Gebieten Wirtschaft, Umwelt,

Wissenschaft und Technik sowie Post- und Fernmeldewesen beraten und gemeinsame Vorstellungen ausgearbeitet werden. Das betrifft z. B. auf wirtschaftlichem Gebiet solche Fragen wie Privatkapital in der DDR behandelt würde, welche gesetzlichen Investitionsschutzbestimmungen erarbeitet werden, wie der Kapitaltransfer erfolgt und insbesondere Fragen des Eigentums.

4. Auf dem Gebiet des Post- und Fernmeldewesens wird von der BRD eine dringliche Aufgabe darin gesehen, unter Einsatz von Mitteln beider Seiten eine großzügigere, den internationalen Erfordernissen entsprechende Kommunikation zu ermöglichen.

Diese Fragen sollten auch im Mittelpunkt der Verhandlungen über die neue Postpauschale stehen.[308]

5. Zur Elektrifizierung einer Eisenbahntransitstrecke zwischen Berlin und Hannover sollten die Verhandlungen weitergeführt werden, wobei unter den neuen Reiseanforderungen Streckenführung, Ausschreibung des Vorhabens und Leistungen der DDR neu überdacht werden sollten.

6. Die BRD hält es für erforderlich, daß Verhandlungen auf dem Gebiet des nichtkommerziellen Zahlungsverkehrs eingeleitet und kurzfristig Fortschritte erzielt werden.

7. Es wäre gemeinsam zu klären, wie der vorgeschlagene Austausch von Zeitschriften erfolgen soll.

Außerordentlich kompliziert gestalteten sich auch die Gespräche zu unserem Vorschlag, einen gemeinsamen zentralen Reisefonds zu bilden, der im wesentlichen DM-seitig von der BRD finanziert wird. Politisch einflußreiche Kreise sind mehr für den Weg der Gewährung von Krediten, damit die DDR aus eigener Leistung heraus mehr Exporte erbringen kann, deren Erlöse teilweise für Reisezahlungsmittel eingesetzt werden könnten.

Sofern überhaupt ein gemeinsamer Reisefonds zustande kommt, hat die BRD eindeutig erklärt, daß eine Größenordnung von 300 DM pro Jahr und Reisenden vom Volumen her für die BRD nicht denkbar sei. Es wird in jedem Fall die Forderung erhoben, daß die DDR auch andere Positionen aus ihren Valutaeinnahmen sowie den Mindestumtausch für Reisezahlungsmittel einsetzt. Die DDR sollte deshalb ihre Vorstellungen noch einmal durchdenken.

Auch seitens der BRD wird in Abhängigkeit von den eingangs dargelegten politischen Fragen überlegt, ob eventuell in einer Größenordnung von 50 DM pro Reisenden und Jahr ein „Zuschuß" er-

---

308 Die Vereinbarung über Mehrleistungen der DDR-Post für den Zeitraum von 1983 bis 1990 vom 15. November 1983 sah BRD-Zahlungen von ca. 200 Mio. DM jährlich vor. Vgl. Beziehungen der Deutschen Demokratischen Republik zur Bundesrepublik Deutschland und zu Berlin (West), S. 118 ff.

folgen könne. In diesem Fall würde jedoch davon ausgegangen, daß auch über die Markbeträge bei einem noch festzulegenden Umtauschsatz von der BRD verfügt wird.

Seiters bat hinsichtlich des Besuchsablaufes am 20.11.1989 in Berlin um Verständnis, daß es ihm erst möglich sei, um 16.30 Uhr das vereinbarte Gespräch im Staatsrat zu führen. Er geht davon aus, daß er vom Staatsratsvorsitzenden, Genossen Krenz, und vom Vorsitzenden des Ministerrates, Genossen Modrow, empfangen wird, wobei ein gemeinschaftliches Gespräch vorgesehen werden sollte.[309]

Seiters wird begleitet vom Leiter der BRD-Vertretung, Bertele, dem Abteilungsleiter im Bundeskanzleramt, Duisberg, und vom Abteilungsleiter im Innerdeutschen Ministerium, Dobiey, sowie dem Leiter seines Büros, Speck.

Desweiteren werde von seiner Seite geprüft, ob der Staatssekretär im Bundeswirtschaftsministerium, von Würzen, ebenfalls teilnimmt. Darin käme zum Ausdruck, daß auch intensiv über die neue Etappe der wirtschaftlichen Zusammenarbeit gesprochen wird.

Seiters brachte abschließend zum Ausdruck, daß er es für außerordentlich zweckmäßig halten würde, wenn er die Möglichkeit hätte, in einem „Sechsaugengespräch" mit Genossen Krenz und Genossen Modrow über die eingangs dargelegten politischen Fragen zu sprechen.

Quelle: SAPMO - BArch, DY 30/IV 2/2039/328.

Dokument 50

Schreiben von Johannes Rau, Ministerpräsident von Nordrhein-Westfalen, an Hans Modrow vom 15. November 1989

Sehr geehrter Herr Vorsitzender des Ministerrates,

zunächst möchte ich Ihnen zu Ihrer Wahl zum neuen Regierungschef der Deutschen Demokratischen Republik herzlich gratulieren. Sie treten dieses Amt in einer wahrlich schweren, aber auch hoffnungsvollen Zeit an.[310] Die Bürgerinnen und Bürger knüpfen große Erwartungen an Ihre Amtsübernahme. Ich wünsche Ihnen viel Kraft und Geschick, um für die Menschen in Ihrem Lande wirken zu können. Das würde auch die Deutschen in der Bundesrepublik Deutschland und die Bürger vieler anderer Staaten berühren und

---

309 Vgl. Dok. 52.

310 Hans Modrow war von der DDR-Volkskammer am 13. November 1989 zum neuen Ministerratsvorsitzenden gewählt worden.

zuversichtlich für eine gemeinsame europäische Entwicklung stimmen. Wenn ich mit zwölf Amtsjahren auf dem Buckel einen persönlichen Wunsch für Sie hinzufügen darf, dann den, daß Sie der Fremdbestimmung durch den Terminkalender und diverse protokollarische Verpflichtungen, der viel Zeit für wichtige Aufgaben und Fragen zum Opfer fallen, weitgehend entkommen.

Zurück in Düsseldorf nach einer Reise, die zu keinem aufregenderen Zeitpunkt hätte stattfinden können und von der ich viele bewegende Eindrücke mitgenommen habe, möchte ich Ihnen für das gute und intensive Gespräch in Dresden noch einmal danken.[311] Manchmal wünschte man sich noch mehr Zeit zum Austausch von Gedanken und Argumenten. Das gilt auch für unseren ersten Kontakt am vergangenen Sonnabend. Ich würde mich freuen, wenn wir damit den Beginn einer vertrauensvollen Zusammenarbeit gesetzt hätten.

Inzwischen habe ich Herrn Bundeskanzler Kohl und Herrn Bundesminister Genscher in getrennten Gesprächen über unsere Begegnung berichtet und dabei Ihre Anliegen herausgestellt. Soeben habe ich vor dem Landtag Nordrhein-Westfalen eine Regierungserklärung über die deutsch-deutschen Beziehungen im Licht der jüngsten Entwicklung abgegeben. Vielleicht findet diese Regierungserklärung Ihr Interesse. Für diesen Fall füge ich diesem Brief den Text bei.

Mit Blick auf die dort genannten Felder einer intensiven Kooperation zwischen der Deutschen Demokratischen Republik und Nordrhein-Westfalen – ich denke dabei vor allem an gemeinsame Industrieprojekte, an den Tourismus, den Umweltschutz und die Erhaltung von Bausubstanz – würde ich es begrüßen, wenn wir jeweils bald Gesprächspartner benennen würden, die wir mit der Konkretisierung einer solchen Kooperation beauftragen könnten.

Ich werde in dieser Woche auch Herrn Hoffmann und Herrn Lorf schreiben, um ihnen für ihren großen Beitrag zum Gelingen der Kulturpräsentation in Leipzig und für ihre Gastfreundschaft zu danken.[312] Ich wünsche Ihnen nochmals eine erfolgreiche Hand in Ihrem neuen schwerem Amt und sehe einem Wiedersehen mit großem Interesse entgegen.

Mit freundlichen Grüßen
Ihr gez. Johannes Rau

Quelle: BArchP, DC 20, 5061.

---

311 Johannes Rau besuchte vom 9. bis 11. November 1989 Ost-Berlin, wo er mit Egon Krenz zusammentraf (DDR-Vermerk vgl. in Heinrich Potthoff Die „Koalition der Vernunft", S. 982 ff.), Leipzig und Dresden, wo er mit Hans Modrow sprach (vgl. ebenda, S. 985).
312 Rau eröffnete in Leipzig eine Kulturpräsentation Nordrhein-Westfalens.

Dokument 51

**Telegramm von Horst Neubauer, Leiter der
Ständigen Vertretung der DDR in Bonn, an Egon Krenz,
Hans Modrow und Oskar Fischer vom 17. November 1989**

17.11.1989 Empfang Bundeskanzler Kohl für CD.[313] Kohl widmete breiten Teil seiner Rede Entwicklung in DDR. Hielt sich im wesentlichen an Ausführungen vor Bundestag am 16.11. Bekräftigte „freiheitliche Ziele unserer Deutschlandpolitik". Besonnenheit und Augenmaß werde Verwirklichung dieser Ziele näher bringen. Entwicklung sei nicht Stunde neuen deutschen Nationalismus. BRD hätte kein Interesse an Destabilisierung politischer Lage in Zentraleuropa. Kern deutscher Frage sei Freiheit, Menschenrechte und Selbstbestimmung. Jetzt komme es auf demokratische Willensbildung in DDR an.

Stabilität in DDR dann, wenn es rasch zu grundlegenden politischen und wirtschaftlichen Reformen kommt, die Willen der Bevölkerung Rechnung tragen.

Wie weit Reformwille maßgeblicher Kräfte in neuer DDR-Führung gehe, sei noch nicht zu sagen. Kohl verwies auf anstehende Gespräche DDR – BRD.

Bezüglich Wiedervereinigung stellte er fest, daß zunächst Menschen der DDR selbst zum Ausdruck bringen müßten, welchen Weg sie in Zukunft gehen.

„Wie auch immer ihre Entscheidung sein wird, wir werden sie respektieren." [Es] wird keinen nationalen Alleingang geben. Notwendig, Schulterschluß mit Verbündeten und Nachbarn.

Im weiteren Wiederholung bekannter Aussagen zu Binnenmarkt, EG, NATO, Wiener Verhandlungen. Für Durchbruch bei Verhandlungen zu chemischen Waffen 1990 und Fortschritte bei Start-Verhandlungen. Besondere Hervorhebung guter bilateraler Beziehungen zu Polen und Ungarn.

Hatte Gelegenheit zu kurzem Gespräch. Dabei meinerseits auf Regierungserklärung vor Volkskammer verwiesen.[314] Kohl betonte, daß Erklärung genau analysiert wird. Wiederholte, wie vor Bundestag, Interesse an Gesprächen mit Gen[nossen] Krenz und Modrow.

Quelle: SAPMO - BArch, DY 30/IV 2/2039/328.

---

313 CD: Abkürzung für „Diplomatisches Corps".
314 Den Text der am 17. November 1989 von Hans Modrow gehaltenen Regierungserklärung vgl. in: ND, 18./19. November 1989.

Dokument 52

**Bericht über das Gespräch von Egon Krenz und Hans Modrow
mit Kanzleramtsminister Rudolf Seiters am 20. November 1989**[315]

E. Krenz brachte die Hoffnung zum Ausdruck, daß die Gespräche
dazu dienen, den Besuch von Bundeskanzler Kohl vorzubereiten.[316]
Die Beziehungen zwischen der DDR und der BRD und ihr Ausbau
seien von großer Bedeutung für die Menschen und für die Stabilität
in Europa. Er forderte R. Seiters auf, zunächst seine Ausführungen
zu machen.

R. Seiters dankte für die Gelegenheit zu diesem Meinungsaustausch. Die Regierungserklärung von Bundeskanzler Kohl sei bekannt. Danach sei die BRD zu umfassender Unterstützung unter bestimmten Voraussetzungen bereit. Eine wichtige Frage sei dabei allerdings die Akzeptanz in der Bevölkerung der BRD. Die Entwicklung in der DDR werde mit großer Aufmerksamkeit verfolgt. Sie
habe Auswirkungen auf ganz Europa. Der ungehinderte Reiseverkehr würde begrüßt. Die BRD habe immer erklärt, ihr Interesse bestehe nicht darin, daß die Menschen die DDR verlassen, sondern
hierbleiben und eine Perspektive haben. Entscheidend für eine neue
Dimension der Hilfe sei für die BRD die Frage, wie weit der Reformprozeß in der DDR verbindlich und unumkehrbar sei. Dazu gehörten auch solche Themen wie freie Wahlen, Zulassung von neuen
Parteien und Wählergemeinschaften, Änderung der Verfassung. Er
sei interessiert, dazu die Meinung der führenden Persönlichkeiten
der DDR zu hören, damit er Bundeskanzler Kohl berichten könne.
Er sei auch interessiert, über die Wirtschaftsreform etwas zu erfahren. Schließlich gebe es einige wichtige Einzelfragen z. B. West-
Ost-Verkehr, Mindestumtausch, Umweltschutz, Verbesserungen im
Postverkehr, über die er sprechen wolle.

E. Krenz legte folgendes dar: Die eingeleitete Entwicklung für
radikale Reformen in der DDR sei ein unumkehrbarer Prozeß. Er
wie die hier aus der DDR Anwesenden stünden für eine andere Politik nicht zur Verfügung. Man stütze sich dabei auf drei Dokumente: das Aktionsprogramm der SED, seine Erklärung anläßlich der
Wahl zum Vorsitzenden des Staatsrates und die Regierungserklärung.[317] Er verwies auf den Beschluß der Volkskammer, die Verfas-

---

315 Das Gespräch fand im DDR-Staatsratsgebäude in Ost-Berlin statt. Der
   Bericht wurde laut Datierung am 22. November 1989 angefertigt.
316 Vgl. Dok. 56.
317 Vgl. Anm. 287, 306 und 314.

sung der DDR zu überarbeiten. Dies werde nicht auf die lange Bank geschoben. Es gehe nicht nur um den Artikel 1, sondern um weitere Veränderungen. Die SED beanspruche kein Monopol auf die Wahrheit und fördere Meinungsvielfalt, Toleranz und ehrliches Ringen um die besten Lösungen. Sie trete entschieden für die Entflechtung zwischen Staat und Partei ein. Die SED sei für freie, allgemeine, gleiche und geheime Wahlen auf der Grundlage eines neuen Wahlgesetzes. Seine Ausarbeitung soll schnell erfolgen. Eine rasche Durchführung von Wahlen würde aber den neuen Gruppierungen, die an den Wahlen teilnehmen wollen, ungleiche Chancen geben. Dies müsse berücksichtigt werden.

Die SED sei dafür, daß sich alle gesellschaftlichen Kräfte auf gleichberechtigter Grundlage zum Dialog und zur Mitverantwortung bei der Gestaltung eines erneuerten Sozialismus vereinen. Es gebe einen breiten Konsens zwischen den politischen Kräften in folgenden Fragen: Die DDR sei und bleibe ein sozialistischer Staat. Es gehe um einen Sozialismus, der seine Stärke durch mehr Demokratie erlange. Nicht der Sozialismus habe versagt, sondern seine Entstellung habe sich überlebt. Ferner bestehe ein Konsens darin, daß die DDR ein souveräner Staat sei. Ihre Politik werde durch ihre Bürger bestimmt. Man müsse davon ausgehen, daß es zwei gleichberechtigte souveräne deutsche Staaten gibt. Es gebe schließlich einen weiteren Konsens: Die Wiedervereinigung stehe nicht auf der Tagesordnung. Die Position der BRD dazu sei bekannt. Die Geschichte werde entscheiden, wer Recht behalte.

Die SED werde die vertrauensvolle Zusammenarbeit mit allen Schichten suchen. Das gelte auch für die Beziehungen zur Kirche und den Religionsgemeinschaften. Der sozialistische Rechtsstaat werde so entwickelt, daß er von den Grund- und Menschenrechten ausgehe und die gesamte Gesellschaft auf der Grundlage des Rechtes organisiert werde. Es sei vorgeschlagen worden, einen Verfassungsgerichtshof, ein Gesetz über Vereinigungs- und Versammlungsfreiheit, ein Mediengesetz auszuarbeiten und Veränderungen des Strafrechts vorzunehmen.

Die SED trete für eine grundsätzliche Änderung der Wirtschaftspolitik verbunden mit einer Wirtschaftsreform ein. Es gehe um eine an den Marktbedingungen orientierte sozialistische Planwirtschaft. Dies sei eine komplizierte Frage, da eine zentralisierte Wirtschaft nicht von heute auf morgen umgestellt werden könne.

E. Krenz erklärte, er möchte einige grundsätzliche Bemerkungen zum Verhältnis zwischen der DDR und der BRD machen. Stabilität in den Beziehungen DDR/BRD sei eine entscheidende Voraussetzung für die Stabilität in Europa. Das bedeutet auch, Fragen der

Friedenssicherung und der Abrüstung unverändert große Bedeutung beizumessen. Auszugehen sei in den Beziehungen von der gegenseitigen Achtung der Souveränität, territorialen Integrität, Gleichberechtigung und Nichteinmischung. Eine Wiedervereinigung stehe nicht auf der Tagesordnung. Niemand in Ost und West wolle ernsthaft eine Veränderung des europäischen Gleichgewichtes.

Das Volk der DDR bringe in Mehrheit in der jetzigen großen Volksdiskussion die Meinung zum Ausdruck, daß es um die Erneuerung des Sozialismus gehe. Der Sozialismus werde nicht in Frage gestellt. Die soziale Komponente unserer Ordnung habe für die Menschen herausragende Bedeutung. In der BRD müsse man diesen Ausdruck des Selbstbestimmungsrechtes des Volkes der DDR zur Kenntnis nehmen. In der DDR gehe eine Revolution vor sich, die vom Volk ausgelöst wurde. Damit sei die Frage des Selbstbestimmungsrechts beantwortet.

Die DDR mache die Grenzen durchlässig. Die Reiseregelungen würden dies überzeugend beweisen. Niemand sei mehr „eingemauert". Das heiße nicht, daß die Grenzen in Frage gestellt werden dürften oder gar verschwinden. Das betreffe auch die Grenze in Berlin. Es sollte gerade in Berlin in beiderseitigem Interesse sein, Ordnung und Sicherheit an der Grenze nicht zu gefährden, unkontrollierbare Prozesse, insbesondere ausgelöst von Rechtsradikalen Kräften, sollten von beiden Seiten rigoros unterbunden werden. Bei aller Freude über die neuen Reiseregelungen könne man nicht übersehen, daß die Gefahr des Ausverkaufs der DDR bestehe. Das hänge mit den unterschiedlichen Währungen zusammen. Es sei einmalig in der Welt, daß es in zwei Teilen einer Stadt zwei Währungssysteme gebe. Dieses Problem dürfe nicht übersehen werden. Die DDR habe eine große Vorleistung erbracht. Freizügigkeit habe bekanntlich auf der Forderungsliste der BRD immer ganz oben gestanden.

Die DDR bekräftige das gemeinsame Bekenntnis, daß von deutschem Boden nie mehr Krieg, sondern immer nur Frieden ausgehen darf. Beiden deutschen Staaten komme es zu, mit besonderer Anstrengung für Frieden, Abrüstung, Entspannung und Zusammenarbeit einzutreten. Sie sollten aktiv für baldige Ergebnisse bei den Wiener Verhandlungen über konventionelle Abrüstung und Vertrauensbildung wirken. Durch einseitige Abrüstung leiste die DDR einen Beitrag dazu.

Die DDR sei bereit, entsprechend dem Grundlagenvertrag und anderer Vereinbarungen die Zusammenarbeit umfassend auszubauen, die Beziehungen auf eine neue Stufe zu heben, sie enger und langfristiger zu gestalten und damit ein friedliches und geregeltes

Neben- und Miteinander zu gewährleisten. Wir wollen eine Verantwortungsgemeinschaft für den Frieden, eine Verantwortungsgemeinschaft für die Beziehungen.

Wir seien dafür, auf der Grundlage einer prinzipiellen Verständigung, die in dem heutigen Gespräch vorbereitet und in dem anstehenden Spitzengespräch besiegelt werden sollte, Verhandlungen auf den entsprechenden Ebenen zu allen anstehenden Fragen aufzunehmen. Es werde davon ausgegangen, daß auch seitens der Regierung der BRD der Wille bestehe, zwischen beiden deutschen Staaten eine Politik der Sachlichkeit, Berechenbarkeit und des guten Willens zu betreiben.

Zu anstehenden wichtigen Sachkomplexen legte E. Krenz dar:

– *Fragen des Reise- und Besucherverkehrs*

Mit den getroffenen Entscheidungen der DDR zum unbegrenzten Reiseverkehr von Bürgern der DDR ins Ausland habe die DDR-Führung die Ernsthaftigkeit ihres Kurses unter Beweis gestellt. Dabei seien hervorzuheben:

• Öffnung von nahezu 50 neuen Grenzübergangsstellen zur BRD und gegenüber Berlin (West) innerhalb weniger Tage mit bedeutendem Einsatz materieller, finanzieller und personeller Kräfte. (Allein die materiellen Aufwendungen für diese neuen Grenzübergangsstellen betragen bei Fertigstellung unter Einbeziehung notwendiger infrastruktureller Maßnahmen mindestens 750 Mio. M.)

• Im Eisenbahn- und Busverkehr werden zusätzliche Züge und Busse eingesetzt.

• Einer langjährigen Forderung der BRD, Fahrräder, Mopeds und Motorräder zur Einreise in die DDR zuzulassen, wurde entsprochen.

Mit diesem Reiseverkehr in neuen Dimensionen, wie er von Politikern der BRD jahrzehntelang gefordert wurde, entstünden für die DDR vielfältige Belastungen in volkswirtschaftlichen Größenordnungen. Eine Kardinalfrage bleibe die Ausstattung von DDR-Bürgern mit Reisezahlungsmitteln und die großen zusätzlichen Valutabelastungen im Eisenbahnverkehr.

Seitens der BRD seien hinsichtlich des Reise-, Besucher- und Transitverkehrs weitgehende neue Vorstellungen bekannt, zu denen man weiter sprechen müsse.

Zur weiteren Liberalisierung des Reiseverkehrs von West nach Ost sei die DDR bereit, einige Entscheidungen in Erwägung zu ziehen:

– langfristige Visaerteilung für BRD-Bürger bis zu 6 Monaten, Gültigkeit für die gesamte DDR, einschließlich der Hauptstadt.

– „Generalbereinigung" von Fragen im Zusammenhang mit der großen Anzahl erfolgter Ausreisen aus der DDR in die BRD und nach Berlin (West). Eine derartige „Generalbereinigung" könnte die Aufhebung von Einreise- und Transitbeschränkungen für diesen Personenkreis vorsehen (begründete Einzelfälle ausgenommen). Die DDR erwarte im Gegenzug eine Aufhebung der „Erfassungsstelle Salzgitter", da auch alle bisher von westlicher Seite angegebenen Gründe entfallen.

– Großzügigere Regelung der Einfuhr von Waren und Geschenken in die DDR, Abschaffung bzw. Reduzierung der geltenden Gebührensätze (Zoll).

In diesem Zusammenhang seien gesetzliche Bestimmungen in Ausarbeitung, die den Status der über Prag, Budapest und Warschau ausgereisten den legal ausgereisten Bürgern angleichen, d. h. Entlassung aus der DDR-Staatsbürgerschaft soweit die Bürger dies wünschen.

Zu Erleichterungen im Transitverkehr zwischen der BRD und Berlin (West) sei die DDR bereit, die Öffnung des gesamten Berliner Autobahnringes für den Transitverkehr in allen Relationen einschließlich der Wiedereröffnung der Grenzübergangsstelle Staaken für den Transitverkehr positiv zu entscheiden und vorbereitende Maßnahmen einzuleiten.[318] Eine Realisierung sei für die DDR mit weiteren neuen Anforderungen verbunden. Das betreffe vor allem die Rekonstruktion der Grenzübergangsstelle Staaken, die Grunderneuerung des Autobahnzubringers und umfangreicher Teile des Autobahnringes. In diesem Zusammenhang könnte auch die Zulassung weiterer Fernverkehrsstraßen als ergänzende neue Transitverbindungen in Erwägung gezogen werden.

Unter Berücksichtigung der bereits von der DDR getroffenen Maßnahmen und getätigter Leistungen sowie unter Berücksichtigung der oben dargelegten weiteren bedeutenden Erleichterungen halte es die DDR aus zwingenden ökonomischen Gründen für unabdingbar, daß eine finanzielle Beteiligung der BRD erfolge. Hierzu würden folgende Vorschläge unterbreitet:

– Es werde der Standpunkt der BRD-Regierung zur Kenntnis genommen, daß sie an dem sogenannten Begrüßungsgeld als einseitige Maßnahme festhält.

– Die DDR schlage vor, den Reiseverkehr wie folgt zum gegenseitigen Nutzen zu fördern: Bildung eines zentralen Reisefonds in DM/M, der gemeinsam von der Staatsbank der DDR und der Bundesbank der BRD verwaltet wird. Der Fonds solle ermöglichen, daß DDR-Bürger für Reisezwecke in die BRD und nach Berlin (West) zusätzlich zu der gegenwärtig bestehenden Regelung (Umtausch von 15 M im Verhältnis 1:1) weitere 100 M pro Jahr Reisezahlungsmittel er-

---

318 Die Übergangsstelle Staaken war am 31. Dezember 1988 nach Öffnung des neuen Kontrollpunktes in Stolpe für den Transitverkehr geschlossen worden.

werben können. Über den Kurs müßte man sich verständigen. Die BRD-Seite übernimmt die DM-Finanzierung (rund 1,6 Mrd. M jährlich). Dafür entfalle auf seiten der DDR die Erhebung eines Mindestumtausches sowie von Visagebühren. Des weiteren werde seitens der DDR weitgehend auf Gebühren bei der Einfuhr von Waren und Geschenken verzichtet.

Die DDR wäre bereit, den Wünschen der BRD im nichtkommerziellen Zahlungsverkehr Rechnung zu tragen (einmaliger Einschuß von 50 Mio. DM und Erhöhung der vereinbarten Summe von 70 auf 100 Mio. DM jährlich für den Transfer von Guthaben in bestimmten Fällen zugunsten von BRD-Bürgern).[319]

Die in diesen zentralen Fonds eingehenden Markbeträge (rund 7 Mrd. M jährlich) würden eingesetzt für die Finanzierung der Aufwendungen der DDR für die neuen Grenzübergangsstellen einschließlich infrastruktureller Maßnahmen sowie Baumaßnahmen zur Verbesserung des Transitverkehrs; für die Finanzierung von Vorhaben gemeinsamen Interesses insbesondere auf dem Gebiet des Umweltschutzes und des Verkehrs.

· Hinsichtlich der sich für den Eisenbahnverkehr ergebenden geschätzten Aufwendungen für die DDR von über 300 Mio. DM jährlich werde vorgeschlagen, daß die BRD die Kosten für die Rückfahrt trägt. Auch diese Variante bedeute für die DDR noch Mehrkosten von ca. 150 Mio. DM bei Beibehaltung der bereits vereinbarten Regelungen.

Die DDR werde die dargelegten Entscheidungen zur Verbesserung des Reise-, Besucher- und Transitverkehrs, die vor allem den Bürgern der BRD und Berlin (West) zugute kommen, kurzfristig treffen, wenn zu den Vorschlägen generell Einvernehmen erzielt werde.

Soweit seitens der BRD-Regierung keine Möglichkeit gesehen werde, sich angemessen an den enormen zusätzlichen Belastungen der DDR, einschließlich Gewährung von Reisezahlungsmitteln, zu beteiligen, werde es der DDR aus objektiven zwingenden ökonomischen Gründen nicht möglich sein, die ihrerseits vorgesehenen Maßnahmen durchzuführen. Desweiteren müßten dann der Mindestumtausch und andere Gebühren beibehalten werden. Auch für die Aufstockung des nichtkommerziellen Transfers werden dann keine Möglichkeit gesehen.

---

319 Vgl. die Vereinbarungen zwischen den Finanzministerien vom 25. April 1974 und vom 16. November 1978 in: Beziehungen der Deutschen Demokratischen Republik zur Bundesrepublik Deutschland und zu Berlin (West), S. 68 ff. bzw. S. 104 ff. Von 1986 bis 1990 galt ein Verrechnungskonto in Höhe von 70 Mio. DM (Briefwechsel vom 5. Juli 1985).

Im Zusammenhang mit dem Reise- und Besucherverkehr in neuen Dimensionen sollte es gemeinsames Interesse sein, daß „Schwarzarbeit" nicht zugelassen wird. Der Westberliner Senat beabsichtige, eine entsprechende Genehmigungspflicht auf der Basis einer Kontrollratsbestimmung von 1946 einzuführen. Es wäre wichtig zu erfahren, welche Maßnahmen die BRD-Regierung dazu treffen wolle.

Zur eventuellen Öffnung einer Grenzübergangsstelle Brandenburger Tor für Fußgänger erklärte E. Krenz: Eine derartige Öffnung wäre von weitreichender internationaler Bedeutung. Diese symbolhafte Handlung könne deshalb seitens der DDR erst erfolgen, wenn in offiziellen Spitzengesprächen von den Repräsentanten beider deutscher Staaten Einvernehmen über die Grundzüge der neuen Etappe der Zusammenarbeit auf der Basis der Gleichberechtigung und zum gegenseitigen Nutzen erreicht wird. E. Krenz unterstrich das Interesse, daß das Treffen mit Bundeskanzler Kohl stattfinde, wenn es auch bestimmte Terminschwierigkeiten gebe.

H. Modrow betonte, die Entwicklung in der DDR gehe mit großem Tempo vor sich. In kurzer Frist mußte eine Regierung gebildet und eine Regierungserklärung erarbeitet werden. Es handle sich um eine Erklärung einer Koalitionsregierung. Zur Frage der Garantien, daß der eingeschlagene Weg eingehalten werde, habe er erklärt, wer versuchen wolle, diesen Prozeß rückgängig zu machen, werde hinweggefegt werden. In der Arbeit der Volkskammer zeige sich jetzt ein hohes Maß an Konstruktivität. Dies sei das Ergebnis der Koalitionsgespräche. Die konstruktiven Elemente in den Konzeptionen aller Parteien spiegelten sich in der Regierungserklärung wider.

H. Modrow ging dann auf folgende wichtige Sachfragen ein:
– *Handels- und Wirtschaftsbeziehungen*
Man solle kurzfristig in Gespräche über einen umfassenden Ausbau der Handels- und Wirtschaftsbeziehungen auf der Ebene der dafür zuständigen Minister beider Seiten eintreten.

Das Ziel der Gespräche sollte darin bestehen, ausgehend von der positiven Entwicklung des Handels im Jahre 1989, ein Arbeitsprogramm abzustecken, wie durch die schrittweise Einführung neuer Formen der wirtschaftlichen, wissenschaftlich-technischen und kommerziellen Zusammenarbeit eine neue Etappe zum beiderseitigen Vorteil eingeleitet werden kann.

Für die Entwicklung gegenseitig vorteilhafter Kooperationsbeziehungen zwischen Kombinaten und Betrieben der DDR und Unternehmen der BRD bis hin zu weitergehenden Formen der Zusammenarbeit wie z. B. „Gemischte Gesellschaften" sollten Möglichkeiten und von beiden Seiten zu schaffende Voraussetzungen und Bedingungen abgesteckt werden. Dabei werde die angestrebte umfassende Wirtschaftsreform in der DDR und die höhere Eigenverantwortung der Kombinate und Betriebe neue Chancen eröffnen. Seitens der BRD-Regierung wäre vor allem bei der Beteiligung von Klein- und mittelständischen Betrieben die Absicherung von Krediten durch Bundesbürgschaften zu gewährleisten.

Man gehe ferner davon aus, daß eine Verständigung über einige wirtschaftliche und ökologische Großprojekte angestrebt werde sollte.

Von seiten der SPD werde mit Recht auf Fragen der Wiedergutmachung hingewiesen. Die DDR habe größere Lasten getragen als die BRD, in Westberlin spreche man von 24 Mrd. [DM], die die DDR erhalten müsse. Auch das könne nicht unberücksichtigt bleiben.

Desweiteren sollte überlegt werden, wie durch eine „Gemischte Wirtschaftskommission" gemeinsame, abgestimmte Vorstellungen zu den notwendigen weiteren zwischenstaatlichen Regelungen sowie zu der erforderlichen innerstaatlichen Gesetzgebung beider Seiten, insbesondere im Hinblick auf Joint Ventures, Fragen der Kapitalbeteiligung und des Transfers erarbeitet werden könnten.

– Zur Intensivierung der Zusammenarbeit auf dem Gebiet des Umweltschutzes
Auf diesem Gebiet seien in letzter Zeit bedeutende Fortschritte zu verzeichnen. Es wurde eine Reihe gemeinsamer Pilotprojekte des Umweltschutzes vereinbart. Weitere seien in Vorbereitung. Aus Sicht der DDR wäre es für beide Seiten nützlich, eine langfristig orientierte Zusammenarbeit bei einigen größeren Umweltprojekten mit großer Wirksamkeit vorzusehen.

Desweiteren sollten die Verhandlungen über Fragen, die mit dem Kaliabbau im Werra-Gebiet zusammenhängen, mit dem Ziel vorgesetzt werden, „das gegenseitige Patt" zu überwinden und zu für beide Seiten vertretbaren Lösungen zu gelangen. Auch hier könnten Erfahrungen der Pilotprojekte beiderseits machbare Lösungen erleichtern.

– Zusammenarbeit auf dem Gebiet des Verkehrswesens
Die DDR sei bereit, kurzfristig die Verhandlungen zum Ausbau und zur Elektrifizierung der Eisenbahnstrecke Berlin – Hannover fortzuführen und dabei auch neue Überlegungen z. B. hinsichtlich der Streckenführung einzubeziehen. Es werde vorgeschlagen, daß eine Verständigung darüber erreicht wird, nach welchen Ausschreibungsverfahren das Gesamtvorhaben durch geeignete Firmen der BRD realisiert wird. Ausgehend vom Nutzen dieser Strecke müßten Wege gefunden werden, um dabei auch die ökonomischen Interessen der DDR zu berücksichtigen. Die DDR sei weiter bereit, Regelungen und Vereinbarungen über einen Ausbau des Autobahnabschnittes Plauen – Hof, einschließlich einer neuen Grenzübergangsstelle für den Wechsel- und Transitverkehr, zu verhandeln.

Im Zusammenhang mit den am 5.10.1988 getroffenen Regelungen und Vereinbarungen zur Transitpauschale für den Zeitraum 1990 - 1999 sei vereinbart worden, im Raum Großbeeren eine neue Grenzübergangsstelle zu Berlin (West) zu errichten und ab 1.1.1994 für alle Verkehrsarten zu öffnen. Da die DDR mit den Vorbereitungsarbeiten begonnen habe, ist eine definitive Entscheidung der BRD-Regierung kurzfristig erforderlich, ob sie weiter zu dieser Vereinbarung stehe und die Grenzübergangsstelle gebaut werden solle. Gegenwärtig würden zunehmend Vorstellungen geäußert, unter der neuen Lage und dem Bestehen einer Vielzahl neuer Grenzübergangsstellen auf diesen vereinbarten neuen Übergang zu verzichten.[320]

H. Modrow wandte sich dagegen, daß auf BRD-Seite immer erneut Druck auf die Öffnung weiterer Grenzübergänge erzeugt wird.

– *weitere Gestaltung der Post- und Fernmeldebeziehungen*

Die DDR sei bereit, noch im Dezember 1989 Verhandlungen über die weitere Gestaltung der Post- und Fernmeldebeziehungen einschließlich der Neufestsetzung der Postpauschale aufzunehmen. Das Ziel sollte darin bestehen, das gesamte Kommunikationssystem schrittweise zu modernisieren und auf die neuen Anforderungen, z. B. der wirtschaftlichen Zusammenarbeit, des Reise- und Besucherverkehrs, des erweiterten Tourismus, einzustellen.

– *Zu Fragen des nichtkommerziellen Zahlungsverkehrs*

Auf dem Gebiet des nichtkommerziellen Zahlungsverkehrs würden auf der Grundlage der Bestimmungen des Militärregierungsgesetzes Nr. 53 die DDR und ihre Bürger gegenüber anderen Staaten diskriminiert.[321] Auf Grund der Beschränkungen und erforderlichen Genehmigungspflicht aller finanziellen Verfügungen würden die DDR-Bürger gegenüber allen anderen ausländischen Bürgern schlechter gestellt und sogar die Verfügbarkeit über Konten, die sie in der BRD unterhalten eingeschränkt. Es werde als zweckmäßig erachtet, für den Gesamtkomplex des nichtkommerziellen Zahlungsverkehrs Sondierungsgespräche auf Expertenebene zwischen den zuständigen Ministerien beider Seiten zu führen.

Was die weitere Realisierung des Abkommens zum Transfer aus Guthaben in bestimmten Fällen vom 25.4.1974 anbetrifft, so habe die DDR-Seite im Interesse der entsprechenden BRD-Bürger einer Vereinbarung zugestimmt, daß jährlich 70 Mio. DM von der DDR für diesen Transfer zur Verfügung gestellt werden. Soweit aufgrund

---

320 Durch die weitere Entwicklung wurde der Grenzübergang überflüssig.

321 Das Militärregierungsgesetz Nr. 53 vom 19. September 1949 regelte den „Interzonenhandel" nach dem Verbotsprinzip mit Erlaubnisvorbehalt. Es galt bis 1990. Vgl. Regelungen des innerdeutschen Wirtschaftsverkehrs. Beilage zum Bundesanzeiger Nr. 232 vom 13. Dezember 1983, S. 18 ff.

der Ausreiseproblematik und anderer Faktoren in der BRD eine Aufstockung der Mittel verlangt werde, so könne dies nur bei einem entsprechenden Ausgleich auf anderen Gebieten von der DDR in Erwägung gezogen werden.[322]

– *Gemeinsame Expertengruppe zum Austausch von Fachzeitschriften sowie zur Prüfung der Möglichkeiten des gegenseitigen Empfangs von Fernsehprogrammen*

Es werde vorgeschlagen, zwischen Experten beider Seiten gemeinsame Vorschläge zu erarbeiten, wie die Möglichkeiten des Austausches von Fachzeitschriften und gegebenenfalls auch anderer Publikationen erfolgen könnten. Dies gelte auch für die Prüfung von Möglichkeiten eines verstärkten gegenseitigen Empfangs von Fernsehprogrammen beider Seiten und der damit verbundenen technischen und kommerziellen Fragen.

– *Erweiterte Zusammenarbeit auf dem Gebiet des organisierten Tourismus*

Ausgehend vom beiderseitigen Interesse, den organisierten Tourismus in beiden Richtungen zu entwickeln, sollte auch auf diesem Gebiet eine Expertengruppe gebildet werden, die Vorschläge dazu erarbeitet. Es gehe dabei nicht nur um Superhotels, sondern auch um Unterbringungsmöglichkeiten zu billigeren Preisen. Damit im Zusammenhang wäre auch die Möglichkeit der Durchführung gemeinsamer Projekte im Hotel- und Gaststättengewerbe zu erörtern.

– *Bekämpfung des Drogenmißbrauches*

Die DDR sei bereit, im Interesse der Bekämpfung der grenzüberschreitenden Rauschgiftkriminalität zu einer entsprechenden Zusammenarbeit der zuständigen Stellen beider Seiten zu kommen. Dies sei auch angesichts der Grenzöffnung eine dringende Frage.

H. Modrow verwies auf ein weiteres Problem. Es sei bekannt, daß in Westberliner und BRD-Banken aus dem Handel mit Mark der DDR 300 Mio. bisher im Umlauf gewesen seien. Dies steigere sich jetzt auf Milliardensummen. Es zeichne sich eine Spekulation in großem Umfang ab. Es sei notwendig, Modalitäten zu finden, was mit diesem Geld geschehen könne, z. B. Aufkauf durch die Bundesbank und Rückführung in die DDR zu einem vereinbarten Kurs.

Wenn der Mindestumtausch bestehen bleibe, stehe die Frage seiner Pauschalierung.

E. Krenz fügte hinzu, der freie Reiseverkehr sei von beiden Seiten gewollt worden. Nun müßten auch daraus entstehende Probleme gemeinsam gelöst werden. Viele DDR-Bürger forderten Maßnahmen, damit die DDR nicht ausgekauft werde. Der Reformprozeß werde gefährdet, wenn die wirtschaftlichen Probleme der DDR nicht

---

322 Vgl. Anm. 319.

gelöst würden. Eine Umgestaltung mit leeren Regalen sei für die DDR nicht denkbar.

R. Seiters erwiderte auf die Darlegungen von E. Krenz und H. Modrow, was die grundsätzlichen Positionen zu Selbstbestimmungsrecht und Wiedervereinigung angehe, so sei die Position der BRD-Regierung bekannt. Je mehr Marktwirtschaft eingeführt werde, um so schneller könnten die wirtschaftlichen Probleme gelöst werden. Die BRD sei dafür, Gespräche zu Wirtschaftsfragen aufzunehmen. Dazu könne auch die gemeinsame Kommission dienen, wenn es keine Probleme hinsichtlich Westberlins gebe. Beim Umweltschutz sei die BRD bereit, kurzfristig Gespräche über weitere Projekte auf der Ebene der Beauftragten aufzunehmen. Hinsichtlich der Kalifragen liege ein Angebot der BRD vor. Dazu werde eine Antwort der DDR erwartet. Man sei bereit, die Postpauschale neu zu verhandeln. Eine substantielle Erhöhung könne erfolgen, wenn die Pauschale zweckgebunden für die Modernisierung des Telefonnetzes in der DDR und für die Verbesserung des Telefonverkehrs DDR − BRD verwandt würde. Man sei an der Errichtung eines zweiten Lichtleiterkabels und von zwei Richtfunkstrecken interessiert. Hinsichtlich der Eisenbahn Berlin − Hannover sei man für die Fortführung der Gespräche, einschließlich von Gesprächen zwischen beiden Verkehrsministerien. Was den Zeitschriftenaustausch betreffe, so möchte die BRD, daß für westliche Zeitungen Vertriebserlaubnisse erteilt würden und auch Direktabonnements möglich seien. Schließlich sei man an der Erleichterung der Tätigkeit von Journalisten interessiert. Es gehe auch um die Neuzulassung von Korrespondenten (Deutschlandfunk). Ferner möchte er auf die Frage Amnestie und Strafrecht sowie Besuchsmöglichkeiten für ehemalige DDR-Bürger hinweisen. Es stelle sich auch die Frage nach der Behandlung des Vermögens der Übergesiedelten.

E. Krenz und H. Modrow hätten mit Recht darauf hingewiesen, daß der Reiseverkehr mit erheblichen finanziellen Problemen belastet sei. Die BRD stelle erhebliche Summen für das Begrüßungsgeld zur Verfügung.[323] 1990 rechne man mit über einer Milliarde. Bundeskanzler Kohl habe erklärt, daß das Begrüßungsgeld keine Lösung auf Dauer sein könne. Die Bundesregierung sei im Grundsatz bereit, über die Bildung eines Devisenfonds zu sprechen, und zwar unter folgenden Voraussetzungen: Befristung auf höchstens zwei Jahre und Planfondierung, Wegfall des Mindestumtausches, Erleichterung im Verkehr West-Ost, möglichst Wegfall der Visa, zusätzlicher Beitrag der DDR über den Mindestumtausch hinaus. In

---

323 Das „Begrüßungsgeld" für DDR-Bürger betrug pro Person 100 DM, das Gesamtvolumen somit jährlich etwa 1,6 Mrd. DM.

Expertengesprächen müßte man die Modalitäten klären. Es handle sich um eine Zahlungsbilanzhilfe für die DDR. Daher wäre ein Gesamtüberblick über die wirtschaftlichen Verhältnisse der DDR, ihren Devisenstatus erforderlich. Gespräche könnten schnell aufgenommen werden.

E. Krenz stimmte Expertenberatungen zu. Für die DDR-Bürger müsse die Geldstabilität erhalten bleiben. Eine Rückkehr zu den Zuständen vor 1961 sei nicht vorstellbar.

Auf die Frage von Bertele, welche Maßnahmen die DDR selbst treffen wolle, erwiderte H. Modrow, die Hauptfrage sei die subventionierte Preispolitik der DDR. Sie müsse schrittweise verändert werden, wobei ein sozialer Ausgleich erfolgen müsse.

E. Krenz verwies darauf, daß die gesetzliche Regelung zum Reiseverkehr noch ausstehe. Dabei könnten die ökonomischen Fragen nicht ungelöst bleiben. Er müsse nochmals darauf hinweisen, daß es um das Schicksal des Reformprozesses in der DDR gehe. Unterstützung durch die BRD müsse schnell erfolgen, sonst gerate die Reiseregelung in Gefahr. Er könne nicht ausschließen, daß die Volkskammer die ökonomische Unangreifbarkeit der DDR fordere.

R. Seiters erklärte, die BRD sei bereit, auf der bekannten Linie schnell Gespräche zu dem Komplex der Reisedevisen zu führen. Er würde dazu die Staatssekretäre des Wirtschafts- und Finanzministeriums hinzuziehen.

H. Modrow bekräftigte, daß es darum gehe, das sich anhäufende DDR-Geld in der BRD und Westberlin unter Kontrolle zu bringen. Dazu sollten Gespräche zwischen den Banken geführt werden.

Duisberg warf ein, das könne nur darauf hinauslaufen, daß die Bundesbank die Währung der DDR abstütze.

H. Modrow erwiderte, er sehe dies so. Er würde den Präsidenten der Staatsbank der DDR beauftragen, Gespräche darüber zu führen.

E. Krenz betonte abschließend, es habe sich heute um ein Vorgespräch gehandelt, damit H. Modrow und er mit Bundeskanzler Kohl ein ergebnisreiches Gespräch führen könnten.

R. Seiters verwies darauf, daß sich die Notwendigkeit einer zweiten Begegnung in Berlin ergeben könnte, wenn ein kurzfristiger Termin ins Auge gefaßt werde. Er schlug vor, die Terminfrage noch offen zu lassen. Dem wurde zugestimmt.

An dem Gespräch nahmen teil: der Minister für Auswärtige Angelegenheiten, Oskar Fischer; der Sekretär des Staatsrates, Heinz Eichler; der Staatssekretär im Ministerium für Außenwirtschaft, Alexander Schalck; der Leiter der Ständigen Vertretung der DDR in der BRD, Botschafter Horst Neubauer; der Leiter der Abt. BRD im MfAA, Karl Seidel; sowie Ministerialdirigent Claus-Jürgen Duisberg; Ministerialdirigent Burkhard Dobiey; der Leiter des Büros von Minister Seiters, Manfred Speck; und der Leiter der Ständigen Vertretung der BRD, Franz Bertele.

Quelle: BArchP, DC 20, I/3-2873.

Dokument 53

Schreiben von Björn Engholm, Ministerpräsident von Schleswig-Holstein, an Hans Modrow vom 24. November 1989

Sehr geehrter Herr Vorsitzender, lieber Herr Modrow,
Ihre Regierungserklärung hat mich beeindruckt.[324] Sie enthält ein Plädoyer für politische und ideologische Toleranz, für mehr Individualität und Flexibilität in Ihrem Land, für kulturelle Vielfalt, für politische und wirtschaftliche Reformen in vielen Bereichen. „Die DDR öffnet sich der Welt", haben Sie gesagt. Das ist ein hoffnungsvolles Motto.

Ich stimme Ihnen auch zu, daß außenwirtschaftliche Stabilität für die DDR-Wirtschaft eine Überlebensfrage ist. Die Bundesrepublik Deutschland muß dazu beitragen, daß dieses Ziel erreicht werden kann. Die Landesregierung Schleswig-Holstein ist bereit, mit Ihnen gemeinsam Schritte zur politischen und wirtschaftlichen Zusammenarbeit zu überlegen, die dafür nützlich sind.

Der neue, durchlässige Charakter der Grenze zwischen den deutschen Staaten führt dazu, daß benachbarte Regionen beider Seiten wieder näher zusammenrücken können. Schleswig-Holstein war mit den angrenzenden Gebieten Mecklenburgs kulturell und wirtschaftlich früher eng verbunden. Ich könnte mir vorstellen, daß eine Partnerschaft unseres Bundeslandes mit dem Bezirk Schwerin der „qualifiziert guten Nachbarschaft" dienen würde, die Sie für das Verhältnis der beiden deutschen Staaten erreichen wollen.

Staatssekretär Möller vom Ministerium für Soziales, Gesundheit und Energie hat am 24. November 1989 Schwerin besucht und Gespräche über eine Zusammenarbeit im Gesundheitswesen geführt. Dieses sollte ein erster Schritt sein, um die Beziehungen zwischen Kiel und Schwerin zu vertiefen. Mir liegt daran, diese Zusammenarbeit auch auf anderen Sachgebieten, z. B. in der Industrie und in der Landwirtschaft sowie bei der Lösung gemeinsamer Verkehrsprobleme, möglich zu machen.

---

324 Vgl. Anm. 314.

Ich habe mich sehr gefreut, daß Sie am 12. November 1989 so spontan zu einem Gespräch mit mir bereit waren.[325] Ich habe die Hoffnung, daß wir den begonnenen Dialog in naher Zukunft mit konkreten Themen, Wünschen und Vorschlägen fortsetzen können. Ich bin dazu bereit.

In einem Gespräch mit mir hat das Vorstandsmitglied der Deutschen Bank AG, Herr Dr. Eckart van Hooven, angeboten, ein Gespräch zwischen 10 bis 15 führenden Industrievertretern der Bundesrepublik Deutschland und den führenden Kombinaten der Deutschen Demokratischen Republik zu vermitteln. Falls Ihrerseits an einem Besuch dieser Vertreter Interesse besteht, würde ich Sie bitten, sich mit Herrn Dr. van Hooven in Verbindung zu setzen, der bereit wäre, einen Beauftragten zu Vorgesprächen zu entsenden. Für Ihr neues Amt wünsche ich Ihnen Kraft und Ausdauer, Glück und Erfolg.

Mit freundlichen Grüßen
gez. Ihr Björn Engholm
PS: Zu einem privaten Besuch möchte ich Sie nach Schleswig-Holstein ganz herzlich einladen. Ich würde mich sehr freuen, mit Ihnen einen Spaziergang durch unser schönes Land zu unternehmen.

Quelle: BArch P, DC 20, 5061.

Dokument 54

Aktennotiz über ein Gespräch von Hans Modrow mit UdSSR-Ministerpräsident Nikolai Ryshkow am 4. Dezember 1989[326]

Nach der herzlichen Begrüßung durch Genossen Ryshkow informierte Genosse Modrow über die gegenwärtige Situation in der DDR. Danach sprach er zu einigen Fragen der bilateralen Beziehungen zwischen der DDR und der UdSSR.

---

325 Über dieses Gespräch wurde bisher nichts Weiteres bekannt. Schriftliche Vermerke konnten nicht aufgefunden werden.

326 Das Gespräch fand am Rande eines Sondergipfels des Warschauer Vertrages in Moskau statt, der einen Bericht Michail Gorbatschows über die Ergebnisse seines Treffens mit USA-Präsident George Bush auf Malta behandelte. Am Tage zuvor waren das SED-Politbüro (einschließlich Generalsekretär Krenz) und das Zentralkomitee geschlossen zurückgetreten. Vorübergehend übernahm ein „Arbeitsausschuß" die Führung der Partei. Neben Modrow waren der Noch-Staatsratsvorsitzende Krenz (Rücktritt am 6. Dezember 1989) und Außenminister Fischer für die DDR in Moskau.

Genosse Ryshkow dankte für die Information. In der Sowjetunion verfolge man sehr aufmerksam die Entwicklung in der DDR. Diese verlaufe mit sehr hohem Tempo. In der Sowjetunion verstehe man, daß jetzt auf der Regierung der DDR eine sehr hohe Verantwortung lastet, da es gegenwärtig faktisch keine Parteiführung gibt und man sich im wesentlichen auf die Vorbereitung des außerordentlichen Parteitages konzentriert.

Zu den von Genossen Modrow aufgeworfenen Fragen der bilateralen Beziehungen legte Genosse Ryshkow folgendes dar:

Die sowjetische Führung vertritt die feste Position, daß die DDR ein eng befreundetes Land der Sowjetunion ist. Niemand habe die Absicht, diese Position zu verändern. Man verstehe, daß die Lage gegenwärtig außerordentlich schwierig ist. Diese Wegstrecke müsse durchschritten werden, um wieder zu einer Stabilisierung der Situation zu kommen. Man habe in der Sowjetunion den Eindruck, daß einige Beschlüsse der letzten Wochen nicht genügend durchdacht waren und unter starkem Druck gefaßt wurden. Dadurch konnten die Folgen nicht genügend abgewogen werden.

Die feste Position der Sowjetunion zur Frage der Konföderation zwischen der DDR und BRD bestehe darin, daß diese nicht zugelassen werden darf. Eine solche Entwicklung würde zu einer ernsthaften Destabilisierung nicht nur der DDR, sondern ganz Europas führen. Die DDR sei ein selbständiger Staat mit relativ großem Gewicht in Europa, und alle weiteren politischen Lösungen könnten nur in diesem Rahmen gefunden werden.

Neben den politischen Folgen einer solchen Entwicklung verwies Genosse Ryshkow auch auf mögliche ökonomische Komplikationen. Beides sei eng miteinander verbunden. Dies solle auch bei der Fortsetzung des visafreien Verkehrs der Bürger sorgfältig abgewogen werden. Genosse Ryshkow stellte die Frage, ob es nicht geschehen könne, daß das Volk der DDR, das einen relativ hohen Lebensstandard hat, wegen der großen ökonomischen Unterschiede zur BRD in eine schwierige Lage geraten könnte. Er empfahl, nicht zu allen Angeboten sofort ja zu sagen, sondern alles noch einmal zu überdenken.

Er unterstützte die These des Genossen Modrow, daß man vor der Öffnung der Grenzen hätte mit der BRD verhandeln, bestimmte Übereinkünfte erzielen und Wirtschaftsabkommen schließen müssen. Erst danach hätten solche weitgehenden politischen Entscheidungen gefällt werden sollen. Entsprechende Erfahrungen lägen jetzt aus Ungarn vor, wo sich der große Unterschied zu Österreich im ökonomischen Entwicklungsniveau und im Geldwert sehr spürbar auf die wirtschaftliche Entwicklung des Landes auswirke.

Genosse Ryshkow stimmte dem Vorschlag des Genossen Modrow zu, kurzfristig Konsultationen zwischen den Außenministerien der DDR und der UdSSR durchzuführen, um die Position zu diesen Fragen präzise zu formulieren. Es komme darauf an, die Grenzen, bis zu denen man gehen kann und die bei der weiteren Annäherung nicht überschritten werden dürfen, präzise abzustecken.

Genosse Ryshkow hob hervor, daß die bilateralen Wirtschaftsbeziehungen sich weiterentwickeln und vertiefen müssen. Hier gebe es für Genossen Modrow als Regierungschef sehr viel zu tun. Leider waren die Kontakte zur Regierung der DDR in den letzten Jahren davon gekennzeichnet, daß es sehr schwierig war, die Genossen davon zu überzeugen, daß die Zeiten sich geändert haben und man den neuen Anforderungen entsprechen muß. Man habe immer wieder versucht, der Führung der DDR bewußt zu machen, daß man neue Positionen einnehmen und flexiblere Formen der Zusammenarbeit suchen muß. In den sozialistischen Ländern werden Wirtschaftsreformen durchgeführt, deshalb könnten auch die bilateralen Beziehungen nicht nach den alten Methoden weitergeführt werden.

In der letzten Zeit habe es eine bestimmte Zustimmung zu neuen Formen der Zusammenarbeit gegeben, Genosse Ryshkow hatte jedoch den Eindruck, daß es mehr Worte als Taten waren. Hier werde die jetzige Regierung der DDR im Grunde beim Stande Null beginnen müssen.

In der Sowjetunion erarbeite man jetzt das ökonomische Programm für den nächsten Fünfjahreszeitraum. In einer Woche werde die Regierung vor dem 2. Kongreß der Volksdeputierten darüber berichten.[327] Dabei werde es nicht nur um Maßnahmen zur ökonomischen Gesundung der UdSSR gehen, sondern auch um die weiteren Etappen der Wirtschaftsreform.

Bei der tiefen Durcharbeitung all dieser Fragen überzeuge man sich mehr und mehr davon, daß die bisher angewandten Prinzipien der bi- und multilateralen Zusammenarbeit mit der Wirtschaftsreform nicht mehr in Übereinstimmung zu bringen sind.

Auf der für den 9. bis 11.1.1990 nach Sofia einberufenen nächsten Ordentlichen Tagung des RGW sollte sehr gründlich über das weitere Vorgehen in den Wirtschaftsbeziehungen gesprochen werden.[328] Die sowjetischen Genossen seien nicht aufgrund von Emotionen oder spontan zu ihrer jetzigen Überzeugung gekommen, sondern im Ergebnis einer tiefgründigen Analyse des bisherigen Weges

---

327 Der Kongreß der Volksdeputierten war 1989 als neues oberstes Organ der Staatsmacht eingeführt worden. Er stellte das Parlament der UdSSR dar.

328 Vgl. Dok. 58.

und der weiteren Perspektive der Wirtschaftsentwicklung unter den Bedingungen der Wirtschaftsreform. Diese Position laufe darauf hinaus, daß beginnend mit dem Jahre 1991 zum gegenseitigen Handel nach Weltmarktpreisen und auf der Grundlage von Verrechnungen in freikonvertierbarer Währung übergegangen werden muß.

Dies erfordere natürlich Zeit. Die Sowjetunion gehe von einem Übergangszeitraum von ein bis zwei Jahren aus. Bei diesem Vorgehen könnten auch einige gesonderte langfristige Abkommen berücksichtigt werden, so z. B. über die Rohstofflieferungen. Diese komplizierte Etappe der wirtschaftlichen Umgestaltung müsse durchlaufen werden, u. a. auch deswegen, weil die DDR ihre intensiven Wirtschaftsbeziehungen zur BRD weiterentwickeln werde und weil es unter den sozialistischen Ländern kein einheitliches Entwicklungsmodell mehr gibt.

Genosse Ryshkow betonte, er sehe die Lage sehr real und sei überzeugt, daß die sozialistischen Länder sich ohne intensive Einbeziehung in die Weltwirtschaft nicht normal entwickeln können und nicht in der Lage sein werden, ein fortgeschrittenes Niveau des wissenschaftlich-technischen Fortschritts und des Lebensstandards zu erreichen. Wenn man sich aber aktiv an der Weltwirtschaft beteiligen wolle, dann könne man nicht mehr von einem abgeschlossenen Block ausgehen. Dies sei nicht real. Entweder die sozialistischen Länder kapselten sich noch weiter ab oder sie öffnen sich und passen sich in die Weltwirtschaft ein.

Man verstehe in der UdSSR auch, daß in den bilateralen Beziehungen flexibel vorgegangen werden muß. Bei diesem Übergang dürfe keine Seite Schaden nehmen. Es müsse vor allem der politische Wille vorhanden sein, daß man als Freunde solche ökonomischen Lösungen findet, die dies gewährleisten. Die DDR und die UdSSR seien dazu in der Lage. Dabei gebe es einige konkrete Fragen, die weiter durchdacht und beraten werden müßten.

Was die Wirtschaftsbeziehungen im Jahre 1990 betreffe, so haben die Genossen Katuschew und Beil bereits eine umfangreiche Arbeit geleistet und die Hauptfragen geklärt.[329] Der sowjetischen Seite seien einige Entscheidungen sehr schwer gefallen, besonders hinsichtlich der Erdöllieferungen. Genosse Ryshkow erklärte offen, es sei nur für die DDR eine Ausnahme gemacht worden. Alle andere Länder hätten weniger erhalten.

Was die Plankoordinierung für 1991 bis 1995 betreffe, so haben hier die Fachleute und die Führung im Unterschied zu anderen Ländern bereits eine umfangreiche Arbeit geleistet. In den Vorverhandlungen konnten einige Fragen, so über die Lieferungen von Erdgas,

---

329 Katuschew und Beil waren die Vertreter der Außenhandelsministerien.

Aluminium, Zink, Nickel und einige Transportfragen, noch nicht befriedigend geklärt werden. Hier habe man aber noch Zeit.

Die Bitte nach einer Erhöhung der Lieferungen von PKW bringe beide Ministerpräsidenten in eine schwierige Lage, weil sie sie nicht lösen können.

Genosse Ryshkow stimmte Genossen Modrow zu, daß die Beziehungen auf kulturellem, wissenschaftlich-technischem und humanitärem Gebiet weiter ausgebaut werden müssen. Die Krisenerscheinungen werden vorbeigehen, und das Leben erfordere, daß die Menschen breitere Kontakte miteinander herstellen. Dafür sei eine intensive Arbeit in diesen Bereichen erforderlich.

Genosse Ryshkow dankte für die Einladung zu einem Besuch in der DDR. Man sollte jetzt wirklich einen Zeitpunkt dafür festlegen. Dies werde sicherlich kompliziert, da die Arbeitsbelastung in der Sowjetunion ungeheuer groß sei.

Abschließend betonte Genosse Ryshkow, die Genossen in der DDR sollten wissen, daß sie in der Sowjetunion Freunde haben, die sie stets unterstützen werden. Er wünschte Genossen Modrow Erfolg in der gegenwärtigen außerordentlich schwierigen Situation. Das Gespräch verlief in einer herzlichen, brüderlichen Atmosphäre.

Quelle: BArchP, DC 20, 4973.

Dokument 55

Schreiben von Hans-Jochen Vogel, Vorsitzender der SPD, an Hans Modrow vom 12. Dezember 1989

Sehr geehrter Herr Ministerpräsident,
die von Ihnen verkündeten Erleichterungen für Reisen von der Bundesrepublik Deutschland in die DDR sind in der Bundesrepublik Deutschland einhellig begrüßt worden. Freier und ungehinderter Reiseverkehr wird ein wesentliches Element konstruktiver Beziehung zwischen den beiden deutschen Staaten sein.

Die positive Wirkung der von Ihnen vorgesehenen Maßnahmen wird um so größer sein, je schneller sie in Kraft treten. Dies gilt insbesondere angesichts des bevorstehenden Weihnachtsfestes.

Ich bitte Sie daher, die Reiseerleichterungen schon vor den Weihnachtstagen in Kraft zu setzen.[330] Damit würden Sie den Wunsch

---

330 Im Ergebnis der Gespräche zwischen Hans Modrow und Helmut Kohl in Dresden am 19. Dezember 1989 konnten Bürger der Bundesrepublik und

vieler Menschen bei uns erfüllen, schon über Weihnachten und den Jahreswechsel die DDR ohne die bisherigen umständlichen und zeitraubenden Formalitäten besuchen zu können.

Mit freundlichen Grüßen
gez. Dr. Vogel

Quelle: BArch P, DC 20, 5061.

Dokument 56

DDR-Ministerratsbeschluß zum Treffen zwischen Hans Modrow und Helmut Kohl in Dresden am 19. Dezember 1989[331]

1. Vertrag über Zusammenarbeit und gute Nachbarschaft

Zur Aufnahme der Verhandlungen zum Abschluß eines Vertrages über Zusammenarbeit und gute Nachbarschaft ist eine Konzeption dem Ministerrat vorzulegen.

Verantwortlich: Minister für Auswärtige Angelegenheiten, Staatssekretär Wolfgang Rauchfuß

Termin: 15. Januar 1990

2. Handels- und Wirtschaftsbeziehungen

2.1. Zur weiteren Gestaltung der Handels- und Wirtschaftsbeziehungen zwischen der DDR und der BRD unter Einbeziehung von Berlin (West) wird eine Gemeinsame Kommission zur weiteren Vertiefung der wirtschaftlichen Beziehungen gebildet, die ausgehend von einer ständigen Analyse der Entwicklung der Handels- und Wirtschaftsbeziehungen Maßnahmen und Vereinbarungen zu deren weiteren Ausbau auf der Grundlage der Gleichberechtigung und des gegenseitigen Vorteils vorbereitet und erarbeitet.

In der ersten Etappe der Zusammenarbeit konzentriert sich diese Gemeinsame Kommission vorrangig auf die Vorbereitung von Abkommen für den Investitionsschutz, den Gewinntransfer und die Besteuerung. Die Gemeinsame Kommission tagt erstmals im Januar 1990 in Berlin/DDR. Die 2. Tagung findet im April 1990 in Berlin (West) statt.

Die DDR-Seite der Gemeinsamen Kommission zur weiteren Vertiefung der wirtschaftlichen Beziehungen wird durch den Minister für Außenwirtschaft geleitet.

Westberlins ab 24. Dezember ohne Visum und Mindestumtausch in die DDR und nach Ost-Berlin reisen.

331 Dieser Beschluß wurde erst auf der Ministerratstagung am 4. Januar 1990 bestätigt. Ein gesonderter schriftlicher Bericht wurde nicht abgegeben.

Innerhalb der Gemeinsamen Kommission werden Fachgruppen für Energie, für Bauwesen und Tourismus gebildet.

Dem Ministerrat sind bis zum 8.1.1990 die Zusammensetzung des DDR-Teils der Gemeinsamen Kommission sowie die Leitung und Zusammensetzung der Fachgruppen zur Bestätigung vorzulegen.

Verantwortlich: Minister für Außenwirtschaft, Minister für Schwerindustrie, Minister für Bauwesen und Wohnungswirtschaft, Minister für Tourismus, Staatssekretär Wolfgang Rauchfuß in Abstimmung mit Minister der Finanzen und Preise, Minister für Maschinenbau, Minister für Leichtindustrie:

2.2. Dem Ministerrat wird im Januar 1990 eine Konzeption zur Entwicklung und Koordinierung der Informationstätigkeit auf wirtschaftspolitischem Gebiet, insbesondere zu Aspekten der Durchsetzung der Wirtschaftsreform in der DDR zur Bestätigung vorgelegt. Diese Konzeption beinhaltet gleichzeitig Vorschläge zur Schaffung von Beratungs- und Abstimmungsmöglichkeiten für Kooperationsprojekte von kleinen, mittelständischen Handwerks- und Dienstleistungsbetrieben sowie der gegenseitigen Vermittlung von Kooperationsinteressen in diesen Bereichen.

Verantwortlich: Stellvertreter des Vorsitzenden des Ministerrates für Wirtschaft

2.3. Am 16.1.1990 findet ein Arbeitstreffen zwischen dem Stellvertreter des Vorsitzenden des Ministerrates, Prof. Dr. Luft, und dem Bundesminister für Wirtschaft, Dr. Haussmann, zur Information und Diskussion zum aktuellen Stand der Durchsetzung der Wirtschaftsreform in der DDR und zum Prozeß der Erarbeitung von gesetzlichen Regelungen für neue Kooperationsformen, vor allem zur Bildung gemeinsamer Unternehmen auf dem Territorium der DDR, statt.[332]

Verantwortlich: Stellvertreter des Vorsitzenden des Ministerrates für Wirtschaft

2.4. Am 13. und 14.1.1990 findet in Berlin/DDR eine Beratung führender Wirtschaftler der DDR und der BRD, insbesondere der Großindustrie, zu objektkonkreten Vorschlägen der Kooperation und zur damit im Zusammenhang stehenden Schaffung gesetzlicher und abkommensrechtlicher Regelungen statt. Die Vorbereitung, Durchführung einschließlich Einladung der mit der BRD-Seite abgestimmten Teilnehmer erfolgt durch den Direktor des Institutes für Unternehmensführung und Weiterbildung, Beratung und Training, Prof. Dr. Beyer, in Zusammenarbeit mit dem Minister für Außenwirtschaft.

Verantwortlich: Direktor des Institutes für Unternehmensführung und Weiterbildung, Beratung und Training, Prof. Dr. Beyer

---

332 Der Besuch der stellvertretenden DDR-Ministerpräsidentin für Wirtschaft, Christa Luft, in der Bundesrepublik fand am 16./17. Januar 1990 statt.

2.5. In Vorbereitung der in der DDR auszuarbeitenden gesetzlichen Regelungen (Gründung und Tätigkeit von Unternehmen mit ausländischer Beteiligung und Muster für ein Investitionsschutzabkommen) sind in der Zeit bis zum 5.1.1990 in Berlin/DDR Expertengespräche durchzuführen. Dazu werden durch das Bundeswirtschaftsministerium kurzfristig die Experten benannt. Der Leiter des Amtes für den Rechtsschutz des Vermögens der DDR wird beauftragt, die entsprechenden Experten der DDR zu benennen und zur Bestätigung vorzulegen.

Verantwortlich: Leiter des Amtes für den Rechtsschutz des Vermögens der DDR

2.6. Im Februar 1990 ist in der BRD ein Treffen von Wirtschaftlern, insbesondere der Klein- und mittelständischen Industrie der BRD unter Leitung des Deutschen Industrie- und Handelstages (DIHT) mit Wirtschaftlern und wirtschaftsfördernden Organisationen der DDR zum Ausbau der Kooperationsbeziehungen zu organisieren. Dazu unterbreitet die BRD-Seite Anfang Januar 1990 weitere Vorschläge. Die Vorbereitung und Durchführung dieses Treffens wird DDR-seitig dem Präsidenten der Kammer für Außenhandel im Auftrag des Ministers für Außenwirtschaft übertragen.

Verantwortlich: Präsident der Kammer für Außenhandel

2.7. Der Bundeswirtschaftsminister der BRD, Dr. Helmut Haussmann, ist zur Teilnahme an der Leipziger Frühjahrsmesse 1990 einzuladen.

Verantwortlich: Minister für Außenwirtschaft

2.8. Die Zusammenarbeit auf den Gebieten des Meß-, Normen-, Prüfwesens und der Qualitätssicherung ist durch die zuständigen Institutionen der DDR und der BRD mit dem Ziel des Abschlusses weiterer Vereinbarungen in den Monaten Februar/März 1990 zu intensivieren.

Verantwortlich: Präsident des Amtes für Standardisierung, Meßwesen und Warenprüfung

2.9. Zwischen dem Amt für Erfindungs- und Patentwesen der DDR und dem Patentamt der BRD sind zur Arbeit mit Patenten und Warenzeichen, zur Regelung des Schutzes geographischer Herkunftsangaben bei Waren sowie dem Abschluß entsprechender Vereinbarungen auf dem Gebiet des gewerblichen Rechtsschutzes bis März/April 1990 Verhandlungen aufzunehmen.

Verantwortlich: Präsident des Amtes für Erfindungs- und Patentwesen

2.10. Zur Vereinbarung, Bildung und Arbeitsweise von Regionalausschüssen sowie zu einer Vereinbarung über die Arbeit einer entsprechenden Gemeinsamen Kommission auf Regierungsebene ist dem Ministerrat ein Vorschlag vorzulegen. Dabei sind die ersten Erfahrungen des Regionalausschusses „Berlin" unter Einbeziehung der Bezirke Potsdam und Frankfurt/Oder mit auszuwerten. Es ist von dem Grundsatz größtmöglicher Freizügigkeit auszugehen, ohne daß sich daraus zentralstaatliche Verpflichtungen ergeben.

Verantwortlich: Minister für Auswärtige Angelegenheiten, Stellvertreter des Vorsitzenden des Ministerrates für örtliche Staatsorgane, Staatssekretär Wolfgang Rauchfuß in Abstimmung mit den weiterhin beteiligten Ministern und Vorsitzenden der Räte der Bezirke
Termin: 31.1.1990

2.11. Es ist eine Expertengruppe zu Vermögensfragen zu bilden, die im Januar 1990 ihre Arbeit aufnimmt. Dazu ist dem Ministerrat in Abstimmung mit Staatssekretär Wolfgang Rauchfuß die Direktive und Zusammensetzung der Expertengruppe bis zum 8.1.1990 vorzulegen.

Verantwortlich: Minister der Finanzen und Preise, Leiter des Amtes für den Rechtsschutz des Vermögens der DDR, Staatssekretär Wolfgang Rauchfuß

3. Umweltschutz

Auf der Grundlage der zwischen den Ministern beider Seiten am 14.12.1989 getroffenen Übereinkunft ist die Zusammenarbeit auf dem Gebiet des Umweltschutzes mit dem Ziel zu intensivieren, in absehbarer Zeit wirksame Fortschritte und Verbesserungen beim Schutz der Umwelt und Naturressourcen zu erreichen.

3.1. Zu den vereinbarten und am 20./21.12.1989 abgestimmten Demonstrations- und Pilotprojekten ist zur Gewährleistung eines termingerechten Abschlusses der Verträge bzw. der Vertragsvorbereitung eine Information mit Festlegungen zur innerstaatlichen materiellen Sicherstellung zu erarbeiten und dem Ministerrat vorzulegen.

Verantwortlich: Minister für Naturschutz, Umweltschutz und Wasserwirtschaft, Minister für Schwerindustrie, Minister für Maschinenbau, Minister für Außenwirtschaft, Vorsitzender der Staatlichen Plankommission, Minister für Gesundheits- und Sozialwesen
Termin: 15.1.1990

3.2. Erarbeitung einer Konzeption zur Weiterführung der Verhandlungen über die mit dem Kaliabbau zusammenhängenden Fragen mit dem Ziel, eine für beide Seiten vertretbare Lösung zu finden.

Verantwortlich: Minister für Schwerindustrie, Minister für Naturschutz, Umweltschutz und Wasserwirtschaft, Minister für Auswärtige Angelegenheiten
Termin: 31.1.1990

3.3. Erarbeitung einer Konzeption zur Weiterführung der Verhandlungen über die Verbesserung der Gewässergüte der Elbe einschließlich eines Standpunktes zur Bildung einer Elbeschutzkommission.

Verantwortlich: Minister für Naturschutz, Umweltschutz und Wasserwirtschaft

Termin: 15.2.1990

3.4. Erarbeitung eines Grundsatzprogrammes für die weitere Gestaltung der Beziehungen und Zusammenarbeit auf dem Gebiet der Ökologie. Dies betrifft insbesondere

– Vereinbarungen zum gegenseitigen Datenaustausch und der Nutzung von vorhandenen Umweltdatenbanken,

– Erarbeitung eines ökologischen Handlungsplanes über dringlich erforderliche Maßnahmen zum Schutz der Umwelt,

– Bildung einer gemeinsamen Umweltschutzkommission unter vorrangiger Einbeziehung der Hauptbereiche, in denen die Umweltschutzmaßnahmen zu realisieren sind.

Verantwortlich: Minister für Naturschutz, Umweltschutz und Wasserwirtschaft, Minister für Schwerindustrie, Minister für Gesundheits- und Sozialwesen

Termin: 31.1.1990

4. Strahlenschutz

Auf der Grundlage des Strahlenschutzabkommens vom 8.9.1987 ist ein Arbeitsprogramm zur Zusammenarbeit bei der kerntechnischen Sicherheit für den Zeitraum 1990/91 im Rahmen der friedlichen Nutzung der Kernenergie und beim Strahlenschutz unter besonderer Berücksichtigung der Kernkraftwerkskapazitäten der DDR zu erarbeiten und dem Ministerrat vorzulegen.

Verantwortlich: Präsident des Staatlichen Amtes für Atomsicherheit und Strahlenschutz, Minister für Schwerindustrie, Minister für Bauwesen und Wohnungswirtschaft

Termin: März 1990

5. Post- und Fernmeldewesen

Entsprechend der zwischen den Ministern beider Seiten am 12.12.1989 getroffenen Übereinkunft zur weiteren Gestaltung der Beziehungen auf dem Gebiet des Post- und Fernmeldewesens sind die erforderlichen Verhandlungen und Gespräche im Rahmen der zu bildenden Gemeinsamen Kommission aufzunehmen.

Im Ergebnis der Gespräche ist eine Information über die vorgesehenen Maßnahmen zur Verbesserung der Kommunikationsbeziehungen in der DDR und im grenzüberschreitenden Verkehr sowie zur Vereinbarung der Postpauschale ab 1991 einschließlich der planmäßigen volkswirtschaftlichen Aufwendungen und eines Vorschlages zur Verwendung der Valutabeträge dem Ministerrat vorzulegen.

Verantwortlich: Minister für Post- und Fernmeldewesen, Vorsitzender der Staatlichen Plankommission, Minister der Finanzen und Preise

Termin: 28.2.1990

6. Verkehrsbeziehungen

6.1. Für die zur Planung grenzüberschreitender Verkehrsverbindungen zu bildende Kommission „Verkehrswege" ist nach der 1. Tagung, die für den 9.1.1990 vorgesehen ist, dem Ministerrat eine Konzeption für die Arbeitsprinzipien und Grundsätze der zu behandelnden Komplexe vorzulegen. Dabei ist davon auszugehen, daß die Kommission insbesondere die Verbesserungen des Verkehrsnetzes sowie die mittel- und langfristige Verkehrswegeplanung für die Bereiche Eisenbahn, Straßenwesen und Binnenschiffahrt abstimmt bzw. vereinbart.

Verantwortlich: Minister für Verkehrswesen, Minister für Auswärtige Angelegenheiten, Minister für Bauwesen und Wohnungswirtschaft
Termin: 31.1.1990

6.2. Es ist dem Ministerrat eine Konzeption zur Fortsetzung der Verhandlungen mit der BRD über den Ausbau und die Elektrifizierung der Eisenbahntransitstrecke Berlin – Hannover vorzulegen.

Dabei ist davon auszugehen, daß
– die Trasse über Stendal – Oebisfelde verläuft,
– das Vorhaben einem Generalunternehmer der BRD zu übertragen ist,
– die DDR in einem möglichst hohen Umfang exportwirksame Lieferungen und Leistungen erbringt sowie
– die Bauarbeiten für den Abschnitt in Berlin (West) vom Senat vergeben werden.

Verantwortlich: Minister für Verkehrswesen, Minister für Auswärtige Angelegenheiten, Minister für Außenwirtschaft, Minister für Bauwesen und Wohnungswirtschaft, Vorsitzender der Staatlichen Plankommission
Termin: 31.1.1990

6.3. Die Gespräche zu Fragen des Luftverkehrs zwischen der DDR und der BRD sind auf der Grundlage der am 4.7.1989 getroffenen Entscheidungen aufzunehmen. In diesem Zusammenhang ist eine Regelung für den Anflug des Flughafens Berlin-Tegel außerhalb der Korridore erforderlich.

Verantwortlich: Minister für Verkehrswesen, Minister für Auswärtige Angelegenheiten
Termin: Januar 1990

6.4. Für die vorgesehenen Verhandlungen über
– die Personenschiffahrt auf den Binnenwasserstraßen und
– die Zusammenarbeit im Bereich der Verkehrssicherheit
sind dem Ministerrat Konzeptionen vorzulegen.

Verantwortlich: Minister für Verkehrswesen, Minister für Auswärtige Angelegenheiten
Termin: Januar 1990

7. Bauwesen

Entsprechend der zwischen den Ministerien beider Seiten am 9.1.1990 zu treffenden Abstimmungen zur weiteren Gestaltung der Beziehungen auf dem Gebiet des Bau- und Wohnungswesens sind die erforderlichen Verhandlungen und Gespräche im Rahmen der zu bildenden gemeinsamen Kommissionen aufzunehmen.

Im Ergebnis der Gespräche ist eine Information über die vorgesehenen Maßnahmen zur Zusammenarbeit auf den Gebieten Stadtsanierung, Wohnungswirtschaft, Bauwirtschaft und Industriekooperation sowie Bautechnik dem Ministerrrat vorzulegen.

Verantwortlich: Minister für Bauwesen und Wohnungswirtschaft, Vorsitzender der Staatlichen Plankommission

Termin: Februar 1990

8. Tourismus

Für die zum Ausbau des touristischen Reiseverkehrs zu bildende Fachgruppe „Tourismus" ist dem Ministerrat eine Konzeption über die Arbeitsprinzipien und Grundsätze der zu behandelnden Komplexe vorzulegen. Dabei ist davon auszugehen, daß Maßnahmen zur Erweiterung des Tourismus aus der BRD und Berlin (West) in die DDR erörtert und vereinbart werden und der Tourismus aus der DDR nach der BRD aufgenommen wird. Der Jugendtourismus ist einzubeziehen.

Verantwortlich: Minister für Tourismus, Minister der Finanzen und Preise

Termin: Januar 1990

9. Rechtshilfeverkehr

Die Gespräche zum Abschluß eines Rechtshilfevertrages sind weiterzuführen. Dabei ist davon auszugehen, den gegenseitigen Rechts- und Amtshilfeverkehr im Interesse der betroffenen Menschen konstruktiv und ohne administrative Erschwernisse abzuwickeln. Zur Regelung aktueller Fragen des Rechtshilfeverkehrs und des Rechtsschutzes, die sich insbesondere aus dem gestiegenen Reiseverkehr zwischen beiden Staaten ergeben, ist eine Expertenkommission einzusetzen. Die Direktive für diese Expertenkommission sowie deren Zusammensetzung ist dem Ministerrat zur Bestätigung vorzulegen.

Verantwortlich: Minister der Justiz

Termin: 28.2.1990

10. Nichtkommerzieller Zahlungsverkehr

Zur Aufnahme von Expertengesprächen mit der BRD zum Gesamtkomplex des nichtkommerziellen Zahlungsverkehrs ist eine Konzeption dem Ministerrat vorzulegen.

Verantwortlich: Minister der Finanzen und Preise, Präsident der Staatsbank der DDR, Leiter des Amtes für den Rechtsschutz des Vermögens der DDR

Termin: 20.1.1990

11. Verwendung der Mark-Beträge aus dem Fonds für Reisezahlungsmittel

Über die mit der BRD-Regierung abzustimmende Verwendung der Mark-Beträge aus dem Fonds für Reisezahlungsmittel für das Jahr 1990 ist dem Ministerrat ein Vorschlag vorzulegen, der die materiellen Möglichkeiten berücksichtigt.

Verantwortlich: Vorsitzender der Staatlichen Plankommission, Minister der Finanzen und Preise, Minister für Bauwesen und Wohnungswirtschaft, Staatssekretär Wolfgang Rauchfuß

Termin: mit Vorlage des Volkswirtschaftsplanes für 1990

12. Hilfe bei Katastrophenfällen

Zur Aufnahme der Verhandlungen über eine Vereinbarung zur gegenseitigen Hilfe bei Katastrophenfällen ist dem Ministerrat eine Konzeption zur Bestätigung vorzulegen.

Verantwortlich: Minister für Nationale Verteidigung, Minister für Auswärtige Angelegenheiten, Minister für Innere Angelegenheiten

Termin: Februar 1990

13. Zusammenarbeit zur Bekämpfung von Rauschgiftkriminalität und zur Verhinderung von Straftaten

Zu Fragen der praktischen polizeilichen Zusammenarbeit, insbesondere bei der Bekämpfung von Rauschgiftkriminalität und bei der Verhinderung und Aufklärung schwerer Straftaten sowie anderer kriminalistisch bedeutsamer Sachverhalte sind zwischen den zuständigen Ministerien kurzfristig Gespräche aufzunehmen.

Im Ergebnis der Gespräche sind Vorschläge für die weitere Zusammenarbeit auf diesem Gebiet einschließlich der erforderlichen innerstaatlichen Maßnahmen dem Ministerrat vorzulegen.

Verantwortlich: Minister für Innere Angelegenheiten, Minister für Außenwirtschaft, Leiter der Zollverwaltung der DDR, Minister für Gesundheits- und Sozialwesen

Termin: 15.2.1990

14. Kulturelle Zusammenarbeit

Für die zur Abstimmung und Vertiefung der Zusammenarbeit zu bildende Kulturkommission ist dem Ministerrat eine Konzeption zur Bestätigung vorzulegen.

Verantwortlich: Minister für Kultur, Minister für Auswärtige Angelegenheiten

Termin: Februar 1990

15. Informationswesen

Auf Expertenebene sind Gespräche über die Möglichkeiten des Vertriebs und des Bezuges von Zeitungen und Zeitschriften sowie über die Verbreitung von Rundfunk- und Fernsehprogrammen aufzunehmen und die rechtlichen und kommerziellen Fragen zu erörtern. Über das Ergebnis der Gespräche und die vorgesehenen Maßnahmen ist der Ministerrat zu informieren.

Verantwortlich: Regierungssprecher und Leiter des Presse- und Informationsdienstes der Regierung der DDR, Minister für Post- und Fernmeldewesen, Minister für Außenwirtschaft, Minister für Kultur

Termin: 31.1.1990

16. Arbeit und Soziales

Mit dem Ministerium für Arbeit und Sozialordnung der BRD und mit dem Senat von Berlin (West) sind Sondierungsgespräche zur einvernehmlichen Lösung von Problemen der Beschäftigung/Gewerbetätigkeit von Bürgern der DDR in der BRD und Berlin (West) sowie von Bürgern der BRD und Berlin (West) in der DDR bei gleichzeitiger Verhinderung illegaler Gewerbetätigkeit aufzunehmen. Im Ergebnis der Gespräche sind dem Ministerrat Entscheidungsvorschläge vorzulegen.

Verantwortlich: Minister für Arbeit und Löhne in Zusammenarbeit mit Minister der Finanzen und Preise, Minister für Innere Angelegenheiten, Minister der Justiz, Minister für Gesundheits- und Sozialwesen, Leiter der Zollverwaltung der DDR, Oberbürgermeister von Berlin, Vorsitzende der Räte der Bezirke Potsdam und Frankfurt/Oder, Direktor der Verwaltung der Sozialversicherung beim Bundesvorstand des FDGB

Termin: Januar 1990

Quelle: BArchP, DC 20, I/3 - 2886.

Dokument 57

Vermerk über ein Gespräch von Oskar Fischer mit Alexander Bondarenko, Leiter der 3. Europäischen Abteilung im UdSSR-Außenministerium, am 20. Dezember 1989

Einleitend informierte O. Fischer über das Treffen Modrow/Kohl am Vortage in Dresden.[333] Er hob hervor, daß auch der Bundeskanzler die Absicht erkennen ließ, beruhigend auf die Situation einzuwirken. Offenkundig erfolgte dies auch unter dem Einfluß dessen, was von Genossen Gorbatschow erklärt worden und auch Genscher in

---

333 Vgl. Dok. 56. Bondarenko war einen Tag nach dem Dresdener Treffen in Berlin eingetroffen, um sich über die Gesprächsergebnisse zu informieren.

Moskau gesagt worden war.[334] Schließlich müsse er die Haltung der Westmächte wie auch weiterer westlicher Partnerländer berücksichtigen. Für die von sowjetischer Seite unternommenen Aktivitäten sprach O. Fischer den Dank aus.

Zu der mit der BRD-Seite vereinbarten Erklärung erläuterte O. Fischer, daß diese zwar Kompromißcharakter trage, insgesamt aber den Beitrag verdeutliche, der mit den Beziehungen zwischen der DDR und der BRD im internationalen Rahmen und im KSZE-Prozeß sowie im Sinne der Absprachen zwischen M. S. Gorbatschow mit G. Bush geleistet werden soll.[335] Mit dem übereinstimmenden Ziel, eine Vertragsgemeinschaft zwischen beiden Staaten zu entwickeln, sei ein gemeinsamer Nenner gefunden worden. Die Begriffe „Konföderation" oder „konföderative Elemente" würden von uns aus den bekannten Gründen vermieden. Es werde angestrebt, den vorgesehenen Vertrag über gute Nachbarschaft bereits beim nächsten, bzw. übernächsten Treffen Modrow/Kohl, jedenfalls vor dem 6. Mai 1990 zu unterzeichnen. Es müsse ein Vertrag erreicht werden, der den Realitäten entspricht. Wichtig sei, betonte O. Fischer, daß Kohl die Zusammenarbeit mit der Regierung Modrow zugesagt habe, was sich auf die Stabilisierung der Lage positiv auswirken könne.

Zur inneren Entwicklung in der DDR schätzte O. Fischer ein, daß gewisse positive Momente erkennbar wären. Die Mehrheit der Bevölkerung lehne eine Wiedervereinigung ab. Positiv sei, daß Produktion, Energieversorung, Verkehr und Versorgung im wesentlichen nach wie vor laufen. Die DDR-Botschafter seien beauftragt, die DDR als sozialistische Alternative auf deutschem Boden hervorzuheben, ihre Staatlichkeit sowie die Achtung ihrer Souveränität als unerläßliches Erfordernis einer stabilen Lage in Europa zu bekräftigen. Es wäre nützlich, wenn die Vertreter der UdSSR im gleichen Sinne unterstützend wirken könnten.

In diesem Zusammenhang sprach Genosse O. Fischer die Bitte aus, daß er mit Genossen Schewardnadse in Moskau oder Berlin zusammentreffen kann, was ebenfalls zur Unterstützung der DDR beitragen würde.[336] Hinsichtlich der geführten Konsultationen erklärte O. Fischer, daß die Frage einer Aktivierung des Viermächte-Mechanismus im Zusammenhang mit der sog. Berlin-Initiative der drei Westmächte überlegt werden müsse.[337] Die DDR-Position hierzu werde umgehend mitgeteilt.

334 Genscher besuchte Moskau am 4./5. Dezember 1989. Vgl. dazu Hans-Dietrich Genscher: Erinnerungen. Berlin 1995, S. 682 ff.

335 Das Gipfeltreffen von Malta fand am 2./3. Dezember 1989 statt.

336 Vgl. Dok. 60.

337 Als „Berlin-Initiative" galt ein Aide-Memoire der USA, Großbritanniens und Frankreichs vom 29. Dezember 1987 an die UdSSR über beabsichtigte

Genosse A. P. Bondarenko bedankte sich für die Möglichkeit des Gespräches und begrüßte die kameradschaftliche Zusammenarbeit zwischen den Außenministerien beider Seiten, an der sich auch in Zukunft nichts ändern dürfe.

Er bestätigte die Einschätzung, daß Kohl bei seinem Auftritt in Dresden offenkundig durch die Signale beeindruckt war, die aus Moskau und anderen Hauptstädten gegeben worden waren. Offenkundig begreife Kohl, daß er mit seiner Rede im Bundestag zu weit gegangen sei. Auch Mitterand, Bush und die Repräsentanten anderer westlicher Regierungen hätten ihn daran erinnert, daß die deutsche Frage nicht nur die BRD, sondern auch die Interessen anderer Staaten berühre. Es werde notwendig sein, die BRD-Regierung auch weiterhin hieran zu erinnern. Auch die sowjetischen Botschafter hätten entsprechende Aufträge und würden dies als eine ihrer hauptsächlichen Aufgaben betrachten. Hauptlinie sei, den gesamteuropäischen Prozeß zu festigen und die DDR als selbständigen Staat und wichtiges Element der Stabilität der Lage Europas zu sichern und zu festigen.

A. P. Bondarenko übergab ein Schreiben von H. Kohl an M. S. Gorbatschow vom 18. Dezember 1989, das allerdings gegenüber den Darlegungen von Genscher in Moskau keine prinzipiell neuen Momente enthalte. Es stelle den Versuch dar, die 10-Punkte-Erklärung von Kohl zu rechtfertigen.[338] Im Gegensatz zu Genscher, der die Unantastbarkeit der Grenze Polens bestätigte, werde in dem Papier deutlich, daß man doch auf dem Recht zu ihrer Veränderung bestehe.

Abschließend betonte A. P. Bondarenko die enge brüderliche Verbundenheit der UdSSR mit der DDR und die Notwendigkeit, gerade angesichts der äußerst komplizierten Situation fest zusammenzustehen. Er werde den Vorschlag eines Treffens von Genossen O. Fischer mit Genossen Schewardnadse unverzüglich übermitteln.

Zur Berlin-Initiative bekräftigte A. P. Bondarenko, daß die Fortsetzung der Treffen mit den Vertretern der drei Westmächte auf Bonn zweifellos dämpfend wirken könnte. Er informierte, daß die nächste Begegnung ggf. Mitte Januar stattfinden könnte. Die UdSSR vertrete den Standpunkt, daß nur Fragen bezüglich Westberlins und des Vierseitigen Abkommens erörtert werden könnten. A. P. Bondarenko bat allerdings um Meinungsäußerung zu der

---

Veränderungen im Berlin-Status (Förderung menschlicher Kontakte, Austragung internationaler Veranstaltungen und Verbesserung des Luftverkehrs). Eine negative Antwort Moskaus erfolgte am 15. September 1988.

338 Das Schreiben ist in den gesichteten Akten nicht überliefert worden. – Die Erklärung Kohls vom 28. November 1989 vgl. in: Bulletin, Presse- und Informationsamt der Bundesregierung, 29. November 1989, S. 1146 ff.

Überlegung, auch die jüngsten Vereinbarungen zwischen der Hauptstadt Berlin und Westberlin zu würdigen sowie Fragen des Jugendaustausches und der Durchführung internationaler Konferenzen „in Berlin" zu behandeln.

Unter der Voraussetzung, daß Verhandlungen beider deutscher Staaten über ein Luftverkehrsabkommen stattfänden, sei die sowjetische Seite ferner bereit, Fragen zu erörten, die den Luftverkehr mit Westberlin betreffen. Dies würde allerdings erfordern, daß zuvor spezielle Konsultationen zwischen der DDR und der UdSSR unter Beteiligung entsprechender Spezialisten durchgeführt werden.

Genosse Bondarenko erbat auch hierzu den Standpunkt der DDR, damit entsprechende Festlegungen getroffen werden können.

Zur Frage des Genossen A. P. Bondarenko nach der Stellung der DDR zur Durchführung Olympischer Spiele 2004 in der Hauptstadt Berlin und Westberlin erklärte O. Fischer, daß dies eine Frage von langfristigem Interesse sei, zu der eine Verständigung zu gegebenem Zeitpunkt erfolgen sollte. Auf Drängen von Bondarenko sagte er zu, sich hierzu nochmals bei einem Treffen mit Genossen Schewardnadse zu äußern. Von der in westlichen Medien erzeugten politisch motivierten Hast sollten wir uns nicht leiten lassen.

Im Verlauf des Gespräches informierte O. Fischer, daß der Präsident des Verbandes der Auslanddeutschen in der UdSSR, Formbecher, mitgeteilt habe, daß sein Verband zur Zusammenarbeit mit der DDR bereit sei. Es bestehe Einverständnis, daß nicht nur die BRD Kontakte unterhalte, sondern auch die DDR sichtbar aktiv werden sollte. Unsererseits werde nur in enger Abstimmung mit den zuständigen Stellen der UdSSR gehandelt.

Quelle: BArchP, DC 20, 5061.

Dokument 58

Vermerk über ein Gespräch zwischen Hans Modrow und UdSSR-Ministerpräsident Nikolai Ryshkow am 10. Januar 1990

Anwesende: seitens der DDR Genosse Schürer, Genosse Ott, Dolmetscher, seitens der UdSSR Genosse Katuschew, Genosse Aboimow, Genosse Firsow.[339]

Genosse Modrow informierte über die politische Situation in der DDR. Insbesondere nach der von der SED-PDS und anderen progressiven Kräften initiierten Protestdemonstrationen gegen die Schän-

---

339 Das Treffen fand am Rande der 45. RGW-Tagung in Sofia statt.

dung des sowjetischen Ehrenmals in Treptow haben sich die Angriffe der „Opposition" und des „Runden Tisches" gegen die Partei und Regierung verschärft.[340] Trotz großzügiger Maßnahmen der Regierung zur Schaffung gleichberechtigter Bedingungen zur Vorbereitung der Wahlen am 6. Mai 1990 richten sich diese Angriffe im Einklang mit einer breit angelegten Kampagne in den Massenmedien der BRD insbesondere gegen die Regierung Modrow.

Im Mittelpunkt stehen Fragen der angeblich nicht erfolgten Auflösung des Ministeriums für Staatssicherheit und des Amtes für Nationale Sicherheit und Vorwürfe, daß die SED-PDS und die Regierung Modrow die alten Strukturen erhalten wollen und sich somit Vorteile für die Wahlen verschaffe.

Genosse Modrow informierte über Bestrebungen des Bundeskanzlers Kohl, die in Dresden getroffenen Absprachen bezüglich der Vereinbarung einer Vertragsgemeinschaft zu unterlaufen und die Termine für diesen Abschluß für die Zeit nach dem 6. Mai 1990 zu verschieben.[341]

Verwiesen wurde auf widersprüchliche Auffassungen zu diesen Fragen in der SPD (Vogel/Bahr) und FDP (Lambsdorff/Genscher). Genosse Modrow erläuterte, daß er am 11.1.1990 in der Volkskammer im Zusammenhang mit der Auswertung der 45. RGW-Tagung auch eine grundsätzliche Regierungserklärung zu dem bisher Erreichten vor der Volkskammer abgeben möchte.[342]

Aufgrund von diesbezüglichen Nachfragen des Genossen Ryshkow erläuterte Genosse Modrow die Vorhaben der Regierung zur Umorganisation des Amtes für Nationale Sicherheit in einen ausländischen Informationsdienst und ein Amt für Verfassungsschutz,[343] die Bemühungen der SED-PDS aus der Krise heraus zu einer stabilisierenden Kraft in der Gesellschaft zu werden (auch im Hinblick auf die Wahlen) und vorgesehene Maßnahmen zur Verhinderung des Ausverkaufs der DDR-Wirtschaft an die BRD im Zusammenhang mit dem unterschiedlichen Preisniveau der Kaufkraft der Währungen und der offenen Grenze. Genosse Modrow hob den Zusam-

---

340 Zur Kundgebung in Berlin-Treptow mit etwa 250.000 Teilnehmern am 3. Januar 1990 vgl. Konrad H. Jarausch: Die unverhoffte Einheit, S. 144 f.

341 Zum Treffen vgl. Dok. 56. Für den 6. Mai 1990 waren zu diesem Zeitpunkt noch die Volkskammerwahlen geplant. Sie wurden nach Gesprächen zwischen Modrow und Vertretern des Runden Tisches am 28. Januar 1990 auf den 18. März vorverlegt. Am 6. Mai 1990 fanden in der DDR die ebenfalls neu ausgeschriebenen Kommunalwahlen statt.

342 Diese Regierungserklärung Modrows vgl. in: ND, 12. Januar 1990.

343 Vgl. dazu David Gill/Ulrich Schröter: Das Ministerium für Staatssicherheit. Anatomie des Mielke-Imperiums. Berlin 1991, S. 177 ff.

menhang zwischen der Vertragsgemeinschaft und den von M. Gorbatschow angeregten gemeinsamen europäischen Haus und der von Mitterand angestrebten europäischen Konföderation hervor und betonte die Notwendigkeit des Engagements der 4 Großmächte unter Einbeziehung der beiden deutschen Staaten zur Regelung dieser für die Stabilität in Europa und in der Welt wichtigen Fragen. Genosse Modrow dankte in herzlichen Worten für die vielseitige sowjetische Unterstützung zur Vorbereitung seines Treffens mit Bundeskanzler Kohl. Er kündigte an, daß der sowjetischen Seite in Kürze die ersten Überlegungen der DDR bezüglich des Entwurfs der Vereinbarung mit der BRD über die Vertragsgemeinschaft mit der Bitte um Konsultationen übergeben werden.

Genosse Modrow hob die große lebenswichtige Bedeutung der Fortführung der wissenschaftlich-technischen Zusammenarbeit zwischen der DDR und der UdSSR hervor. Er regte an, daß beide Seiten konkrete Maßnahmen einleiten, um 1989 entstandene Lieferrückstände auf beiden Seiten auszugleichen. Insbesondere bat er um die Rücknahme der seitens der UdSSR vorgesehenen Reduzierung der Erdöllieferungen aus der UdSSR um 300 t im Januar 1990.

Genosse Ryshkow dankte für die Information und stellte die oben erwähnten besorgten Nachfragen.

Er betonte, daß es auf der 45. RGW-Tagung darum gehe, zu beschließen, daß der RGW – ohne den es in der Zusammenarbeit nicht gehe – radikal erneuert wird.

Trotz aller Schwierigkeiten sei es unbedingt erforderlich, ab 1991 auf aktuelle Weltmarktpreise und die Verrechnung in konvertierbaren Währungen in den gegenseitigen Beziehungen überzugehen. Er schlug vor, auch mit der DDR, wie mit Polen und Ungarn bereits geschehen, spezielle Kommissionen einzusetzen, die die Konsequenzen dieser Umstellung durchrechnen und Maßnahmen für einen schrittweisen Übergang festlegen.

Genosse Ryshkow sicherte zu, daß die Bitten der DDR bezüglich der Aufholung der Lieferrückstände und bezüglich der Rücknahme der vorgesehenen Reduzierung der Erdöllieferungen geprüft werden. Dazu sollten kurzfristige Vereinbarungen zwischen den zuständigen Organen beider Länder getroffen werden.

Quelle: BArch P, DC 20, 4973.

Dokument 59

**Vermerk über ein Gespräch von Hans Modrow mit
Stephen J. Solarz, Abgeordneter des USA-Repräsentantenhauses,
am 12. Januar 1990**

Der Vorsitzende des Ministerrates erklärte, daß die Begegnung dazu beitragen sollte, das persönliche Verständnis des Abgeordneten für die Entwicklung in der DDR zu vertiefen und Möglichkeiten für die Weiterentwicklung und Vertiefung der Beziehungen zwischen der DDR und den USA, besonders im wirtschaftlichen Bereich zu erörtern.

Stephen J. Solarz warf in der Unterredung mit dem Ministerpräsidenten nachstehende Fragen auf:

Worin bestünden die Gründe, daß die Volksbewegung in der DDR im Herbst 1989 entstanden sei und nicht früher, und woraus ließe sich erklären, daß in der DDR nicht wie in China Gewalt angewendet worden sei gegen eine Erhebung, die von der damaligen Führung als konterrevolutionär und auf den Sturz des Regimes gerichtet angesehen worden wäre?

Die für den 6. Mai 1990 anvisierten Wahlen beeinflußten mehr als jeder andere Faktor die künftigen Beziehungen DDR – USA. [344] Daß die Wahlen wirklich frei und geheim seien, wäre wichtiger als die Frage, wer sie gewinne. Welche Garantien bestünden, daß die Wahlen wirklich frei und geheim sein würden?

Würde das Wahlgesetz vor seiner Annahme vom Runden Tisch bestätigt werden müssen und hätten alle politischen Kräfte gleichen Zugang zu den Medien?

Werde die DDR Wahlbeobachter aus anderen Staaten akzeptieren?

Welches Wahlsystem werde bevorzugt, Listenwahl oder Personenwahl?

Welche Wahlergebnisse erwarte die SED?

Wie weit werde die DDR im Rahmen der vorgesehenen Wirtschaftsreform in Richtung Marktwirtschaft gehen und welche Anteile an der Volkswirtschaft werde der Staat behalten?

Würde in der DDR am Ende des Reformprozesses ein ökonomisches System entstehen, das dem der EG-Staaten ähnlich sei?

Welche persönliche Meinung habe der Ministerpräsident zur Frage der Vereinigung beider deutscher Staaten?

Welchen Inhalt solle die Vertragsgemeinschaft mit der BRD haben?

Was könnten die USA in der gegenwärtigen Phase tun, um der DDR politisch und ökonomisch zu helfen?

---

344 Vgl. Anm. 341.

Erwarte die DDR von der USA ein konkretes Hilfspaket und wenn ja, wie solle es konkret aussehen? Werde auch ein kollektives, Unterstützungsprogramm der USA und der westeuropäischen Staaten akzeptiert? Könne man in den USA davon ausgehen, daß die DDR zu einem bestimmten Zeitpunkt ein entsprechendes Hilfeersuchen stellen werde?

Wie sei die Haltung der DDR zur Frage der Normalisierung der Beziehungen mit Israel?[345] Wie sei die Position der Regierung Modrow zur Frage der Reparationen für jüdische Opfer des Nazismus?[346]

Sei die Frage der Meistbegünstigung für die DDR nur von symbolischen Charakter oder erwarte man davon eine echte Steigerung des Handels?

Präsident Bush habe sich für den Verbleib eines vereinigten Deutschlands in der NATO ausgesprochen. Welche Reaktion der Sowjetunion werde erwartet, wenn die DDR in einem solchen Falle aus dem Warschauer Vertrag ausscheide?

Der Abgeordnete Solarz brachte abschließend zum Ausdruck, daß die USA enormes Interesse an einem stabilen Übergang der DDR zur parlamentarischen Demokratie und zur Marktwirtschaft hätten. Die USA seien darauf vorbereitet, an kollektiven westlichen Bemühungen zur Erreichung dieser Ziele teilzunehmen. Entscheidend seien der Fortgang des eingeleiteten politischen Prozesses und die erfolgreiche Durchführung der Wahlen. Danach könne man an ökonomische Fortschritte im bilateralen Bereich denken, wenn Vertrauen vorhanden sei, daß die gewährte Hilfe effektiv verwendet werde.

Der Vorsitzende des Ministerrates beantwortete ausführlich die Fragen des USA-Abgeordneten. Die Volksbewegung in der DDR sei durch die seit 1985 in der Sowjetunion in Angriff genommenen Veränderungen stimuliert worden. Jedoch hätten die demokratischen Kräfte, die in der DDR die Reformpolitik auslösten, angesichts der vorhandenen Machtstrukturen längere Zeit benötigt, um sich zu formieren. Die Gewaltlosigkeit habe sich aus dem Entstehen der Reformbewegung an der Basis und dem humanistischen Verständnis der Reformpolitiker in der SED ergeben.

Zu den bevorstehenden Wahlen erklärte Hans Modrow, daß sie anders als frei und geheim nicht möglich wären. Jetzt müsse schnell

---

345 Am 29. Januar 1990 begannen in Kopenhagen Gespräche über die Aufnahme diplomatischer Beziehungen zwischen der DDR und Israel. Durch den raschen deutschen Einigungsprozeß wurde ein Abschluß überflüssig. Vgl. Angelika Timm: Alles umsonst? S. 36 ff.

346 Vgl. das Schreiben Modrows an den Präsidenten des World Jewish Congress, Edgar M. Bronfman, vom 1. Februar 1990, worin die Bereitschaft der DDR zur materiellen Entschädigung erklärt wurde, in: ebenda, S. 50.

ein entsprechendes Wahlgesetz geschaffen werden. Der Entwurf des Wahlgesetzes werde dem Runden Tisch vorgelegt. Der Chef des Fernsehens habe allen politischen Kräften öffentlich ein Angebot für die Nutzung seines Mediums für den Wahlkampf unterbreitet. Die Volkskammer habe keine Vorbehalte gegen ausländische Wahlbeobachter geäußert. Über die Modalitäten der Wahl, d. h. ob Listen- und Personenwahl, gebe es noch Diskussionen. Über die möglichen Wahlergebnisse zu sprechen, hieße, sich an Spekulationen zu beteiligen. Ca. 30 % der Bürger seien politisch stark engagiert. 70 % nähmen eine abwartende Haltung ein. Leider stehe das Prinzip der Gewaltlosigkeit auf der Kippe. Niemand könne wissen, wie hoch der Anteil der Nichtwähler sein werde. Wenn die Entwicklung bis zum Mai positiv verlaufe, würden die Bürger wählen. Falls die Stabilität verloren ginge, würde das schlimme Folgen haben.

Zu den wirtschaftlichen Fragen sagte der Ministerpräsident, daß die DDR ökonomische Stabilität erreichen könne, wenn sie in Größenordnungen an der internationalen Arbeitsordnung teilnehmen werde. Die ökonomische $^2/_3$-Bindung an den RGW könne man nicht über Nacht aufheben. Jedoch müsse man die Öffnung nach dem Westen für die Modernisierung nutzen. Die entsprechenden westlichen Firmen sollten aber auch den RGW-Markt im Auge haben und die Zusammenarbeit mit der DDR als guten Einstieg betrachten. Leider gebe es bisher wenig hoffnungsvolle Signale aus den USA. Das Meistbegünstigungsrecht habe nicht nur symbolische Bedeutung, sondern könne auch den Warenaustausch steigern helfen.

Hans Modrow führte weiter aus, daß das Recht des deutschen Volkes auf Selbstbestimmung bestehe. Es müsse im historischen Rahmen verwirklicht werden. Eine schnelle Vereinigung vertrügen die Alliierten und auch die Deutschen nicht. Dies ergebe sich aus der Nachkriegsentwicklung. Die Lage in Europa erfordere ein etappenweises Vorgehen. Die Entwicklung in der UdSSR in Verbindung mit dem Zusammenschluß der Deutschen würde die internationale Lage destabilisieren. Deshalb müsse man mit einer Vertragsgemeinschaft beginnen, die konföderative Züge haben könne. Wie es dann weitergehe, könne man heute nicht sagen. In Polen, Frankreich, Österreich und anderen Staaten habe man Angst vor einem neuen Großdeutschland. Deshalb müßten alle Prozesse in eine europäische Entwicklung und die Schaffung eines europäischen Hauses eingebunden werden. Notwendig sei eine Helsinki-II-Konferenz.

Zur geplanten Vertragsgemeinschaft legte Hans Modrow dar, daß sie eine eindeutige Friedensposition einnehmen müsse. Sie müsse den Deutschen in beiden Staaten eine gute und sichere Zukunft gewährleisten, damit die Bürger in der DDR bleiben. Es könnten gemeinsame Kommissionen geschaffen werden, z. B. der Parlamente. Die DDR erwarte die Solidarität der BRD im ökonomischen Bereich. Alles müsse sich in einem Prozeß vollziehen. Es dürften keine überhasteten Schritte unternommen werden.

Der Ministerpräsident beantwortete die Frage nach einer möglichen Unterstützung der USA dahingehend, daß sie helfen könnten, in dem die Worte von Außenminister Baker in Potsdam nicht einmalig blieben.[347] Die USA könnten weitere Zeichen setzen durch politische Begegnungen und die Unterstützung einer Vertragsgemeinschaft DDR – BRD. Auf ökonomischem Gebiet könnte das Meistbegünstigungsrecht Gegenstand von Erörterungen sein. Praktische Schritte der USA seien in dieser Phase der Entwicklung wichtig. Es werde keine Wahlhilfe erwartet, aber die Durchführung der Wahlen am 6. Mai in Ruhe und Frieden könnte durch internationale Arbeit gefördert werden.Die DDR wolle nicht allein mit der BRD zusammenarbeiten. Deshalb entwickle sie ihre Kontakte auch mit den anderen EG-Staaten. Dies gelte auch für die USA.

Hans Modrow sagte weiter, er könne die Frage des Abgeordneten Solarz nach konkreten Vorstellungen für eine USA-Unterstützung im Moment nicht im Detail beantworten. Entsprechende Überlegungen würden erarbeitet und über die Botschaft der USA in der DDR zur Verfügung gestellt werden.

Was Israel betreffe, so habe die DDR ein Angebot für die Aufnahme diplomatischer Beziehungen unterbreitet. Bisher liege keine israelische Reaktion vor.[348] Die Haltung zu den sog. jüdischen Forderungen habe sich nicht geändert. Die entsprechenden Verhandlungen würden durch das Außenministerium fortgesetzt werden.

Der DDR-Premierminister wies entschieden die geäußerte Ansicht zurück, ein einheitliches Deutschland werde Mitglied der NATO sein. Die NATO dürfe nicht vergrößert werden. Die Aufgabe sei vielmehr, beide Militärblöcke aufzulösen. Es gehe um Abrüstung und Sicherheit. Der polnische Ministerpräsident habe ihm gesagt, der deutsche Nationalismus sei das Gefährlichste, was es in Europa gebe. Werde er wieder selbständig, wisse niemand, was geschehe. Hans Modrow sagte, die Aktivitäten von Schönhuber riefen bei ihm ungute Erinnerungen an seine Kindheit in den dreißiger und vierziger Jahren wach.[349] In unserer Epoche vollzögen sich fundamentale

---

347 Am 12. Dezember 1989 hatten sich Modrow und Baker in Potsdam zu einem Gespräch getroffen. Vgl. ND, 13. Dezember 1989.

348 Vgl. Anm. 345.

349 Gemeint sind die Aktivitäten der „Republikaner"-Partei, die zum damaligen Zeitpunkt von Franz Schönhuber geführt wurde.

Entwicklungen. Er hoffe, daß sie zum Wohle des Friedens und der Menschen gestaltet werden könnten.

gez. Dr. Herbert Barth
Abteilungsleiter

Quelle: BArchP, DC 20, 4964.

Dokument 60

Vermerk über ein Gespräch von Oskar Fischer mit UdSSR-Außenminister Eduard Schewardnadse am 20. Januar 1990

E. A. Schewardnadse begrüßte Oskar Fischer herzlich und sagte, daß nicht nur die langjährige freundschaftliche Zusammenarbeit beider Staaten und Völker, sondern auch das freundschaftliche persönliche Verhältnis beider Außenminister eine vertrauensvolle, offene gegenseitige Information und Beratung zu allen gewünschten Problemen ermögliche.[350]

Er wolle mit einem gedrängten Überblick über den aktuellen Stand der innenpolitischen Entwicklung in der UdSSR beginnen, wobei er die gute Kenntnis all dieser Dinge bei den deutschen Freunden ohnehin voraussetze, da die Entwicklung in der Sowjetunion durch die Perestroika-Politik für alle transparent geworden sei. Die Perestroika sei inzwischen Gemeingut des Volkes geworden. Mit Genugtuung könne eingeschätzt werden, daß sie sich im wesentlichen nach den von der Führung abgestecktem Schema entwickele, also sich auf Offenheit stütze, die Erneuerung der Gesellschaft, des Staates sowie der Partei und ihrer Rolle angepackt habe, die Demokratisierung in allen Lebensbereichen vorantreibe, Meinungsvielfalt fördere und auf Gleichberechtigung der Eigentumsformen sowie auf eine umfassende Wirtschaftsreform orientiere. Erste Erfolge seien sichtbar, zugleich zeigten sich auch neue oder verschärften sich schon bestehende Widersprüche. Zum Beispiel erwüchsen große Probleme aus dem Umstand, daß zwar in vielen Bereichen, besonders in der Wirtschaft, alte Mechanismen und Strukturen demontiert wurden, wirksame neue aber noch nicht an ihre Stelle treten konnten. Das habe bestimmte Desorganisation und Desorientierung zur Folge gehabt und die Unzufriedenheit mit dem bisher durch die Perestroika für die Massen Erreichten genährt. Erscheinungen der

---

350 Das Gespräch war von Oskar Fischer im Dezember 1989 erbeten worden und fand in Moskau statt. Vgl. Dok. 57.

Destabilisierung und des Ungleichgewichts wirkten negativ auf den Markt, so daß es bisher noch zu keiner durchgreifenden Besserung der sozialen Lage kommen konnte. Leider wachse auch die Inflationsgefahr, da z. B. im vergangenen Jahr die Einkommen wiederum schneller als die Produktion gewachsen seien. 13 - 20 % Einkommenszuwachs habe nur um 1 - 2 % höhere Warenproduktion gegenüber gestanden. Das begünstige leider Erscheinungen des Schieber- und Spekulantentums und ein Anwachsen der Kriminalität. So mache sich Argwohn in die Ziele und Möglichkeiten der Perestroika breit, und erstmals gäbe es Proteste, Streiks und sogar Ausschreitungen gegen die Partei und die Führung des Landes. Die Partei erkenne das. Ihre Absicht, z. B. die Macht der örtlichen Sowjets aller Ebenen zu stärken und sie zur Machtausübung zu befähigen, scheitere mancherorts an den darauf noch nicht vorbereiteten Kadern. So treffe man im Lande sowohl einen großen Enthusiasmus als auch Erscheinungen des politischen Skeptizismus!

Komplikationen erwüchsen auch aus dem Umstand, daß die Sowjetunion ein Vielvölkerstaat sei. Und manche Völkerschaft beginne jetzt, ihre in der Verfassung verbrieften Rechte einzufordern. Leider machten sich in diesem Zusammenhang auch nationalistische und chauvinistische Stimmungen breit. Besonders ernst sei gegenwärtig die Lage im Kaukasus.

In Baku und anderen Städten hätten bewaffnete Kräfte das ZK und öffentliche bzw. Regierungsgebäude besetzt und versucht, die Macht an sich zu reißen. Deshalb habe das Politbüro der KPdSU praktisch die Nacht durch getagt, und da Opfer noch unbekannter Zahl zu beklagen waren, mußte sich die Regierung zum Einsatz von Truppen entschließen. [351]

Hier wurde das Gespräch von einem etwa 10minütigen Telefonanruf M. Gorbatschows unterbrochen, der E. Schewardnadse offensichtlich notwendig gewordene außenpolitische Instruktionen im Zusammenhang mit der Entwicklung im Kaukasus gab.

Zugleich übermittelte M. Gorbatschow beste Grüße an Oskar Fischer und bat um dessen Verständnis für die entstandene Lage, die ihm ein Zusammentreffen mit dem DDR-Außenminister leider nicht ermögliche. M. Gorbatschow bat, Hans Modrow herzlich zu grüßen und ihm zu sagen, daß er ihn bald in Moskau erwarte. [352]

---

351 Am 15. Januar 1990 verhängte der Oberste Sowjet der UdSSR den Ausnahmezustand über Nagorny Karabach im Kaukasus und am 20. Januar wurden Truppen in die Region geschickt. In Baku war es am 13. Januar 1990 zu schweren Unruhen gekommen, die Menschenleben kosteten.

352 Vgl. Dok. 62.

E. Schewardnadse verwies auf starke nationalistische und separatistische Stimmungen in den baltischen Ostseerepubliken, die die bekannte Reise M. Gorbatschows nach Litauen erforderlich gemacht habe.[353] Lösungen zu allen Fragen seien dabei noch nicht gefunden worden. Die Arbeit daran müsse weitergehen, wobei strikt darauf zu achten sei, daß alle Beteiligten ihre Nerven im Zaume behielten; denn Emotionen seien schlechte Ratgeber und kein Ersatz für Politik.

Zur Entwicklung in Osteuropa äußerte der sowjetische Außenminister, die Sowjetunion begleite mit Verständnis und Sympathie die demokratischen Umgestaltungsprozesse; natürlich seien damit manche Fragen verbunden. Nehme er zum Beispiel Polen, so lasse sich auch von der Regierung Mazowiecki schwer einschätzen, ob und wann dort eine grundlegende Stabilität erreicht werden könne. Mit 2 - 3 oder sogar 5 Mrd. Dollar sei es nicht getan. Deshalb beginne man in Polen den strategischen Wert der engen Zusammenarbeit mit der Sowjetunion zu erkennen. So habe Polen im Zeitraum 1971 - 1988 von den USA Kredite in Höhe von 47 Mrd. $ erhalten und im Schuldendienst dafür schon 52 Mrd. $ zurückgezahlt. Es blieben aber immer noch 47 Mrd. $ Schulden. Die wirtschaftliche Zusammenarbeit mit der Sowjetunion dagegen zeige ein völlig anderes Bild, aber das sei ja bekannt. Auch jetzt könne Polen kaum 4 Mrd. $ westlicher Schenkungen oder zinsgünstiger Hilfe erwarten, alles andere müsse wieder über Kredite mit ihren harten Konditionen kommen.

Das Hauptinteresse der Sowjetunion richte sich naturgemäß auf die Entwicklung in der DDR. Sie lasse keinen gleichgültig, was angesichts der sowjetisch-deutschen Beziehungen und der langjährigen, für beide Seiten vorteilhaften freundschaftlichen Zusammenarbeit Sowjetunion – DDR nur zu verständlich sei. Darüber hinaus berührten die Entwicklung in der DDR und zwischen der DDR und der BRD unmittelbare sowjetische Interessen. Von außerordentlicher Tragweite wäre auch, daß die DDR und die BRD feste Bestandteile des in einander entgegengesetzten Bündnissen strukturierten europäischen Gleichgewichts sei. Von der Stabilität der DDR gehe ein starker Einfluß auf die Stabilität in ganz Europa aus, und umgekehrt müßte eine Destabilisierung im Herzen Europas gefährlich auf Europa und den KSZE-Prozeß zurückwirken. Die Sowjetunion könne auch nicht übersehen, daß mit der deutschen Frage auch das Kräftegleichgewicht zwischen den Großmächten berührt ist.

E. Schewardnadse unterstrich, daß die Sowjetunion den Deutschen keinesfalls das Recht auf Selbstbestimmung abspreche. Dieses Recht hätten die Deutschen in der DDR ebenso wie die Deut-

---

353 Die Reise Gorbatschows nach Litauen fand vom 11. bis 13. Januar 1990 statt.

schen in der BRD. Ihr Wunsch nach engerer Zusammenarbeit und – wenn es die Deutschen so entscheiden – staatlicher Einheit werde respektiert, wobei es sich verstehe, daß Einheit entsprechende Bedingungen voraussetzt. Für die Sowjetunion sei z. B. ein Deutschland in der NATO nicht hinnehmbar. Gegenwärtig sei auch nicht zu erkennen, wie bei einem Verbleib der BRD in der NATO und der DDR im Warschauer Vertrag eine staatliche Einheit der Deutschen praktisch möglich sei. Und Neutralisierungsverfahren würden vielerorts abgelehnt, sie seien nicht real.

Hier wurde das Gespräch durch einen Telefon-Anruf des Außenministers der BRD, Genscher, unterbrochen. Zurückgekehrt, informierte E. Schewardnadse darüber, daß Genscher ihn vor dem Abflug nach Irland zum EG-Außenminister-Treffen informiert habe, daß er sich für den Erhalt der europäischen Stabilität engagieren wolle. Außerdem habe Genscher um einen Besuch in der Sowjetunion gebeten und einen Kohl-Besuch in Moskau sondiert.[354]

E. Schewardnadse bat Oskar Fischer um eine Einschätzung der Entwicklung in der DDR.

Oskar Fischer dankte zunächst für die ausführliche Darstellung der Lage in der Sowjetunion. Er unterstrich, daß die Entwicklung und der Fortgang der Perestroika von allen gesellschaftlichen Kräften der DDR mit Sympathie, aber auch mit Sorge verfolgt werde. Die Regierung der DDR tue alles, um die vertraglichen Verpflichtungen gegenüber der Sowjetunion einzuhalten, um so zu einer Verbesserung der Lage beizutragen. Er bekräftigte den Willen der Regierung Modrow, die Zusammenarbeit mit der Sowjetunion auf breitester Grundlage fortzusetzen.

Zur Entwicklung in der DDR legte Oskar Fischer die in den Regierungserklärungen Hans Modrows vor der Volkskammer getroffenen Einschätzung dar.[355] Er verwies auf das hohe Tempo der Umgestaltungen in allen gesellschaftlichen Bereichen sowie auf das Bestreben, den friedlichen Verlauf der Revolution zu sichern, keine Destabilisierung zuzulassen und den stabilen, verläßlichen und berechenbaren Charakter der Außenpolitik der DDR zu erhalten. Die vom Volke eingeleitete demokratische Wende sei unumkehrbar. Die Regierung sei sich ihrer nationalen und internationalen Verantwortung bewußt, suche über die Zusammenarbeit mit den Kräften des „Runden Tisches" einen möglichst breiten gesellschaftlichen Konsens und tue alles, um den Staat regierbar zu halten. Dies sei auch

---

354 Der Besuch von Genscher und Kohl in Moskau fand am 10. Februar 1990 statt. Vgl. dazu Hans-Dietrich Genscher: Erinnerungen, S. 722 ff.

355 Vgl. Anm. 314 und 342.

die wichtigste Voraussetzung dafür, am 6. Mai Wahlen zur Volks-kammer durchführen zu können.[356]

Oskar Fischer verwies auf die strikte Trennung von Parteien und Staat, er informierte darüber, daß die Ausreisen aus der DDR nicht gestoppt werden konnten und machte auf ein Nachlassen der Disziplin in staatlichen und gesellschaftlichen Bereichen aufmerksam. Mit großer Sorge beobachte die Regierung das Anwachsen neonazistischer, ausländerfeindlicher und antisowjetischer Erscheinungen. Sie hätten in den demokratischen Parteien und Bewegungen nicht nur keine Basis, sondern entschiedene Gegner. Auch stehe die Mehrheit des Volkes auf eindeutig antifaschistischen Positionen, wie die Reaktion auf die Schmierereien auf dem Gelände des sowjetischen Ehrenmals in Treptow bewiesen hätte.[357] Solche neonazistischen Ausschreitungen könnten nur Scham und Empörung sowie entschiedene Verurteilung hervorrufen. Leider begünstige das emotionalisierte Klima in der DDR auch solche Erscheinungen.

Auf die Frage nach aktuellen Entwicklungen in den Beziehungen der DDR zur BRD erklärte der DDR-Minister, daß die Koalitionsregierung am Ziel einer Vertragsgemeinschaft mit der BRD, die vom Bestehen einer Nation in zwei eng miteinander zusammenwirkenden Staaten ausgeht, festhält. Entsprechende Entwürfe für einen diesbezüglichen Vertrag seien der sowjetischen Seite in Berlin zur Kenntnis gegeben worden. Sie zeigten den gegenwärtig gangbaren Weg bis hin zu einer Konföderation, die ja die Existenz zweier souveräner Staaten voraussetze. Der Kanzler der BRD und andere hätten dem in Dresden noch zugestimmt; inzwischen aber ihre Haltung verändert: Jetzt wollen sie den Vertrag nicht mehr mit der Regierung Modrow, sondern erst nach den Wahlen am 6. Mai. Und ihnen geht es auch nicht mehr um Konföderation, sondern um Föderation, also um die Bundesstaatlichkeit. Im übrigen wirke die BRD mit allen zur Verfügung stehenden Mitteln der Regierung, Parteien und anderer Kräfte auf die DDR ein. Der Wahlkampf der BRD werde in der DDR geführt. Das trage zur Destabilisierung bei.

Wirtschaftlich unternehme die DDR große Anstrengungen, um liquid zu sein. Neben Bargeld gehe es um Kredite zur Erneuerung der verschlissenen technischen Basis, da anders keine rasche Vergrößerung des Warenangebotes möglich sei. Dazu sei eine raschere und entschiedenere Hinwendung zur Marktwirtschaft erforderlich.

Oskar Fischer verwies darauf, daß die Zusammenarbeit der Regierung mit dem Runden Tisch ein die Lage in der DDR stabilisierender Faktor sei. Er würdigte die moderierende Rolle der Kirche,

---

356 Vgl. Anm. 341.
357 Vgl. Anm. 340.

deren Engagement tatsächlich mäßigend wirke. Abschließend bekräftigte der Minister das Interesse Hans Modrows an einem baldigen Besuch in der UdSSR.

E. Schewardnadse bedankte sich für den Überblick und unterstrich, daß die sowjetische Führung großen Wert auf authentische Informationen und Wertungen der Entwicklung in der DDR lege. Zwar sei vieles bekannt, doch erschwere das Tempo der Ereignisse eine verläßliche Zuordnung. Der vertrauensvolle Meinungsaustausch bleibe deshalb unverzichtbar.

Der sowjetische Außenminister machte auf das anhaltend große Interesse der Weltöffentlichkeit an Entwicklungsrichtungen im Zentrum Europas aufmerksam. Aus zahlreichen internen Gesprächen habe Moskau den Eindruck gewonnen, daß im Grunde alle die Zweistaatlichkeit der Deutschen als durch die Nachkriegsentwicklung entstanden und der Stabilität Europas dienend bewahren möchten, obwohl manche öffentliche Reden anderes aussagen. Auch das Echo auf den Vorschlag einer deutsch-deutschen Vertragsgemeinschaft zeige, daß hierin ein Weg gesehen wird, der Instabilität und Ungleichgewicht in Europa klug vermeidet, weil er von den Realitäten ausgeht und der Zweistaatlichkeit entspricht.

E. Schewardnadse bekräftigte das sowjetische Interesse, Hans Modrow in Kürze zu offiziellen Gesprächen in Moskau zu empfangen. Ein Vorschlag zum Termin würde auf diplomatischem Wege unterbreitet. Er informierte über das Interesse der KPdSU an einem Arbeitsbesuch des Vorsitzenden der SED/PDS in Moskau und teilte mit, daß die sowjetische Botschaft in Berlin kurzfristig durch „Deutschland"-Experten verstärkt werde.[358]

Abschließend machte E. Schewardnadse darauf aufmerksam, daß von sowjetischer Seite ein Rückgang der Berichterstattung über die Sowjetunion sowie über die Beziehungen DDR-Sowjetunion in den DDR-Medien festgestellt werde. Er äußerte den Wunsch, gemeinsame Bemühungen zu unternehmen, um den Menschen in der DDR und in der Sowjetunion den großen Wert der bisherigen engen Zusammenarbeit ins Gedächtnis zurückzurufen und ihnen zu zeigen, daß der gegenseitige Nutzen daraus auch künftig durch nichts ersetzt werden kann.

Dem „4-Augen-Gespräch" schloß sich die Beratung der Delegationen beider Seiten an.

gez. Niklas

Quelle: BArchP, DC 20, 4973.

358 Der PDS-Vorsitzende Gregor Gysi traf am 2. Februar 1990 in Moskau mit Michail Gorbatschow zusammen. Vgl. ND, 3./4. sowie 5. Februar 1990.

Dokument 61

Bericht über die Begegnung von Hans Modrow mit Kanzleramtsminister Rudolf Seiters am 25. Januar 1990

Entsprechend den getroffenen Absprachen fand am 25. Januar 1990 eine Begegnung zwischen Ministerpräsident H. Modrow und Bundesminister R. Seiters im Amtssitz des Ministerrates statt.

Im Mittelpunkt standen folgende Fragen:
– Lage in der DDR;
– Organisatorische und inhaltliche Vorbereitung des Besuches von Ministerpräsident Modrow im Februar in Bonn, einschließlich der Fragen einer Vertragsgemeinschaft,
– Entwicklung der wirtschaftlichen Zusammenarbeit.

1. Lage in der DDR

R. Seiters legte einleitend dar, daß man in Bonn über die hohe Zahl von Übersiedlern aus der DDR seit Beginn des Jahres sehr beunruhigt sei (42.500 bis heute). Die Menschen müßten eine Perspektive erhalten, damit sie in der DDR bleiben. Offenkundig sei der Vertrauensvorschuß zurückgegangen. Es seien entsprechende Signale notwendig. Deshalb halte die BRD-Regierung auch an dem Besuch von H. Modrow in Bonn fest.

H. Modrow verwies R. Seiters nachdrücklich auf den Ernst der Lage in der DDR. Es bestehe die Gefahr, daß die Dinge außer Kontrolle geraten. Man könne noch lange über die Vergangenheit diskutieren, jetzt gehe es aber um die Sicherung des Landes. Beide Seiten hätten die Verantwortung, entsprechende Zeichen zu setzen. Wenn die Entwicklung weiter im gesamtdeutschen Sinne angeheizt würde wie in Leipzig, bestehe die Gefahr der Eskalation. Bei der Begegnung in Bonn müßte deutlich gemacht werden, daß beide Staaten vernünftig aufeinander zugehen und daß dies in den europäischen Prozeß eingebettet ist mit der Perspektive des Zusammengehens zweier Staaten in einer Nation. Der europäische Prozeß dürfe nicht gestört werden. Dies sei auch die Auffassung der vier Mächte.

Es sei kaum vorstellbar, daß je eine andere Regierung vor der Notwendigkeit gestanden habe, ein solches Tempo bei der Gesetzgebung einzuschlagen. Es werde intensivste Arbeit geleistet. Inzwischen sei klar, daß am 6. Mai nicht nur Volkskammerwahlen, sondern auch Kommunalwahlen durchgeführt werden müßten, um wieder stabile Verhältnisse in Städten und Gemeinden herzustellen.[359]

Auf die Frage von R. Seiters nach Chancengleichheit erwiderte H. Modrow, jetzt komme es fast zur Chancenungleichheit für die

---

359 Vgl. Anm. 341.

etablierten Parteien. Es gebe keine wirklichen Probleme für die neuen Parteien und Gruppierungen. Jede Partei könne z. B. 6 Mio. M Kredit aufnehmen. Die Medien stünden ihnen weitgehend offen.

2. Organisatorische und inhaltliche Vorbereitung des Besuches von Ministerpräsident Modrow in Bonn

R. Seiters bestätigte den 13. Februar als Besuchstermin. Man gehe davon aus, daß die Opposition an dem Besuch beteiligt wird.

H. Modrow legte die Vorstellungen zum Ablauf des Besuches dar *(Anlage 1)*, wobei er, um mehr Zeit für Gespräche zu haben, den Besuch bis zum 14. Februar mittags verlängern möchte. Die teilnehmenden Fachminister könnten gesonderte Gespräche führen.[360]

R. Seiters stimmte den Vorstellungen grundsätzlich zu. Es wurde vereinbart, daß die BRD-Seite ein detailliertes Besuchsprogramm übermittelt und der Chef des Protokolls der DDR, F. Jashnowski, vorher in Bonn die Einzelheiten abspricht.

Zu den inhaltlichen Fragen der Besuchsvorbereitung legte H. Modrow dar, die BRD sei von der Absichtserklärung von Dresden abgegangen, die Vertragsgemeinschaft rechtlich zu fixieren, kurzfristig mit den Verhandlungen über einen Vertrag über Zusammenarbeit und gute Nachbarschaft zu beginnen und ihn noch im März abzuschließen.[361] Die DDR sei nach wie vor an einem schnellen Vertragsabschluß interessiert.

H. Modrow übergab den Entwurf der DDR für einen solchen Vertrag *(Anlage 2)*.[362]

R. Seiters erwiderte, es bleibe bei der grundsätzlichen Bereitschaft der BRD-Regierung, entsprechend der Absichtserklärung von Dresden eine Vertragsgemeinschaft zu bilden. Angesichts der veränderten Lage könne der entsprechende Vertrag aber erst nach den Wahlen am 6. Mai 1999 abgeschlossen werden. Was vorher geregelt werden könne, solle geregelt werden. Es stelle sich die Frage, ob man nach dem Besuch in Bonn bereits damit beginnen könne, über den grundsätzlichen Inhalt eines Vertrages über Zusammenarbeit und gute Nachbarschaft zu verhandeln. Das setze aus Sicht der BRD-Regierung aber die Zustimmung der Opposition der DDR voraus.

Elemente eines solchen Vertrages könnten nach Meinung der BRD sein:

– Absteckung des Rahmens für gemeinsame Institutionen konföderativer Strukturen;

---

360 Vgl. dazu Dok. 63 – Die angefügte Anlage 1 enthält einen Zeitplan, der hier nicht wiedergegeben wird.

361 Vgl. Dok. 56.

362 Die Anlage 2 umfaßt einen Vertragsentwurf im Umfang von sieben Seiten. Dieser wird hier nicht abgedruckt. Vgl. BArchP, DC 20, I/3 - 2904.

– Festschreibung der Perspektive der Einheit Deutschlands im europäischen Rahmen;

– Weg zur Wirtschaftsgemeinschaft DDR/BRD, Einbeziehung der DDR in die EG;

– Schaffung eines institutionellen Rahmens für die Rechtsangleichung, Harmonisierung der Verkehrsstrukturen, gemeinsamer Umweltschutz.

H. Modrow bekräftigte erneut, daß man jetzt in die Arbeitsphase eintreten müsse. Das wäre ein Signal nach innen und außen. Was die Einbeziehung der Opposition betreffe, so bestehe das Problem darin, daß bei solchen Vertragsverhandlungen natürlich Vertraulichkeit gewahrt werden müsse. Diese Frage bedürfe noch der Klärung.

R. Seiters bestätigte die Notwendigkeit der Vertraulichkeit. Als Gedanken, der in Bonn noch endgültig geprüft werden müsse, regte R. Seiters an, bei Zustimmung der Opposition in der DDR bei dem Besuch in Bonn das Mandat zu vereinbaren, mit Verhandlungen über den Vertrag zu beginnen. R. Seiters sicherte eine endgültige Äußerung zu.

R. Seiters schlug vor, bei dem Besuch in Bonn ein gemeinsames Papier zu vereinbaren, in dem die bereits gebildeten und entstehenden gemeinsamen Kommissionen festgeschrieben werden und ihre Arbeitsweise festgelegt wird. H. Modrow stimmte dem zu.

3. Entwicklung der wirtschaftlichen Zusammenarbeit

Es wurde übereinstimmend begrüßt, daß sich seit dem Treffen in Dresden die wirtschaftliche Zusammenarbeit weiter entwickelt hat. Eine besondere Bedeutung habe dabei die erste Tagung der Gemeinsamen Wirtschaftskommission DDR/BRD am 23. Januar in Berlin gespielt.

H. Modrow wies darauf hin, daß ein entscheidender Beitrag zur Stabilisierung aus der BRD und der EG kommen müsse. Es gebe in der DDR zunehmende soziale Probleme (17 Mrd. Lohnforderungen). Zu den Signalen müsse eine solidarische Hilfe der BRD gehören.

H. Modrow übergab R. Seiters eine vorläufige Liste für bevorzugte Objekte und Zielgebiete für Industriekooperation und Joint Ventures (Anlage 3) sowie ein Papier mit Vorstellungen für wirtschaftliche Unterstützung seitens der BRD (Anlage 4).[363]

R. Seiters sagte Prüfung zu. Von Würzen erklärte, daß 4 Mrd. [DM] Zuschuß für Konsumgüter politisch nicht durchsetzbar seien. Die anderen Wünsche könne man differenzierter betrachten. Die DDR solle auch den Swing nutzen.[364]

---

363 Diese beiden kurzen Anlagen werden hier nicht abgedruckt. Vgl. ebenda.

364 Der Swing als zinsloser Überziehungskredit im innerdeutschen Handel stand für 1990 in einer Höhe von 850 Mio. DM zur Verfügung.

4. Einzelfragen

R. Seiters warf noch einige Einzelfragen auf:

– Gespräche über die Markbeträge des Devisenfonds: Die BRD sei interessiert, die Gespräche über die Verwendung der Mark-Beträge bald aufzunehmen.

Dem wurde zugestimmt. Als Partner wurde der Staatssekretär im Finanzministerium der DDR benannt.

– Vertrieb von BRD-Zeitungen in der DDR: Es wurde erklärt, daß die Verhandlungen weit gediehen sind, Ende Februar könne man damit rechnen.

– Aufhebung der Paßpflicht: Es wurde erklärt, daß die DDR davon nicht abgehen will.

– Zählkarten im Transit: Diese Frage soll von den Experten nochmals geprüft werden.

– Zollerklärung im Reiseverkehr, Kontrolle und Befragungen, Erweiterung der Grenzempfehlungen für ständige Korrespondenten auf eine größere Zahl von Übergängen: Es wurde Prüfung zugesagt.

H. Modrow schlug vor, daß sich die Innenminister noch vor dem 13.2. treffen sollten. R. Seiters sagte Prüfung zu.

5. Schlußfolgerungen

5.1 Zur Durchführung des Besuches von Ministerpräsident Hans Modrow in Bonn am 13./14. Februar 1990 sind alle notwendigen Vorbereitung sofort zu treffen.

Verantwortlich: Minister für Auswärtige Angelegenheiten, Oskar Fischer, Minister für Außenwirtschaft, Gerhard Beil, Staatssekretär Wolfgang Rauchfuß

5.2 Es ist der Entwurf einer Vereinbarung zur Frage gemeinsamer Kommissionen vorzubereiten und zur Bestätigung vorzulegen.

Verantwortlich: Staatssekretär Wolfgang Rauchfuß

5.3 Es ist anzustreben, daß noch vor dem Besuch eine Begegnung der Innenminister der DDR und der BRD zustande kommt.

Verantwortlich: Minister für Innere Angelegenheiten, Lothar Ahrendt

5.4 Zu den von R. Seiters aufgeworfenen Einzelfragen ist ein Standpunkt auszuarbeiten.

Verantwortlich: Minister für Auswärtige Angelegenheiten, Oskar Fischer

Quelle: BArchP, DC 20, I/3-2904.

Dokument 62

Niederschrift des Gesprächs von Hans Modrow mit Michail Gorbatschow, KPdSU-Generalsekretär und Vorsitzender des Obersten Sowjets der UdSSR, am 30. Januar 1990

Michail Gorbatschow begrüßte Hans Modrow und dessen Begleitung herzlich.[365] Der Besuch finde in einer Zeit großen Nachdenkens, großer Sorgen und Hoffnungen statt. Alle, die jetzt in diesem oder jenem Staat am Ruder sind, besonders in Europa, seien in eine sehr komplizierte Situation geraten.

Wir alle sind Menschen unserer Zeit, betonte Michail Gorbatschow. Wir sind jedoch jetzt vor die Notwendigkeit gestellt, komplizierte Prozesse einzuschätzen und Beschlüsse zu fassen, die weit über unsere Zeit hinausgehen. Wir spüren heute, daß man dies alles hätte früher tun müssen. Aber klagen hilft nicht, weder bei euch noch bei uns.

Michail Gorbatschow verglich die verantwortlichen Politiker der Gegenwart mit Vulkanologen, die Analysen herstellen müssen, während die Erde bebt und die Asche auf sie herabregnet. Es gehe darum, den Problemen nicht auszuweichen und den Kopf nicht zu verlieren. Die DDR sei für die Sowjetunion ein besonderer Gegenstand ihrer Sorge und ihrer Politik. Dies betreffe nicht nur die sowjetische Außenpolitik, sondern auch ihre Innenpolitik. Alles sei hier miteinander verflochten – Fragen der Geschichte, der Gegenwart und der Zukunft.

Nochmals auf die Bemerkung des Korrespondenten des Rundfunks der DDR vor Beginn des Gesprächs eingehend, daß die Sowjetunion bisher gegenüber dem deutschen Vereinigungsprozeß eine gewisse Zurückhaltung an den Tag gelegt habe, betonte Michail Gorbatschow, dies sei nicht so. Die sowjetische Position komme den Positionen Frankreichs und Englands weitgehend nahe, man könne sogar davon sprechen, daß sie im Prinzip identisch sind.[366]

In der letzten Zeit erkläre Bundeskanzler Kohl immer wieder, daß er über die Prozesse in der DDR besorgt sei und von dort her auch Einflüsse auf die Entwicklung in der BRD befürchte. An der Ehrlichkeit solcher Erklärungen beginne man jedoch jetzt zu zwei-

---

365 Hans Modrow wurde von Vizeaußenminister Harry Ott, dem DDR-Botschafter in der UdSSR, Gerd König, und seinem persönlichen Mitarbeiter Karl-Heinz Arnold begleitet. Die Delegation war bereits am 29. Januar 1990 in Moskau eingetroffen.

366 Die Erklärungen Gorbatschows vor den Medien vgl. in: ND, 31. Januar 1990 Deutschland Archiv, H. 3/1990, S. 468.

feln. Kohl könnte durchaus einiges Positive tun, unterlasse es gegenwärtig aber. Dies führe zu der Annahme, er warte möglicherweise auf eine neue Regierung in der DDR, um dann seine Entscheidung zu treffen. Gegenwärtig scheine er es darauf anzulegen, daß die Destabilisierung der Lage in der DDR weitergeht. In dieser Situation bestehe seine Absicht offensichtlich darin, einen Schlag gegen die Partei, ihre Strukturen und Kader zu führen.

Michail Gorbatschow äußerte den Eindruck, daß sich die Mehrheit in der DDR nach wie vor für den Erhalt ihres Arbeiterstaates einsetze. Die Minderheit scheine jedoch sehr geschickt oder sehr frech zu agieren. Dabei könnten sie sich offenbar auf Unterstützung aus Bonn stützen.

Kohl sei allerdings auch in bestimmtem Maße darüber besorgt, daß die SPD sich in der DDR stärker etablieren könnte. Das wäre für seine eigene Partei sicherlich nicht günstig und würde auch Einfluß auf die Zusammensetzung der künftigen Regierung der BRD haben.

Michael Gorbatschow wies darauf hin, gegenwärtig seien die Erklärungen der BRD-Regierung und ihre praktische Politik zwei verschiedene Dinge. Die Lage verschärfe sich weiter. Man müsse berücksichtigen, daß in der jetzigen Koalition der BRD auch ein Faktor wie Genscher agiert, der möglicherweise eine Zukunft für die SPD sieht und erneut in dieser Richtung denkt. Auf jeden Fall gehe es um ein großes Spiel mit hohen Einsätzen.

Die schwierigste und komplizierte Frage für die DDR bestehe jetzt darin, wie der Extremismus aufgehalten werden kann, der der Regierung die Möglichkeit nimmt, die Prozesse unter Kontrolle zu halten. Zum Glück gebe es noch keine Streiks in der DDR.

Auf den Einwurf Hans Modrows, daß es bereits nicht wenige Streiks gibt, bemerkte Michael Gorbatschow, dies sei besorgniserregend. Es komme sehr darauf an, dem Volk zu erklären, daß das Funktionieren der Wirtschaft in dieser schwierigen Zeit eine der Hauptfragen ist. Wer anders handle, arbeite weder im Interesse der Nation, noch ihrer Zukunft oder der Vereinigung.

Hans Modrow hob die schicksalhafte Bedeutung dieser Begegnung mit Michail Gorbatschow hervor. Er gab eine ausführliche Einschätzung der gegenwärtigen Lage in der DDR, wobei er einzelne Etappen in ihrer Entwicklung hervorhob. Er ging auf die komplizierte Situation in der Partei ein. Hans Modrow erläuterte die Prozesse und Faktoren, die zur Bildung einer Regierung der nationalen Verantwortung und zu dem Vorschlag geführt haben, die Wahlen zur Volkskammer vorzuziehen.[367]

367 Vgl. Anm. 341. Am 28. Januar 1990 war außerdem festgelegt worden, daß die oppositionellen Parteien und Gruppierungen des Runden Tisches je

Angesichts dessen, daß der Gedanke der Zweistaatlichkeit von einem wachsenden Teil der Bevölkerung der DDR nicht mehr mitgetragen wird, seien hier neue Gedanken notwendig.

Hans Modrow legte eine Konzeption für die Diskussion über den Weg zur deutschen Einheit unter dem Titel „Für Deutschland, einig Vaterland" vor.[368] Dies sei eine konkrete Initiative, die darauf abziele, den bereits laufenden spontanen Prozeß unter Kontrolle zu bringen und möglicherweise abbremsen zu können. Wenn wir jetzt nicht versuchen, die Initiative zu übernehmen, werde die andere Seite ihre Vorstellungen rasch durchsetzen.

Die bilateralen Beziehungen zur UdSSR haben für die Existenz der DDR weiterhin strategische Bedeutung, betonte Hans Modrow. Er bat Michail Gorbatschow darum, die für 1990 angekündigte Reduzierung der Erdöllieferungen aus der Sowjetunion nochmals auf höchster Ebene zu prüfen. In der Frage des gemeinsamen Betriebes SDAG Wismut sei eine rasche Entscheidung auf sowjetischer Seite erforderlich.

Hans Modrow betonte die Orientierung der DDR auf die weitere Zusammenarbeit im Warschauer Vertrag und im RGW. Gleichzeitig werden ganz im Sinne der Beratung von Sofia Voraussetzungen geschaffen, um die DDR stärker in die internationale Arbeitsteilung, insbesondere mit der BRD und Westeuropa, einzubinden.

Michail Gorbatschow zeigte sich stark beeindruckt von der Darstellung der außerordentlich komplizierten Lage in der DDR. Er dankte Hans Modrow für die Offenheit und Gründlichkeit der Information. Dies sei auch in der Sowjetunion wichtigstes Arbeitsprinzip. Die Lage müsse stets real gesehen und richtig eingeschätzt werden, ob sie einem gefalle oder nicht. Nur so könne eine wirksame Politik ausgearbeitet werden. Ein Ausweichen könne es nicht geben, nicht nur, weil wir Verantwortung für unsere Sache tragen, sondern auch weil jedes Ausweichen vor realen Problemen sofort ein Vakuum schafft, in das andere Kräfte hineinstoßen. Diese stifteten Verwirrung und drängten die Entwicklung in eine völlig andere Richtung. Nach seiner Meinung sei dies eine Besonderheit der gegenwärtigen Lage in der DDR.

Michail Gorbatschow betonte, bei aller Dramatik der Prozesse in Rumänien oder Polen, bestehe der Unterschied darin, daß es ein anderes Rumänien oder Polen nicht gibt. Die Besonderheit der Lage der DDR bestehe in der Existenz der BRD und der Tatsache, daß es

---

einen Minister ohne Geschäftsbereich in eine „Regierung der nationalen Verantwortung" entsenden. Deren Wahl erfolgte am 5. Februar 1990.

368 Den Wortlaut vgl. in ND, 2. Februar 1990.

sich um ein geteiltes Volk handelt. Dies sei immer ein sehr ernst zu nehmender Faktor gewesen. Er werde sowohl auf die gegenwärtige Situation als auch auf die weitere Entwicklung großen Einfluß ausüben. Darum komme niemand herum. Die jahrzehntelange Teilung, die Schwierigkeiten im Umgang der beiden Staaten miteinander und die angestauten Probleme haben jetzt bei den Menschen zu Euphorie und gewaltigen Emotionen geführt.

Michail Gorbatschow betonte, man müsse allerdings auch im Auge haben, daß es wie in der DDR auch in der BRD vernüftige Kräfte gibt. Wenn von dorther die Prozesse in der DDR stimuliert werden, könnte auch für die BRD und darüber hinaus für ganz Europa eine schwierige Situation entstehen. Diese Kräfte sprächen zwar nicht immer offen, aber sie seien befremdet darüber, daß Vertreter bestimmter politischer Parteien die Lage in der DDR so offen ausnutzen und dort miteinander um Einfluß wetteifern.

Nach Informationen der sowjetischen Seite stehen auch viele Geschäftskreise dieser Entwicklung skeptisch gegenüber, weil sie verstehen, daß sie selbst und das Volk die jetzt eingebrockte Suppe später auszulöffeln haben.

Michail Gorbatschow stimmte der Einschätzung Hans Modrows zu, daß gegenwärtig sowohl Helmut Kohl als auch Willy Brandt die Entwicklung der DDR in ihrem parteipolitischen Sinne ausbeuten. Sie haben ihre früheren Erklärungen und Versicherungen vergessen.

Die DDR durchlaufe gegenwärtig in der Tat eine schicksalhafte Etappe. In dieser Situation sollte vor allem Hans Modrow nicht den Kopf verlieren. Seine bisherigen Aktionen, darunter am Runden Tisch, beweisen jedoch, daß Hans Modrow einen harten Kern besitzt. Dies sei gerade angesichts der gegenwärtigen schwierigen Lage außerordentlich wichtig. Letzten Endes werde auch das Volk begreifen, was gegenwärtig vorgehe.

Michail Gorbatschow bezeichnete die Entscheidung, die Wahlen zur Volkskammer vorzuziehen, als einen richtigen Entschluß. Kohl und dessen Anhänger versuchten gegenwärtig die Lage in der DDR weiter zu destabilisieren. Sie wollten die Partei und die Regierung weiter erschüttern, um für sich maximale Vorteile daraus zu ziehen.

Die Sowjetunion werde Kohl sehr eindeutig sagen, daß dies keine weitsichtige Politik ist. Wenn man jetzt die Regierung Modrow nicht unterstütze, könne das weitgehende negative Folgen für die DDR, für die BRD, für Kohl persönlich und für alle in Europa haben. Ob man das wolle oder nicht, alle europäischen Staaten seien heute eng miteinander verbunden. Die Verantwortung ist sehr groß.

Kohl habe bereits mehrfach den Wunsch geäußert, sich kurzfristig mit Michail Gorbatschow zu treffen. Dieser versprach, Kohl umgehend einen Brief zu schreiben. Ein Treffen mit Kohl könne nach der Begegnung Hans Modrows mit dem Bundeskanzler stattfinden.[369]

Die sowjetische Seite werde gegenüber Kohl betonen, daß in dem sich gegenwärtig entwickelnden Prozeß alle drei Staaten – die DDR, die BRD und die Sowjetunion in besonderem Maße miteinander verbunden sind und eine besondere Verantwortung tragen. Die beiden deutschen Staaten und die Sowjetunion seien an engen politischen und ökonomischen Beziehungen sehr interessiert und werden dies auch in Zukunft sein. Dies müsse von allen Seiten berücksichtigt werden.

Mit dieser Formel werde es möglich sein, die Interessen der DDR zu verteidigen und zu erreichen, daß in dem Prozeß, der gegenwärtig ohnehin bereits im Gange ist, die Interessen der DDR auch weiterhin präsent sein werden. Die sowjetische Seite werde Kohl klarmachen, es dürfe in dieser bedeutsamen Zeit keine Vertrauenskrise dadurch entstehen, daß eine Seite Aktionen unternimmt, die die bisherigen politischen Vereinbarungen in Frage stellen.

Die Sowjetunion habe große Möglichkeiten und werde diese auch weiter für ein enges Zusammenwirken mit London und Paris in dieser Frage nutzen.

Auch gegenüber den USA werde die UdSSR in dieser Richtung aktiv werden. Michail Gorbatschow betonte, er komme jedoch immer mehr zu dem Schluß, daß die Amerikaner beabsichtigen, die deutsche Karte zu spielen. Sie seien über die Zukunft Europas sehr beunruhigt. Ihnen gefalle das integrierte Westeuropa nicht und schon gar kein integriertes Gesamteuropa. Deshalb sei es möglich, daß sie jetzt ihre Wahl zu Gunsten eines vereinigten neutralen Deutschlands treffen. Dabei würden sie sogar den vollen Truppenabzug aus Europa in Kauf nehmen. Sie seien der Meinung, daß jeder andere Weg Möglichkeiten für eine Stärkung der Positionen der Sowjetunion offenlassen würde.

Michail Gorbatschow betonte, derartige Anzeichen habe es auch früher gegeben, sie verstärkten sich gegenwärtig jedoch. Auf die USA werde aber großer Druck z. B. seitens Großbritanniens ausgeübt. Auch die Sowjetunion werde jede Gelegenheit nutzen, um ihre Position zu dieser Frage darzulegen. Dies sei im Umfeld der mit Genossen Modrow diskutierten Problematik unbedingt zu beachten. Insgesamt sehe er jedoch große Reserven, um die Politik der DDR von verschiedenen Seiten her zu unterstützen.

Michail Gorbatschow stimmte der Auffassung Hans Modrows zu, daß seine Regierung jetzt die Initiative ergreifen muß, da sie um die Frage der Vereinigung ohnehin nicht herumkomme. Auch die

---

369 Vgl. Anm. 354.

Sowjetunion müsse heute den Deutschen sagen, daß sie ihre Bedürfnisse und ihre Bestrebungen versteht. Der von Hans Modrow vorgelegte Vorschlag, den Prozeß stufenweise ablaufen zu lassen und zunächst einen Vertrag über Zusammenarbeit und gute Nachbarschaft abzuschließen, der bereits konföderative Elemente enthalte, sei eine Erneuerung und Aktivierung der bisherigen Position.

Gut durchdacht seien auch die nächsten Etappen – die Schaffung einer Konföderation mit den dafür notwendigen entsprechenden Institutionen sowie das angestrebte Zusammenwachsen zu einem einheitlichen deutschen Staat in der weiteren Perspektive. Dies sei nach seiner Ansicht eine gute Grundlage, um eine Initiative zu starten.

Sehr berechtigt sei auch die Fragestellung, daß für eine solche etappenweise Politik Voraussetzungen geschaffen werden müssen. Dies sei vor allem die Fortsetzung der demokratischen Erneuerung, die Aufrechterhaltung der Stabilität und der Rechtsordnung.

Die vorgelegte Konzeption könne es ermöglichen, die inneren Prozesse so ablaufen zu lassen, daß die Republik auf die dritte Etappe vorbereitet wird. Z. B. brauche man für den Übergang zur Länderstruktur doch relativ viel Zeit. Richtig sei auch, daß dieser Prozeß nicht ohne Berücksichtigung der Interessen und Rechte der vier Großmächte ablaufen kann.

Michail Gorbatschow versprach, diese Überlegungen der sowjetischen Führung vorzulegen. Er sehe jedoch in der Konzeption eine ganze Reihe Elemente, die unterstützt werden müssen, um eine aktive Politik betreiben zu können.

Michail Gorbatschow bekannte offen, ähnliche Überlegungen seien vor einigen Tagen an demselben Tisch erörtert worden. Er reagiere so spontan positiv, weil er im Grunde genommen auf diese Fragestellung vorbereitet war. Dabei wurde auch die Notwendigkeit eines Treffens der vier Großmächte, zweckmäßigerweise auf höchster Ebene, erörtert, die eine Absichtserklärung abgeben müßten, um die DDR in diesen ganzen Prozeß einzuschließen.[370] Er bleibe bei seinem in dem Rundfunkinterview dargelegten Standpunkt, daß man die deutsche Vereinigung nur im Kontext der europäischen Integration betrachten kann.[371]

Die Herstellung der militärischen Neutralität der DDR und der BRD auf dem Wege zur Konföderation werde wahrscheinlich die komplizierteste Frage sein. Auch dafür werde eine bestimmte Zeit gebraucht werden, um den Rahmen dieses Prozesses abzustecken. Dabei müsse es sich um einen zweiseitigen Prozeß handeln. Es dür-

370 Vgl. dazu Michail Gorbatschow: Erinnerungen, S. 714 f.

371 Vgl. auch ND, 31. Januar 1990.

fe nicht geschehen, daß im Osten militärpolitische Strukturen abgebaut und damit dem Westen ungerechtfertige Vorteile verschafft werden. Dies wäre nicht im Sinne der Europäer und würde allerseits Besorgnis hervorrufen.

Man müsse auch sehr darauf achten, daß nicht von Neutralität überhaupt, sondern von militärischer Neutralität gesprochen wird. Wichtig sei auch die Achtung der staatlichen Eigenständigkeit und die gegenseitige Nichteinmischung in dem genannten Prozeß.

Michail Gorbatschow schlug vor, daß die Außenminister der DDR und der UdSSR alle Details gründlich durcharbeiten. Im Prinzip schätzte er ein, daß man das von Hans Modrow vorgelegte Konzept aktiv vorantreiben muß. Es gehe darum, die Initiative zu ergreifen und nicht hinter der Entwicklung zurückzubleiben. Jedes Zurückbleiben führe nur dazu, daß man weitere Positionen aufgeben müsse.

Michail Gorbatschow stellte danach die Frage, wie diese Initiative praktisch ausgelöst werden soll. Hans Modrow legte dar, es sei zu überlegen, ob er diese Initiative in seinem eigenen Namen, im Namen der gesamten Regierungskoalition oder auch im Namen aller am Runden Tisch versammelten Kräfte vorträgt. Weiter sei zu überdenken, ob man mit dieser Initiative noch vor dem Treffen mit Kohl am nächsten Wochenende an die Öffentlichkeit tritt.[372] Er wies in diesem Zusammenhang auf den starken Zeitdruck und die kurze Zeit bis zu den Volkskammerwahlen hin.

Michail Gorbatschow legte in der anschließenden sehr lebhaften Diskussion zu dieser Frage zunächst den Gedanken dar, daß es eine starke Wirkung hätte, wenn Hans Modrow diese Initiative im Namen der gesamten Regierung der DDR bekanntgeben würde. Dies würde auch zur Stärkung der Koalitionsgrundlage der Regierung beitragen. Möglich sei jedoch auch, daß nicht alle Kräfte der Koalition dieser Initiative zustimmen. Dann würde es zu unnötigen Debatten kommen. Man würde Schwachpunkte des Vorschlages suchen, dessen Bedeutung und Anziehungskraft einschränken. Dies könnte sich auf die Position Hans Modrows auswirken und wäre überdies ein weiterer Zeitverlust. Möglicherweise wäre es doch besser, wenn Hans Modrow eine günstige Gelegenheit sucht und diese Initiative als Ministerpräsident allein verkündet. Dabei könnte jedoch die Gefahr entstehen, daß einzelne Regierungsmitglieder sich gegen die Initiative wenden und sogar die Regierung verlassen, weil die Initiative völlig unerwartet für sie kommen würde.

Die Frage von Nikolai Ryshkow, ob die Regierungsmitglieder bereits informiert seien, verneinte Hans Modrow.

---

372 Hans Modrow und Helmut Kohl trafen sich am Rande des Weltwirtschaftsforums in Davos am 3. Februar 1990 zu einem Meinungsaustausch.

Michail Gorbatschow hob die große Bedeutung und die gewaltige Verantwortung im Zusammenhang mit dieser Initiative hervor. Sie betreffe eine Grundfrage und berühre die Interessen der Nation, der Menschen in beiden deutschen Staaten und die Interessen der Nachbarländer.

Nikolai Ryshkow schlug vor, diese Initiative in einer Erklärung des Ministerpräsidenten vor der Volkskammer bekanntzugeben. Dadurch würde erreicht, daß die Volkskammer nicht übergangen wird und von dorther kein Widerstand entsteht. Gleichzeitig wäre das eine sehr wirkungsvolle Tribüne gegenüber der internationalen Öffentlichkeit.

In der Diskussion wies Hans Modrow auf die Schwierigkeit hin, daß die Volkskammer erst am Montag, dem 5.2., zusammentritt, diese Initiative aber bereits vor seinem Treffen mit Helmut Kohl am 3. Februar in die Öffentlichkeit getragen werden müßte.

Der Vorschlag, zu diesem Zweck eine Sondersitzung der Volkskammer einzuberufen, wurde als nicht realisierbar bezeichnet.

Hans Modrow äußerte den Gedanken, die Konzeption am Dienstag auf der Tagung des Ministerrates zu erörtern. Dort könnte im Zusammenhang mit der Berichterstattung über die Reise nach Moskau zu dieser Initiative gesprochen werden. Danach könnte man das Ganze als Vorschlag der Regierung der Volkskammer vorlegen. Außerdem wäre damit gesichert, daß Hans Modrow mit einer von der Regierung abgestimmten Position zum Treffen mit Helmut Kohl fährt.[373]

In der Diskussion nahm das Vorgehen gegenüber den Massenmedien breiten Raum ein.

Hans Modrow schlug vor, er werde in der anschließenden Pressekonferenz sich zunächst auf die entsprechenden Formulierungen im Rundfunkinterview Michail Gorbatschows vor Beginn der Gespräche beziehen. Ohne auf Einzelheiten einzugehen, werde er andeuten, daß er in dem Gespräch neue Gedanken der DDR zum Prozeß der Vereinigung beider deutscher Staaten vorgelegt habe. Die sowjetische Seite habe Prüfung dieser Vorschläge zugesagt.

Michail Gorbatschow schlug vor, daß auf die Atmosphäre der Offenheit, auf die ernsthafte Diskussion der Probleme und das sowjetische Verständnis für deren Bedeutung hingewiesen werden sollte. Gleichzeitig dürfe nicht der Eindruck entstehen, daß Hans Modrow in Moskau zu einer Veränderung seiner Position gedrängt worden sei. Das könnte der Position der DDR nur schaden.

---

373 Die Initiative wurde von Modrow schließlich am 1. Februar 1990 in Ost-Berlin auf einer Regierungspressekonferenz vorgestellt. Vgl. Anm. 300.

Eine entsprechende Formulierung müsse auch in die Pressemit-teilung über das Gespräch aufgenommen werden.[374] Die Sowjetuni-on werde in ihrer Mitteilung ihre Verantwortung als eine der vier Mächte betonen.

Eduard Schewardnadse wies darauf hin, daß die Sowjetunion gegenüber der Öffentlichkeit sich durchaus auch nicht mit allen Punkten sofort einverstanden erklären müsse und eigene Vorschläge einbringen könne. Z. B. sei es denkbar, im Zusammenhang mit der Neutralisierung auch die Frage der vollständigen Demilitarisierung und Entnazifizierung zu stellen, Aufgaben, die im Grunde genom-men seit Kriegsende stehen.

Hans Modrow stimmte dem gemeinsam erarbeiteten Herange-hen zu und informierte, er werde sich am Abend des gleichen Tages mit Vertretern der Kirche, der Opposition und der Koalitionspartei-en treffen, um das weitere Vorgehen im Zusammenhang mit dieser Initiative abzusprechen.

Auf die von Hans Modrow gestellte Frage nach Beibehaltung der Erdöllieferungen an die DDR in der früheren Höhe antwortete Nikolai Ryshkow, daß dies sehr schwierig sei. Die sowjetische Erdölförderung sei gegenwärtig mit 17 Millionen Tonnen jährlich rückläufig. Dies sei exakt die bisher der DDR gelieferte Menge. Kürzungen mußten nicht nur bei der DDR, sondern auch bei Bul-garien, der CSSR und Polen vorgenommen werden. Man werde se-hen, wie sich die Situation weiterentwickelt. Sobald auch nur die kleinste Möglichkeit entstehe, werde man der DDR helfen.

Michail Gorbatschow betonte, beide Seiten müßten alles tun, um keinen Abbau der jetzigen ökonomischen oder wissenschaftlich-technischen Beziehungen zuzulassen. Die Sowjetunion werde an dieser Linie konsequent festhalten, davon könnten die Freunde in der DDR ausgehen.

Gleichzeitig gehe es jedoch darum, die BRD stärker in die Wirt-schaftsbeziehungen einzubinden. In viel größerem Umfang sollten Projekte von allen drei Staaten gemeinsam unternommen werden. Schließlich seien die beiden deutschen Staaten heute die beiden größten Partner der Sowjetunion. Eine stärkere dreiseitige Zusam-menarbeit sei für alle günstig.

Nikolai Ryshkow wies darauf hin, daß die Prozesse der stärkeren ökonomischen Zusammenarbeit zwischen beiden deutschen Staaten sehr schnell ablaufen könnten. Deshalb müsse man auch hinsicht-lich der dreiseitigen Zusammenarbeit sehr schnell Ideen entwickeln. Die entsprechenden ökonomischen Mechanismen müßten geschaf-fen werden.

---

374 Die Pressemitteilung vgl. in: Deutschland Archiv, H. 3/1990, S. 468 ff.

Michail Gorbatschow bemerkte, bei aller Zusammenarbeit mit der DDR und der BRD lasse die Sowjetunion nicht außer acht, daß die DDR für sie ein besonderer Punkt bleibt. Sie werde weiterhin der DDR alle ihr mögliche Hilfe erweisen.

Zur Lage in der Partei bemerkte Michail Gorbatschow, die sowjetischen Erfahrungen besagten, es sei sehr gefährlich, die Verantwortung für die gegenwärtige komplizierte Lage den einfachen Parteimitgliedern anzulasten. Auch in der Sowjetunion haben ganze Generationen unter Stalin und Breshnew gearbeitet, gekämpft, und ihre ganze Kraft gegeben. Hier müsse man sehr sauber trennen zwischen der Verantwortung der Führung und der hingebungsvollen Arbeit der Arbeiterklasse, der Bauern, der Jugend. Sonst sei keine Mobilisierung für den weiteren Kampf möglich.

Hans Modrow wies darauf hin, daß dies versucht werde, bisher aber wenig Wirkung zeige. Es habe sich in der Bevölkerung der DDR ein starker Haß gegen die Partei als Ganzes entwickelt, der häufig im Akt der Diskriminierung gegenüber einzelnen Parteimitgliedern ausarte. Man versuche, die Partei als Ganzes zu kriminalisieren.

Michail Gorbatschow gab den Rat zum vorsichtigen Vorgehen gegenüber den Mitgliedern der alten Führung der SED. Dort wo es sich um konkrete Verbrechen, um Unterschlagung von Geldmitteln und persönliche Bereicherung handle, müsse das Recht konsequent angewandt werden. Wenn es sich jedoch um politische Fehler handle, dann sei vorsichtiges Vorgehen ratsam. Nach diesem Prinzip könnte fast jeder Politiker der Welt verurteilt werden, weil keiner ohne Fehler sei.

Michail Gorbatschow erklärte, Nikolai Ryshkow und er nähmen die ausgesprochene Einladung zu einem Besuch in der DDR dankend an. Da er erst kürzlich in der DDR gewesen sei, werde sicher Nikolai Ryshkow als erster fahren. Wenn es jedoch notwendig sei, könne auch er in die DDR kommen.[375]

Das Haupthindernis für Fahrten ins Ausland sei gegenwärtig die außerordentlich komplizierte Lage in der Sowjetunion. Die Perestroika gewinne immer mehr an Tempo, und man spüre jetzt auch bereits den Einfluß aus den anderen sozialistischen Ländern, darunter aus der DDR. Es gebe viele Forderungen, in der Sowjetunion so vorzugehen wie in der DDR oder gar wie in Rumänien.

Gegenwärtig stehen drei Hauptaufgaben – Sofortmaßnahmen in der Wirtschaft, Maßnahmen zur Stärkung und Vervollkommnung des Machtmechanismus und Maßnahmen zur weiteren Erneuerung

---

375 Weder Gorbatschow noch Ryshkow besuchten danach nochmals die DDR. Modrow kam im März 1990 wieder nach Moskau. Vgl. Dok. 67.

der Partei. Möglicherweise werde der Termin des Parteitages vorgezogen.[376]

Michail Gorbatschow informierte darüber, daß am 5. und 6. Februar ein Plenum des ZK der KPdSU stattfindet. Dort soll der Entwurf der Plattform zum Parteitag erörtert und der Termin des Parteitages festgelegt werden. Einen Monat später wird auf einem weiteren Plenum der Entwurf des Statuts der KPdSU diskutiert werden.[377]

Die Lage in der Sowjetunion charakterisierte Michail Gorbatschow
als sehr kompliziert.Von allen Seiten werde Unmut geäußert.

Auf wirtschaftlichem Gebiet stehe der UdSSR jetzt wahrscheinlich die komplizierteste Zeit bevor. Es werden auch unpopuläre
Maßnahmen nicht zu vermeiden sein. In dieser angespannten Situation sei dies ein sehr riskantes Unternehmen.

Auf politischem Gebiet gehe es vor allem darum, die örtliche
Selbstverwaltung durchzusetzen. Die Partei habe die Aufgaben der
Organisierung des täglichen Lebens und der Wirtschaft im wesentlichen abgegeben, die örtlichen Sowjets haben diese jedoch noch
nicht in vollem Umfang übernommen. Ein schnelles Handeln sei erforderlich. Viele fürchteten ein Chaos in der Sowjetunion. Bestimmte Anzeichen dafür gebe es bereits. Von rechts und links werde mit
verschiedenen Motiven gefordert, hart durchzugreifen. Er sei jedoch
fest davon überzeugt, daß die Lage mit demokratischen Methoden
gemeistert werden müsse. Die Hauptaufgabe bestehe darin, weitere
blutige Auseinandersetzungen zu verhindern. Dies sei sehr schwierig, weil es auf diesem Gebiet aus dem alten Rußland über Stalin
eine lange Tradition gebe.

Michail Gorbatschow betonte seine Überzeugung, die KPdSU
könne ihre Rolle in der Gesellschaft weiter spielen, wenn sie konsequent erneuert wird. Die Partei erhalte weiterhin starke Unterstützung aus der Arbeiterklasse.

Das Gespräch und das anschließende Essen verliefen in einer
herzlichen, brüderlichen Atmosphäre.

Quelle: BArchP, DC 20, 4973.

---

376 Der 28. Parteitag der KPdSU fand schließlich vom 2. bis 13. Juli 1990 in
     Moskau statt. Er war ursprünglich für den Herbst 1990 geplant. Vgl. dazu
     Michail Gorbatschow: Erinnerungen, S. 520 ff.

377 Die ZK-Tagungen der KPdSU fanden vom 5. bis 7. Februar sowie vom
     11. bis 16. März 1990 statt.

Dokument 63

Bericht über den Besuch einer DDR-Regierungsdelegation unter Leitung von Hans Modrow in Bonn am 13./14. Februar 1990[378]

I. Entsprechend der in Dresden getroffenen Absprache fand am 13. Februar 1990 in Bonn ein Arbeitstreffen zwischen dem Vorsitzenden des Ministerrates der DDR, Hans Modrow, und dem Bundeskanzler der BRD, Helmut Kohl, statt.

Teilnehmer an dem Treffen auf DDR-Seite bzw. BRD-Seite siehe Anlage 1.[379]

Während des Treffens fand ein Vieraugengespräch zwischen H. Modrow und H. Kohl sowie eine Sitzung im Kreis der Delegationen statt. Auf dieser Sitzung gab es einen ausführlichen Meinungsaustausch unter Beteiligung von Ministern beider Seiten (Zusammenfassung des Verlaufs der Gespräche Anlage 2).

Im Mittelpunkt der Gespräche standen Fragen des Prozesses der Herstellung der Einheit zwischen beiden deutschen Staaten einschließlich des Zusammenhangs dieses Prozesses mit der europäischen und internationalen Entwicklung. Eine ausführliche Erörterung fand der Vorschlag von H. Kohl zur raschen Bildung einer Währungsunion und Wirtschaftsgemeinschaft zwischen beiden Staaten.

Die Gespräche fanden in einer offenen und sachlichen Atmosphäre statt. Die wesentlichen Ergebnisse der Gespräche bestehen in folgendem:

1. Das entscheidende Ergebnis ist die Übereinstimmung, daß von beiden Seiten die baldige Vereinigung der DDR und der BRD in Form eines deutschen Bundesstaates angestrebt wird. Ein Zeitrahmen ist dafür nicht vorhersehbar. Es wird aber deutlich, daß die BRD-Seite unter Hinweis auf die Entwicklung in der DDR, insbesondere die anhaltende Abwanderung von DDR-Bürgern, von einer Beschleunigung des Vereinigungsprozesses ausgeht.

Seitens der Vertreter der DDR wurde betont, daß der Prozeß berechenbar und überschaubar bleiben muß. Auch die Bildung der

---

378 Der Bericht wurde dem Ministerrat am 15. Februar 1990 vorgelegt und auf der Sitzung am selben Tage billigend zur Kenntnis genommen.

379 Die offizielle DDR-Delegation zählte 18 Mitglieder (neben Modrow die Minister Baumgärtel, Beil, Benthien, Böhm, Eppelmann, Halm, Luft, Pflugbeil, Platzeck, Poppe, Romberg, Schlüter, Ullmann und Watzek, Staatssekretär H. Krolikowki, Regierungssprecher Meyer und Botschafter Neubauer), die der BRD 12 Mitglieder (neben Kohl die Minister Blüm, Hasselfeldt, Haussmann, Kiechle, Klein, Seiters und Wilms, die Ministerpräsidenten Momper, Rau, Streibl sowie Bundesbankvizechef Schlesinger).

Länder in der DDR könne nicht überstürzt werden. Die Selbstbestimmung der DDR-Bürger müsse gewahrt bleiben. Es könne nicht um einen Anschluß der DDR an die BRD gehen, die DDR habe Wesentliches in den einheitlichen Staat einzubringen. H. Kohl stimmte dem ausdrücklich zu; man müsse vernünftig aufeinander zugehen.

H. Modrow wie H. Kohl bekräftigten die nationale Verantwortung, die sich aus der Lage ergibt, sowohl vor dem deutschen Volk wie vor den Völkern Europas.

2. Zwischen beiden Seiten besteht Übereinstimmung, daß die deutsche Vereinigung in den gesamteuropäischen Prozeß eingebettet sein muß. Von deutschem Boden darf nur Frieden ausgehen. Die Interessen der Nachbarn Deutschlands, die gesamteuropäischen Interessen müssen gewahrt werden. Niemand darf den deutschen Einigungsprozeß fürchten müssen.

In diesem Zusammenhang fand die Idee einer Konferenz der Vier Mächte gemeinsam mit der DDR und der BRD noch in diesem Jahr Zustimmung. Sie sollte noch vor der KSZE-Gipfelkonferenz zum Abschluß kommen.[380] In Vorbereitung auf diese Konferenz wurden baldige Expertengespräche zwischen den Regierungen der DDR und der BRD vereinbart.

H. Kohl lehnt erneute eine dauerhafte Anerkennung der Oder-Neiße-Grenze mit der Begründung auf die bekannte Position der BRD ab, wonach darüber eine gesamtdeutsche Regierung zu entscheiden habe.[381]

H. Modrow bekräftigte, daß die DDR bereits 1950 die Oder-Neiße-Grenze vorbehaltlos anerkannt hat.[382] Hinsichtlich des militärischen Status des einheitlichen Deutschlands bestehen weiterhin die bekannten unterschiedlichen Auffassungen.

3. H. Modrow verwies darauf, daß seit 25. Januar 1990 der BRD-Regierung der Entwurf der DDR für eine Vertragsgemeinschaft vorliege, wie dies in Dresden vereinbart worden sei, es gebe darauf keine Reaktion der BRD.[383]

---

380 Die Zwei-plus-vier-Verhandlungen (UdSSR, USA, Großbritannien, Frankreich, BRD, DDR) begannen am 5. Mai 1990 in Bonn und wurden am 12. September 1990 in Moskau mit einem Vertrag abgeschlossen (vgl. Ulrich Albrecht: Die Abwicklung der DDR. Die „2+4-Verhandlungen". Opladen 1992). Am 21. November 1990 verabschiedete ein KSZE-Sondergipfel in Paris schließlich die „Charta für ein neues Europa".

381 Vgl. Dok. 70.

382 Vgl. zum Abkommen über die Staatsgrenze zwischen der DDR und Polen vom 6. Juli 1950: Handbuch der Verträge. (Ost-)Berlin 1968, S. 509 f.

383 Vgl. Dok. 56 und 61.

H. Kohl erwiderte, daß die Fragen einer Vertragsgemeinschaft wie auch der Schaffung konföderativer Strukturen durch die Entwicklung überholt seien. In diesem Sinn sei auch sein 10-Punkte-Plan nicht mehr relevant. Das Hauptargument von H. Kohl war die aus seiner Sicht dramatische Entwicklung in der DDR, gekennzeichnet insbesondere durch den anhaltenden Exodus aus der DDR (Januar/Februar 1990 voraussichtlich ca. 100.000 Personen).

Das habe ihn veranlaßt, den Vorschlag für eine Währungsunion und Wirtschaftsgemeinschaft zu machen. Die DM solle als stärkstes „Aktivum" zur Beruhigung der Lage eingesetzt werden. Das erfordere in der DDR konsequente Wirtschaftsreformen zur Einführung der sozialen Marktwirtschaft.

Von H. Modrow und anderen DDR-Vertretern wurde nachdrücklich darauf verwiesen, daß eine Währungsunion und Wirtschaftsgemeinschaft viele Probleme, insbesondere im sozialen Bereich aufwerfe. Die Verantwortung vor den 16,5 Mio. DDR-Bürgern verlange eine Klärung ihrer sozialen Absicherung (insbesondere Fragen der Sparguthaben, der Renten, einer Arbeitslosenversicherung).

H. Kohl konnte nicht umhin, dem zuzustimmen.

Von DDR-Seite wurde betont, daß vor den Wahlen am 18. März in der Frage einer Währungsunion keine Entscheidung mehr getroffen werden kann. Dies müsse der neuen Regierung und Volkskammer überlassen bleiben.

Es wurde aber vereinbart, unverzüglich Gespräche über eine Währungsunion und Wirtschaftsgemeinschaft auf der Ebene einer gemeinsamen Kommission aufzunehmen. Die DDR-Vertreter wurden benannt (Anlage 3).[384]

Der Gedanke, in ihrem Rahmen eine Unterkommission zur Erörterung der sozialen Fragen zu bilden, wird von beiden Seiten geprüft.

4. Von DDR-Seite wurde mit Nachdruck die Forderung nach einem Solidarbeitrag der BRD an die DDR in Höhe von 15 Mrd. DM erhoben. Dies würde die Lage in der DDR stabilisieren und sei ein wirksamer Beitrag für die von H. Kohl immer wieder erklärte Bereitschaft zur Hilfe für die DDR.

H. Kohl wie Finanzminister Waigel lehnten einen solchen Solidarbeitrag entschieden ab. Er sei nicht sinnvoll, da er nicht zur Sanierung der Wirtschaft der DDR beitragen würde. Dem Vorwurf der mangelnden Unterstützung der DDR durch die BRD versuchte Th. Waigel mit dem Hinweis auf 7 Mrd. [DM] Nachtragshaushalt zu begegnen, der vor allem für Maßnahmen gegenüber der DDR bestimmt sei. (Reisefonds, ERP-Kredite u. a.).

---

384 Als DDR-Vertreter fungierten die Minister Romberg, Siegert, Eppelmann, Grünheid, Staatssekretär Rauchfuß und Staatsbankpräsident Kaminsky.

Auf den Hinweis von H. Modrow, daß zum Jahresende ein ungebundener Kredit in Höhe von 3 Mrd. DM zur Sicherung der Zahlungsfähigkeit der DDR notwendig sei, gab es keine Reaktion von H. Kohl.

5. H. Modrow und andere DDR-Vertreter wiesen darauf hin, daß neben den Fragen der Wahrung der sozialen Interessen der DDR-Bürger bei einer Vereinigung beider Staaten auch Fragen der rechtlichen Absicherung für die DDR geklärt werden müssen, z. B. die Verteilung von Grund und Boden durch die Bodenreform, die Fragen des Volkseigentums in der Industrie u. a.

H. Kohl anerkannte die Berechtigung dieser Forderung.

6. Auf Anregung der Minister R. Eppelmann und W. Romberg wurde vereinbart, sich über die Form einer gemeinsamen Erklärung beider Regierungen zu verständigen, die Anfang März abgegeben werden könnte und in der das Interesse beider Seiten an Stabilität der DDR bis zu den Wahlen und danach zum Ausdruck gebracht wird.[385]

H. Modrow übergab an H. Kohl die vom Runden Tisch am 12. Februar beschlossenen Positionen für die Verhandlungen mit Bundeskanzler Kohl. Er verwies darauf, daß die Regierung diese Positionen unterstütze und an sie gebunden sei. In ihnen komme der übereinstimmende Wille von Regierung und Runden Tisch zum Ausdruck.[386]

Neben den Gesprächen mit H. Kohl gab es am 13. und 14. Februar durch Ministerpräsident H. Modrow und die ihn begleitenden Minister eine Reihe weiterer Aktivitäten, u. a.:

– Hans Modrow stattete Bundespräsident Richard von Weizsäcker einen Besuch ab.

– H. Modrow führte Gespräche mit den Fraktionsvorsitzenden der im Bundestag vertretenen Parteien (Hans-Jochen Vogel – SPD; Alfred Dregger – CDU/CSU; Wolfgang Mischnick – FDP; Antje Vollmer – Sprecherin der Fraktion der Grünen) (Anlage 4)[387] sowie mit Vertretern der Wirtschaftsverbände (Tyll Necker, Präsident des Bundesverbandes der Deutschen Industrie; Klaus Murmann, Präsident der Bundesvereinigung der Deutschen Arbeitgeberverbände; Wolfgang Röller, Präsident des Bundesverbandes der Deutschen Banken).

– H. Modrow traf mit der Präsidentin des Deutschen Bundestages, Rita Süssmuth, zusammen.

– Der Ehrenvorsitzende der SPD, Willy Brandt, bzw. der Vorsitzende der CSU, Finanzminister Theo Waigel, gaben für H. Modrow Essen.

---

385 Eine solche Erklärung wurde nicht abgegeben.

386 Vgl. den vollständigen Wortlaut in: Helmut Herles/Ewald Rose (Hrsg.): Vom Runden Tisch zum Parlament. Bonn 1990, S. 115 ff.

387 Die Anlage 4 umfaßt nur eine Seite und enthält keine inhaltlichen Details.

- H. Modrow hatte eine Begegnung mit Prof. Dr. Peters, Leiter des Instituts für Sozialgeschichte in Bremen (Anlage 6).[388]
- Die Fachminister führten Gespräche mit ihren BRD-Partnern und weiteren Persönlichkeiten.
- Die Minister ohne Geschäftsbereich hatten ein Gespräch mit dem Chef des Bundeskanzleramtes und Minister für besondere Aufgaben der BRD, Rudolf Seiters, und Begegnungen mit weiteren Politikern der BRD.

Schlußfolgerungen

1. Die entscheidende politische Bedeutung des Besuches besteht darin, daß nunmehr zwischen den Regierungen beider deutscher Staaten endgültig die Weichen für die baldige Vereinigung von DDR und BRD zu einem deutschen Bundesstaat gestellt wurden. Es ist zu gewährleisten, daß sich der Prozeß der Schaffung eines einheitlichen deutschen Staates nicht in Form eines Anschlusses der DDR an die BRD vollzieht, sondern als Vereinigung souveräner Staaten, bei der die DDR ihre positiven Werte einzubringen hat. Es ist insbesondere alles zu tun, damit eine entsprechende soziale und rechtliche Absicherung gewährleistet ist. Die notwendige internationale Einbettung der Vereinigung muß in Abstimmung mit den Vier Mächten erfolgen. Dabei muß der einheitliche deutsche Staat die Unverletzlichkeit der europäischen Grenzen eindeutig anerkennen.

2. Gespräche über eine Währungsunion und Wirtschaftsgemeinschaft zwischen der DDR und der BRD sind unverzüglich aufzunehmen. Die Verhandlungsdirektive ist dem Ministerrat zur Bestätigung vorzulegen.

Verantwortlich: Minister Walter Romberg in Abstimmung mit den Mitgliedern der DDR-Verhandlungsdelegation

3. Es sind unverzüglich Expertengespräche mit der BRD-Seite im Hinblick auf die vorgesehene Konferenz der Vier Mächte und beiden deutschen Staaten vorzubereiten.

Verantwortlich: Minister für Auswärtige Angelegenheiten

4. Es ist die Frage der Bildung einer Unterkommission DDR/BRD über soziale Fragen im Zusammenhang mit der Vereinigung beider deutscher Staaten zu prüfen.

Verantwortlich: Minister für Arbeit und Löhne

5. Es ist ein Vorschlag für eine gemeinsame Erklärung beider deutscher Regierungen zur Wahrung der Stabilität in der DDR bis zu den Wahlen und danach vorzubereiten.

Verantwortlich: Minister Rainer Eppelmann in Abstimmung mit dem Minister für Auswärtige Angelegenheiten

---

388 Die Anlage 6 beinhaltet konkret das Programm einer „Reparationskonferenz" am 10./11. März 1990.

6. Die Forderung nach einem Solidarbeitrag der BRD an die DDR ist weiterhin zu erheben. Es ist über die Frage der Beschaffung eines ungebundenen Kredites über BRD-Banken anderer Staaten zur Sicherung der Zahlungsfähigkeit der DDR zu entscheiden.

Verantwortlich: Amtierender Minister der Finanzen und Preise Präsident der Staatsbank der DDR

7. Im Zusammenhang mit den Fragen der Schaffung einer Währungsunion sind die sich für die DDR aus der Einbeziehung in die EG ergebenden Harmonisierungsmaßnahmen zu prüfen.

Verantwortlich: Minister für Außenwirtschaft

8. Die Verhandlungen mit der BRD zu einem Investitionsschutzabkommen sind zügig fortzuführen und schnellstmöglich zu beenden.

Verantwortlich: Leiter des Amtes für den Rechtsschutz des Vermögens der DDR

9. Auf der Grundlage der am 15. 2. 1990 zu treffenden Entscheidung des Ministerrates können die ERP-Mittel durch Klein- und mittelständische Betriebe der DDR in Anspruch genommen werden.

10. Durch eine Expertengruppe sind im Rahmen einer „Gemeinsamen Kommission zur Förderung regionaler Zusammenarbeit" Vorschläge zur Förderung wirtschaftlicher Infrastrukturmaßnahmen im Grenzgebiet auszuarbeiten.

Verantwortlich: Staatssekretär beim Vorsitzenden des Ministerrates

11. Der von Prof. Dr. Peters übergebene Aufruf zur Reparationsfrage ist zu prüfen. Dazu ist ein völkerrechtliches Gutachten auszuarbeiten. Es sind Vorschläge für die Beteiligung der DDR an der von Prof. Dr. Peters vorgeschlagenen Konferenz vorzulegen.[389]

Verantwortlich: Minister für Auswärtige Angelegenheiten [...]

Anlage 2

I. Zusammenfassung des Vieraugengespräches zwischen Ministerpräsident H. Modrow und Bundeskanzler H. Kohl[390]

H. Kohl verwies einleitend auf die steigende Zahl von Übersiedlern (Januar/Februar 1990 ca. 100.000). Es müsse etwas geschehen, um das zu stoppen. Man müsse über die Einheit bald entscheiden. International gehe es um eine Konferenz der Vier Mächte gemeinsam mit der DDR und der BRD, sie solle vor dem KSZE-Gipfel zum Abschluß kommen.[391] Er schlage vor, dazu Expertengespräche aufzunehmen, um die Positionen zu klären. Ferner schlage er vor, schon ab nächster Woche Expertengespräche zu einer Währungsunion und Wirtschaftsgemeinschaft aufzunehmen.

---

389 Vgl. Anm. 388.
390 Das Gespräch fand am 13. Februar 1990 in Bonn statt.
391 Vgl. Anm. 380.

H. Modrow verwies darauf, daß man die internationale Seite der Entwicklung sorgfältig beachten müsse. Er sei ebenfalls für eine Konferenz 4 plus 2. Der französische Außenminister Dumas habe bereits einen entsprechenden Vorschlag gemacht. Der Vereinigungsprozeß müsse so vor sich gehen, daß in Europa niemand Befürchtungen zu hegen brauche. Er gehe davon aus, daß die BRD die Oder-Neiße-Grenze dauerhaft anerkenne. H. Modrow übergab die Positionen des Runden Tisches vom 12.2.1990 für die Verhandlungen in Bonn.[392] Dies sei der Rahmen für sein Auftreten. Es gehe um soziale Absicherung, um die Klärung von Rechtsfragen (Grund und Boden, Volkseigentum). Es werde von der BRD gefordert, keinen Kurs auf Destabilisierung der DDR zu betreiben. Das weitere Verlassen der DDR bedürfe einer gründlichen Analyse, nachdem eine Ursache durch die Öffnung der Grenzen entfallen sei. Man müsse gemeinsam entgegenwirken.

Der Stil der Zusammenarbeit müsse sich verändern. Man dürfe sich nicht gegenseitig überraschen. Auf den Vorschlag der DDR zur Vertragsgemeinschaft gebe es bisher keine Antwort. Nach Dresden habe es viele Begegnungen gegeben, aber wenig konkrete Ergebnisse. Der Wahlkampf dürfe nicht vor der nationalen Verantwortung stehen. Der Solidarbeitrag der BRD müsse kommen. Vor dem 18.3. könne es keine Vereinbarung zu einer Währungsunion mehr geben. Darüber könne erst die neue Regierung entscheiden. H. Modrow erklärte, man könne aber jetzt schon mit Gesprächen beginnen. Er benannte die DDR-Verhandlungsdelegation.

Die ERP-Kredite müßten wirksam werden. Die BRD-Länder seien aktiver als die Bundesregierung.

H. Modrow wandte sich entschieden gegen Gerüchtemacherei (sofortige Zahlungsunfähigkeit der DDR). Richtig sei, daß die DDR gegen Jahresende 3 Mrd. [DM] als freien Kredit für ihre Zahlungsfähigkeit brauche.

Die Vereinigung müsse stufenweise vor sich gehen, sie müsse beherrschbar bleiben. Die Bildung der Länder dürfe man nicht überstürzen. Eine spontane Entwicklung müsse gemeinsam verhindert werden. Die DDR bringe in den einheitlichen Staat viel ein. (Nettovermögen von 1,4 Billionen Mark). Es könne nicht um einen Anschluß der DDR gehen. Es gehe um soziale und rechtliche Absicherung.

H. Kohl erwiderte, natürlich sei auf beiden Seiten der Wahlkampf spürbar. Er wende sich gegen einen Anschluß der DDR. 40 Jahre DDR sei eine Realität. Es gehe um gegenseitige Rücksichtnahme, man müsse vernünftig aufeinander zugehen. Jetzt solle man

---

392 Vgl. Anm. 386.

in die Vorarbeiten eintreten. Was bisher laufe, solle weiterlaufen. Sein 10-Punkte-Plan sei durch die Entwicklung überholt, auch die Vertragsgemeinschaft und konföderative Strukturen.[393] Der entscheidende Punkt sei die Abwanderung aus der DDR. Natürlich müsse auch die soziale Dimension erörtert werden (Sparguthaben, Arbeitslosenversicherung, Renten). Hierzu könnte man vielleicht eine Unterkommission bilden.

H. Modrow stimmte dem zu.

H. Kohl erklärte, ohne eine schnelle Währungsentscheidung werde es zu keiner Beruhigung kommen. Dann werde es einen schnellen Wirtschaftsboom geben. Der Solidarbeitrag sei eine Frage der Gesamtlösung.

H. Modrow forderte H. Kohl erneut auf, mehr zu tun als bisher. (Teilnehmer: K. Seidel, H. Teltschik)

II. Zusammenfassung der Sitzung im Kreis der Delegationen

H. Kohl erklärte zur Begrüßung, dies sei eine wichtige Stunde für Deutschland, es gehe um eine historische Herausforderung, darum, zu gewährleisten, daß von deutschem Boden Frieden ausgeht, Freiheit und soziale Gerechtigkeit herrscht. Der Prozeß der deutschen Einheit sei nur denkbar im Rahmen einer Sicherheitspolitik und des KSZE-Prozesses. Mit den Vier Mächten müßten Gespräche geführt werden, um zu einer Vereinbarung zu kommen. Es gehe um eine gemeinsame Konferenz der Vier Mächte und der beiden deutschen Staaten noch vor dem KSZE-Gipfel. Die Sicherheitsinteressen der Nachbarn, die gesamteuropäischen Interessen, das Haus Europa müßten beachtet werden. In Vorbereitung der Sechserkonferenz sollte eine Vorberatung zwischen DDR und BRD stattfinden.

H. Kohl verwies auf die anhaltende Abwanderung aus der DDR. Es handele sich um eine dramatische Entwicklung. Die BRD wünsche diesen Exodus nicht, sie sei an Stabilität der DDR interessiert. Sein 10-Punkte-Plan, die Vertragsgemeinschaft und konföderative Strukturen seien durch die Entwicklung überholt. Alle ausschlaggebenden politischen Kräfte in der DDR und der BRD wollten die nationale Einheit. Angesichts der Lage mache er das Angebot für eine Währungsunion und Wirtschaftsgemeinschaft. Das werfe natürlich viele Probleme auf, insbesondere im sozialen Bereich, und gehe nicht über Nacht.

Er habe sich mit Herrn Modrow verständigt, bereits in der kommenden Woche mit Expertengesprächen zu beginnen. Dies sei ein wichtiges Signal. Ferner gehe es um Investitionen in der DDR, dazu sei eine konsequente Wirtschaftsreform notwendig, die auf soziale Marktwirtschaft gerichtet sei.

---

393 Vgl. Anm. 338.

Man müsse sich der historischen Aufgabe stellen, die Zeit dränge. H. Modrow betonte gleichermaßen den historischen Charakter des vor sich gehenden Prozesses. Man müsse in nationaler und internationaler Verantwortung handeln. Dem entspreche in der DDR die Bildung der Regierung der nationalen Verantwortung. Er verwies auf die Übergabe der Positionen des Runden Tisches an H. Kohl.

Vor den führenden Politikern in beiden deutschen Staaten stehe die Frage, der gemeinsamen nationalen Verantwortung gerecht zu werden, vor die sie die komplizierte Lage stelle. Diese Verantwortung bestehe vor unserem Volk, unseren Nachbarn, vor ganz Europa.

Jetzt sei ein Höchstmaß an politischer Vernunft erforderlich. Niemand dürfe sich von Emotionen überwältigen lassen oder sie gar schüren. Die Interessen aller erforderten, die Lage stabil zu halten. Es sei unverkennbar, daß manche Kräfte in der BRD sich dieser Verantwortung nicht bewußt seien. Es gäbe ständige Erklärungen der Bundesregierung über Hilfe an die DDR, tatsächlich aber bewege sich nichts. Bei unserer Bevölkerung wurden große Erwartungen geweckt, sie seien bisher enttäuscht worden.

Die Regierung der DDR stehe auf dem Boden der Vereinbarungen von Dresden. Sie habe alle konkreten Absprachen erfüllt. Sie sei bereit, in konstruktivem Geist darüber hinaus zu gehen. Es habe nach Dresden viel Bewegung gegeben, eine insgesamt positive Entwicklung, aber konkrete Ergebnisse seien ungenügend.

H. Modrow verwies auf die Übergabe des DDR-Vertragsentwurfes einer Vertragsgemeinschaft am 25.1.1990 an Minister Seiters.[394] H. Kohl habe erklärt, die Ereignisse stellten die Fragen neu, notwendig sei ungeachtet dessen Schritt- und Augenmaß zu beachten.

Bei der Beurteilung der Lage in der DDR dürfe man nicht nur die Demonstrationen in Leipzig sehen. Es gebe auch viele Zurückhaltende, die gegen übereilte Schritte seien und Befürchtungen wegen ihrer sozialen Sicherheit hätten. Man müsse sachlich miteinander umgehen, nicht über die Medien. Eine weitere Destabilisierung der DDR müsse gemeinsam verhindert werden. Es müßten Zeichen für eine berechenbare Entwicklung gesetzt werden.

H. Modrow stimmte dem Vorschlag für die Bildung einer Kommission zur Erörterung der Fragen einer Währungsunion zu. Er benannte die DDR-Delegation. Sie könnte noch im Februar mit der Arbeit beginnen. Eine Entscheidung könne jedoch erst nach dem 18.3. getroffen werden.

Es verstehe sich, daß eine Währungsunion und eine Wirtschaftsgemeinschaft mit Vorkehrungen zur sozialen Sicherheit der Bevölkerung der DDR verbunden sein müsse. Im Namen von 16,5 Mil-

---

394 Vgl. Dok. 61.

lionen Menschen müsse gefordert werden, daß die vielfältigen Fragen einer sozialen Absicherung vorher geklärt werden.

Bis zum 18.3. müsse der Solidarbeitrag der BRD in Gang gesetzt werden. Das wäre ein sichtbares Zeichen für die Hilfe der BRD.

Auch wenn die Entwicklung schnell vorangehe, müsse an einem bestimmten stufenweisen Vorgehen festgehalten werden. Überhastung löse die Probleme nicht. Es müsse Beruhigung und Vertrauen geschaffen werden.

Der Prozeß der Herstellung der deutschen Einheit müsse in die gesamteuropäische Einigung eingebettet bleiben, er dürfe nicht von ihr durch künstliche Forcierung getrennt werden, sondern müsse mit ihr synchron gehen. Dabei seien die berechtigten Interessen der Vier Mächte, der Nachbarn Deutschlands, ganz Europas zu berücksichtigen. Wir unterstützen den Gedanken, daß die Vier Mächte und die beiden deutschen Staaten baldmöglich die mit der Vereinigung zusammenhängenden Fragen erörtern und Helsinki II vorbereiten.

Vor allem stelle sich die Frage der Garantien für die Unveränderlichkeit der Grenzen. Es werde ein klares Wort der BRD dazu erforderlich sein.

Eine grundlegende Frage, die durch alle Beteiligten der Erörterung und der Klärung bedürfe, sei die Frage des militärischen Status des einheitlichen Deutschlands. Nach seiner Kenntnis habe M. S. Gorbatschow bei dem Besuch Kohls in Moskau den bekannten Standpunkt der UdSSR bekräftigt.[395]

Die DDR halte es für die Pflicht beider deutscher Staaten, aktiv für konventionelle und nukleare Abrüstung in Mitteleuropa einzutreten. Dazu gehöre auch die Beseitigung der Kurzstreckenraketen von deutschem Boden, das Auseinanderrücken der Blöcke bis zu ihrer schließlichen Auflösung durch übergreifende europäische Sicherheitsstrukturen.

W. Ullmann betonte die Notwendigkeit der Einbettung des Vereinigungsprozesses in den europäischen und internationalen Kontext. Die Zahl der Übersiedler überrasche nicht, solange sich der wirtschaftliche Standard in der DDR nicht verbessere. Handeln sei erforderlich. Er stimme der Bildung einer Expertenkommission zu. Man müsse das Ziel des Vereinigungsprozesses klar bestimmen, um Verunsicherungen zu beseitigen. In der BRD werde ein Modell des Anschlusses nach Artikel 23 des Grundgesetzes vertreten. Dagegen habe er Bedenken. 40 Jahre DDR müßten berücksichtigt werden. Die entsprechenden Rechtstraditionen müßten beachtet werden. Es dürfe kein Machtzentrum entstehen, daß die politischen Verbindungen zwischen Ost und West gefährde.

---

395 Vgl. Anm. 354. Vgl. auch Deutschland Archiv, H. 3/1990, S. 473 f.

H. Kohl erklärte, er sei gegen den Anschluß. Die BRD wende sich entschieden gegen Äußerungen für ein neues drittes Reich. Sie wolle kein viertes Reich begründen. Die föderative Ordnung der BRD habe sich bewährt. Es sei Sache der DDR, das bei sich zu gestalten. Er wolle bis zum 18.3. Stabilität in die Entwicklung bringen.

R. Eppelmann verwies darauf, daß die Menschen in der DDR Erwartungen und auch Ängste haben. Es gehe nicht nur um eine soziale und ökonomische Herausforderung, sondern auch um eine menschliche. Man müsse der DDR ein wenig Zeit lassen. Man müsse zur eigenen Identität finden, alte Feindbilder abbauen zwischen beiden Staaten und auch innerhalb der DDR. Es gebe eine kollegiale Arbeit in der Regierung. Der Patient DDR sei noch nicht tot. Er brauche keine Totaloperation, sondern eine Penizillin-Spritze. Notwendig sei ein gemeinsames Wort beider Regierungen, die Stabilität zu sichern.

Durch die Gewährung eines freien Kredits von 5 Milliarden DM könne die BRD ein Zeichen setzen. Die soziale Absicherung müsse gewährleistet werden. Die BRD sollte auf ihre Verbündeten Einfluß nehmen zur Unterstützung der DDR. R. Eppelmann betonte die große Übereinstimmung in der Regierung zur Frage des Vorgehens bei der Vereinigung.

M. Platzeck betonte, daß die Bewegung, die im Oktober mit dem Ziel der Selbstbestimmung angetreten sei, diese erhalten wolle. Es gebe den Eindruck einer gewissen Fremdsteuerung. Hilfe der BRD wäre früher notwendig gewesen, Kohl habe sie angekündigt, doch nichts sei gekommen. Es sei Soforthilfe erforderlich. Mit den „Brüdern und Schwestern" dürfe man nicht taktieren. Die Ziele des Oktobers dürften nicht umsonst gewesen sein. M. Platzeck wandte sich gegen die massive Wahlkampfhilfe aus der BRD.

H. Kohl erwiderte, man könne nicht erwarten, daß sich die BRD-Parteien aus dem Wahlkampf in der DDR heraushalten. Es gebe gemeinsame Traditionen.

Th. Waigel sprach sich für den Föderalismus aus. Der Artikel 23 des Grundgesetzes biete die Gewähr, daß kein Zentralstaat entstehe. Die BRD nehme auf ihre EG-Partner Einfluß. Dort gebe es auch Bedenken gegen die jüngste Entwicklung. Er verwies darauf, daß die BRD bereits einen großen Lastenausgleich geleistet habe. Was die Hilfe an die DDR betreffe, so verweise er auf den Nachtragshaushalt von 7 Mrd. DM, der der DDR zugute komme (Reisefonds, ERP-Kredite u. a.).

Ch. Luft erklärte, eine Währungsunion sei ein wünschenswertes Ziel, aber man müsse realistisch herangehen. Fachleute müßten alle Fragen klären. Sie sprach sich für ein rasches Tempo der Wirtschaftsreform in der DDR aus. Es gehe bei der Währungsunion nicht zuletzt um soziale Sicherheit und Eigentumsprobleme. Die Gefahr der Enttäuschung in der DDR nach dem heutigen Treffen sei groß, wenn es den Solidarbeitrag nicht geben werde. Die grundlegenden Interessen der DDR-Bürger müßten gewahrt bleiben (Sparguthaben, Schutz der DDR-Wirtschaft durch zeitweilige Subventionen für bestimmte Industriezweige, Vermarktungsgarantien, soziales Netz, Renten, Arbeitslosenunterstützung, Frage des Eigentums, Bodenreformeigentum der Bauern).

H. Kohl betonte, daß Solidarität geboten sei. Es gehe um schnelle Verhandlungen, um mit der neuen Regierung der DDR bald zu Vereinbarungen zu kommen. Sein Angebot sei, daß zu einem Stichtag die Mark der DDR in DM umgetauscht wird. Das sei ein gewaltiger Akt. Mit der DM könne das stärkste Aktivum eingesetzt werden. Es gehe um eine soziale Marktwirtschaft.

W. Romberg erklärte, man müsse Stabilität bis zur Bildung der neuen Regierung sichern. Er unterstütze den Vorschlag einer gemeinsamen Stellungnahme beider deutschen Regierungen zur Wahrung der Stabilität. H. Kohl stimmte dem zu.

W. Romberg verwies auf die komplizierten innenpolitischen Prozesse in der DDR. Der Demokratisierungsprozeß verbinde sich nun mit der Vereinigung beider deutscher Staaten. Er trat für vorbereitende Gespräche zur Positionsbestimmung für eine Sicherheitskonferenz ein, die wiederum der Vorbereitung für Helsinki II diene.[396] Dort müßten die wesentlichen Elemente für ein europäisches Sicherheitssystem vereinbart werden. Er regte an, auf dem Gebiet der Sicherheitspolitik eine gemeinsame Kommission zu bilden.

H. Kohl erwiderte, niemand sei an Destabilisierung der DDR interessiert. Man sollte bald Expertengespräche zur Vorbereitung der Sechserkonferenz aufnehmen.

M. Streibl sprach sich für Föderation aus. Die Wirtschaftsstrukturen der DDR müßten verändert werden, Privatkapital müßte Betätigungsmöglichkeit erhalten. Stufenpläne seien überholt. Der Weg über Artikel 23 des Grundgesetzes solle nicht ausgeschlossen werden.

J. Rau erklärte, er halte diesen Weg nicht für einen besonders schnellen Weg. Es gehe um einen Bundesstaat eingebettet in die europäische Sicherheit und EG. Er stellte die Frage nach Ansprechpartnern in der DDR für Hilfe aus den BRD-Ländern. Die Bildung von Ländern in der DDR sei eine ganz wesentliche Frage. Man müsse bald wissen, wie die Wirtschaftsstruktur der DDR aussehen werde, um Unternehmer aus der BRD zu ermuntern.

---

396 Vgl. Anm. 380. „Helsinki II" wurde mit einem KSZE-Gipfel in der finnischen Hauptstadt am 9./10. Juli 1992 abgeschlossen. Vgl. Außenpolitik der Bundesrepublik Deutschland, S. 869 ff.

H. Haussmann betonte, eine Stabilisierung der DDR sei bei einer anderen Wirtschaftsform möglich. Konsumhilfen ohne grundlegende Veränderung der Wirtschaftsreform hätten keinen Sinn.

Schlesinger erklärte, die Bundesbank werde sich an den Expertengesprächen zur Währungsunion beteiligen. Die monitäre Lage der DDR müsse offengelegt werden.

G. Beil sagte, daß die DDR auf soziale Marktwirtschaft orientiere. Man müsse deutlich machen, was bis zum 18.3. noch möglich sei und was erst danach. Die Regierung der DDR habe sich an die Empfehlungen des Rundes Tisches zu halten. Es werde noch bis zum 18.3. gesetzliche Regelungen geben, um den Prozeß zur sozialen Marktwirtschaft unumkehrbar zu machen. In den Expertengesprächen müßten die Vorstellungen jeder Seite geklärt werden. Die DM-Übernahme heiße auch, daß die EG-Bestimmungen für die DDR wirksam würden. Auch dies müsse geklärt werden. Das gehe nicht ohne langfristige Harmonisierungsmaßnahmen.

N. Blüm wies darauf hin, daß es auch um einen Sozialstaat gehe. Die beiden Sozialsysteme müßten sich zusammenfügen.

H. Watzek erklärte, die Landwirtschaft in der DDR sei ein stabilisierender Faktor. Bei der Vereinigung müßten die Interessen der Bauern in der DDR gewahrt werden. Die durch die Bodenreform geschaffenen Rechtstitel müßten gesichert bleiben.

H. Kohl warf ein, man sei sich dessen bewußt.

H. Modrow sagte abschließend, man müsse aus nationaler Verantwortung an die Lösung aller Probleme herangehen. Man müsse die Entwicklung selbst bestimmen und sich nicht unter Druck setzen lassen. Am Ende werde es einen vereinten deutschen Bundesstaat geben. Es sei eine Harmonisierung bei den Rechtsfragen erforderlich. Jetzt sollte die vereinbarte Gemeinsame Kommission mit der Arbeit beginnen. Die solidarische Hilfe der BRD an diesen Prozeß zu binden, würde aber bedeuten, alles auf den Herbst zu verschieben. Die Ausreisen könnten damit nicht gestoppt werden.

H. Kohl bemerkte zum Schluß, es sei eine offene Diskussion gewesen. Klar sei, man müsse Ängste im Ausland vor einem vereinten Deutschland abbauen. Es gehe dabei vor allem um seine Wirtschaftskraft. Der Weg sei nicht ohne Risiko. Aber es bestünden alle Chancen, daß man es schaffen werde. Ein sofortiger Gesprächsbeginn werde seine Wirkung auf die Bevölkerung der DDR nicht verfehlen. [...][397]

Quelle: BArchP, DC 20, I/3-2904.

---

397 Die Anlagen 1, 3, 4, 5 und 6 werden hier nicht wiedergegebgen.

Dokument 64

Schreiben von Hans Modrow an Helmut Kohl vom 2. März 1990

Sehr geehrter Herr Bundeskanzler!

Ausgehend von unserer gemeinsamen nationalen Verantwortung für die angestrebte Herbeiführung der deutschen Einheit in Übereinstimmung mit den vier Mächten und den europäischen Nachbarländern darf ich Ihnen beiliegende Erklärung der Regierung der Deutschen Demokratischen Republik zu den Eigentumsverhältnissen zur Kenntnis geben.[398]

In diesem Zusammenhang möchte ich Sie darüber informieren, daß meine Regierung zunehmend von großer Sorge getragene Fragen von Bürgern, gesellschaftlichen Vereinigungen und Parteien erreichen, in denen Rechtssicherheit zu den Eigentumsverhältnissen in der Deutschen Demokratischen Republik im Zusammenhang mit den aufgenommenen Verhandlungen über eine Währungsunion und Wirtschaftsgemeinschaft gefordert wird.

Darüber hinaus scheint es mir nicht nur unter dem Gesichtspunkt des deutschen Einigungsprozesses, sondern auch im Hinblick auf einen weiteren konstruktiven Verlauf der gesamteuropäischen Zusammenarbeit erforderlich, die nach dem zweiten Weltkrieg in der Deutschen Demokratischen Republik entstandene Eigentumsordnung nicht in Frage zu stellen.

Ich darf die Erwartung zum Ausdruck bringen, daß auch die Regierung der Bundesrepublik Deutschland unter Beachtung aller Umstände und Konsequenzen sowie in dem Bestreben, die Einigung Deutschlands zu fördern, sich diesem Standpunkt anschließt und ihn in den weiteren Verhandlungen zwischen beiden Staaten mit zugrunde legen wird.

Mit vorzüglicher Hochachtung
gez. Hans Modrow

Quelle: BArch P, DC 20, 5061.

---

398 Der Ministerrat beschloß am 1. März 1990 eine Regierungserklärung zum Schutz der Eigentums-, Mieter- und Nutzerrechte der DDR-Bürger an Grundstücken, Gebäuden und Wohnungen (vgl. ND, 2. März 1990). Hans Modrow übermittelte dieses Dokument sowohl an Helmut Kohl als auch an Michail Gorbatschow.

Vermerk über ein Gespräch von UdSSR-Außenminister Eduard Schewardnadse mit Ibrahim Böhme, Vorsitzender der SPD in der DDR, am 2. März 1990[399]

Teilnehmer des Gesprächs waren: Minister Dr. Walter Romberg, Botschafter Gerd König

Genosse Schewardnadse informierte einleitend über die Notwendigkeit der Fortsetzung des Dialogs zwischen allen politischen Kräften. Er teilte mit, daß Genosse Modrow an der Spitze einer Delegation der DDR am 5. und 6. März 1990 die UdSSR besuchen wird.[400] Es sei auch notwendig, daß der Warschauer Vertrag, die verbündeten Staaten ihre Meinung zur Vereinigung der beiden deutschen Staaten sagen, besonders über die möglichen Folgen dieser Vereinigung. Es sei vorgesehen, daß die Tagung des Komitees der Außenminister des Warschauer Vertrages am 17. März in Prag stattfindet.[401] Gegenwärtig werden Konsultationen durch den stellvertretenden Außenminister Adamischin mit Herrn Kastrup vom Auswärtigen Amt der BRD geführt.

Wie Genosse Schewardnadse bemerkte, nähere sich das MID nun der Ausarbeitung des Mechanismus der „6".[402] Am meisten beunruhige die UdSSR, daß der Prozeß der Vereinigung an Tempo zunimmt. Es müßte alles getan werden, daß der Prozeß der Vereinigung synchron mit der Herausbildung europäischer Strukturen, besonders auf sicherheitspolitischem Gebiet, verläuft. Die Einheit sei unvermeidlich. Es müßten jedoch normale Bedingungen geschaffen werden, damit die Völker Europas und die Deutschen selbst diesen objektiven Prozeß normal aufnehmen. Es existieren zwei souveräne deutsche Staaten. Allein daraus ergibt sich, daß die Vereinigung kein einfacher Prozeß sein würde. Jede künstliche Ankurbelung ist mit ernsten Besorgnissen und Befürchtungen bei den Beteiligten verbunden. Genosse Schewardnadse gab zu verstehen, daß ein unnormaler Prozeß der Vereinigung von den sowjetischen Bürgern

---

399 Böhme absolvierte einen dreitägigen Besuch in Moskau als SPD-Spitzenkandidat für die Volkskammerwahlen vom 18. März 1990. Am 2. April 1990 legte er aufgrund von Stasi-Vorwürfen alle Ämter nieder. Über das Gespräch in Moskau berichtete offenbar der Botschafter der DDR in der UdSSR, Gerd König, an Hans Modrow.

400 Vgl. Dok. 67.

401 Die Konsultationen der Außenminister fanden wie geplant in Prag statt.

402 „MID": russische Abkürzung für „Ministerium für Auswärtige Angelegneheiten". Mit „6" sind die 2+4-Verhandlungen gemeint. Vgl. Anm. 380.

schmerzhaft aufgenommen würde. Die Vereinigung bei Fehlen entsprechender Sicherheitsgarantien für die Sowjetunion wäre ein Schlag gegen die Perestroika.

Herr I. Böhme brachte nicht nur seine grundlegende Übereinstimmung mit den Ausführungen des Genossen Schewardnadse zum Ausdruck, sondern auch seine Sorgen, die bei einer künstlichen Forcierung der Vereinigung Gefahren für Europa heraufbeschwören. Das Drängen der BRD-Regierung auf der Grundlage von Artikel 23 des Grundgesetzes der BRD wird als Forcierung der Vereinigung benutzt. Herr Böhme erklärte, daß die SPD alles Positive zwischen den Völkern erhalten möchte. Die Vergangenheit ist nicht nur unsere Geschichte, sie ist auch unsere Zukunft. Dazu gehört auch das tragische Stück dieser Geschichte (2. Weltkrieg). Die SPD und die mit ihr verbundenen Parteien werden eine verantwortungsvolle Gestaltung der deutschen Politik durchführen, die mit der Mehrheit der Bevölkerung in Übereinstimmung ist. Er bat zu verstehen, daß das Tempo dieses Prozesses den Politikern Schwierigkeiten bereitet. Auch dem Volk fehle der Kompaß, der früher vorgegeben wurde. Jetzt sei man auf Selbstorientierung angewiesen. Daraus ergebe ich auch, daß ein großer Teil der Bevölkerung nach Einheit rufe, ohne zu wissen, was sie bedeute und ohne sich Sorgen um die europäische Sicherheit zu machen. Diese Kompliziertheit aufzugreifen und sie politisch zu kanalisieren, damit das Volk versteht, welche sozialen Veränderungen es geben wird, sei Aufgabe der neuen Regierung. Die bestehenden Bündnisse dürfen nicht gestört werden.

Herr Böhme betonte, daß er sich in voller Übereinstimmung mit der Sowjetunion befinde, daß der gesamteuropäische Prozeß so gestaltet werden muß, daß ein vereinigtes Europa entstehen kann. Die DDR werde zunächst die Bündnisverpflichtungen mit der Sowjetunion und dem Warschauer Vertrag nicht verlassen, damit der gesamteuropäische Prozeß nicht gestört wird. Die gegenwärtigen Bündnisverpflichtungen können nur über den Mechanismus 4+2 und den KSZE-Prozeß gelöst werden. Dazu ist ein notwendiger Kontrollmechanismus zu schaffen.

Genosse Schewardnadse bemerkte dazu, daß auch Bahr mit dieser Einschätzung übereinstimme. Er hätte die Meinung vertreten, daß bei einer Forcierung des Vereinigungsprozesses nicht nur Probleme für die DDR, sondern auch für die BRD entstehen. Selbst Kohl hätte gegenüber Genossen Schewardnadse erklärt, daß die Finanzprobleme für die BRD nicht einfach seien. Worauf ihm Genosse Schewardnadse geantwortet habe, daß die BRD die Sowjetunion nicht einschüchtern solle. Die BRD möge auch daran denken, daß die UdSSR der DDR 17 Mio. t Erdöl, 8 Mrd. m^3 Erdgas und viele andere Rohstoffe liefere. Diese könne die UdSSR auch auf dem Weltmarkt gegen Valuta verkaufen. Da möge die BRD genau überlegen, was sie tue, zumal die Waren, die aus der DDR importiert werden, nicht konkurrenzfähig seien und daher im Westen nicht abgesetzt werden können. Im Falle veränderter Bedingungen wird sich auch die Position der UdSSR im Handel mit der DDR ändern. Kohl habe vereinfachte Vorstellungen von der Vereinigung und gehe nur von seinen Zielen in den Wahlen aus. Er will schnell das nationale Problem lösen, ohne an die Probleme zu denken, die für die Bevölkerung der DDR entstehen. Diese fordere mit Recht soziale Garantien. Selbst in der BRD seien 80 Prozent der Bürger für eine etappenmäßige Lösung der Vereinigung. Genosse Schewardnadse erklärte, daß die Variante, das vereinigte Deutschland in die NATO aufzunehmen, oder auch das „Geschenk" Genschers, keine Truppen der NATO auf dem Territorium der DDR zu stationieren, nicht durchkommen wird. Bei allem Respekt für Herrn Genscher, der klug und listig sei, irre er aber, wenn er annehme, alle anderen im Osten seien naiv. Diese Fragen seien sehr ernst und verlangen einen intensiven Dialog mit allen Parteien und Bewegungen.

Was die Beziehungen mit der SPD angehe, so habe die UdSSR die ideologischen Dogmen überwunden. Daher kommt es zu einer weitgehenden Annäherung unserer Ansichten. Auch hier muß der Dialog verstärkt werden. Die UdSSR wird die Gespräche mit der neuen Regierung der DDR fortsetzen. Die UdSSR gehe davon aus, daß die DDR eine Regierung bilden wird ohne auf Kohl zu blicken, denn diese Regerung muß selbständig im Interesse des Volkes der DDR und der Völker Europas handeln.

Im Verlaufe des Gsprächs bemerkte Minister Romberg, daß die SPD für einen geordneten Prozeß der Vereinigung eintreten werde. Sonst gäbe es eine Katastrophe für das deutsche Volk und Europa. Die SPD kenne die Geschichte. In Europa wurde immer eine Balance zwischen den Staaten gesucht. Darin war auch Deutschland einbezogen. Man verstehe, daß zum Schaden der UdSSR keine strategische Verschiebung der Kräfte eintreten dürfe. Die Mitgliedschaft eines vereinigten Deutschland in der NATO oder auch die Realisierung des Genscher-Planes würde das Kräfteverhältnis verändern.

Allerdings wird der Prozeß der Vereinigung auch durch die Dominanz der Wirtschaft beeinflußt. Die ökonomischen Prozesse zu regulieren, sei ein schwieriges Problem. Trotzdem müssen die wirtschaftlichen Beziehungen mit der UdSSR erhalten und ausgestaltet werden. Sie erlangen besonders in der Übergangsphase eine wichtige Bedeutung. Die westlichen Nachbarn Deutschlands blicken mit Sorge auf das hohe Tempo der Vereinigung. Sie tun aber auch wenig, um diesen Prozeß zu bremsen. Nach Auffassung von Minister Romberg komme es darauf an, den gesamten Prozeß mehr zu europäisieren, das betrifft die Gebiete der Wirtschaft, Politik und der Sicherheit. Es sei notwendig, die Kooperation in Europa über die nationalen Strukturen hinaus zu verstärken und europäische Strukturen zu schaffen. Konföderative Strukturen seien nach seiner Meinung noch auf dem Gebiet der Politik und Sicherheit möglich. Dabei sollte uns Helsinki II helfen.[403] Er hoffe, daß seine künftigen Gespräche diesem Thema gewidmet werden können.

Darauf antwortete Genosse Schewardnadse, daß die westeuropäischen Staaten mit der BRD besondere Beziehungen unterhalten und daher Solidarität üben. Niemand wolle die Beziehungen mit der BRD stören. Unter vier Augen reden die Außenminister der westeuropäischen Staaten mit ihm ganz anders. Daher entstand auch die Idee, einen europäischen Volksentscheid durchzuführen. Obwohl er selbst natürlich wisse, daß die Vereinigung in erster Linie Sache der Deutschen selbst sei. Ihm ginge es bei dem Vorschlag darum, daß die europäischen Regierungen die Stimmungen ihrer eigenen Völker besser kennen und berücksichtigen lernen. Die UdSSR, so erklärte Genosse Schewardnadse, sei eindeutig für die Vereinigung, obwohl es in der sowjetischen Bevölkerung nicht wenige Stimmen gegen die Vereinigung gebe. Die neue Generation sei jedoch dafür. Er habe gehört, daß auch in der CSFR 48 Prozent der Bürger gegen die Vereinigung seien. In Polen seien es wohl noch mehr. Daher sollten nicht nur die Politiker über die Vereinigung entscheiden, sondern die Völker. Alle erinnern sich ja noch gut an München und den 2. Weltkrieg, wo die Völker die Rechnung begleichen mußten. Die Handlungen der Politiker seien immer Beschränkungen unterworfen.

Darauf erwiderte Minister Romberg, daß die Nationalstaaten nicht mehr die seien, die vor 50 Jahren existierten. Es habe sich bereits ein Bewußtsein entwickelt, was die Politiker beachten müssen, wenn die Europäisierung der Deutschen gelingen soll. Er unterstrich, daß die ökonomischen Prozesse ohne den Einfluß der Politik verlaufen. Die SPD werde alles tun, damit die Wirtschaft der BRD dem Prozeß der Vereinigung nicht schade. Täglich gehen bei der Regierung der DDR 30 Wünsche für Kooperation mit DDR-Betrieben aus der BRD ein und nur einer aus einem anderen europäischen Land. Die DDR würde sich wünschen, daß auch Konzerne aus anderen europäischen Ländern in der DDR aktiver würden. Die Regierung sehe aber keine Möglichkeit, dies gegenwärtig zu erreichen. Auf diesem Gebiet brauche die DDR Unterstützung.

---

403 Vgl. Anm. 396. Die diesen Prozeß abschließende Erklärung des KSZE-Gipfeltreffens in Helsinki am 10. Juli 1992 vgl. auch in: Blätter für deutsche und internationale Politik, H. 10/1992, S. 1270 ff.

Genosse Schewardnadse, der diese Ausführungen offensichtlich nicht richtig verstand, bemerkte, daß die Germanisierung Europas die Sowjetunion auch ökonomisch nicht beunruhige. Die UdSSR habe sehr gute Beziehungen mit der DDR und der BRD. Ihn beschäftige mehr das Problem der Sicherheit. Für die Umformung der Bündnisse brauche man Zeit, obwohl keiner genau weiß wieviel.

Minister Romberg bemerkte, daß Deutschland kein unkontrollierter ökonomischer Riese werden darf. Die Tatsache, daß die DDR bereits ihre ökonomische Souveränität verliere, bedeute auch den Verlust politischer Souveränität. Worauf Genosse Schewardnadse bemerkte, daß Deutschland ein ökonomischer Riese werde und daß davon auch Gefahr ausgehen werde.

Herr Böhme ergänzte dazu, daß die Wirtschaft Deutschlands von Nutzen für Europa sein müsse. „Wenn uns dies nicht gelingt, wird für Europa alles verloren sein. Es wäre auch das verloren, was Michail Sergejewitsch Gorbatschow und Sie, Herr Schewardnadse, in der Vergangenheit getan haben." Herr Böhme bedankte sich für die Unterstützung, die er durch Botschafter Kotschemassow erhalten habe und sprach sich für Treffen in kürzeren Abständen aus.

Auf eine Frage von Genossen Schewardnadse zu den Aussichten bei den Wahlen erklärte Herr Böhme, daß er für eine breite Koalition mit verschiedenen Parteien eintrete, die fast deckungsgleiche Programme haben. Für die SPD habe bei der Suche nach den Koalitionspartnern die Haltung der jeweiligen Parteien zur Einheit Deutschlands Priorität. In dieser Frage gebe es in den Programmen der Parteien durchaus Unterschiede. Die neue Regierung wird wirtschaftlich und finanziell so arbeiten müssen, daß nicht täglich mehr als 2.000 Menschen die DDR verlassen müssen. Dieser Prozeß muß gestoppt werden. Andererseits setzte die CDU-Regierung der BRD auf diese Abwanderung der Menschen aus der DDR. Die Rechtstaatlichkeit der DDR, die sozialen Rechte der Bürger der DDR, das Recht auf Boden muß erhalten bleiben. Das schwierigste wird in diesem breiten Spannungsfeld sein, den Versöhnungsprozeß zu führen. Er muß vor der Vereinigung geführt werden, weil es sonst zu einer Radikalisierung in Deutschland komme.

Auf die Frage von Genossen Schewardnadse, welche Partei bei den Wahlen in der BRD siegen würde, antwortete Herr Böhme, daß er auf eine SPD-Regierung hoffe. Die CDU unternimmt alles, um dies zu verhindern.[404] Die Herren der SPD bedankten sich in herzlichen Worten für das offene und vertrauensvolle Gespräch.

Quelle: BArchP, DC 20, 4973.

---

404 Reguläre Bundestagswahlen waren für Ende 1990 geplant.

Material des DDR-Außenministeriums für Hans Modrow über Gespräche im UdSSR-Außenministerium Anfang März 1990[405]

Die Expertengespräche im Außenministerium ergaben im wesentlichen:

1. Die sowjetische Seite hat zwar zu einigen prinzipiellen Fragen Positionen, die im Detail aber auch noch nicht ausgearbeitet sind, [sie] ist im Hinblick auf wichtige Fragenkomplexe noch im Anfangsstadium der Überlegungen. Das von der DDR vorher ausgearbeitete Material bildete die Gesprächsgrundlage. Die sowjetische Seite betonte Übereinstimmung bzw. weitgehende Annäherung der Standpunkte zu den im Material aufgeworfenen Problemen. Betont wurde, daß die Interessen der DDR und der UdSSR ein stufenweises und in gesamteuropäische Prozesse eingebundenes Zusammenwachsen beider deutscher Staaten erfordern.

2. Priorität mißt die UdSSR zu, den Anschluß der DDR unter Bezug auf Artikel 23 des Grundgesetzes zu verhindern. Dies sei die derzeitige Hauptaufgabe. Die Sowjetunion habe bereits in diesem Sinne Aktivitäten ergriffen. Besonders verwiesen wurde auf den Brief Schewardnadses an die Außenminister der 5 Staaten.[406] Er sei als direkte Unterstützung der DDR angelegt. Die sowjetische Seite geht davon aus, daß Bonn die drei Westmächte, aber auch andere westliche Staaten, stark im Sinne dieser Lösung bearbeitet. Faktisch sei es so, daß die drei Westmächte keine Einwände gegen diesen Weg geltend machen. Hauptmotiv dürfte sein, auf diesem Wege fast automatisch die NATO-Mitgliedschaft für ein vereintes Deutschland zu sichern. Eine Anregung unsererseits, bis zu den Wahlen sowjetischerseits noch einmal massiv zu erklären, daß der Weg über Artikel 23 grundsätzliche Interessen der Sowjetunion berühre, wurde zur Kenntnis genommen, aber nicht sofort positiv beantwortet.

3. Die UdSSR hat Schritte eingeleitet, um den Gesprächsmechanismus der 6 Staaten so bald wie möglich einzuleiten. Am 5.3. hat die UdSSR den 5 Staaten vorgeschlagen, am 12./13.3. in Genf die Expertengespräche der 6 Staaten aufzunehmen. Angenommen wird, daß Frankreich und Großbritannien prinzipiell zustimmen könnten. Zweifel bestehen, ob die USA und die BRD dazu bereit sind.[407]

4. Die UdSSR gibt einer wie auch immer gearteten friedensvertraglichen Regelung der deutschen Frage Vorrang vor anderen Lö-

---

405 Eine genauere Datierung der Gespräche in Moskau war nicht möglich.

406 Vgl. dazu die Erklärung des UdSSR-Außenministeriums vom 14. März 1990 in: Blätter für deutsche und internationale Politik, H. 4/1990, S. 505 f.

407 Vgl. Anm. 380. Informelle Konsultationen begannen am 14. März in Bonn.

sungen. Eine solche Regelung könne dann in einer noch zu klären-
den Form auch in einem multilateralen Prozeß einbezogen werden.
Entscheidend für die Sowjetunion ist aber ein Dokument, das völkerrechtlich verbindlich und von den Parlamenten zu ratifizieren ist.
Eine solche Regelung müßte alle „traditionellen Elemente" enthalten, die zu einem Friedensvertrag gehören.
   5. Für die UdSSR ist die NATO-Mitgliedschaft eines vereinten
Deutschlands nicht akzeptabel. Ebensowenig sind es die z. B. von
Genscher angebotenen Lösungen (keine Stationierung von NATO-
Truppen auf dem Territorium der DDR). Auch diese Variante beinhaltet für die UdSSR eine Störung des strategischen Gleichgewichts
und der Stabilität. Festgehalten wird an der Idee einer Art Neutralität oder Nichtpaktgebundenheit, die z. B. ein gleichzeitiges Verlassen der Blöcke durch die BRD und die DDR vorsieht.
   6. Für den Fall des weiteren Verbleibens westlicher Streitkräfte
auf dem Territorium der BRD werden auch sowjetische Streitkräfte
auf dem Territorium der DDR stationiert bleiben.
   7. Die Grenzfrage bleibt eines der wichtigsten Probleme, wobei
es in erster Linie um die polnische Westgrenze geht. Letztlich ist für
die UdSSR nur eine Lösung akzeptabel, die auf einer soliden völkerrechtlichen Basis, also einer friedensvertraglichen Regelung erfolgt. Von der BRD angebotene Lösungen befriedigen nicht. Es geht
um eine völkerrechtliche Bestätigung der Grenzen.
   8. Auch die UdSSR hält eine baldige Zusammenkunft der Staaten des Warschauer Vertrages auf Außenministerebene für geboten.
Man hoffe, daß dies in der nächsten Woche möglich wird. Einige
Staaten (Ungarn, Bulgarien, Rumänien) haben auf die sowjetische
Anregung noch nicht reagiert.[408]
   Für die Gespräche mit Genossen Gorbatschow und Ryshkow
schlagen wir vor:[409]
   1. Darauf hinzuweisen, daß eine sowjetische Erklärung im
Hinblick auf die Unvereinbarkeit der Anwendung von Artikel 23
mit sowjetischen Interessen noch vor der Wahl am 18.3. eine sehr
hilfsreiche Geste wäre.
   2. Die Dringlichkeit der weiteren konkreten Abstimmung zwischen der DDR und der UdSSR im Hinblick auf die Verhandlungen
der 6 Staaten zu unterstreichen.
   3. Auf die Notwendigkeit der Beschleunigung der gemeinsamen
konzeptionellen Arbeit im Hinblick auf gesamteuropäische Sicherheitsstrukturen zu verweisen.

Quelle: BArchP, DC 20, 4973.

---

408 Vgl. Anm. 401.
409 Vgl. Dok. 67.

Dokument 67

Vermerk über die Begegnung einer DDR-Regierungsdelegation unter Leitung von Hans Modrow mit Michail Gorbatschow, KPdSU-Generalsekretär und Vorsitzender des Obersten Sowjets der UdSSR, am 6. März 1990

M. Gorbatschow begrüßte die Delegation.[410] Er verwies darauf, daß die gegenwärtige Regierung der DDR besondere Verantwortung trage. Sie wirke nur in einer kurzen, aber geschichtlich wichtigen Periode. Er hoffe, daß ihre Tätigkeit zu positiven Ergebnissen für die Deutschen, ihre Nachbarn und die Welt führen werde. Die Regierung der DDR handle angesichts der komplizierten Lage sehr verantwortungsvoll. Es gebe Perioden in der Geschichte eines Volkes, wo alle persönlichen Ambitionen der Zukunft des Volkes untergeordnet werden müßten. Die DDR stehe vor Wahlen, trotzdem gelte es, bis zur letzten Minute zu handeln.[411] Man müsse intensiv über die weitere Entwicklung nachdenken.

H. Modrow schlug vor, daß sich zunächst einige der zur Delegation gehörenden Minister äußern. Der Wunsch zu einer solchen Begegnung habe bei den Mitgliedern des Kabinetts bestanden. Die Freundschaft und Zusammenarbeit mit der Sowjetunion sei Teil der Politik der Regierung der nationalen Verantwortung in der DDR.

R. Eppelmann erklärte, als Mitglied der Regierung der nationalen Verantwortung, der zum ersten Mal mit M. Gorbatschow spreche, möchte er mit einem dreifachen Dank an die UdSSR beginnen. Der erste Dank gelte der Befreiung vom Hitlerfaschismus, auch wenn manche DDR-Bürger durch die Erfahrungen mit dem Stalinismus die sowjetischen Soldaten nicht immer als Befreier, sondern oft als Besatzer gesehen haben. Besonders durch die Person Gorbatschows habe dann eine Phase begonnen, an die er gern denke. Zweitens gelte der Dank den Bemühungen Gorbatschows um die Abrüstung. Das habe vielen Menschen Hoffnung gegeben. Drittens habe sein Dank mit der Entwicklung in der DDR zu tun. Für viele Menschen in der DDR sei das, was heute in der DDR geschehe, ohne Gorbatschow undenkbar. Die Beziehungen zwischen den Bürgern der DDR und der UdSSR könnten nun auf eine ganz neue Basis gestellt werden. Gorbatschow sei der beliebteste Politiker in der DDR. Das Wort Revanchismus habe keinen guten Klang, er wolle ihm einen neuen

---

410 Zur DDR-Delegation gehörten die Minister Böhm, Diederich, Eppelmann, Flegel, Pflugbeil, Platzeck, Poppe, Schlüter, Ullmann, Wolf, Wünsche, Regierungssprecher Meyer und die Vizeaußenminister Fleck und Krabatsch.

411 Vgl. Anm. 341.

Inhalt geben. Viele DDR-Bürger wollten sich bei Gorbatschow für dessen Politik revanchieren. Europa gehe weiter nach Osten als bis zur Oder. Man müsse die ökonomische, politische und kulturelle Zusammenarbeit mit Osteuropa ausbauen. Viele DDR-Bürger würden die Sicherheitsinteressen der UdSSR ernst nehmen. Er sei überzeugt, daß das Wort von E. Bahr stimme, daß beide deutsche Armeen nicht mehr kriegsverwendungsfähig seien, dies werde auch für die Armee des vereinigten Deutschlands gelten. Die DDR wolle ihren Teil zum gemeinsamen Heim Europa beitragen, um eine „Gaststube" zu schaffen, in der man sich wohlfühle, und keine „Lehrstube", um andere zu belehren. Er wolle mit drei Bitten schließen: Die UdSSR solle ihre großen Möglichkeiten nutzen, um den Prozeß der Einigung Europas zu beschleunigen. Er habe den Eindruck, daß der Prozeß der Einigung Deutschlands nicht entscheidend zu bremsen sei. Beide Prozesse dürften nicht zu weit auseinanderklaffen. Zweitens bitte er, darüber nachzudenken, ob nicht die Visapflicht für Bürger beider Staaten aufgehoben werden könne, damit sich die Freundschaft noch besser entwickeln könne. Schließlich solle man gemeinsam nachdenken, wie die Beziehungen zwischen den sowjetischen Soldaten und den DDR-Bürgern verbessert werden können.

W. Ullmann betonte, man stehe am Ende einer Epoche, die mit der Gründung beider deutscher Staaten begonnen habe. Was sollten die Prinzipien für die neue Epoche der Umgestaltung sein; das seien zunächst die Prinzipien von Jalta, Potsdam und der Atlantik-Charta. Dazu müßten aber nun auch die Prinzipien des Helsinki-Prozesses gehören. Dabei stelle sich die Frage, wie sich der Helsinki-Prozeß zu NATO und Warschauer Vertrag verhalte. Wie stehe die UdSSR dem Ansinnen der BRD und der USA gegenüber, daß das vereinigte Deutschland der NATO angehören müsse. Dies sei eine Fortsetzung des kalten Krieges, auch wenn man nach Kompromissen suche wie Genscher. Er sehe in dieser Frage die eigentliche Schwierigkeit des Vereinigungsprozesses. Dies könne man nur durch die Entmilitarisierung Deutschlands lösen. Das sei auch der Sinn des Vorschlages von H. Modrow zur militärischen Neutralität. Man müsse sich das Ziel setzen, beide Paktsysteme aufzulösen und durch politische Bündnisse zu ersetzen. Wie denke die UdSSR über eine solche Möglichkeit. Das gehöre auch in die 4+2-Verhandlungen über einen deutschen Friedensvertrag. Wie denke die UdSSR über den Brief der Regierung der DDR, bei diesen Verhandlungen die Position der DDR zur Sicherung der Besitzverhältnisse in der DDR seit Ende des zweiten Weltkrieges zu unterstützen.[412]

---

412 Vgl. Anm. 398.

M. Platzeck dankte M. Gorbatschow im Namen der jungen Generation der DDR, der er viel Mut gemacht habe. Er sprach zwei Probleme an: Die Freundschaft zwischen beiden Völkern habe natürliche Quellen. Es sei wichtig, diese Freundschaft zu vertiefen. Deshalb schlage er vor, ein gemeinsames Jugendwerk einzurichten, an dem sich dann auch die BRD beteiligen sollte. Es sollte von möglichst vielen nichtstaatlichen Stellen getragen sein. Die deutsche Vereinigung dürfe sich nur ohne Schaden für die Nachbarn im Osten vollziehen. Die Jugend könnte zur Entmilitarisierung einen wichtigen Beitrag leisten.

Ferner gehe es um die ökologischen Fragen. Er sei nicht erfreut, daß die Zusammenarbeit bei der Entwicklung der Kerntechnik erweitert werden solle. Es sei wünschenswert, daß man die Ressourcen mehr für regenerative Energiequellen nutze.

Er sei beauftragt, einen persönlichen Gruß von Prof. Heinz Stiller zu übermitteln, der Gründungsmitglied des Fonds für das Überleben der Menschheit sei, der von M. Gorbatschow unterstützt werde. Die Arbeit des Fonds sei in der DDR bis zum Oktober 1989 behindert worden. Jetzt wolle man einen neuen Start versuchen.[413]

G. Poppe verwies auf die ersten freien Wahlen in der DDR in wenigen Tagen. Dies sei durch die Entwicklung in der UdSSR und anderen osteuropäischen Ländern möglich geworden, die die friedliche Revolution in der DDR gefördert habe, die zur Demokratie führte. Das drohe jetzt durch den Wahlkampf, insbesondere durch Politiker der BRD umzuschlagen. Es bestehe die Gefahr, daß die Wahlen durch die Politiker der BRD entschieden würden. Das könnte zu neuen Destabilisierungen führen. Er möchte betonen, daß die Bürgerbewegungen in der DDR mit großer Mehrheit für die Politik die Entmilitarisierung und Auflösung der Blöcke seien. Es bestehe der Wunsch, daß die UdSSR ihren Einfluß geltend macht, um Zeichen für das Voranschreiten der europäischen Einigung und des KSZE-Prozesses zu setzen.

Auf Bitte von M. Gorbatschow informierte N. Ryshkow über die am Vormittag geführten Gespräche.[414] Er führte dabei aus, daß die Entwicklungen in Europa und insbesondere in der DDR neue Formen an die Außenwirtschaftsbeziehungen erforderlich machen. Beide Seiten seien sich einig, daß es gelte, die bilateralen Wirtschaftsbeziehungen auszubauen. In Jahren gewachsene Spezialisierung

---

413 Vgl. dazu die Rede auf dem Forum „Für eine Welt ohne Kernwaffen, für das Überleben der Menschheit" am 16. Februar 1987 in: Michail Gorbatschow: Ausgewählte Reden und Aufsätze. Bd. 4. Berlin 1988, S. 417 ff.

414 Ein Gesprächsvermerk des Treffens der DDR-Delegation mit Ryshkow wurde dem Ministerrat vorgelegt. Vgl. auch ND, 7. März 1990.

und Integration sollten nicht unvernünftig aufs Spiel gesetzt werden. Notwendig sei aber auch, die sich verändernden Bedingungen zu berücksichtigen, wozu auch die sich vollziehenden Prozesse der Annäherung und Einigung gehören. Deshalb mache es sich erforderlich, zwischen der DDR und der UdSSR einen Mechanismus ständiger Konsultationen über die Wirtschaftsbeziehungen einzurichten, um nicht hinter objektiven Prozessen zurückzubleiben, sondern wenigstens einige Schritte voranzudenken.

H. Modrow betonte, daß diese Begegnung von besonderer Bedeutung sei. Noch nie habe eine Regierung der DDR mit einer so breiten politischen Plattform nationale Verantwortung getragen wie jetzt. Die jetzt in Moskau geführten Gespräche werden weit über den 18. März 1990 hinausreichen. Der Prozeß des Zusammenwachsens und der Vereinigung beider deutscher Staaten müsse fest in die gesamteuropäischen Entwicklungen eingebunden bleiben. Im Verlaufe des Wahlkampfes in der DDR habe es Erscheinungen gegeben, die unsere Nachbarn und andere Staaten beunruhigen. Deshalb werde er in der Sitzung der Volkskammer am 6.3. erneut den Standpunkt der Regierung zur Westgrenze Polens mit Entschiedenheit darlegen.[415] Das Zusammenwachsen beider deutscher Staaten muß in Etappen und überschaubar gestaltet werden, darf nicht vom gesamteuropäischen Prozeß abgekoppelt sein und ist in den Verhandlungen der 6 Staaten in eben diesem Sinne zu beeinflussen. Er bitte deshalb die UdSSR, darauf hinzuwirken, daß sich diese Entwicklungen so vollziehen. Das betreffe auch die Wirtschaftsbeziehungen. Fragen der Wirtschafts- und Währungsunion zwischen der DDR und der BRD sind dabei ebenso zu berücksichtigen. Die sich künftig entwickelnden ökonomischen Beziehungen zur Sowjetunion müssen so gestaltet werden, daß in sie die Beziehungen DDR – UdSSR und BRD – UdSSR eingehen.

H. Modrow versicherte, daß die in Moskau geführten Gespräche in der Regierung sorgfältig ausgewertet werden. Die in den Delegationen vertretenen Minister seien sich einig, daß die seit Dezember bis März geleistete Arbeit auch für die Zukunft wirken müsse.

M. S. Gorbatschow äußerte tiefe Genugtuung über die mit den Vertretern der DDR geführten Gespräche. Sie seien gerade jetzt von besonderer Bedeutung. In der Welt vollziehen sich im raschen Tempo bedeutende Veränderungen. Selbst wenn es nicht immer möglich sei, sofort Antworten zu geben, müsse überlegt werden, wie man im Einklang mit einer sich verändernden Situation handeln müsse. In der UdSSR habe man deshalb den Weg radikaler Verän-

---

415 Die Volkskammer tagte am 6. und 7. März 1990. Modrows Regierungserklärung vgl. in: ND, 8. März 1990. Vgl. auch Dok. 70.

derungen beschritten, auch wenn dies im Lande und unter den Menschen der Sowjetunion noch nicht immer verstanden werde. Die von der UdSSR betriebene Politik, die allgemein menschlichen Werte über anderes zu stellen, hat globale Auswirkungen. Es wäre aber ein kapitaler Fehler anzunehmen, daß die veränderte sowjetische Politik von Schwäche diktiert sei. Vor einer solchen Bewertung der Dinge müsse eindringlich gewarnt werden, da auf Irrtümern aufgebaute Politik zu ernsten Konsequenzen führen könne. Man beobachte solche Ansätze des Denkens in der BRD, aber auch in den USA. Man glaube, daß es in der Sowjetunion eine Phase der Instabilität gebe und versuche, Druck auszuüben und Zugeständnisse zu erzwingen.

Wichtig sei, sich von den großen Zusammenhängen leiten zu lassen und sich mehr und mehr herausbildende gegenseitige Bindungen und Abhängigkeiten zu beachten. Wenn man dies nicht tue, falle es auch schwer, Antworten auf wichtige Teilfragen der internationalen Politik zu geben, wo auch das Zusammenwachsen und die Vereinigung beider deutscher Staaten dazugehören. Die UdSSR habe gegenüber der BRD, den USA und anderen westlichen Staaten mehr als einmal betont, daß man dabei besonders verantwortungsbewußt vorgehen müsse. Das könne nur heißen, diesen Prozeß etappenweise zu vollziehen, denn er dürfe sich im Interesse der Menschen in der DDR, aber auch der BRD nicht in ein Chaos verwandeln.

Die Menschen in der DDR haben ihren Stolz und ihre Würde, und in der DDR erbrachte Leistungen seien bei allen, wie hätte es anders sein können, bekannt. Man müsse in der BRD ernsthaft nachdenken, nicht den Elefanten im Porzellanladen spielen und sich nicht zur Geißel politischer Ambitionen machen. Die Interessenlage der Deutschen gebiete es, etappenweise vorzugehen.

Auch wenn man die deutsch-deutsche Problematik von außen betrachte, komme man zu dem Schluß, daß sich der begonnene Prozeß nur allmählich und schrittweise vollziehen kann. Das entstandene Kräfteverhältnis, die sich herausbildenden Sicherheitskonzepte sowie die Annäherung der europäischen Staaten dürfen nicht zerstört werden. Deshalb sei es notwendig, daß die beiden deutschen Staaten ihre Interessen mit den Nachbarn, aber auch allen anderen Staaten harmonisieren. In diesem Sinne ist auch der gesamteuropäische Prozeß zu beschleunigen.

Die UdSSR habe in letzter Zeit die Regierung der BRD mehrfach an ihre Verantwortung für die Beibehaltung der Realitäten und die Unantastbarkeit dessen, was in der Nachkriegszeit entstanden ist, erinnert. Die Manöver Kohls haben auch in den letzten Tagen

Verdacht ausgelöst. Nun müsse Kohl sehen, daß sich Europa gegen den von ihm ausgeübten Druck sträubt.

Vor wenigen Tagen habe ihn Bush telefonisch über seine Gespräche mit Kohl in Washington informiert und mitgeteilt, sich mit Kohl darüber einig zu sein, daß ein vereinigtes Deutschland zur NATO gehören sollte.[416] Er habe Bush gesagt, dazu eine andere Auffassung zu haben. Weder die USA noch die UdSSR dürften so handeln, daß die Sicherheit und die Interessenbalance in Europa gefährdet werden. Sollte das geschehen, würde die Sowjetunion entschlossen handeln. Dem Argument Bushs, daß von einem vereinten Deutschland als NATO-Mitglied keine Gefahr ausgehe, habe er entgegengehalten, daß dann ja auch eine deutsche Mitgliedschaft im Warschauer Vertrag denkbar wäre.

M. Gorbatschow unterstrich nachdrücklich, die UdSSR werde in den Fragen der Vereinigung beider deutscher Staaten so handeln, daß die Interessen der Bevölkerung der UdSSR berücksichtigt werden.

Es sei eine geschichtliche Tatsache, daß die Beziehungen zwischen Rußland und Deutschland stets von Bedeutung für Europa und die Welt gewesen sind. Entsprechend den Lehren der Geschichte müsse man deshalb zusammenarbeiten. Die Erfahrungen, die DDR und das, was sich im Verhältnis der DDR zur Sowjetunion in Jahrzehnten gestaltet habe, müssen auch in die Beziehungen des vereinten Deutschlands zur UdSSR eingebracht und weiterentwickelt werden. Das aber sei nur in einem Prozeß möglich, der sich etappenweise vollzieht. Dies betreffe auch die Währungs- und Wirtschaftsunion DDR – BRD, und auch hier seien gemeinsame Überlegungen notwendig.

Bezüglich der Entwicklung des gesamteuropäischen Prozesses in der Frage des Verhältnisses der beiden Blöcke zueinander habe die UdSSR ihre bekannten prinzipiellen Positionen.

NATO und Warschauer Vertrag werden sich mehr in die Richtung politischer Bündnisse transformieren. Ein vereintes Deutschland dürfe das nicht erschweren. Auch in dieser Frage seien die Standpunkte der DDR und der UdSSR gleich.

M. S. Gorbatschow bewertete das umfassende Gespräch als äußerst wichtig und äußerte die Überzeugung, daß die DDR und die UdSSR besonders in der kommenden Zeit enge Kontakte unterhalten werden.

Quelle: BArchP, DC 20, I/3 - 2926.

---

416 Laut TASS telefonierten Gorbatschow und Bush am 28. Februar 1990.

Dokument 68

Schreiben von Hans Modrow an Helmut Kohl vom 3. April 1990[417]

Sehr geehrter Herr Dr. Kohl!

Zu Ihrem Geburtstag erlaube ich mir, Ihnen verbindliche Grüße zu übermitteln.[418] Ich wünsche Ihnen vor allem Gesundheit. Die Begegnungen mit Ihnen in schicksalhafter Stunde behalten für mich Bedeutung weit über den Tag hinaus.

Mit vorzüglicher Hochachtung
gez. Hans Modrow

Quelle: BArchP, DC 20, 4998.

---

417 Nach den Volkskammerwahlen vom 18. März 1990 amtierte die Regierung unter Hans Modrow noch bis zur Konstituierung des neuen Kabinetts unter Lothar de Maizière am 12. April 1990.

418 Helmut Kohl beging am 3. April 1990 seinen 60. Geburtstag.

KAPITEL 4

Frühjahr bis Herbst 1990: Eilmarsch zur Einheit
Verhandlungen und Gespräche bis zum Beitritt der DDR zur BRD

Nach dem Amtsantritt einer „großen" Koalition in der DDR unter dem CDU-Ministerpräsidenten Lothar de Maizière vollendete sich die deutsche Einheit innerhalb von sechs Monaten. Der überraschende Wahlausgang am 18. März 1990 mit dem Votum für einen raschen Beitritt des Ostens zur Bundesrepublik und einen vollständigen Übergang zur westlichen Demokratie wie zur sozialen Marktwirtschaft nach dem Bonner Modell erleichterte die innerdeutsche Prozedur der Einigungsverhandlungen. Über den Staatsvertrag zur Schaffung einer Wirtschafts-, Währungs- und Sozialunion zwischen beiden deutschen Staaten, den Wahlvertrag und den Vertrag über die Herstellung der Einheit Deutschlands verwirklichte sich die Absicht, so schnell als möglich zum Ziel zu gelangen. Mit bemerkenswerter Zielstrebigkeit und Konsequenz arbeitete die Bonner Administration an der Realisierung der im Frühjahr 1990 möglich gewordenen Option. Bundeskanzler Kohl, Außenminister Genscher, Kanzleramtsminister Schäuble, Finanzminister Waigel und Kanzlerberater Teltschik dürfen sich wohl als die herausragenden Architekten der deutschen Einheit am Rhein bezeichnen. Über die Stabilität des Bauwerks herrschen einige Jahre nach seiner Errichtung geteilte Auffassungen. Die Akteure an der Spree, allen voran de Maizière, die Kabinettsmitglieder Diestel, Eppelmann und Krause müssen sich die Frage gefallen lassen, ob sie Ostinteressen auch konsequent vertreten haben. Die Schwächen und Tücken des Einigungsvertrages blieben nicht lange verborgen.

Nicht zu Unrecht verweisen beide Verhandlungsseiten, die sich nach dem 3. Oktober 1990 – kurzfristig auch einträchtig – auf gemeinsamen Kabinettssesseln in Bonn wiederfanden, auf die komplizierte außenpolitische Lage, die zu schnellem Handeln drängte. Der am 12. September 1990 abgeschlossene Vertrag über die abschließende Regelung in bezug auf Deutschland, den neben beiden deutschen Staaten die alliierten Siegermächte unterschrieben, beendete das monatelange Tauziehen, vor allem mit der Sowjetunion. Schließlich stimmte der Kreml zu – die DDR ging in der BRD auf.

Mit der Volkskammerwahl am 18. März 1990 hatte sich eine deutliche Mehrheit der DDR-Bevölkerung für eine schnelle Verwirklichung der staatlichen Einheit Deutschlands ausgesprochen. Die unter Schirmherrschaft des Bundeskanzlers am 5. Februar eilig ins Leben gerufene „Allianz für Deutschland" aus CDU, DSU und DA errang 192 Sitze, die SPD 88, die PDS 66, der BFD 21, Bündnis '90 kam auf 12 Sitze, die DBD auf 9, die Grüne Partei und der UFV jeweils auf 8, die NDPD auf 2 sowie die Vereinigte Linke und der DFD auf jeweils einen Sitz. Dieses Ergebnis schloß zweifellos die Hoffnung der „Allianz"-Wähler auf eine rasche Angleichung der Lebensverhältnisse an das westliche Niveau ein.

Nach umständlichen Koalitionsverhandlungen wurde am 5. April 1990 der CDU-Vorsitzende Lothar de Maizière, seit November 1989 bereits Vizepremier in der Modrow-Regierung, von der konstituierenden Tagung der neuen Volkskammer mit der Kabinettsbildung beauftragt. Die Vereidigung seiner Regierung, gebildet aus Vertretern der CDU, der DSU, des DA, der SPD und des BFD, fand am 12. April 1990 statt. Kurz danach begannen die Vorbereitungen für die Gespräche mit der Bundesrepublik über eine Wirtschafts-, Währungs- und Sozialunion. Ein erstes Arbeitsstreffen der Regierungschefs, Kohl und de Maizière, am 24. April in Bonn erbrachte Übereinstimmung, Anfang Juli den entsprechenden Staatsvertrag in Kraft zu setzen. Der DDR-Ministerpräsident orientierte das Kabinett am 25. April auf die damit verbundenen Schritte. *(Dok. 69)*

Nur zwei weitere Tage später, am 27. April 1990, begannen die Verhandlungen. Leiter der jeweiligen Delegationen waren Kanzleramtsminister Wolfgang Schäuble und Staatssekretär Günther Krause, ein Fast-Newcomer der Ost-CDU.[419] Das Geschehen vollzog sich unter großem Zeitdruck. Die westdeutsche Seite drückte ihre wesentlichen Positionen durch. Der Widerstand bzw. die Interessenartikulation der Ostdeutschen beschränkte sich auf Einzelfragen.

Die Ergebnisse der Kommunalwahlen vom 6. Mai 1990 in der DDR bestätigten den Kurs der Koalition. Die CDU errang über 34 Prozent der Stimmen, die SPD 21 Prozent. Die PDS mußte sich dagegen mit knapp 15 Prozent zufrieden geben.

Lothar de Maizière reklamierte inzwischen die Gedächtnisverluste manches bundesdeutschen Politikers hinsichtlich der Verhandlungen um die deutsche Einheit. Die Quellen bestätigen z. B.

---

419 Günther Krause, Diplomingenieur, Dr. sc. und Hochschullehrer an der TH Wismar, wurde 1987 CDU-Kreisvorsitzender in Bad Doberan. 1990 avancierte er zum CDU-Fraktionsvorsitzenden in der Volkskammer, zum Parlamentarischen Staatssekretär im Amt des DDR-Ministerpräsidenten und Vorsitzenden des CDU-Landesverbandes Mecklenburg-Vorpommern.

durchaus die langwierigen Absprachen zwischen Moskau und Ost-Berlin im Frühjahr 1990 um die Sicherung der zwischen 1945 und 1949 in der Sowjetischen Besatzungszone vollzogenen Eigentums-veränderungen.[420] Selbst Gorbatschow konnte sich an den Gang der Dinge erinnern. Bei anderen, so beim damaligen Bundesaußenmi-nister Genscher, scheinen Verdrängungen offensichtlich.

Nach dem Amtsantritt der Regierung de Maizière drückte Bonn zunächst unmißverständlich seine Erwartungshaltung aus. In eini-gen Fällen, da man ein Abweichen Ost-Berlins wahrzunehmen glaubte, beeilten sich die Westdeutschen, die Linie schnell zu kor-rigieren. Als Bundeskanzler Kohl die Taktik de Maizieres hinsicht-lich der Verhandlungen mit Polen mißfiel, schrieb er am 31. Mai 1990 dem DDR-Premier umgehend einen Brief, in dem er ihn erin-nerte, daß „wir beide abgesprochen hatten, uns im Detail über das weitere Vorgehen zu verständigen". Da die DDR schwierige Fragen eilfertig in die Gespräche mit Warschau eingeführt habe, sehe er nun „erhebliche Schwierigkeiten" voraus. Die Bundesrepublik wollte sich bei den am 5. Mai in Bonn aufgenommenen 2+4-Verhand-lungen zwischen Regierungsdelegationen der Siegermächte UdSSR, USA, Großbritannien und Frankreich sowie beider deutscher Staa-ten nicht vom Verhalten Polens „abhängig" machen. *(Dok. 70)*

Aus den in diesen Wochen parallel geführten Konsultationen zwischen DDR- und UdSSR-Regierungsvertretern wurde offenbar, daß beide Seiten Einverständnis in der Problematik der Anerken-nung von Nazienteignungen und Bodenreform voraussetzten. Nur so ergibt sich der Kontext der Gespräche von de Maizière am 28./29. April 1990 in Moskau. Dabei hatte der sowjetische Au-ßenminister Schewardnadse seinem ostdeutschen Amtskollegen ein Aide-mémoire übergeben, welches von einer Anerkennung der Ei-gentumsverhältnisse ausging. Interessant bleibt am Rande, daß von der Begegnung zwischen Gorbatschow und de Maizière keine deut-sche Protokollmitschrift angefertigt worden ist.[421]

Am 15. Juni 1990 gaben die Bundesregierung und die Regie-rung der DDR eine Gemeinsamen Erklärung zur Regelung offener Vermögensfragen ab. Der entscheidende Punkt lautete: „Die Ent-eignungen auf besatzungsrechtlicher bzw. besatzungshoheitlicher Grundlage (1945 bis 1949) sind nicht mehr rückgängig zu machen. Die Regierungen der Sowjetunion und der Deutschen Demokrati-schen Republik sehen keine Möglichkeit, die damals getroffenen

---

420 Vgl. vor allem die Beschlußprotokolle der Ministerratssitzungen sowie die Büroakten des Ministerpräsidenten Lothar de Maizière im Bestand des Bundesarchivs, Abteilungen Potsdam.

421 Vgl. Wochenpost, Berlin, Nr. 20, 9. Mai 1996, S. 8 f.

Maßnahmen zu revidieren. Die Regierung der Bundesrepublik Deutschland nimmt dies im Hinblick auf die historische Entwicklung zur Kenntnis."[422]

Wenige Tage zuvor, am 7. Juni, hatte ein Warschauer-Pakt-Gipfel stattgefunden. Einen wesentlichen Diskussionspunkt markierte die deutsche Frage. Gorbatschow skizzierte die Positionen der UdSSR. Der künftige deutsche Einheitsstaat sollte für eine Übergangsperiode beiden Bündnissen angehören. Die von der DDR im Warschauer Pakt übernommenen Verpflichtungen seien zu erfüllen, die sowjetischen Truppen in der DDR blieben zunächst stationiert, die deutsche Armee solle eine Obergrenze einhalten. *(Dok. 71)* Das Konzept konnte im Westen unschwer als Verhandlungsmasse gedeutet werden, zumal die inneren Probleme der Sowjetunion weiter eskalierten und der wirtschaftliche Spielraum immer enger wurde.

De Maizière bat um Verständnis für den Wunsch der Deutschen nach staatlicher Einheit und verwies auf den Kontext von „gesamteuropäischen Einigungsbestrebungen". Er könne sich vorstellen, daß Deutschland einer „deutlich geänderten NATO" mit einem „militärischen Sonderstatus des heutigen DDR-Territoriums in einer Übergangszeit bis zur Schaffung der Europäischen Sicherheitsunion" angehöre. *(Dok. 72)*

Noch am Tage der Beratungen in Moskau übermittelte UdSSR-Ministerpräsident Ryshkow einen Brief an de Maizière. Hauptgegenstand war die Finanzierung der in der DDR stationierten sowjetischen Truppen nach der am 1. Juli 1990 geplanten Währungsunion. *(Dok. 73)* Der DDR-Ministerpräsident signalisierte einige Tage später Verhandlungsbereitschaft und entsandte seinen Vertrauten nach Moskau. *(Dok. 74)*

DDR-Staatssekretär Krause führte am 26. Juni 1990 in Moskau Gespräche mit Ryshkow. Der sowjetischen Seite wurde garantiert, daß in Vorbereitung der Währungsunion für die Truppen ein Umtauschverhältnis der Gelder von 2 zu 1 in Anwendung gebracht werde. Ryshkow soll nochmals gefordert haben, „daß für die UdSSR mit dem Prozeß der Einheit Deutschlands kein Schaden eintreten darf". Krause habe darauf verwiesen, daß die Truppenstationierung von der DDR allein im ersten Halbjahr 1990 mit einer Milliarde Mark subventioniert werde. Mit der Währungsreform sichere Ost-Berlin die Fortzahlung der Mittel in D-Mark.

Krause begriff die wirtschaftlichen und finanziellen Interessen der sowjetischen Führung rasch. In seiner Notiz für de Maizière betonte er den Kontext, den die Sowjets zwischen äußeren und in-

---

422 Deutschland Archiv, H. 7/1990, S. 1139. Die Erklärung vgl. ebenda.

neren Aspekten der deutschen Einheit sähen. Eine „erweiterte Zusammenarbeit" sei von Moskau ausdrücklich erwünscht. *(Dok. 75)* Nachdem bereits am 28. Juni die Festlegungen des Krause-Ryshkow-Treffens durch die Vizeaußenminister in Berlin schriftlich niedergelegt worden waren, faßte der DDR-Ministerrat am 8. August 1990 einen Beschluß zur Versorgung der UdSSR-Truppen.[423]

Doch dies erschien den Beobachtern nur als Randproblem. Nach relativ kurzen Verhandlungen war der Staatsvertrag über die Schaffung einer Währungs-, Wirtschafts- und Sozialunion zwischen den beiden deutschen Staaten am 18. Mai 1990 in Ost-Berlin in Anwesenheit der Regierungschefs durch die beiden Finanzminister Walter Romberg und Theo Waigel unterzeichnet worden.[424] Nur in einem wesentlichen Punkt hatte Bonn seine Ausgangsposition verändert: Die geplanten individuellen Umtauschverhältnisse der ostdeutschen Sparguthaben (Mark der DDR in Deutsche Mark) wurden nach heftigen Protesten vieler Bürger korrigiert und differenziert. Jeder Bürger konnte 4000 Mark Sparguthaben im Verhältnis 1 : 1 in DM tauschen (bei Rentnern 6000 Mark, bei Kindern 2000 Mark). Darüberliegende Beträge wurden im Verhältnis 2 : 1 umbewertet.

Nach der Realisierung des Staatsvertrages zum 1. Juli 1990 begannen die Verhandlungen für einen zweiten Staatsvertrag, der bald nur noch mit dem Begriff Einigungsvertrag bezeichnet wurde. Die unkonkreten Ausgangspositionen der DDR legte zunächst ein Ministerratsbeschluß vom 16. Juli fest. *(Dok. 76)*

Einen wesentlichen Einfluß auf den weiteren Handlungsablauf hatten die Gespräche zwischen der sowjetischen und der bundesdeutschen Führung Mitte Juli im kaukasischen Archys.[425] Die spektakulären Resultate erstaunten die Insider weitaus weniger als die breite Öffentlichkeit. Der Kreml wickelte nachfolgend sein Geschäft recht zielstrebig ab: Deutsche Einheit gegen Deutsche Mark.

Der letzte Abschnitt des Weges dauerte nur noch drei Monate. Die von der UdSSR aufgeworfenen Fragen zur Truppenstationierung wurden bereits in enger Abstimmung von Ost-Berlin und Bonn mit Moskau geklärt. *(Dok. 77 und 80)* Im Inneren der Noch-DDR kulminierte das Problem der Finanzierung der Staatsausgaben, wel-

---

423 Vgl. BArchP, DC 20, I/3 - 3038 sowie I/3 - 3039.

424 Vgl. Der Vertrag über die Schaffung einer Währungs-, Wirtschafts- und Sozialunion zwischen der Bundesreublik Deutschland und der Deutschen Demokratischen Republik. Erklärungen und Dokumente. Bonn 1990.

425 Vgl. zum Kohl-Besuch am 15./16. Juli 1990 in der UdSSR z. B. Hans-Dietrich Genscher: Erinnerungen, S. 828 ff.; Michail Gorbatschow: Erinnerungen, S. 724 f.; Eduard Schewardnadse: Der Zukunft gehört die Freiheit. Reinbek 1991, S. 251 ff.; Horst Teltschik: 329 Tage, S. 316 ff.

ches ohne bundesdeutsche Hilfe nicht mehr in den Griff zu bekommen war *(Dok. 79)* Obwohl im Juni selbst führende Politiker der „Allianz für Deutschland" von längeren Fristen ausgegangen waren (Minister Eppelmann schlug nach einer Beratung der Verteidigungsminister des Warschauer Vertrages am 15. Juni noch ernsthaft einen Termin im Jahr 1992 für die Realisierung der deutschen Einheit vor), strebten Kohl und seine Berater inzwischen gesamtdeutsche Parlamentswahlen bereits im Oktober 1990 an. In seinem Urlaubsdomizil am österreichischen Wolfgangsee schwor Kohl den DDR-Premier de Maizière und seinen wieder mit den Verhandlungen beauftragten Staatssekretär Krause auf die neuen Pläne ein.[426] Doch weder in Ost-Berlin noch in Bonn waren diese Termine durchzusetzen. Statt dessen verließen der liberale BFD (24. Juli) und die SPD (19. August) im Zusammenhang mit innen- und deutschlandpolitischen Differenzen die Regierung.

Grundsätzlich gefährdeten diese Turbulenzen das Projekt „Deutsche Einheit" nicht mehr. Die Finanzprobleme der DDR-Regierung wurden mit Bonner Mitteln überbrückt *(Dok. 81 und 82)*, der Einigungsvertrag in Berlin am 31. August 1990 von Schäuble und Krause unterzeichnet,[427] die internationalen Rahmenbedingungen nach dem Abschluß der 2+4-Gespräche am 12. September 1990 in Moskau angepaßt. Zwar drohte die letztere Problematik im September nochmals, die vorgesehene Planung durcheinanderzubrigen. Bundesdeutschen Spitzenpolitikern wie Genscher gelang es, letzte Bedenken aus Moskau – wiederum mit finanziellen Zusicherungen in Milliardenhöhe – auszuräumen sowie Unsicherheiten bei den Westalliierten zu zerstreuen. De Maizière, nun als Premier und Außenminister tätig, wandte sich an die höchsten Vertreter der amerikanischen Administration zur Absicherung dieser Bemühungen. *(Dok. 84 und 85)* In Moskau kam schließlich ein Abkommen zustande, welches die Souveränität Deutschlands herstellte und die staatliche Einheit sanktionierte. *(Dok. 86)* Unmittelbar vor dem nunmehr vorgesehenen Termin bestätigte eine Vereinbarung der Alliierten auf einer KSZE-Außenministertagung in New York am 1./2. Oktober 1989 die Außerkraftsetzung der seit dem Ende des zweiten Weltkrieges geltenden Vorbehaltsrechte.

---

426 Vgl. Wolfgang Schäuble: Der Vertrag. Wie ich über die deutsche Einheit verhandelte. Stuttgart 1991, S. 158 f.

427 Den Text des Einigungsvertrages vgl. in: Deutschland Archiv, H. 10/1990, S. 1637 ff. Am 23. August 1990 hatte die DDR-Volkskammer mit der notwendigen Zwei-Drittel-Mehrheit den Beitritt zur BRD mit Wirkung vom 3. Oktober 1990 erklärt. Der Einigungsvertrag wurde am 20. September 1990 von beiden deutschen Parlamenten verabschiedet.

So blieben in den letzten Wochen vor der staatlichen Einheit Deutschlands fast nebensächliche Probleme zu klären. Stellte die in einem Brief von de Maizière an Kohl aufgeworfene Möglichkeit eines Naturschutzgebietes auf der Insel Vilm tatsächlich keine Grundsatzfrage dar *(Dok. 88)*, so brisant wurde wenig später die Problematik der Beschäftigung von in der DDR ausgebildeten Fachkräften, nicht nur in der öffentlichen Verwaltung, sondern auf fast allen Gebieten. Die Prophezeiung de Maizières, daß von einem Erfolg der Integration aller in den Arbeitsprozeß der Erfolg des gesamten Einheitsprojektes abhinge, sollte sich bewahrheiten; ungeachtet der Illusionen, die offensichtlich damals von führenden Politikern des de Maizière-Kabinetts entwickelt wurden. *(Dok. 87)*

Bis zuletzt – und schließlich noch darüber hinaus – beschäftigten Anfragen, Wünsche oder Handlungen der sowjetischen Seite die letzte DDR-Regierung. Noch im September drohte Moskau den Ölhahn zuzudrehen. *(Dok. 89)* Dieses Kapitel dürfte weiterhin einen interessanten Gegenstand der Zeitgeschichtsforschung darstellen.[428]

Ungeachtet dessen fiel der Vorhang für das „Kapitel DDR" in der Nacht zum 3. Oktober 1990, Null Uhr. Die Deutsche Demokratische Republik vollzog den erklärten Beitritt zum Geltungsbereich des Grundgesetzes der Bundesrepublik Deutschland. Am 26. September 1990 hatte die Regierung unter Lothar de Maizière auf ihrer abschließenden Sitzung nur ein kurzes Resümee gezogen. *(Dok. 90)* Mit großen Hoffnungen, mit bereits zunehmenden Zweifeln und einer gewissen Naivität schritt man in die wiedergewonnene Einheit.

Für die formale politische Einheit war durch die Landtagswahlen in den neuen Bundesländern am 14. Oktober 1990 und die ersten gemeinsamen Bundestagswahlen am 2. Dezember 1990 der Grundstein rasch gelegt. Die wirtschaftliche Einheit, vorbereitet durch den ersten Staatsvertrag und verbunden mit dem einheitlichen Währungsgebiet, wollte sich nur schwer einstellen. Eine „einige" deutsche Gesellschaft ohne die zahlreichen spürbaren Auswirkungen der jahrzehntelangen Trennung in Ost und West wird wohl – so meinen jedenfalls eine ganze Reihe ernstzunehmender Persönlichkeiten des In- und Auslands – mindestens den zeitlichen Ablauf einer ganzen Generation in Anspruch nehmen.

Sich der Geschichte vorurteilsfrei anzunehmen, bleibt eine wichtige Aufgabe angesichts der vielen Probleme und Schwierigkeiten, wie sie sich in der Gegenwart Deutschlands darstellen.

---

428 Vgl. dazu z. B.: Der Spiegel, Nr. 42, 16. Oktober 1995, S. 162 ff.

Dokument 69

Ausführungen von Lothar de Maizière zur politischen Lage im Ministerrat am 25. April 1990

Beschluß:
1. Die Information des Ministerpräsidenten über das am 24. April 1990 geführte Gespräch mit dem Bundeskanzler wird zustimmend zur Kenntnis genommen.[429] Als Grundlage für die Verhandlungen zur Währungs-, Wirtschafts- und Sozialunion wurde den Ministern ein Arbeitspapier übergeben. Dieses Material trägt streng vertraulichen Charakter. Über den jeweiligen Verhandlungsstand wird der Ministerpräsident den Ministerrat informieren. Alle weiteren Arbeiten sind so zu gestalten, daß der Termin 2. Juli 1990 für die Währungs-, Wirtschafts- und Sozialunion eingehalten wird.[430] Der Minister für Finanzen wird beauftragt, gemeinsam mit dem Minister für Handel und Tourismus sowie dem Minister für Arbeit und Soziales die Auswirkungen des Subventionsabbaus in der DDR nach Einkommensgruppen zu analysieren und dazu entsprechende Warenkörbe zusammenzustellen. Die Analyse ist dem Ministerpräsidenten ausgehend von bereits geleisteten Vorarbeiten bis zum 2. Mai 1990 zu übergeben. [...][431]

Quelle: BArchP, DC 20, I/3 - 2945.

Dokument 70

Schreiben von Helmut Kohl an Lothar de Maizière vom 31. Mai 1990

Sehr geehrter Herr Ministerpräsident, lieber Herr de Maizière,
in der Zwischenzeit habe ich die Entwürfe einer „Feierlichen Erklärung der Volkskammer der Deutschen Demokratischen Republik und des Deutschen Bundestages" und eines „Vertrages zwischen Deutschland und der Republik Polen über die bestehende gemeinsame Staatsgrenze" geprüft.[432]

---

429 Kohl und de Maizière hatten in Bonn ein Arbeitstreffen durchgeführt.
430 Dies entsprach Kohls Vorschlag und der Verabredung vom 24. April.
431 Die folgenden Passagen betrafen andere Themen.
432 Vgl. Deutschland Archiv, H. 7/1990, S. 1138.

Ich freue mich, daß es in der Substanz der Grenzfrage keine Meinungsverschiedenheiten zwischen unseren beiden Regierungen gibt. Gestatten Sie mir daher, noch einmal die Haltung der Bundesregierung zum weiteren Vorgehen darzulegen.

Die Bundesregierung setzt sich – wie Sie wissen – mit Nachruck für gleichlautende Entschließungen beider deutscher Parlamente ein, die – nach ihrer Annahme – durch die beiden Regierungen der Regierung der Republik Polen förmlich notifiziert werden sollen.

Mit einer solchen Vorgehensweise wird die größtmögliche politische Bindungswirkung erzielt, die wir vor der Vereinigung der beiden deutschen Staaten erreichen können. Ein vor der Vereinigung von unseren beiden Regierungen lediglich paraphierter Grenzvertrag – wie von Polen vorgeschlagen – wäre demgegenüber vom politischen Standpunkt aus ein Minus. Ein solcher Vertrag begründet im übrigen keine völkerrechtliche Verpflichtung.

Erst der künftige gesamtdeutsche Souverän wird die Frage der Grenzen dann durch Vertrag mit der Republik Polen abschließend und in völkerrechtlich verbindlicher Form regeln.

Zu dem Entwurf einer Entschließung beider Parlamente darf ich Sie auf folgende Punkte hinweisen:

Hauptziel der Entschließungen der beiden frei gewählten deutsche Parlamente muß es sein, den klaren politischen Willen zum Ausdruck zu bringen, daß der vom künftigen gesamtdeutschen Souverän zu schließende Vertrag mit einem konkreten Inhalt zustande kommt.

Dies ist auch im Hinblick auf den Tagesordnungspunkt „Grenzen" der 2+4-Gespräche von entscheidender Bedeutung; denn es muß unser gemeinsames Ziel sein, seitens der beiden deutschen Staaten zu einem möglichst frühen Zeitpunkt ein Ergebnis vorzuweisen, das unsere 2+4-Partner überzeugt.[433] Demgegenüber würden Vertragsverhandlungen – abgesehen davon, daß die beiden deutschen Staaten derartige Verhandlungen nicht im eigenen Namen, sondern nur im Vorgriff auf ein Gesamtdeutschland führen würden – die Erledigung dieses Tagesordnungspunkts von dem in seinem zeitlichen Rahmen nicht absehbaren Verhalten der polnischen Seite abhängig machen, d. h. Polen könnte auch in anderen Fragen Druck ausüben.

Ein von unserer Seite erarbeiteter Entwurf, den ich Ihnen in Kürze übermitteln werde, trägt diesen Überlegungen Rechnung. Demgegenüber zielt der Entwurf der DDR in seiner Logik darauf ab, daß der Verabschiedung der Entschließung alsbald Vertragsverhandlungen folgen.

Ich frage mich auch, ob es zweckmäßig ist, in die Entschließung alle einschlägigen Verträge als Bezugsdokumente aufzunehmen oder

---

433 Vgl. Anm. 380.

ob es ausreicht, auf Warschauer und Görlitzer Vertrag sowie auf die zu ihrer Durchführung und Ergänzung geschlossenen Vereinbarungen zu verweisen – beim politischen Charakter der Entschließung ziehe ich das letztere vor.

Ferner ist für mich auf keinen Fall akzeptabel, daß im Rahmen der beabsichtigten Entschließung, inhaltliche Festlegungen über die Verfassung des geeinten Deutschlands getroffen werden.

Schließlich möchte ich daran erinnern, daß wir beide abgesprochen hatten, uns im Detail über das weitere Vorgehen zu verständigen. Ich bin sehr erstaunt zu hören, daß der Vertreter des Außenministeriums der DDR entgegen dieser Absprache den Entschließungsentwurf der DDR – zusammen mit einem Vertragsentwurf – in die trilateralen Gespräche mit Polen bereits eingeführt hat.

Angesichts dieser Vorgehensweise sehe ich erhebliche Schwierigkeiten in dieser Angelegenheit voraus.

Ich wäre Ihnen dankbar, wenn wir in dieser für den 2+4-Prozeß und die deutsch-polnischen Beziehungen so wichtigen Frage weiterhin in engem persönlichen Kontakt blieben.

Mit freundlichen Grüßen
gez. Kohl

Quelle: BArchP, DC 20, 6091.

Dokument 71

Rede von Michail Gorbatschow, Präsident der UdSSR, auf dem Gipfeltreffen der Warschauer Vertragsstaaten am 7. Juni 1990[434]

[...][435] Es gibt eine Frage, die bereits jetzt, wie mir scheint, im Rahmen der Erörterung, der Analyse der Veränderungen in Europa, besondere Aufmerksamkeit verdient. Ich meine die Frage der Vereinigung Deutschlands. Ich sage Ihnen sicher nichts Neues, wenn ich wiederhole: Wir sind vollkommen dafür, daß die Deutschen die Frage ihrer Zukunft selbst entscheiden. Dieses große Volk, das einen gewaltigen Beitrag zur Entwicklung der Zivilisation geleistet hat, besitzt, wie auch jedes andere Volk, das heilige Recht, sein Schicksal eigenständig zu entscheiden. Die Deutschen sowohl in der BRD als auch in der DDR haben in allen Nachkriegsjahren mit ihrer Politik bewiesen, daß sie be-

---

434 Die Wahl Gorbatschows in die neue Funktion eines Präsidenten der UdSSR erfolgte am 15. März 1990. Er blieb weiterhin KPdSU-Generalsekretär.

435 Eingangs hatte sich Gorbatschow zur internationalen Situation geäußert.

reit sind und auch danach handeln, mit allen europäischen Völkern zusammenzuarbeiten und ihren unverwechselbaren Beitrag zur Gestaltung Europas und zur Festigung der internationalen Beziehungen in der Welt zu leisten. Die Losung, die von seiten der BRD und auch der DDR erklang, und zwar, daß von deutschem Boden niemals mehr eine Gefahr für andere Völker ausgehen dürfe, bestimmt auch heute in dieser verantwortungsvollen Etappe die Politik der beiden Staaten. Wir erheben keine Ansprüche darauf, das Recht der Sieger im zweiten Weltkrieg zu mißbrauchen und es zu verewigen. Mit der Regelung der äußeren Aspekte der Vereinigung Deutschlands eröffnen sich reale Möglichkeiten für seine Abschaffung. Aber gerade um dies zu ermöglichen, ist es notwendig, die Stützpfeiler der Nachkriegswelt fest zu verankern und vor allem jegliche Möglichkeit von Übergriffen zur gewaltsamen Veränderung der Grenzen in Europa, jeder beliebigen Grenzen auszuschließen. Das neue Deutschland entsteht in den Grenzen der DDR und der BRD und darf gegenüber niemandem irgendwelche territorialen Ansprüche erheben.

Bei seiner Schaffung muß ein solcher vernünftiger Interessenausgleich, ein solcher Status Deutschlands vorgesehen werden, der seine friedensfördernde Rolle in Europa programmieren würde.

Die Vereinigung Deutschlands, ich nehme an, das ist allen klar, kann entweder zum Katalysator für die Schaffung eines neuen Europas oder zur „Pandorabüchse" auf dem Weg dahin werden. Unsere Ansichten dazu haben wir bereits mehrfach geäußert.

Es liegt im Interesse aller europäischen Völker und Deutschlands selbst, daß es seine Zukunft nicht mit einer Blockstruktur verknüpft, sondern sich gleich im Westen und im Osten Europas fest verankert und zu einem zuverlässigen Partner für ausnahmslos alle Europäer wird. Es muß erreicht werden, daß die deutsche Erde aufhört, Ort einer nie dagewesenen Konzentration modernster Streitkräfte und Rüstungen zu sein. Offenbar ist eine Obergrenze für die deutsche Armee erforderlich, ist es notwendig, die Nichtangriffsfähigkeit ihrer Struktur zu sichern und die Zahl der ausländischen Truppen in Deutschland bis hin zu ihrem vollständigen Abzug zu reduzieren. Kurz gesagt, bei der Lösung dieser Frage der großen Politik muß von Anfang an ein stabiles Fundament für eine friedliche Zukunft gebaut werden. Ich denke, auch unsere deutschen Kollegen sind daran interessiert, sich in Zukunft vor Überraschungen abzusichern.

Auf ein analoges Vorgehen stieß ich während der jüngsten Gespräche mit dem kanadischen Premierminister Mulroney und Präsident Bush.[436] Ich meine, daß sie auch darum besorgt sind, daß es

---

436 Unmittelbar vor dem Gipfeltreffen mit US-Präsident Bush in Washington (31. Mai bis 3. Juni 1990) besuchte Gorbatschow zwei Tage lang Kanada.

bei der Lösung der Fragen der äußeren Regelung um die Vereinigung Deutschlands keine Überraschungen gibt. Ich stellte Präsident Bush die Frage so: Man muß den weiteren gesamteuropäischen Fortschritt mit einer gerechten Regelung der äußeren Aspekte der Vereinigung Deutschlands verbinden. Und zwar so, daß die starke und vielversprechende Tendenz der Umgestaltung des gesamten europäischen Lebens auf neuen Grundlagen nicht verlorengeht. Wir beharren nicht darauf, daß dies die Variante der Sowjetunion oder eine rumänische Variante oder eine ungarische oder deutsche oder amerikanische Variante ist, wir sagen – notwendig ist eine Variante, die allen von uns recht ist, die zeitlich gedehnt ist und synchron zu den europäischen Prozessen verlaufen würde. Dann, nachdem wir die Übergangsperiode durchlaufen haben, würden wir zu neuen Strukturen der Beziehungen in Europa gelangen, einschließlich des Sicherheitsbereiches. Somit ist eine Variante notwendig, die auf der Basis eines Meinungsaustausches und der sorgfältigen Berücksichtigung aller Faktoren die tiefgreifenden Umwandlungen auf diesem Kontinent und die tiefgehenden Integrationsprozesse gewährleisten würde, die uns letztendlich zum gemeinsamen europäischen Haus führen sollen, und durch die man alles vermeiden könnte, was Mißtrauen und Instabilität auslöst und somit den sich entfaltenden positiven Prozeß in Europa in Zweifel ziehen würde. Das ist eigentlich alles. Wessen Variante wird es sein? Am ehesten soll das eine gemeinsame Variante sein, die die Suche aller Staaten, die daran interessiert sind, berücksichtigt und in sich aufnimmt. Und ich meine nicht nur „2+4“, ich meine alle Nachbarn des vereinigten Deutschlands und alle Europäer, denn das betrifft ganz Europa.[437] Und wenn man berücksichtigt, daß all das in Europa sich Vollziehende gewaltigen Einfluß auf die Prozesse in der ganzen Welt ausübt, dann geht es im Grunde genommen heute darum, wohin die Welt gehen wird. Klar ist, daß nicht zugelassen werden darf, daß diese Prozesse unterminiert oder ihnen Hindernisse in den Weg gelegt werden.

Anstatt an der Mitgliedschaft des künftigen vereinigten Deutschland in der NATO festzuhalten, sagte ich Präsident Bush, lassen Sie uns lieber darüber nachdenken, wie die militärisch-politischen Blöcke, die noch immer Europa teilen, anzunähern sind. Wir würden Veränderungen in der Militärdoktrin der NATO bereits auf der nächsten Tagung dieses Blockes begrüßen. Dies ist übrigens ein Thema, das ich zumindest in aller Kürze umreißen möchte. Mir scheint, daß unsere westlichen Partner, wenn auch mit Mühe, aber dennoch beginnen, sich von dem Herangehen zu lösen, demzufolge nur wir in Osteuropa uns ändern sollen, und zwar ändern in einer

---

437 Vgl. Anm. 380.

solchen Weise, daß wir ihre Werte, ihre Lebensformen und ihre Modelle wiederholen. Das ist eine Art von Anmaßung, die nicht der neuen Philosophie entspricht, auf deren Grundlage wir die neue Politik, das neue Denken erarbeiten. Zugleich spricht jene Tatsache, daß man in der NATO beabsichtigt, in nächster Zeit zusammenzutreten und Fragen der Doktrin und der Veränderung im Aufbau und in der Organisation dieser militärisch-politischen Gruppierung zu erörtern, davon, daß sich auch im Westen – wenngleich mit Verspätung und Verzögerung – Veränderungen den Weg bahnen.

Wenn diese Veränderungen Realität würden, dann würde in ihrem Rahmen auch die Frage der Sicherheit des vereinigten Deutschlands auf neue Weise gelöst werden. Sagen wir, durch seinen Aufbau – auf zwei Stützpfeilern – dem Westen und dem Osten. Als vorläufige Überlegung könnte das irgendeine Form der assoziierten Mitgliedschaft in den zwei Blöcken sein, solange sie bestehen.

Eine derartige doppelte Mitgliedschaft könnte zu einem verbindenden Element, eine Art Vorläufer neuer europäischer Strukturen werden. Wir gehen neuen europäischen Strukturen, einem neuen gemeinsamen Sicherheitssystem, das auf einer einheitlichen Struktur basiert, entgegen.

Ein vereinigtes Deutschland könnte erklären, daß es im Verlauf einer Übergangsperiode all die Verpflichtungen einhalten wird, die von der BRD und der DDR hinterlassen wurden, daß die Bundeswehr nach wie vor der NATO und die Streitkräfte der DDR der Regierung des neuen Deutschlands untergeordnet sind. Gleichzeitig würden auf dem Territorium der heutigen DDR die sowjetischen Truppen verbleiben. Und all dies könnte durch eine Vereinbarung zwischen dem Warschauer Vertrag und der NATO ergänzt werden, durch eine Vereinbarung speziell zu dieser Frage. Auf diese Weise beseitigen wir die Besorgnis vieler Länder und regen die Schaffung künftiger Strukturen der europäischen Sicherheit an.

Außerordentlich beunruhigt sind die Amerikaner von dem Selbstgefühl eines vereinigten Deutschlands, wonach sie auch die Gesundheit der NATO berechnen. Es beunruhigt sie derart, daß sie darüber das Selbstgefühl und die Interessen der Sowjetunion vergessen. Und das dient weder der Stabilität noch der Berechenbarkeit.

Würde zu irgendeinem Zeitpunkt der Übergangsperiode bei den USA das Gefühl auftreten, daß die Sowjetunion versucht, deren Interessen zu schmälern, so würde Washington das vorbehaltlose Recht erhalten, aus dieser Übereinkunft auszutreten und entsprechende einseitige Handlungen vorzunehmen.

Andererseits muß man sich klar vorstellen, daß, wenn die sowjetischen Menschen den Eindruck erhalten, daß man in der deutschen Frage nicht mit uns rechnet, all die positiven Prozesse in Europa, einschließlich der Verhandlungen in Wien, in Gefahr geraten. Wir haben in Washington zum Ausdruck gebracht, und ich möchte dies wiederholen, daß dies kein Bluff ist. Das Volk zwingt uns einfach, zu verhalten und uns umzusehen. Ich denke, es wird Recht haben. Keine Regierung in der Sowjetunion, wie auch immer sie zusammengesetzt sein mag, kann anders handeln.

Ich glaube, daß die wichtigste Ursache der Besorgnis der USA darin besteht, daß sie ihre militärische Präsenz in Europa als einen Faktor der Stabilität betrachten, den sie erhalten wollen. Und ich sagte Bush, daß auch ich die amerikanische Präsenz in Europa für notwendig erachte. Europa ist ein natürliches Zentrum der Weltpolitik. Und wenn man hier Verschiebungen zuließe, so würden sie sich auf die gesamte Welt auswirken. Die sowjetisch-amerikanische Zusammenarbeit ist eine der Stützen, auf der der europäische politische Raum steht. Darum sind wir für die amerikanische Präsenz in Europa. Und das ist nicht einfach ein politisches Spiel, das ist einfach Realität.

Ein anderes Herangehen, das für Amerika Schwierigkeiten brächte, riefe solche Prozesse hervor, die sich für alle negativ auswirken würden. Aber wir erwarten, daß die Amerikaner auch ihrerseits die Teilnahme anderer Länder und natürlich der Sowjetunion ebenso betrachten. Jedoch erachten wir es als eine ernsthafte Fehlkalkulation, wenn die amerikanische Präsenz ausschließlich mit der NATO verbunden wird und der Austritt der BRD oder eines vereinigten Deutschlands aus der NATO den Beginn des Endes der amerikanischen Militärpräsenz auf dem Kontinent bedeuten würde. Das ist es, worauf sich die Frage stützt, und davon überzeugte ich mich in den recht ausgiebigen Diskussionen mit dem Präsidenten.

Mit dieser Schlußfolgerung sind wir nicht einverstanden, aber die Besorgnis der USA verstehen wir. Insbesondere auf die Realitäten von heute angewandt.

Jetzt zu der Frage, was wir unter einer abschließenden Regelung der Deutschlandproblematik verstehen. Man sagt uns: Ist denn ein einheitliches Dokument nötig? Vielleicht wären einzelne Übereinkünfte auf verschiedenen Ebenen vorzuziehen? Natürlich wird die Regelung der äußeren Aspekte der Vereinigung eine Summe von Übereinkommen zu einzelnen konkreten Fragen sein. Wenn diese jedoch nicht zu einem gemeinsamen Paket verschnürt werden, das der Bestätigung durch die gesamte europäische Gemeinschaft unterliegt, so wird es auch keine Garantien für deren strikte Einhaltung in ihrem gesamten Komplex geben.

Wir sind für eine Regelung, die alle außenpolitischen Aspekte der deutschen Vereinigung erfaßt – die Grenzen Deutschlands,

Bestimmungen über seine Streitkräfte und ausländischen Truppen auf seinem Territorium, Bekräftigung der Verpflichtung, keine Massenvernichtungsmittel zu besitzen sowie die Nichtzulassung der Renaissance revanchistischer Ideologien. Von allen KSZE-Teilnehmerstaaten angenommen, würden diese Übereinkünfte ein allgemeines Paket einer abschließenden völkerrechtlichen Regelung bilden.

Mit einem Wort, es ist wichtig, daß der Prozeß der Verschmelzung der BRD und der DDR nicht als Zankapfel, sondern als eine Art Ausgangsstoff für eine friedliche Vereinigung Europas dient. Die Lösung dieser Aufgabe ist keine Utopie, dafür gibt es sowohl die politischen Bedingungen als auch eine Verhandlungsgrundlage. Wir gehen in das zweite Treffen der Außenminister der „Sechsergruppe" in Berlin mit dem Bewußtsein einer hohen Verantwortung für die Sicherheit der Sowjetunion und aller verbündeten Länder, und wir werden uns auch weiterhin mit ihnen konsultieren und eine gemeinsame Suche nach Lösungen, die den Frieden und die Stabilität der Kräfte in Europa festigen, durchführen.[438]

Offensichtlich habe ich hier noch zusätzliche Materialien, die in Washington genutzt wurden, und ich möchte einiges davon verwenden, um ausführlicher die Situation zur Frage der verschiedenen Modelle von bereits heute in der NATO existierenden Beziehungen zu erklären. Ich möchte daran erinnern, daß es gerade innerhalb des NATO-Blocks mindestens fünf/sechs verschiedene Arten der Mitgliedschaft gibt. Es gibt das französische Modell, das dänisch-norwegische Modell der Nichtstationierung von ausländischen Stützpunkten und Kernwaffen in Friedenszeiten, das britische Modell der Teilnahme an der militärischen Organisation ohne Unterordnung der nuklearen Streitkräfte Großbritanniens unter das Vereinte Oberkommando, das westdeutsche Modell der vollständigen Integration mit Verzicht auf ein nationales Oberkommando – äußerst harte Begrenzungen der Souveränität, insbesondere bezüglich der Nutzung des Luftraumes – das amerikanische Modell und andere. So daß die Suche nach neuen Modellen im Rahmen der Überlegungen, von denen ich sprach, nicht einfach müßige Gedanken sind, sie ist normal: Es verändert sich die Realität, es verändert sich der Kontext, und es können sich auch die Ansätze verändern. Wir können nicht nur im Rahmen eines solchen Kontextes wirken, sondern wir müssen gerade dies tun. [...]

Quelle: BArchP, DC 20, I/3-3000.

---

438 Am 22. Juni 1990 begann die zweite Runde der 2+4-Gespräche in Ost-Berlin.

Dokument 72

Rede von Lothar de Maizière auf dem Gipfeltreffen der Warschauer Vertragsstaaten am 7. Juni 1990

Mit Freude nehme ich zum ersten Mal die Gelegenheit wahr, vor den höchsten Repräsentanten der Teilnehmerstaaten des Warschauer Vertrages den Standpunkt der ersten, aus freien Wahlen hervorgegangenen Regierung der DDR zu den aktuellen Problemen unseres Bündnisses darzulegen. Es ist mir in diesem Zusammenhang zugleich eine angenehme Aufgabe und ein persönliches Anliegen, bestehende Kontakte zu vertiefen und solche zu knüpfen, wo sie noch nicht bestehen.

Erlauben Sie mir zunächst, dem Präsidenten der UdSSR, Herrn Präsident Gorbatschow, für seine ausführliche Information über den Washingtoner Gipfel zu danken.[439]

Wir begrüßen und unterstützen die von der UdSSR und den USA unternommenen Anstrengungen und Ergebnisse ihrer Beratung, die Welt sicherer zu machen und den Frieden auf ein solides Fundament weitgehend übereinstimmender Positionen in den grundlegenden Menschenrechtsinteressen zu stellen. Das betrifft insbesondere die erzielten Fortschritte im Ringen um eine Reduzierung der strategischen Kernwaffen und der chemischen Massenvernichtungsmittel sowie den von beiden Seiten bekräftigten Willen, bei den Wiener Verhandlungen über konventionelle Streitkräfte in Europa noch in diesem Jahr ein erstes Abkommen abzuschließen. Diese Ergebnisse liegen im ureigenen Interesse der DDR. Sie schaffen zugleich die notwendigen Voraussetzungen, jene materiellen Bedingungen und jene Atmosphäre in Euorpa zu schaffen, um die Teilung des Kontinentes zu überwinden, die Ost-West-Konfrontation weiter abzubauen, das Zusammenwachsen des europäischen Kontinents zu befördern und damit auch die Teilung Deutschlands als eine Quelle von Unsicherheit und Instabilität im Herzen Europas zu überwinden. Die DDR wird ihren Teil dazu beitragen, um diese angestrebten Ziele zu erreichen.

In Europa vollziehen sich Entwicklungen von historischer Tragweite. Ausgelöst durch Bürgerbewegungen in Osteuropa und durch die neue Politik der UdSSR, durch Perestroika und Glasnost haben sich in allen ost- und südosteuropäischen Ländern tiefgreifende Veränderungen in den politischen und gesellschaftlichen Strukturen vollzogen, was heute mit den Worten „Wandel und Umbruch" beschrieben wird, aber weit über den Sinn und Gehalt dieser Kenn-

---

439 Vgl. Dok. 71 sowie Anm. 435 und 436.

zeichnung hinausgeht. Alle Staaten des Warschauer Vertrages haben in freier Selbstbestimmung den Weg zu einer demokratisch verfaßten Gesellschaft eingeschlagen.

Diese Demokratisierung hat zu einer neuartigen Gemeinsamkeit geführt. Es sind Voraussetzungen dafür entstanden, daß sich nicht nur die Vertragsgemeinschaft unserer Staaten auf einer völlig neuen Grundlage verändern kann und muß, sondern, daß wir heute auch den Dialog über europäische Sicherheit, über die Ablösung der konfrontativen Militärbündnisse mittels bündnisüberwölbender Strukturen auf neue Weise führen können, sich Wege für die Überwindung in Europa eröffnen, die es bisher in der Geschichte unseres Kontinents nicht gegeben hat. Die 90er Jahre werden die Jahre sein, in denen die Spaltung Europas endgültig überwunden wird und die oft als Nachkriegszeit bezeichnete Epoche zu Ende geht.

Die sich in Europa vollziehenden Entwicklungen bieten die einmalige Chance, auch die Teilung Deutschlands im europäischen Kontext zu überwinden. Wir danken ausdrücklich dafür, daß alle Staaten des Warschauer Vertrages die Vereinigung Deutschlands als Teil der Überwindung der Teilung Europas, als wesentlichen Beitrag zur Beendigung des kalten Krieges auf unserem Kontinent unterstützen. Das um so mehr, da es zu den historischen Erfahrungen der Europäer gehört, daß Deutschland den europäischen Kontinent mehrfach in Kriege und Konflikte gestürzt hat. Es ist das politische Vermächtnis der DDR, daß sich der Vereinigungsprozeß in einer Weise vollzieht und zu einem Ergebnis führt, das von keinem der Nachbarn Deutschlands und von keinem anderen europäischen Staat als Bedrohung empfunden wird.

Die neue Regierung der DDR tritt dafür ein, den Prozeß der deutschen Einigung in die gesamteuropäischen Einigungsbestrebungen einzubetten. Wir wollen einen solchen einheitlichen deutschen Nationalstaat so gut und so schnell wie möglich schaffen, von dem alle europäischen Staaten jederzeit sagen können: ein berechenbarer und zuverlässiger Partner, dem man vertrauen kann; ein auf Europa orientiertes Land, Pfeiler für eine Brücke der Verständigung zwischen Ost und West.

Die deutsche Vereinigung soll dem Prozeß der Überwindung der Blockkonfrontation weitere Substanz hinzufügen. So scheint es möglich, daß das vereinigte Deutschland zum Scharnier einer derartigen Entwicklung wird. Die Einheit Deutschlands soll so zu einem Gewinn für alle Staaten werden.

Wir meinen, daß die Perspektive der europäischen Sicherheit letztes Endes von allen Beteiligten in Ost und West verlangt, anstelle der von Konfrontations- und Gleichgewichtsdenken geprägten alten militärischen Blockstrukturen eine gesamteuropäische Sicherheitsordnung zu gestalten, die Konflikte aus sich selbst heraus und mit eigenen Mitteln in zivilisierten Formen austragen kann. Es ist unser erklärtes Ziel, die Sicherheit Deutschlands in einer solchen Friedensordnung zu suchen und zu gewährleisten. Daher muß für die deutsche Vereinigung eine europäische Lösung gefunden werden, eine, die den Sicherheitsbedürfnissen aller Staaten gerecht wird.

Wir meinen, daß der KSZE-Prozeß eine geeignete Möglichkeit bietet, die Konturen eines neuen europäischen Sicherheitssystems abzustecken. Im Kern geht es dabei m. E. um die Schaffung einer eigenständigen institutionalisierten sicherheitspolitischen Dimension der KSZE, die Errichtung einer gesamteuropäischen Sicherheitsunion. Bisherige Sicherheitsstrukturen sollten, wie alle funktionstüchtigen europäischen Strukturen, in eine gesamteuropäische Richtung entwickelt werden. Ich denke dabei auch an Mechanismen und Organe wie den Europarat, die EG und die Europäische Politische Zusammenarbeit sowie die ECE. In dieser Richtung sollte sich auch unsere sich demokratisierende Vertragsgemeinschaft einbringen. Nicht zuletzt denke ich schließlich an eine gründlich reformierte NATO, die auf ihre bisher gültige Strategie der „flexible response" mit ihren Leitprinzipien des nuklearen Ersteinsatzes und der Vorneverteidigung grundsätzlich verzichtet.

Einer so deutlich geänderten NATO könnte das vereinte Deutschland mit einem militärischen Sonderstatus des heutigen DDR-Territoriums in einer Übergangszeit bis zur Schaffung der Europäischen Sicherheitsunion angehören.

Das für den Herbst 1990 vorgesehene Gipfeltreffen der KSZE-Staaten könnte zum Ausgangspunkt eines neuen Kapitels europäischer Zusammenarbeit und Sicherheit werden, in dem es die Perspektiven der zukünftigen europäischen Friedensordnung entwirft.[440] Im Grunde genommen geht es darum, dem KSZE-Prozeß eine neue Qualität und Dimension zu verleihen, Grundlagen und Strukturen für das einige Europa zu schaffen. Ein schrittweises Herangehen erscheint uns dabei geboten. In diesem Sinne setzt sich die DDR dafür ein, daß die Dynamik regelmäßiger Treffen im Rahmen des KSZE-Prozesses unbedingt erhalten bleibt.

Zugleich sollte auf der Ebene der Außenminister ein Rat für Sicherheit und Zusammenarbeit in Europa gebildet werden, der in Abständen von etwa 6 Monaten und auf der Ebene von Botschaftern jeweils einmal monatlich tagen sollte. Zur Gewährleistung der Arbeitsfähigkeit dieses Gremiums wäre es zweckmäßig, ein kleines Sekretariat zu bilden. Darüber hinaus erscheint es im Interesse der

440 Vgl. Anm. 380.

allmählichen Herausbildung gesamteuropäischer Sicherheitsstrukturen geboten, für bestimmte Bereiche mit der Bildung von Zentren der sicherheitspolitischen Kooperation auf Feldern wie Vertrauensbildung, Rüstungskontrolle und Verifikation, Konversion sowie friedliche Streitbeilegung praktisch zu beginnen. Natürlich müssen wir auch daran denken, den Prozeß der Institutionalisierung im Rahmen der KSZE Schritt für Schritt auf die nichtmilitärischen Bereiche der Zusammenarbeit auszudehnen. Alle diese Überlegungen liegen der gemeinsamen Initiative der CSFR, Polens und der DDR zugrunde, die wir den 35 Teilnehmerstaaten der KSZE in Kürze unterbreiten möchten.

Unsere Staaten müssen sich auf die sich grundlegend und schnell verändernde Situation in Europa einstellen und auf die tiefgreifenden Veränderungen nicht nur reagieren, sie müssen im eigenen wie im gesamteuropäischen Interesse zukunftsgerichtet und produktiv agieren. Der Warschauer Vertrag macht aber gegenwärtig eine sehr schwierige Phase durch. Seit geraumer Zeit befindet er sich in einer Existenz- und Legitimationskrise.

Wir meinen, daß unsere Vertragsgemeinschaft mit klarer politischer Dominanz wichtige Dienste zu leisten hätte, z. B. gemeinsam mit der NATO einen geordneten Übergang von der Ost-West-Konfrontation zu einer europäischen Friedensordnung zu vollziehen und zu sichern.

Es gibt viele Fragen, deren Regelung im Interesse aller Teilnehmerstaaten des Warschauer Vertrages, auch der DDR, liegt. Dazu gehören aus der Sicht der DDR
– die Ausarbeitung von konzeptionellen Vorstellungen für gesamteuropäische Sicherheitsstrukturen,
– die Unterbreitung von neuen Vorschlägen zur Abrüstung und Vertrauensbildung, vor allem zur Einberufung von Verhandlungen über taktische Kernwaffen,
– die Ausarbeitung von Strukturen und der Arbeitsweise einer Verifikationsstruktur,
– die gegenseitige Information über das Vorgehen der Teilnehmerstaaten auf den Abrüstungsverhandlungen,
– die Erarbeitung von konzeptionellen Überlegungen über die weitere Ausgestaltung des KSZE-Prozesses, insbesondere der Vorbereitung des KSZE-Gipfels 1990, des Folgetreffens in Helsinki 1992 und der mit der Institutionalisierung verbundenen Fragen.

Die DDR wird ihre Mitgliedschaft im Warschauer Vertrag dazu nutzen, die politische Zusammenarbeit unserer Staaten im Rahmen der Organisation des Warschauer Vertrages zu intensivieren mit dem Ziel, an der Herausbildung europäischer Sicherheitsstrukturen mitzuwirken. Wir würden es begrüßen, wenn dazu ein Konsens gefunden und entsprechende Schritte getan werden könnten, diesen Weg auch gemeinsam zu gehen.

Beginnen sollten wir damit, den Text des Warschauer Vertrages den neuen politischen Gegebenheiten in Europa anzupassen.[441] Das soll nicht etwa durch Neuverhandlungen des Vertrages, sondern durch die Streichung jener Elemente erfolgen, die der neuen Situation nicht mehr entsprechen. Das gilt z. B. für eine Reihe von Aussagen in der Präambel des Vertrages. Wir sollten nachdrücklich erklären, daß diese, gegen die NATO und die Westeuropäische Union gerichteten Aussagen heute keine Gültigkeit mehr besitzen. Unsere Tagung könnte z.b. eine Botschaft an den bevorstehenden NATO-Gipfel richten, in der diese Veränderungen des Charakters unserer Vertragsgemeinschaft erklärt werden und das Herangehen des Warschauer Vertrages an die Fragen der Überwindung von Militärbündnissen und die Schaffung gesamteuropäischer Sicherheitsstrukturen erläutert werden.

Die Veränderung unseres Bündnisses bei Dominanz der politischen Strukturen und Aussagen und der Bekräftigung unserer Absicht, eine Brückenfunktion zur NATO auszuüben, wäre unseres Erachtens auch für den erfolgreichen Ausgang der Wiener Verhandlungen hilfreich und nützlich, da diese bis heute in den politischen Strukturen funktionierende Bündnisse in Ost und West eine gemeinsame Geschäftsgrundlage voraussetzen. Die in der nächsten Woche in Berlin stattfindende Tagung des Komitees der Verteidigungsminister sollte auch diesem Ziel dienen. Dazu ist aber eine grundlegende Änderung der Tagesordnung notwendig.[442]

Eine Reihe von Komplikationen und Verzögerungen in den Wiener Verhandlungen, die in letzter Zeit aufgetreten sind, haben ja offensichtlich ihre Ursachen auch darin, daß es auf seiten des Warschauer Vertrages derzeit praktisch kein funktionierendes Bündnis mehr gibt. Unser Ziel, die alten Blockstrukturen in Ost und West zu überwinden, erreichen wir schneller, wenn beide sich verändernden Bündnisse bei der Erfüllung von sicherheitspolitischen Aufgaben konstruktiv zusammenwirken könnten. Deshalb unterstützt die DDR Initiativen, die darauf gerichtet sind, die politischen Funktionen des Warschauer Vertrages zu stärken und dieses Bündnis in der Übergangsperiode des Aufbaus und bis zum Wirksamwerden gesamteuropäischer Sicherheitsstrukturen zu nutzen.

---

441 Vgl. Die Organisation des Warschauer Vertrages. Dokumente und Materialien 1955 - 1985. (Ost-)Berlin 1985, S. 19 ff.

442 Eine Sitzung der Verteidigungsminister des Warschauer Vertrages fand am 15. Juni 1990 in Strausberg bei Berlin statt.

346

Es wäre gut, wenn wir darüber Einvernehmen erzielen könnten. Die DDR ist bereit, Gastgeber für eine Expertenrunde zu sein, die sich mit der politischen Umgestaltung unseres Bündnisses im Sinne meiner Überlegungen befaßt. Zugleich ist die DDR natürlich auch für jede andere Entscheidung offen, die den Konsens aller Teilnehmerstaaten des Warschauer Vertrages besitzt. [443]

Quelle: BArchP, DC 20, I/3 - 3000.

Dokument 73

Schreiben von UdSSR-Ministerpräsident Nikolai Ryshkow an Lothar de Maizière vom 7. Juni 1990

Werter Herr de Maizière!

In Übereinstimmung mit unserer Übereinkunft vom 29. April 1990 wurden im Rahmen der geschaffenen gemeinsamen Arbeitsgruppen Verhandlungen über die Ausarbeitung abgestimmter Vorschläge zu Fragen der gegenseitigen handelsökonomischen, Vermögens- und Finanzbeziehungen zwischen der DDR und der UdSSR durchgeführt, die im Zusammenhang mit der Schaffung einer Währungs-, Wirtschafts- und Sozialunion der BRD entstehen. [444]

Die Verhandlungen haben gezeigt, daß es zu der kompliziertesten und akutesten Frage der Versorgung der sowjetischen Organisationen und Bürger, die sich in der DDR befinden, einschließlich der Westgruppe der Streitkräfte, mit Mark der BRD ab 1. Juli 1990 nicht gelungen ist, eine abgestimmte Lösung zu finden.

Der von der DDR-Seite unterbreitete Vorschlag zur Deckung des Bedarfs der sowjetischen Organisationen und Bürger an BRD-Mark durch zusätzliche Lieferungen von Valutawaren über die Verpflichtungen laut Jahresprotokoll für 1990 hinaus oder durch die

---

443 In einer Deklaration der Teilnehmer des Gipfeltreffens in Moskau hieß es schließlich zur deutschen Frage: „Was die äußeren Aspekte der Vereinigung Deutschlands betrifft, wurde die gemeinsame Überzeugung ausgedrückt, daß sie im Kontext des gesamteuropäischen Prozesses und auf der Grundlage seiner Prinzipien erfolgen, seine Entwicklung fördern und vertiefen, die legitimen Sicherheitsinteressen der Nachbarn Deutschlands und aller anderen Staaten berücksichtigen und feste Garantien für die Unverletzlichkeit der europäischen Grenzen gewährleisten muß." (BArchP, DC 20, 6097)

444 De Maizière weilte in Begleitung der Minister Eppelmann, Meckel und Pohl am 29. April 1990 in Moskau. Er traf Gorbatschow und Ryshkow.

Bereitstellung eines kurzfristigen Kredits führt zu einer bedeutenden Erhöhung der Ausgaben der sowjetischen Seite für diese Zwecke. Das widerspricht den in der Vergangenheit sowohl seitens der DDR als auch seitens der BRD abgegebenen Erklärungen, daß im Falle des Abschlusses der Währungs-, Wirtschafts- und Sozialunion zwischen der DDR und der BRD der Sowjetunion kein Schaden zugefügt wird und die Vermögens- und Finanzrechte der sowjetischen Organisationen und Bürger gewährleistet werden.

Im Zusammenhang damit ist die sowjetische Regierung der Auffassung, daß für das zweite Halbjahr 1990 zu den ehemaligen Bedingungen die Ordnung für die Konvertierung transferabler Rubel in die auf dem Territorium der DDR geltende Geldeinheit beibehalten werden muß, da auf Bitte der DDR vorgesehen war, die Verrechnungen der kommerziellen Beziehungen bis zum Jahresende in transferablen Rubeln durchzuführen. Im entgegengesetzten Falle wird die sowjetische Seite keinen anderen Ausweg haben, als bereits ab 1. Juli 1990 zu Verrechnungen in frei konvertierbarer Währung zu laufenden Weltmarktpreisen für den gesamten Komplex der handelsökonomischen Beziehungen überzugehen.

Gleichzeitig erwartet die sowjetische Seite, daß der Umtausch der bei sowjetischen Bürgern vorhandenen Geldmittel in Mark der DDR zu Bedingungen erfolgen wird, die nicht schlechter sind als für Bürger der DDR angenommen, daß heißt bis zu einem bestimmten Betrag würde der Umtausch im Verhältnis 1 : 1 und über diesen Betrag hinaus im Verhältnis 1 : 2 erfolgen.

Wir gehen davon aus, daß die gesamte Arbeit, einschließlich der Unterzeichnung der erforderlichen Abkkommen, in 2 bis 3 Wochen abgeschlossen sein muß. Unsererseits hat der Vorsitzende des sowjetischen Teils der Paritätischen Regierungskommission, der Stellvertreter des Vorsitzenden des Ministerrates der UdSSR I. S. Silajew, einen entsprechenden Auftrag erhalten.

Unter Berücksichtigung dessen, daß im Staatsvertrag zwischen der BRD und der DDR vorgesehen ist, daß die Bundesbank den Umlauf der Geldmittel in der gesamten Währungszone der Mark der BRD regelt, würden wir es für möglich halten, in die Lösung aller Fragen im Zusammenhang mit der Deckung des sowjetischen Bedarfs an den neuen Zahlungsmitteln Vertreter der kompetenten Organe der BRD einzubeziehen.

Hochachtungsvoll
N. Ryshkow

Quelle: BArchP, DC 20, 6075.

Dokument 74

Schreiben von Lothar de Maizière an UdSSR-Ministerpräsident Nikolai Ryshkow vom 15. Juni 1990

Sehr geehrter Herr Ryshkow,
entsprechend der zwischen uns getroffenen Übereinkunft vom 29. April 1990 verhandeln gegenwärtig bevollmächtigte Vertreter der Regierungen unserer Länder in Berlin über die in Ihrem Schreiben vom 7. Juni dieses Jahres aufgeworfenen Fragen.[445]
Die Vertreter der DDR wurden beauftragt, abgestimmte Standpunkte zu Fragen zu finden, deren Lösung unmittelbar mit der Einführung der Deutschen Mark auf dem Territorium der DDR zusammenhängt und deshalb keinen Aufschub duldet.
Zu diesem Zweck wird die DDR-Seite ihren Vorschlag bezüglich der Gewährung einer Vorschußzahlung für den finanziellen Bedarf in Deutscher Mark für die in der DDR stationierte Westgruppe der sowjetischen Streitkräfte für das 2. Halbjahr 1990 weiter ausbauen. Dieser Vorschuß könnte nach Ablauf des 2. Halbjahres 1990 im Zusammenhang mit der Umstellung des Gesamtkomplexes der gegenseitigen Verrechnung zwischen unseren Ländern beglichen werden. Die diesbezüglichen Modalitäten wären durch beide Seiten zu vereinbaren. Dabei wird das Prinzip, daß der UdSSR durch die Schaffung der Wirtschafts-, Währungs- und Sozialunion kein Schaden zugefügt wird, berücksichtigt.
Ihr Vorschlag, die Ordnung der Umwandlung von transferablen Rubeln in die ab 01. Juli 1990 auf den Territorium der DDR geltende Währung wie auch in sowjetische Rubel zu den gegenwärtig geltenden Bedingungen bis zum Jahresende beizubehalten, ist schwerlich realisierbar. Die fortgesetzte Praktizierung der bestehenden Modalitäten der Geldschöpfung in transferablen Rubeln sowie der unzureichenden Geldregulierung der an den Verrechnungen zwischen unseren Ländern beteiligten Institutionen würde die Stabilität der auf dem Territorium der DDR einzuführenden Währung ernsthaft gefährden. Angesichts dieser Tatsache sollte die Auffassung der sowjetischen Regierung zwischen den bevollmächtigten Vertretern unserer Länder bezüglich ihrer praktischen Handhabbarkeit detailliert und verantwortungsvoll geprüft werden. Gleiches betrifft die Anregung der sowjetischen Seite, bereits ab 01. Juli 1990 alle gegenseitigen Verrechnungen in frei konvertierbaren Währungen abzuwickeln.

---

445 Vgl. Dok. 73 sowie Anm. 444.

Ich bin der tiefen Überzeugung, daß es im Interesse unserer Länder liegt, alle für 1990 abgeschlossenen Außenhandelsverträge wie vereinbart zu realisieren, d. h. in transferablen Rubeln. Eine vollständige Umstellung des Handels ab 01. Juli 1990 auf deutsche Mark oder eine andere konvertierbare Währung würde eine Neuverhandlung von mehreren 1000 Verträgen erfordern. Infolge solcher umfangreichen notwendigen Verhandlungen wäre eine Unterbrechung des Handels mit allen sich daraus ergebenden Konsequenzen für die Produktion bzw. Versorgung der Volkswirtschaften beider Länder unvermeidlich.

Ich bitte Sie deshalb, sich in dieser Frage unserem Standpunkt anzuschließen und erst ab 1. Januar 1991 den Handel auf eine konvertierbare Währung zu Weltmarktbedingungen umzustellen. Damit verbunden ist die Regulierung des für die DDR bestehenden Aktivsaldos.

Hinsichtlich der vorgesehenen Modalitäten der Währungsumstellung möchte ich betonen, daß die Guthaben sowjetischer Bürger in Mark der DDR ausgehend von ihrem in der DDR eingenommenen Status umgetauscht werden. Damit werden die Geldmittel einer bedeutenden Zahl von Bürgern der UdSSR analog wie die von Bürgern der DDR umgestellt. Für alle anderen sich auf dem Territorium der DDR aufhaltenden Bürger wird faktisch ein Umstellungsverhältnis von 2 : 1 zur Anwendung kommen. Die Regierung der DDR ist der Auffassung, daß damit in Zusammenarbeit mit Vertretern Ihres Landes in der DDR eine annehmbare Regelung gefunden worden ist.

Ihrem Vorschlag, die gemeinsame Arbeit kurzfristig abzuschließen und erforderliche Vereinbarungen zu unterzeichnen, stimme ich zu.

Falls Sie, wie in Ihrem Schreiben angeregt, eine Einbeziehung von Vertretern kompetenter Organe der BRD in die Verhandlungen zwischen Vertretern unserer Regierungen zur Deckung des sowjetischen Bedarfs an Deutscher Mark für notwendig erachten, erwarte ich Ihren konkreten Vorschlag.

Nach Abschluß der zur Zeit laufenden Verhandlungen der bevollmächtigten Vertreter unserer Regierungen bin ich bereit, einen fernmündlichen Meinungsaustausch mit Ihnen zu führen.

Hochachtungsvoll
gez. Lothar de Maizière

Quelle: BArchP, DC 20, 6075.

Dokument 75

Information über ein Gespräch von DDR-Staatssekretär Günther Krause mit UdSSR-Ministerpräsident Nikolai Ryshkow am 26. Juni 1990[446]

Am 26. Juni 1990 führte ich in Moskau ein Gespräch mit dem Vorsitzenden des Ministerrates der UdSSR, Herrn N. I. Ryshkow. Von sowjetischer Seite war Herr S. A. Sitarjan, Stellvertreter des Vorsitzenden des Ministerrates der UdSSR, anwesend.

In dem Gespräch wurden Fragen der nichtkommerziellen Zahlungen zwischen der DDR und der UdSSR im 2. Halbjahr 1990 einschließlich der Bereitsstellung der notwendigen Beträge in Deutscher Mark für die Westgruppe der Streitkräfte mit folgendem Ergebnis behandelt:

1. Die UdSSR wird im 2. Halbjahr 1990 für den Unterhalt der Westgruppe der Streitkräfte Warenlieferungen in Höhe von 255 Mio. transferablen Rubeln einsetzen.

2. Ab 1. Juli 1990 gilt ein Umrechnungskoeffizient von 1 : 2,75 an Stelle des bisherigen Koeffizienten 1 : 5,50. Damit wurde den Festlegungen des Staatsvertrages über die Schaffung einer Währungs-, Wirtschafts- und Sozialunion zwischen der DDR und der BRD hinsichtlich eines Umtausches im Verhältnis 2 : 1 voll entsprochen.

3. Bei Umrechnung der 255 Mio. transferablen Rubel in DM im vereinbarten Umrechnungsverhältnis ergeben sich ca. 700 Mio. DM. Die bisherigen nominellen Gesamtkosten belaufen sich auf 1,4 Mrd. Mark. Es wurde vereinbart, daß ein Betrag von insges[amt] 1.250 Mio. DM der UdSSR zur Verfügung gestellt wird, davon 250 Mio. DM am 1. Juli 1990, einschließlich einer Summe von 50 Mio. DM zweckgebunden für die Feldbank der Westgruppe der Streitkräfte.

4. Die Umstellung der Geldmittel der Feldbank erfolgt in Übereinstimmung mit den Festlegungen des Staatsvertrages 2 : 1.

Auf der Grundlage einer Niederschrift über die Ergebnisse der Verhandlungen wird am 28. Juni 1990 in Berlin ein Regierungsabkommen unterzeichnet.[447]

Bei der Behandlung vorgenannter Fragen betonte Herr Ryshkow seine Forderung, daß für die UdSSR mit dem Prozeß der Einheit Deutschlands kein Schaden eintreten darf.

Der Grundsatz des Vertrauensschutzes wurde von mir anerkannt. Gleichzeitig verwies ich darauf, daß für die DDR in der Vergangenheit

---

446 Der Vermerk wurde am 27. Juni 1990 von Günther Krause an Lothar de Maizière „zur persönlich-vertraulichen Unterrichtung" übermittelt.

447 Die Unterzeichnung erfolgte laut Ministerratsbeschluß am genannten Tag.

weit mehr Aufwendungen getragen wurden, als die 1,4 Mrd. Mark ausdrücken. Im ersten Halbjahr 1990 wurden von sowjetischen Truppen in der DDR für 987 Mio. Mark Subventionen in Anspruch genommen. Durch den Vorzugskurs von 1 : 5,50 (gegenüber dem kommerziellen Umrechnungsverhältnis von 1 : 4,67) wurden weitere 210 Mio. Mark aufgewandt. Es wurde die politische Komponente einer für beide Seiten akzeptablen Lösung hervorgehoben.

Im Verlaufe des Gespräches unterbreitete Herr Ryshkow den Vorschlag, PKW Trabant, Wartburg und zukünftig auch andere in der DDR produzierte PKW-Typen in wesentlichen Stückzahlen zu importieren. Als Gegenware wurde von der UdSSR-Seite Erdgas vorgeschlagen. Umgehende Klärung wurde zugesagt.

Herr Ryshkow bat um Informationen über den aktuellen Stand der Vorbereitung von Landtags- und Gesamtdeutschen Wahlen. Er interessierte sich für den politischen Inhalt des am 17. Juni von der Fraktion der DSU gestellten Antrages auf Beitritt zum Grundgesetz nach Artikel 23.[448] In diesem Zusammenhang unterstrich ich die Notwendigkeit, den Prozeß der 2+4-Verhandlungen weiterzuführen, die notwendigen Übergangsregelungen zu schaffen und die Länderstrukturen wiederherzustellen. Mit der Verweisung des Antrages an die Ausschüsse der Volkskammer ist eine Absichtserklärung zum Beitritt gemäß Artikel 23 erfolgt.

In dem Gespräch wurde sichtbar, daß die UdSSR einen engen Zusammenhang zwischen den inneren und äußeren Aspekten der Herstellung der Einheit Deutschlands sieht. Die sich mit der Einheit Deutschlands abzeichnenden Möglichkeiten für eine wesentlich erweiterte Zusammenarbeit auf ökonomischem Gebiet wurden von beiden Seiten hervorgehoben. Das Gespräch dauerte 1 $^3/_4$ Stunden. Es verlief in einer sachlichen und konstruktiven Atmosphäre.

Quelle: BArchP, DC 20, 6034.

Dokument 76

**Beschluß des DDR-Ministerrates
über den Einigungsvertrag vom 16. Juli 1990**

Gegenstand der außerordentlichen Sitzung des Ministerrates war eine prinzipielle Verständigung über das weitere Vorgehen in den

---

448 Ein entsprechender DSU-Antrag wurde am 17. Juni 1990 durch die
     Volkskammer zunächst an den Ausschuß „Deutsche Einheit" überwiesen.

Ressortverhandlungen mit der Bundesrepublik Deutschland zur Herbeiführung der deutschen Einheit (Einigungsvertrag).[449]

Beschluß:

1. Die dazu vom Ministerpräsidenten gegebene Orientierung wurde als einheitliche und verbindliche Grundlage für die Arbeit am Vertragsentwurf bestätigt. Das betrifft insbesondere folgende in den Verhandlungen zu vertretende Grundpositionen:

– Durch die beauftragten Staatssekretäre sind ausgehend von dem mit der Bundesregierung abgestimmten Katalog ausschließlich Ressortverhandlungen zu führen. Die dazu bestätigten Verantwortlichkeiten sind einzuhalten, und es hat jederzeit eine enge Abstimmung und Koordinierung mit dem Arbeitsstab Deutsche Einheit zu erfolgen.[450] Mit der Übernahme bzw. Änderung des Grundgesetzes verbundene Fragen sind nicht Gegenstand der Ressortverhandlungen, sondern ausschließlich in der Zuständigkeit des Ministerpräsidenten sowie des Arbeitsstabes Deutsche Einheit.

– Die Verhandlungen seitens der DDR-Delegation sind von einheitlichen Positionen aus zu führen. Als übergreifender Maßstab gilt die Verantwortung gegenüber den 16 Millionen Deutschen, die 40 Jahre auf dem Gebiet der DDR gelebt haben. Unterschiedliche Auffassungen in der Bundesrepublik, zu deren Klärung es auf DDR-Seite keinen Handlungsbedarf gibt, dürfen nicht einseitig übernommen bzw. zum Gegenstand der Verhandlungen gemacht werden. Zu solchen Fragen sind keine verbindlichen Positionen zu beziehen.

– In die Verhandlungen sind keine Vorschläge einzubringen, die von vornherein als undurchsetzbar zu erkennen sind. Das gilt um so mehr für Probleme, zu denen es bereits in der DDR divergierende Standpunkte gibt. In den Ressortverhandlungen ist zu berücksichtigen, daß der Einigungsvertrag sowohl im Bundestag als auch in der Volkskammer einer Zweidrittelmehrheit bedarf.

– Es ist davon auszugehen, daß die Verhandlungen zum Einigungsvertrag unter Verantwortung der Regierung erfolgen und nicht auf der Ebene von Parteien. Verhandlungsgrundlage bildet die Koalitionsvereinbarung, über deren Rahmen und Zielstellung nicht hinausgegangen werden darf. Dementsprechend sind die von der Regierung und vom Ministerpräsidenten vorgegebenen Direktiven zu befolgen. Zu beachten ist die in der Koalitionsvereinbarung für den Ministerpräsidenten festgelegte Richtlinienkompetenz in der Deutschlandpolitik.[451] Parteipolitische Erklärungen während oder zwischen

---

449 Die Verhandlungen hatten am 6. Juli 1990 in Ost-Berlin begonnen.

450 Dieser Arbeitsstab stand unter Leitung von Günther Krause. Vgl. Anm. 419.

451 Die Koalitionsvereinbarung war am 12. April 1990 abgeschlossen worden.

den Beratungsrunden sind im Interesse einer soliden Verhandlungsposition für die DDR-Seite zu vermeiden.

– Der für die weitere Vorbereitung des Einigungsvertrages abgestimmte Zeitrahmen ist unbedingt einzuhalten. Im Ergebnis der Ressortverhandlungen sind dem Arbeitsstab Deutsche Einheit qualifizierte Zwischenberichte zu übergeben.

2. In der sich anschließenden Aussprache wurden zu Fragen bzw. Informationen von Regierungsmitgliedern und von beauftragten Staatssekretären ergänzende Standpunkte herausgearbeitet, die ebenfalls in den Ressortverhandlungen zu befolgen sind.

– Hinsichtlich der Geltung des Rechts der Bundesrepublik Deutschland unmittelbar nach der Vereinigung (Hinweis des Ministers der Justiz) wurde auf ein differenziertes Herangehen entsprechend den jeweiligen Anwendungsbereichen und den vorhandenen Bedingungen orientiert. Auch in den Fällen, in denen die sofortige Übernahme des Bundesrechts zweckmäßig erscheint, ist zu prüfen, ob das dafür notwendige Rechtsbewußtsein und auch der zur Anwendung dieses Rechts erforderliche Apparat bereits vorhanden ist. Für das Landesrecht müssen zunächst die in der DDR geschaffenen Gesetze solange gelten, bis die 5 Länder auf DDR-Gebiet sich ein eigenes Landesrecht geschaffen haben.

– Zur Verfahrensweise bei unterschiedlichen Standpunkten zur BRD-Seite (Anfrage Staatssekretär Wutzke, Ministerium für wirtschaftliche Zusammenarbeit) wird festgelegt, daß in jedem Ministerium mit Abschluß der Ressortverhandlungen eine Liste der Fragen zusammengestellt und dem Arbeitsstab Deutsche Einheit übergeben wird, zu denen ein Dissens mit den Verhandlungspartnern aus der Bundesrepublik besteht. Zu jedem dieser offenen Punkte sind die Auswirkungen, besonders auch die finanziellen Konsequenzen, darzustellen.

– Es ist zu beachten, daß in der Zuständigkeit des Bundesinnenministeriums eine Vielzahl von Kompetenzen liegen, die in der DDR nicht durch das Ministerium des Innern, sondern durch andere Ressortministerien wahrgenommen werden (Hinweis des Staatssekretärs im Ministerium des Innern, Dr. Stief). Das betrifft die Gebiete:

· öffentlicher Dienst,
· Kulturförderung,
· Sportförderung,
· Statistik,
· Medienarbeit,
· Kommunalwesen,
· Staatsorganisation,
· Verwaltungsrecht und Verwaltungsverfahrensrecht,
· Datenschutz.

Bei den Verhandlungen zu diesen Sachthemen ist die notwendige Koordinierung mit dem Ministerium des Innern zu gewährleisten.

– Bestrebungen von Verhandlungspartnern aus der BRD, von der DDR-Regierung erlassene Rechtsvorschriften, die der sozialen Sicherstellung der Bürger unter Beachtung der 40jährigen Entwicklung in der DDR dienen, ab 1. Januar 1991 bereits wieder außer Kraft zu setzen, ist entsprechend zu begegnen (auf Anfrage des Ministers für Arbeit und Soziales und des Staatssekretärs Glotzbach, Ministerium für Bauwesen, Städtebau und Wohnungswirtschaft). Das betrifft z. B. das Wohngeldgesetz, die begünstigenden Regelungen für das Bausparen, die Übergangsregelungen zum Arbeitsgesetzbuch, die Mindestsicherung bei Renten und das Vorruhestandsentgelt. Es ist konsequent darauf zu bestehen, daß alle mit dem 1. Staatsvertrag geregelten Fragen nicht erneut zur Disposition zu stellen sind. Über diese Punkte ist durch beide Parlamente und Regierungen rechtskräftig entschieden. Es ist der Grundsatz in die Verhandlungen einzubringen, daß eine Rechtsangleichung soweit als möglich erfolgt, dies jedoch nicht zu sozialen Nachteilen für DDR-Bürger führen darf. Dieses Prinzip ist auch insofern von hohem politischem Rang, weil sich daraus für den Bürger die Wirksamkeit der Regierungsarbeit seit dem 18. März 1990 ableitet.

– Für die Entschuldung der Betriebe der DDR muß im Interesse ihrer Wettbewerbsfähigkeit und Chancengleichheit auf dem Markt kurzfristig eine Lösung unter Einschaltung der Treuhandanstalt gefunden werden. Die Berlinförderung ist Gegenstand der zentralen Verhandlungen zum Einigungsvertrag und auf dieser Ebene zu klären. Der Senat von Westberlin und der Magistrat von Ostberlin sind dazu keine Verhandlungspartner (auf Anfragen des Ministers für Wirtschaft).

– Hinsichtlich der Übertragung von Vermögen an die Zentrale bzw. an die Kommunen (Hinweis des Ministers der Finanzen) ist der Termin des Beitritts der DDR zum Geltungsbereich des Grundgesetzes zur Grundlage zu nehmen und nicht wie von der BRD-Seite angestrebt, der 1. Oktober 1989. Ziel ist die Schaffung eines breit gefächerten kommunalen Eigentums entsprechend den dazu erlassenen Rechtsvorschriften.

– In allen Verhandlungen ist die Parität der Delegationen zu beachten. Da auf Seiten der Bundesrepublik auch Vertreter der Länder mitwirken, ist die Mitsprache der Regierungsbevollmächtigten in den Bezirken zu gewährleisten und sind notwendige Konsultationen rechtzeitig durchzuführen.

– Im Interesse eines solidarischen Handelns der 5 Länder auf dem Gebiet der DDR wird für eine zu bestimmende Übergangsfrist eine Ministerkonferenz dieser Länder mit dem Einigungsvertrag angestrebt. Zur Berücksichtigung der spezifischen Belange dieser Länder im Ergebnis der 40jährigen Entwicklung in der DDR ist ein entsprechendes Ministerium ebenfalls für eine befristete Übergangszeit zu schaffen und mit einem auf diese Aufgabe bezogenen Sonderstatus auszustatten. Durch Staatsverträge zwichen diesen 5 Ländern soll das notwendige gemeinschaftliche Handeln entsprechend ihren gegenüber anderen Bundesländern spezifischen Bedingungen gewährleistet werden. Das betrifft z. B. die Bereiche der Wissenschaft, der Bildung und der Medien. Mit dem Einigungsvertrag ist die Anerkennung der Berufsbilder, Abschlußzeugnisse und Diplome der DDR zu vereinbaren. Das gilt auch für den Status der Bildungseinrichtungen. Es ist vom Grundsatz auszugehen, daß über Ausbildung, Kompetenz und Eignung von Personen durch die zuständigen Verwaltungsorgane der DDR (Regierung bzw. künftige Länder) entschieden wird (auf Anfragen bzw. Hinweise der Minister für Bildung und Wissenschaft, Forschung und Technologie und der Finanzen sowie des Staatssekretärs im Ministerium für Kultur, Dr. Bartsch).

– In den Ressortverhandlungen sind die Belange der in der DDR lebenden ausländischen Bürger zu beachten (Hinweis der Ausländerbeauftragten, Staatssekretär A. Berger).

– Hinsichtlich der Position der Republik Polen zur deutschen Einigung ist durch den Minister für Auswärtige Angelegenheiten der Ministerrat kurzfristig zu informieren (auf Antrag des Ministers der Finanzen).[452]

3. Die Beratung wurde mit der dringlichen Bitte des Ministerpräsidenten abgeschlossen, die weiteren Verhandlungen zum Einigungsvertrag auf der Grundlage eines einheitlichen und abgestimmten Handelns aller beteiligten Ministerien zu führen.

Quelle: BArchP, DC 20, I/3 - 3024.

Dokument 77

Schreiben von UdSSR-Ministerpräsident Nikolai Ryshkow an Lothar de Maizière vom 18. Juli 1990

Sehr geehrter Herr Ministerpräsident!

Während unserer Gespräche mit Ihnen in Moskau haben Sie die Frage nach der Zweckmäßigkeit einer Erörterung des gesamten Komplexes der Handels-, der Wirtschafts-, der wissenschaftlich-

---

452 Vgl. Dok. 70 sowie Anm. 432.

technischen und der Vermögensprobleme, einschließlich der finanziellen Verrechnungen, die mit dem Aufenthalt der Westgruppe der Streitkräfte auf dem Territorium der DDR verbunden sind, auf trilateraler Grundlage zwischen der UdSSR, der BRD und der DDR aufgeworfen.[453] Unsererseits teilen wir ein solches Herangehen. Diese Idee ist vom Kanzler der BRD, H. Kohl, im Laufe seiner kürzlich stattgefundenen Gespräche mit dem Präsidenten der UdSSR, M. S. Gorbatschow, unterstützt worden.[454]

Ziel derartiger Verhandlungen soll die Vorbereitung eines Vertrages sein, der wirtschaftliche und finanzielle Folgen regelt, die sich für die UdSSR, darunter auch für ihre auf dem Territorium der DDR stationierten Truppen im Zusammenhang mit der Herstellung einer Währungs-, Wirtschafts- und Sozialunion zwischen der DDR und der BRD ergeben.

Zur Lösung der obengenannten Fragen hielten wir es für zweckmäßig, eine Fachgruppe bevollmächtigter Vertreter der UdSSR, der BRD und der DDR auf der Grundlage der Regierungskommissionen der UdSSR mit der BRD und mit der DDR zu bilden. Von der sowjetischen Seite wird diese Arbeit vom stellvertretenden Vorsitzenden des Ministerrates der UdSSR, S. A. Sitarjan, angeleitet werden.

Unserer Auffassung nach sollte man die Verhandlungen unverzüglich aufnehmen. Man könnte sie in Bonn, Berlin oder in Moskau organisieren.

Ein Brief mit dem Vorschlag, trilaterale Verhandlungen aufzunehmen, ist auch an den Kanzler der BRD, H. Kohl, ergangen.

Hochachtungsvoll
gez. N. Ryshkow

Quelle: BArchP, DC 20, 6063.

Dokument 78

Beschluß des DDR-Ministerrats zu den Verhandlungen über den Einigungsvertrag vom 31. Juli 1990

1. Der Ministerrat nahm eine Information des Parlamentarischen Staatssekretärs beim Ministerpräsidenten, Dr. G. Krause, zu den Ergebnissen der Ressortverhandlungen sowie zu den Verhandlungen

---

453 Vgl. Anm. 444.
454 Vgl. Anm. 425.

am 30. Juli 1990 mit dem Bundesminister des Innern, Herrn Schäuble, entgegen.[455] Den Kabinettsmitgliedern wurde eine „Synopse über Dissenspunkte aus den Ressortverhandlungen entsprechend der Berichterstattung zum 27. Juli 1990" zur Einsichtnahme und persönlichen Information übergeben und durch Staatssekretär Dr. Krause erläutert. Es ist vorgesehen, die Entwürfe des Einigungsvertrages und des Wahlvertrages bis 4. August 1990 fertigzustellen.

2. Die Rohskizze des Einigungsvertrages wird am 1. August 1990, 9.00 Uhr im Amtssitz des Ministerpräsidenten, Raum 535, mit den beauftragten Staatssekretären der Ministerien beraten. Auf Antrag des Ministers der Finanzen erklärt Staatssekretär Dr. Krause seine Bereitschaft, die Verteilung der Rohskizze des Einigungsvertrages nach Möglichkeit bis 31. Juli 1990, 19.00 Uhr an ausgewählte Mitglieder des Ministerrates zu veranlassen.

3. Über die Finanzfragen ist eine gesonderte Beratung zwischen dem Minister der Finanzen und Staatssekretär Dr. Krause vorgesehen.

4. Durch den Minister der Finanzen und den Staatssekretär im Ministerium für Wirtschaft, Dr. Halm, wurden ergänzende Hinweise aus den Ressortverhandlungen, insbesondere zum Finanzausgleich sowie zur Strukturförderung, gegeben.

5. Der Ministerrat wird in seiner Sitzung am 8. August 1990 ausführlich über den Entwurf des Einigungsvertrages informiert. Dazu wird der Vertragsentwurf am 7. August 1990 übergeben.[456]

Quelle: BArchP, DC 20, I/3 - 3034.

Dokument 79

Bericht des DDR-Finanzministeriums über eine Arbeitsberatung zur Durchführung des Staatshaushaltsplanes im 2. Halbjahr 1990 vom 14. August 1990

1. Am 13.8.1990 fand im Bundesministerium der Finanzen eine Beratung zu Problemen der Durchführung des Staatshaushaltes der DDR statt, die seitens des BMF vom Referatsleiter „DDR-Haushalt", Herrn Ottenburger, unter Hinzuziehung der Referatsleiter zu den jeweiligen Einzelplänen geleitet wurde.

Beide Seiten gingen von einer Bestandsaufnahme der Probleme aus, wie sie sich aufgrund der wirtschaftlichen Entwicklung gegen-

---

455 Vgl. Anm. 449.

456 Diese Beratung im Ministerrat erfolgte. Vgl. BArchP, DC 20, I/3 - 3038.

wärtig für den Staatshaushalt der DDR in den Hauptpositionen der Einnahmen und Ausgaben ergeben.

Es bestand darin Übereinstimmung, daß dies der erste Schritt zur Erstellung eines Nachtragshaushaltes für die DDR ist.

2. Wie als Konzeption für die Gespräche abgestimmt, haben wir folgende Probleme dargestellt:

a) Allgemeine Haushaltsnachforderungen 10,3 Mrd. DM, darunter:

– Für den Bereich des Wirtschaftsministeriums, insbesondere für Exportstützungen, Strukturanpassungen und Erhöhung von Preissubventionen Energie 5,0 Mrd.

– Für den Bereich der Landwirtschaft für Anpassungshilfen und Marktordnungsmaßnahmen 2,0 Mrd.

– Aufhebung der Haushaltssperre in Höhe von 1,3 Mrd. aufgrund höherer Energiesubventionen (700 Mio.), höherer Ausgaben für die Westgruppe der sowjetischen Streitkräfte (440 Mio.) sowie von zusätzlichen Ausgaben für Strukturhilfen für 33 Erzeugnisse der Industrie, die im Haushaltsrahmen nicht vorgesehen waren, jedoch in den Plan zusätzlich aufgenommen werden mußten.

– Höherer Finanzbedarf in den Kommunen, insbesondere für Werterhaltungs- und Investitionsmaßnahmen 2,0 Mrd.

b) Nach gemeinsamer Berechnung zwischen MdF und BMF zum Sozialhaushalt am 13.8.1990 in Bonn wurden folgende Nachforderungen ermittelt: 9,7 Mrd. DM, darunter:

– Arbeitslosenversicherung 7,1 Mrd.,

– Rentenversicherung 2,5 Mrd.,

– Rückführung ausländischer Arbeitskräfte 0,1 Mrd.

c) Darüber hinaus wurden die Positionen des Haushalts nach Einsparungsmöglichkeiten gemeinsam geprüft und dazu ./. 0,7 Mrd. DM festgestellt.

Nettomehrforderungen für den Staatshaushalt der DDR 2. Halbjahr 1990 *19,3 Mrd. DM.*

Diese Summe wurde durch das BMF als Arbeitsgrundlage zur Kenntnis genommen.

3. Durch das BMF wurden darüber hinaus einvernehmlich folgende Einschätzungen von Risiken für die Durchführung des Staatshaushaltsplanes der DDR vorgenommen, die ebenfalls Gegenstand der weiteren Arbeit sein sollen:

– von der Deutschen Kreditbank AG angestrebte Veränderung der Konditionen zur Zins- und Tilgungsleistung bereits 1990 für den staatlichen und genossenschaftlichen Wohnungsbau, die nicht Gegenstand des Planes sind 3,5 Mrd. DM,

– Prüfung der Notwendigkeit einer Anschubfinanzierung für die Krankenversicherung 3,0 Mrd. DM,

– Weitere Risiken bei der Berechnung des Finanzbedarfs in der Arbeitslosen-, Renten- und Krankenversicherung 2,7 Mrd. DM,
– Risiko der Finanzberechnungen im Bereich der Wirtschaft für Strukturanpassung und Exportförderung 3,0 Mrd. DM.

4. Weitere Arbeitsschritte

Es wurde Übereinstimmung erzielt, daß über die genannten Summen beide Seiten ihre Leitung informieren. Gleichzeitig wurden folgende weitere Arbeitsschritte für die Ausarbeitung des Nachtragshaushaltes mit der Zielstellung, ein endgültiges Ergebnis bis Anfang September zu erzielen, vereinbart:

a) Die jetzt gefaßten Größenordnungen des zusätzlichen Finanzbedarfs in den genannten Positionen werden durch beide Seiten einer gründlichen Prüfung unterzogen. Das erfordert, daß die DDR-Seite eine umgehende Durcharbeitung der Einzelpläne durch das MdF gemeinsam mit den Fachressorts durchführt.

Diese bedeutende Arbeitsaufgabe muß in den nächsten 8 Tagen unter Verantwortung der Leiter der Abteilung Planung und Plandurchführung sowie Haushalt gelöst werden.

b) Seitens des BMF werden die zuständigen Fachressorts der Bundesrepublik ebenfalls mit der Prüfung der gestellten Mehrforderungen und zu erreichenden Einsparungen beauftragt.

c) Aufgrund der Ergebnisse von a) und b) werden durch das BMF erneut Haushaltsverhandlungen mit den zuständigen Abteilungsleitern des MdF und den Fachressorts durchgeführt. Ziel ist die Prüfung der Nachforderungen nach ihrem Grund und ihrer Höhe.

Vorgesehener Termin: Ab 23.8.1990

d) Für die Durchführung der Überprüfung der Nachforderungen wurden durch das BMF folgende prinzipielle Anforderungen gestellt:
– Zur Erhöhung der Subventionen

Es muß davon ausgegangen werden, daß im Prinzip das mit dem Plan festgeschriebene Volumen ausreichend sein muß. Ein Automatismus aus reinen Mengenerhöhungen darf nicht eintreten. Es dürfen keine Subventionen aufgrund von Kostenerhöhungen der Produzenten und Händler gezahlt werden.

Ein Subventionszugang aufgrund neu fertiggestellter Wohnungen darf nicht vorgesehen werden. Hier sind Maßnahmen der Kostendeckung durch höhere Mieten einzuleiten.

Auf dem Gebiet der Subventionen für Verkehrs- und Energietarife ist aufgrund der in einigen Bereichen vorgenommenen Lohnerhöhungen bereits 1990 durch Tariferhöhungen eine höhere Kostendeckung zu erreichen. Das gleiche gilt für Rundfunk- und Fernsehgebühren.

Für Subventionen in der Landwirtschaft sind Quoten und Interventionen so zu gestalten, daß keine höheren Stützungen eintreten.

– Bei den Subventionen für Exporte in die Sowjetunion ist streng nach dem Grundsatz des Vertrauensschutzes gegenüber der Sowjetunion auszugehen, d. h. Subventionen können nur bereitgestellt werden für Exportverträge, die bereits vor Abschluß des Staatsvertrages vorlagen bzw. Gegenstand des Regierungsabkommens sind und spätestens bis 30.6. 1990 vereinbart wurden.

Zusätzliche Verträge und Kostenerhöhungen in den Unternehmen dürfen nicht subventioniert werden (z. B. Werft Rostock).

– Bei der Überprüfung des Personalhaushalts ist bereits von dem sich für Oktober 1990 abzeichnenden Beitritt zur Bundesrepublik auszugehen. Das heißt, die Freisetzung von Arbeitskräften in den Ministerien und anderen Einrichtungen des öffentlichen Dienstes ist bereits als geringerer Finanzbedarf zu berechnen. Gleiches trifft auf die davon abhängigen Sachausgaben zu, da die Ministerien und Einrichtungen des öffentlichen Dienstes dann nicht mehr bestehen, sondern nur als Abwicklungsstellen existieren.

– Zu den Maßnahmen der Infrastruktur und der RGW-Exportstützungen wurde nachhaltig betont, diese Maßnahmen nun endgültig zur Wirkung zu bringen.

gez. Uteg, gez. Bieber

Quelle: BArch P, DC 20, 6089.

Dokument 80

Schreiben von Lothar de Maizière an Bundesaußenminister Hans-Dietrich Genscher vom 29. August 1990

Sehr geehrter Herr Minister Genscher!

Die Verhandlungen mit der Union der Sozialistischen Sowjetrepubliken zu neuen völkerrechtlichen Regelungen über den zeitweiligen Aufenthalt sowjetischer Streitkräfte auf einem Teil des Hoheitsgebietes Deutschlands sowie über deren Abzug sind Veranlassung, mich an Sie zu wenden.[457]

Die bisherige Stationierung der sowjetischen Streitkräfte auf dem Territorium der heutigen DDR hatte bekanntermaßen tiefgreifende Auswirkunge auf die politische und ökonomische Entwicklung im Lande. Damit verbunden war eine Vielzahl von Besonderheiten und Problemen. Über einige von ihnen informiert Sie der beigefügte Katalog.

---

457 Vgl. Dok. 73, 74 und 75.

Gespräche mit sowjetischen Vertretern vermittelten Einblicke in Vorstellungen der Regierung der UdSSR zu wichtigen Elementen der neuen Rahmenvereinbarungen. Auch diese möchte ich Ihnen zur Kenntnis bringen.

Gemäß Ihrer Bitte werden die Arbeiten zur Erfassung und Protokollierung der von den sowjetischen Streitkräften genutzten Geländeflächen und Objekte zügig zu Ende geführt. Das bietet die Möglichkeit, Ihnen die entsprechenden Unterlagen in nächster Zeit zuzuleiten.

Ich nehme die Gelegenheit, Ihre Aufmerksamkeit darauf zu lenken, daß Experten mit spezifischen Erfahrungen und Kenntnissen aus der unmittelbaren Zusammenarbeit mit der sowjetischen Seite in allen Stationierungsfragen sowohl im zivilen als auch im militärischen Bereich zur Verfügung stehen. Die Einbeziehung einiger von ihnen, die den dienstrechtlichen Anforderungen entsprechen, in die Arbeit würde ich als zweckdienlich erachten.

Ich gebe meiner Hoffnung Ausdruck, daß die angestrebten Vereinbarungen mit der UdSSR bald abgeschlossen und somit günstige Voraussetzungen für einen reibungslosen Abzug der sowjetischen Streitkräfte vom Territorium eines geeinten Deutschland geschaffen werden können.[458]

Mit vorzüglicher Hochachtung
gez. Lothar de Maizière

Quelle: BArchP, DC 20, 6069.

Dokument 81

Schreiben von Werner Skowron, geschäftsführender DDR-Finanzminister, an Bundesfinanzminister Theo Waigel vom 29. August 1990[459]

Sehr geehrter Herr Dr. Waigel!

Zur Sicherung der Liquidität des Haushaltes für die Monate September und Oktober 1990 beantrage ich auf der Grundlage des abgeschlossenen Staatsvertrages vom 18.5.1990, Artikel 27, eine

---

458 Vgl. Dok. 86.

459 Am gleichen Tag wurde Ministerpräsident de Maizière vom geschäftsführenden Finanzminister Skowron und von Staatssekretär Bieber über den Inhalt des Schreibens an Waigel informiert (vgl. BArchP, DC 20, 6089).

Überschreitung der Kreditobergrenze um 10 Milliarden DM. Davon werden zu Beginn des Monats September 2 Milliarden DM benötigt.

Aufgrund der veränderten Bedingungen ergibt sich ein höherer Finanzbedarf, insbesondere
- im Sozialbereich für Zahlungen der Arbeitslosen-, Renten- und Krankenversicherung von 3,0 Mrd. DM,
- für das Vorziehen von Investitionen, einschließlich Maßnahmen der Infrastruktur von 2,0 Mrd. DM,
- für allgemeine Haushaltsausgaben, insbesondere zur schnellen Überleitung der Wirtschaft (Strukturanpassung und Exportförderung) von 5,0 Mrd. DM.

Ich darf Sie, verehrter Minister, um Zustimmung zu diesem Antrag bitten.

Mit freundlichen Grüßen
gez. Werner Skowron

Quelle: BArchP, DC 20, 6089.

Dokument 82

**Schreiben des Bundesfinanzministeriums
an Werner Skowron, geschäftsführender DDR-Finanzminister,
vom 3. September 1990**[460]

Sehr geehrter Herr Skowron,
für Ihr Schreiben vom 29. August 1990, mit dem Sie auf der Grundlage des Staatsvertrags vom 18. Mai 1990 eine Überschreitung der Kreditobergrenze des DDR-Haushalts um 10 Mrd. DM beantragen, danke ich Ihnen.[461]

Ich bin wie Sie der Auffassung, daß die im Staatsvertrag festgelegte Kreditobergrenze jetzt erhöht werden muß, weil sich die Bedingungen, die dem Abschluß des Staatsvertrags zugrunde lagen, mittlerweile grundlegend geändert haben. Zum einen entwickeln sich die Steuereinnahmen und die Sozialversicherungsbeiträge schwächer als erwartet, zum anderen ergeben sich Mehrausgaben für die sozialen Sicherungssysteme.

Für die Liquiditätssicherung bis zum Beitritt reicht nach meiner Einschätzung eine Überschreitung der Kreditobergrenze um 5 Mrd.

---

460 Vgl. Dok. 81. Skowron informierte de Maizière direkt über das Schreiben von Staatssekretär Dr. Klemm (vgl. BArchP, DC 20, 6089).

461 Zum Staatsvertrag vgl. Anm. 424.

DM für den Zentralhaushalt aus. Nach dem Beitritt werde ich die notwendige Liquidität in eigener Zuständigkeit sicherstellen. Dem Wunsch von Herrn Staatssekretär Dr. Siegert in seinem Schreiben vom 30. August 1990 entsprechend stimme ich außerdem einer zusätzlichen Kreditermächtigung an die Gemeinden in Höhe von 1 Mrd. DM für investive Zwecke zu. Diese Kreditermächtigung sollte vorwiegend auf jene Gemeinden aufgeteilt werden, die aus dem DDR-Haushalt Mittel für Infrastrukturmaßnahmen erhalten.

Ich stimme daher gemäß Artikel 27 Abs. 1 Staatsvertrag und § 2 Abs. 1 DDR-Haushaltsgesetz 1990 einer Überschreitung der Kreditobergrenze um insgesamt 6 Mrd. DM zu.

Im übrigen weise ich darauf hin, daß die Gemeinden – jedenfalls ab 1991 – auf der Grundlage selbst aufgestellter Kommunalhaushalte zu einer eigenen Kreditaufnahme in der Lage sein werden. Ich schlage vor, daß Sie die Gemeinden ausdrücklich auf diese Regelungen aufmerksam machen mit der Bitte, bereits jetzt ihre Planungen und Auftragsvergaben für 1991 darauf einzurichten.

Mit freundlichen Grüßen
gez. Klemm

Quelle: BArchP, DC 20, 6089.

Dokument 83

Schreiben von George Bush, Präsident der USA, an Lothar de Maizière vom 6. September 1990[462]

Verehrter Herr Ministerpräsident,
wie Sie wissen, werde ich am Sonntag, den 9. September, mit Präsident Gorbatschow in Helsinki zu ganztägigen Gesprächen zusammentreffen.[463] Unsere Tagesordnung ist breit angelegt und offen.

Eines meiner Ziele besteht darin, das konstruktive Herangehen Präsident Gorbatschows an die internationalen Bemühungen gegen Saddam Hussein zu stärken. Bei Betonung der Notwendigkeit, die Sanktionen entsprechend dem Beschluß des UNO-Sicherheitsrates weiterhin voll einzuhalten, habe ich auch vor, die Sorgen anzuspre-

---

462 Die Nachricht von George Bush an Lothar de Maizière wurde auf einem Kopfbogen der Botschaft der USA in Berlin übermittelt. Der hier abgedruckte Text entspricht der de Maizière vorgelegten Übersetzung.

463 Die gemeinsame Erklärung von Bush und Gorbatschow in Helsinki vgl. in: Blätter für deutsche und internationale Politik, H. 11/1990, S. 1399 f.

chen, die Sie in bezug auf die wirtschaftlichen Kosten vorgebracht haben, die sich aus der Einhaltung der UNO-Sanktionen durch Sie ergeben. Allgemeiner gesagt, da die irakische Invasion in Kuwait die erste bedeutende Herausforderung dessen darstellt, was wir als die Ära nach dem kalten Krieg bezeichnen könnten, ist es von großer Bedeutung, daß die Vereinigten Staaten und die Sowjetunion wirksam zusammenarbeiten und ein Beispiel für ein neues Verhältnis geben.[464]

Ich möchte aber nicht, daß die Lage am Golf unsere Gespräche beherrscht. Als Präsident Gorbatschow Anfang Juni in Washington war, kamen wir überein, uns regelmäßig zu allen Fragen, die vor uns stehen, zu treffen.[465] Insbesondere möchte ich im Fahrplan, den wir uns in Washington hinsichtlich des Abschlusses eines Vertrages über konventionelle Abrüstung in Europa gesetzt haben, vorankommen, so daß wir auf dem Wege zu einem KSZE-Gipfel in Paris im November voranschreiten können.[466] Ich möchte mit ihm auch über andere, mit der europäischen Sicherheit verbundene Fragen sprechen. Zu ihnen gehören auch die, welche die NATO in der Erklärung des Londoner Gipfels vorgeschlagen hat.[467]

In bezug auf die deutsche Einigung werde ich die Bedeutung des Abschlusses der Arbeiten am Dokument der abschließenden Regelung bis zum „2 plus 4"-Ministertreffen am 12. September in Moskau unterstreichen.[468] Obwohl ich deutsche Fragen nicht im Detail erörtern möchte, möchte ich absichern, daß die Sowjets nicht weitere Beschränkungen für eine Mitgliedschaft des vereinten Deutschlands in der NATO erwarten, die über die bereits vereinbarten in bezug auf die Stationierung ausländischer Truppen auf dem Territorium der heutigen DDR hinausgehen.

Dieses Treffen wird mir letztendlich die Möglichkeit geben, die Meinung Präsident Gorbatschows zur innenpolitischen Situation zu erfahren, insbesondere im Lichte der Diskussionen zur Errichtung neuer Beziehungen zwischen den Republiken und der Union und angesichts der ständigen Debatte über die Wirtschaftsreform. In diesem Zusammenhang werde ich mit ihm die Möglichkeiten für die Verbesserung der amerikanisch-sowjetischen Wirtschaftsbeziehungen erörtern.

Da ich weiß, daß die Fragen, die wir diskutieren werden, für Sie von Interesse sind, werde ich Sie über meine Eindrücke des Tref-

---

464 Am 2. August 1990 hatten irakische Truppenverbände Kuwait besetzt.

465 Vgl. Anm. 436.

466 Vgl. Anm. 380.

467 Vgl. die „Londoner Erklärung" der NATO vom 5./6. Juli 1990 in: Blätter für deutsche und internationale Politik, H. 8/1990, S. 1004 ff.

468 Vgl. Dok. 86.

fens von Helsinki nach meiner Rückkehr nach Washington unter-
richten.
Hochachtungsvoll
George Bush

Quelle: BAchP, DC 20, 6100.

Dokument 84

**Schreiben von Lothar de Maizière an George Bush,
Präsident der USA, vom 7. September 1990**

Sehr geehrter Herr Präsident!
Für Ihr Schreiben vom 6. September 1990 sage ich Ihnen herzlichen Dank.[469] Die Menschen in der Deutschen Demokratischen Republik sehen mit großer Erwartung Ihrer Begegnung mit Präsident
Gorbatschow entgegen.[470] Sie hoffen auf neue Impulse zur Beförde-
rung der demokratischen Entwicklung in den internationalen Beziehungen und insbesondere zur Entschärfung des gefährlichen Kon-
flikts im Nahen Osten, der durch das völkerrechtswidrige Vorgehen
des Irak entstanden ist.
Wie auch die Vereinigten Staaten von Amerika haben Parlament
und Regierung der Deutschen Demokratischen Republik die Annexion des Staates Kuweit durch die Republik Irak als völkerrechtswidrigen Akt entschieden verurteilt. Sie fordern nachdrücklich die
sofortige Freilassung aller internierten Ausländer, den bedingungs-
losen und unverzüglichen Abzug der irakischen Truppen sowie die
Wiederherstellung der vollen Souveränität des Staates Kuweit.[471]
Die Deutsche Demokratische Republik unterstützt vorbehaltlos
die vom Sicherheitsrat der Vereinten Nationen verabschiedeten Re-
solutionen zur irakischen Annexion Kuweits und hält die verhäng-
ten Sanktionen konsequent ein.[472]
Herr Präsident! Gern erinnere ich mich an unser Treffen in Washington und an den freimütig geführten Meinungsaustausch zu den
aktuellen Fragen unserer Zeit.[473] Er verdeutlichte das tiefe Verständ-

---

469 Vgl. Dok. 82.
470 Vgl. Anm. 463.
471 Vgl. Anm. 464.
472 Vgl. die Resolution des UN-Sicherheitsrates vom 6. August 1990 in: Blät-
     ter für deutsche und internationale Politik, H. 9/1990, S. 1149 ff.
473 De Maizière hatte die USA vom 9. bis 12. Juni 1990 offiziell besucht.

nis, das Sie, Herr Präsident, persönlich und die amerikanischen Bürger für das Streben der Deutschen nach staatlicher Einheit haben. Gestatten Sie mir deshalb am Vorabend der historischen Stunde der Erfüllung dieses innigsten Wunsches meiner Landsleute, Ihnen und dem amerikanischen Volk für die beharrliche und langjährige Unterstützung zur Herbeiführung der deutschen Einheit zu danken.

Die erfolgreiche Beendigung der 2+4-Gespräche verbinde ich mit der Erwartung, daß ihre Ergebnisse dazu beitragen, die Entspannung fortzusetzen und weiter zu vertiefen sowie die Abrüstung voranzubringen und den KSZE-Prozeß zu befördern.[474]

Die Bürger meines Landes sind überzeugt, in den Vereinigten Staaten von Amerika, auch in den Gesprächen und Verhandlungen der kommenden Wochen einen zuverlässigen Partner an ihrer Seite zu wissen, der mit Wort und Tat für die Herstellung und die Verteidigung der vollen Souveränität des geeinten Deutschlands wirkt.

Mit Interesse sehe ich ihrer Botschaft über die Ergebnisse des Treffens von Helsinki entgegen.

Mit vorzüglicher Hochachtung
gez. Lothar de Maizière

Quelle: BArchP, DC 20, 6100.

Dokument 85

Schreiben von Lothar de Maizière an USA-Außenminister James Baker vom 12. September 1990[475]

Herr Außenminister,
im Zusammenhang mit der heutigen Unterzeichnung des Vertrages über die abschließende Regelung in bezug auf Deutschland möchten wir Ihnen mitteilen, daß die Regierungen der Bundesrepublik Deutschland und der Deutschen Demokratischen Republik in den Verhandlungen folgendes dargelegt haben:

1. Die Gemeinsame Erklärung der Regierungen der Bundesrepublik Deutschland und der Deutschen Demokratischen Republik zur Regelung offener Vermögensfragen vom 15. Juni 1990 enthält unter anderem folgende Aussagen:

---

474 Vgl. Dok. 82.

475 De Maizière wandte sich als amtierender DDR-Außenminister an Baker. Gleichlautende Schreiben von de Maizière und Genscher gingen an die Außenminister der UdSSR, der USA, Großbritanniens und Frankreichs.

„Die Enteignungen auf besatzungsrechtlicher bzw. besatzungs-hoheitlicher Grundlage (1945 bis 1949) sind nicht mehr rückgängig zu machen. Die Regierungen der Sowjetunion und der Deutschen Demokratischen Republik sehen keine Möglichkeit, die damals getroffenen Maßnahmen zu revidieren. Die Regierung der Bundesrepublik Deutschland nimmt dies im Hinblick auf die historische Entwicklung zur Kenntnis. Sie ist der Auffassung, daß einem künftigen gesamtdeutschen Parlament eine abschließende Entscheidung über etwaige staatliche Ausgleichsleistungen vorbehalten bleiben muß."

Gemäß Artikel 41 Absatz 1 des Vertrages zwischen der Bundesrepublik Deutschland und der Deutschen Demokratischen Republik über die Herstellung der Einheit Deutschlands vom 31. August 1990 (Einigungsvertrag) ist die genannte Gemeinsame Erklärung Bestandteil dieses Vertrages. Gemäß Artikel 41 Absatz 3 des Einigungsvertrages wird die Bundesrepublik Deutschland keine Rechtsvorschriften erlassen, die dem oben zitierten Teil der Gemeinsamen Erklärung widersprechen.

2. Die auf deutschem Boden errichteten Denkmäler, die den Opfern des Krieges und der Gewaltherrschaft gewidmet sind, werden geachtet und stehen unter dem Schutz deutscher Gesetze. Das Gleiche gilt für die Kriegsgräber; sie werden erhalten und gepflegt.

3. Der Bestand der freiheitlich-demokratischen Grundordnung wird auch im vereinten Deutschland durch die Verfassung geschützt. Sie bietet die Grundlage dafür, daß Parteien, die nach ihren Zielen oder nach dem Verhalten ihrer Anhänger darauf ausgehen, die freiheitlich-demokratische Grundordnung zu beeinträchtigen oder zu beseitigen, sowie Vereinigungen, die sich gegen die verfassungsmäßige Ordnung oder gegen den Gedanken der Völkerverständigung richten, verboten werden können. Dies betrifft auch Parteien und Vereinigungen mit nationalsozialistischen Zielsetzungen.

4. Zu den Verträgen der Deutschen Demokratischen Republik ist in Artikel 12 Absatz 1 und 2 des Vertrages zwischen der Bundesrepublik Deutschland und der Deutschen Demokratischen Republik über die Herstellung der Einheit Deutschlands vom 31. August 1990 folgendes vereinbart worden:

„Die Vertragsparteien sind sich einig, daß die völkerrechtlichen Verträge der Deutschen Demokratischen Republik im Zuge der Herstellung der Einheit Deutschlands unter den Gesichtspunkten des Vertrauensschutzes, der Interessenlage der beteiligten Staaten und der vertraglichen Verpflichtungen der Bundesrepublik Deutschland sowie nach den Prinzipien einer freiheitlichen, demokratischen und rechtstaatlichen Grundordnung und unter Beachtung der Zuständigkeiten der Europäischen Gemeinschaften mit den Vertragspartnern der Deutschen Demokratischen Republik zu erörtern sind, um ihre

Fortgeltung, Anpassung oder ihr Erlöschen zu regeln beziehungsweise festzustellen.

Das vereinte Deutschland legt seine Haltung zum Übergang völkerrechtlicher Verträge der Deutschen Demokratischen Republik nach Konsultationen mit den jeweiligen Vertragspartnern und mit den Europäischen Gemeinschaften, soweit deren Zuständigkeiten berührt sind, fest.

Mit dem Ausdruck unserer ausgezeichneten Hochachtung
Lothar de Maizière

Quelle: BArchP, DC 20, I/3 - 3067.

Dokument 86

Bericht von Lothar de Maizière auf der Ministerratssitzung am 19. September 1990 über das abschließende 2+4-Treffen in Moskau am 12. September 1990

1. Mit dem vierten Treffen der Außenminister der DDR, der BRD, Frankreichs, der UdSSR, Großbritanniens und der USA am 12.9.1990 in Moskau wurden die „2+4"-Verhandlungen zur Klärung der äußeren Aspekte der Herstellung der deutschen Einheit beendet.

Hauptergebnis ist die Unterzeichnung des „Vertrages über die abschließende Regelung in bezug auf Deutschland" (Anlage 1).[476]

Mit Wirkung vom 3.10.90, d. h. zum Zeitpunkt der Vereinigung Deutschlands, werden die vier Mächte in einer Erklärung (Anlage 2) die Wirksamkeit ihrer Rechte und Verantwortlichkeiten in bezug auf Berlin und Deutschland als Ganzes aussetzen.[477] Die endgültige Ablösung erfolgt mit Inkrafttreten des Vertrages.

Die Schlußverhandlungen konzentrieren sich insbesondere auf offene Probleme des militär-politischen Status des vereinten Deutschland. Das betraf vor allem die Fragen

— der Stationierung doppelverwendungsfähiger Trägersysteme auf dem ehemaligen DDR-Gebiet nach Abzug der sowjetischen Truppen. Man einigte sich darauf, daß unter derartige Systeme nicht konventionelle Waffensysteme fallen, „die neben konventioneller andere Einsatzfähigkeiten haben können, die jedoch in diesem Teil Deutschlands für eine konventionelle Rolle ausgerüstet und nur dafür vorgesehen sind";

---

476 Vgl. den Wortlaut in: Deutschland Archiv, H. 11/1990, S. 1795 ff..
477 Vgl. den Wortlaut in: ebenda, S. 1803.

– der Zulässigkeit von Bewegungen der NATO-Truppen der drei Westmächte auf dem ehemaligen DDR-Gebiet nach Abzug der sowjetischen Truppen. In einer Protokollnotiz werden derartige Bewegungen (z. B. Manöver) nicht völlig ausgeschlossen, sondern souverän von der deutschen Regierung „in einer vernünftigen und verantwortungsbewußten Weise entschieden, wobei sie die Sicherheitsinteressen jeder Vertragspartei ... berücksichtigen wird".

Auf Grund der wenig flexiblen Haltung vor allem der britischen Delegation konnten die Kompromisse erst in letzter Minute von den Außenministern herbeigeführt werden.

Es wurde sichtbar, daß die UdSSR den Vertrag über die abschließende Regelung bis zum Schluß im engen Zusammenhang mit dem Stationierungsvertrag, dem Vertrag über wirtschaftliche und finanzielle Zusammenarbeit zwischen der UdSSR und der BRD verhandelt hat.

Präsident Gorbatschow empfing die Außenminister zu einem freundschaftlichen Gespräch. Ministerpräsident und Außenminister de Maizière hatte zusätzlich eine gesonderte Begegnung mit Präsident Gorbatschow. Zum Abschluß des 4. Treffens gaben die Außenminister eine gemeinsame Pressekonferenz.

2. Alle Außenminister würdigten den Vertrag über die abschließende Regelung in bezug auf Deutschland als historisches Dokument (Rede von Ministerpräsident und Außenminister Lothar de Maizière – Anlage 3).[478] Sie hoben hervor, daß diese Vereinbarungen die Nachkriegszeit beenden und den Grundstein für ein Zeitalter des Friedens, der Freiheit, der Demokratie und der Zusammenarbeit legen.

Mit dem Abschluß des Vertrages, der von allen Außenministern in die herausragenden Vertragswerke der Nachkriegszeit eingeordnet wurde, werden wichtige Voraussetzungen für die Herausbildung eines neuen, einheitlichen Europas geschaffen.

Die Außenminister betonten übereinstimmend, daß dieses Ergebnis nur erreicht werden konnte, weil sich alle Teilnehmer von gegenseitigem Vertrauen und der Bereitschaft leiten ließen, die legitimen Interessen aller Verhandlungspartner zu berücksichtigen.

Außenminister Schewardnadse hob besonders die Absprachen zwischen Bundeskanzler Kohl und Präsident Gorbatschow im Kaukasus hervor und würdigte den Beitrag der Präsidenten der USA und Frankreichs sowie der Premierminister Großbritanniens und der DDR.[479] Auch der britische Außenminister zollte der UdSSR und Gorbatschow besondere Anerkennung.

---

478 Vgl. BArchP, DC 20, I/3 - 3067.

479 Vgl. dazu Hans-Dietrich Genscher: Erinnerungen, S. 865 ff.

Die Außenminister Baker und Hurt unterstrichen vor allem, daß mit dem Vertrag die 45jährige Periode der Teilung Deutschlands und Europas beendet würde, die für die Deutschen ein Unglück war.

Außenminister Genscher wertete den Vertrag als historische Stunde für Europa und als Stunde des Glücks für die Deutschen und dankte den vier Mächten für die zügige und vom Geist der Vernunft geleistete Arbeit zur Regelung der äußeren Aspekte.

3. Die Außenminister bekräftigten, daß der Vertrag neue Perspektiven für die Schaffung gesamteuropäischer Strukturen eröffnet. Der Vertrag und seine Erarbeitung setzen Zeichen und Maßstäbe für die künftige Zusammenarbeit in Europa, für das weitere Zusammenwachsen des Kontinents. Jetzt komme es darauf an, die Strukturen des neuen Europa zu schaffen.

Die Bestätigung des endgültigen Charakters der Grenzen des vereinten Deutschlands werteten die Außenminister als wesentlichen Bestandteil der Friedensordnung in Europa.

Dabei sei von zentraler Bedeutung, daß das vereinte Deutschland seine Nachkriegsgrenzen vorbehaltlos und endgültig anerkennt und damit eine sinnvolle Zusammenarbeit auf der Grundlage der Versöhnung und des Neuanfangs überhaupt möglich macht. In diesem Zusammenhang wurde Frankreich von allen Teilnehmern beauftragt, den Vertrag über die abschließende Regelung an Polen zu übermitteln.

[4.] Die Außenminister erklärten ausdrücklich, daß das vereinte Deutschland als freiheitlicher und demokratischer Staat mit dem Inkrafttreten dieses Vertrages seine volle Souveränität zurückerlangt. Beide deutsche Außenminister bekannten sich zu der daraus erwachsenden noch größeren Verantwortung. Als gleichberechtigter Partner im Kreis der 35 sei Deutschland in der Lage, im Rahmen des europäischen Prozesses einen noch bedeutsameren Beitrag zu leisten, als Bindeglied in Europa seiner europäischen Friedensverantwortung nachzukommen. Der französische Außenminister Dumas unterstrich vor allem den untrennbaren Zusammenhang zwischen der Einheit Deutschlands und der europäischen Einigung.

5. Ausdrücklich wurden die von Deutschland übernommenen einseitigen Verpflichtungen von den Außenministern gewürdigt, die Bedingungen für die Wiener Verhandlungen über konventionelle Streitkräfte, überhaupt für die Abrüstung in Europa wesentlich günstiger gestalten. Mit dem Verzicht des geeinten Deutschlands auf ABC-Waffen und mit der Erklärung zur Begrenzung der deutschen Streitkräfte sowie dem Abzug der sowjetischen Truppen vom heutigen DDR-Gebiet werde eine erhebliche militärische Ausdünnung in der Mitte Europas erreicht. Neue Schritte auf dem Wege von der Friedenserhaltung zur Friedensgestaltung könnten jetzt gegangen werden.

6. Der Brief der beiden deutschen Außenminister an ihre 4 Amts-kollegen (Anlage 4) wurde als eine notwendige und bedeutende Er-gänzung des Vertrages bewertet, in der zu wichtigen Fragen die deutschen Positionen enthalten sind: verbindliche Anerkennung der Ergebnisse der Bodenreform der Jahre 1945 - 1949; Unzulässigkeit von Parteien und Vereinigungen, die sich gegen die verfassungs-mäßige Ordnung oder gegen den Gedanken der Völkerverständi-gung richten; Schutz der Gräber und Denkmäler der Opfer des Krieges; Vertrauensschutz für die völkerrechtlichen Verträge der DDR im geeinten Deutschland.[480]

7. Es bestand Übereinstimmung, auf dem Außenministertreffen der KSZE-Staaten am 1./2. 10. 1990 in New York die Teilnehmer von den Ergebnissen der „2+4"- Verhandlungen offiziell in Kennt-nis zu setzen.

Schlußfolgerung

Das KSZE-Treffen der Außenminister in New York am 1. und 2. Oktober ist vorzubereiten.[481]

Verantwortlich: Staatssekretär im Ministerium für Auswärtige Angelegenheiten, Dr. Domke.

Quelle: BArchP, DC 20, I/3 - 3067.

Dokument 87

Schreiben von Lothar de Maizière an Hans-Dietrich Genscher vom 19. September 1990[482]

Sehr geehrter Herr Genscher,
nach unserem Gespräch in Moskau über die sich aus dem Eini-gungsvertrag ergebenden Personalfragen zwischen dem Auswärti-gen Amt und dem Ministerium für Auswärtige Angelegenheiten hat ein Zusammentreffen zwischen Staatssekretär Dr. Sudhoff und Staatssekretät Dr. Radzimanowski stattgefunden, in dem das Einver-nehmen zu nachstehenden Punkten erzielt wurde:[483]

1. Hinsichtlich der Übernahme von MfAA-Personal wird die Pro-tokollnotiz zu Artikel 13, Abs. 2 des Einigungsvertrages angewandt.

---

480 Vgl. Dok. 85.

481 Bildungsminister Hans-Joachim Meyer vertrat die DDR auf dem KSZE-Treffen am 1./2. Oktober 1990 in New York. Vgl. Anm. 477.

482 Dies ist wiederum ein Schreiben de Maizières als DDR-Außenminister.

483 Das Treffen fand zwischen dem 13. und 18. September 1990 statt.

2. Für die Verwaltungs- und Abwicklungsstelle in Berlin werden von der Leitung des MfAA geeignete MfAA-Mitarbeiter vorgeschlagen; daneben kann sich jeder MfAA-Mitarbeiter direkt bewerben.

Aus den Verhandlungen zur Protokollnotiz zu Art. 13 Abs. 2 des Einigungsvertrages geht eindeutig hervor, daß unter der Überführung von Einrichtungen auch die Überführung von Aufgaben zu verstehen ist.

Auf den Bereich des Auswärtigen Dienstes bezogen bedeutet dies, daß für die durch die deutsche Einheit entstehenden zusätzlichen Aufgaben und den sich daraus ergebenden Personalmehrbedarf in angemessenem Umfang geeignetes MfAA-Personal zu übernehmen ist. Ich gehe daher davon aus, daß ein angemessener Teil der Stellen, die das Auswärtige Amt über den Bundeshaushalt für den mit dem Beitritt verbundenen Aufgabenzuwachs erhält, durch geeignete MfAA-Mitarbeiter aller Ebenen im Wege der Übernahme besetzt wird. Von der Leitung des MfAA werden Vorschläge unterbreitet; jeder MfAA-Mitarbeiter muß zudem das Recht haben, einen Antrag auf Übernahme zu stellen, der dann als Einzelfall geprüft wird.

Grundsätzlich möchte ich Sie darauf hinweisen, daß die Mitarbeiter des MfAA in den letzten Wochen kompetent und loyal ihre Aufgaben erfüllt haben. Ich betrachte dies auch als ein Zeichen für die Bereitschaft, sich auf die neuen Gegebenheiten einzustellen und auch neue Aufgaben zu übernehmen. Ich halte es daher für richtig, den Mitarbeitern des MfAA eine faire Chance einzuräumen und damit auch ein politisches Signal zu setzen. Für die einzelnen Personengruppen sehe ich folgende Möglichkeiten:

Bei der Gruppe der bis 32jährigen wäre es angemessen, ihnen die Chance einer Aufnahme in den Attaché-Lehrgang in Bonn zu eröffnen. Die Absolvierung des Lehrgangs wäre für das Auswärtige Amt eine Möglichkeit, die Eignung der Mitarbeiter zu prüfen. Mit einem erfolgreichen Abschluß könnte sich für diesen Personenkreis eine Berufsperspektive eröffnen.

Ein Haupthindernis für die Bewerbung zu diesem Lehrgang ist die Nichtanerkennung der 5jährigen Ausbildung an den Hochschulen in Moskau bzw. Babelsberg. Über den Inhalt der Ausbildung an beiden Einrichtungen scheint es im Auswärtigen Amt keine eindeutigen Vorstellungen zu geben. Diese Ausbildung vermittelt solide Kenntnisse der internationalen Beziehungen und der diplomatischen Gepflogenheiten sowie im speziellen der Länder und ihrer Sprachen.

Eine zweite Gruppe sind jüngere Diplomaten bis ca. 40 Jahre, die Auslandserfahrungen sammeln konnten und die nun ohne eine Übernahme oder Weiterbildungsmöglichkeiten wenig Berufsperspektive haben. Ich denke, daß auch für diese Gruppe ein Weg gefunden werden sollte, der ihnen eine Chance im Auswärtigen Dienst gibt. Ähnliches gilt für Mitarbeiter des MfAA bis 50 Jahre.

Besonders schwierig, und zwar auch menschlich, ist der Übergang für die über 50jährigen. Es sollte der Versuch unternommen werden, aus dieser Altersgruppe eine gewisse Anzahl von fachlich qualifizierten und kompetenten Personen zu übernehmen. Gerade für diesen Personenkreis müßten sich Einsatzmöglichkeiten mit Zeit- oder Beraterverträgen finden lassen.

In die Verwaltungs- und Abwicklungsstelle im MfAA sollte nicht nur technisches und Verwaltungspersonal übernommen werden. Ich meine, daß sich fachlich kompetente und loyale Mitarbeiter gezielt auch für jene inhaltlichen Aufgaben verwenden ließen, die ein Vertrautsein mit den Gegebenheiten voraussetzen. Dazu zählt an erster Stelle die Einrichtung einer Arbeitsgruppe, die sich mit allen Fragen der Stationierung und des Abbaus der sowjetischen Truppen befaßt.[484] Diese Arbeitsgruppe sollte sich aus Mitarbeitern aus dem MfAA, dem Ministerium des Inneren, den Ministerien für Abrüstung und Verteidigung, für Verkehr, für Wirtschaft und für Umwelt zusammensetzen.

Gerade auf diesem Feld liegt es im allgemeinen Interesse, sich die jahrelangen Kontakte und Erfahrungen im Umgang mit den hier stationierten SU-Truppen zueigen zu machen. Auch sollte die im MfAA seit Mitte der 50er Jahre aufgebaute Dokumentation über die SU-Stationierung geordnet abgeschlossen werden.

Ich hielte es des weiteren für zweckmäßig, wenn die spezifischen Kenntnisse des internationalen Rechts und des Völkerrechts von Mitarbeitern des MfAA in der Rechtsabteilung des Auswärtigen Amtes Verwendung finden würden.

Im Bereich Abrüstung sollten Mitarbeiter beschäftigt werden, die mit den hiesigen Gegebenheiten vertraut sind und die die spezifischen Kenntnisse für Inspektion und Verifikation besitzen, die sich aus dem KSZE-Prozeß, Stockholm, INF und Wien I ergeben.

Darüber hinaus empfehle ich, Personen mit Spezialwissen in den Bereichen Warschauer Vertragsorganisation und KSZE-Prozeß in der Abwicklungsstelle weiter zu beschäftigen.

Da wir in Berlin auch in Zukunft ca. 3.000 bevorrechtigte Personen haben werden, sollten zu ihrer Betreuung Mitarbeiter des Protokolls aus dem MfAA eingesetzt werden.

Zeitverträge sollten mindestens eine Laufzeit von 12 Monaten haben; auch sollte das bisherige Gehalt weitergezahlt werden.

Im übrigen sollte auch für das MfAA von der Möglichkeit des stufenweisen Wirksamwerdens des Wartesstandes (2. Fußnote zu

---

484 Vgl. auch Dok. 80.

Anlage I, Kapitel XIX, Abschnitt 3, Ziffer 2 des Einigungsvertrages)[485] Gebrauch gemacht werden, das bei anderen Ministerien Anwendung findet – z. B. erst nach Beendigung des noch zustehenden Urlaubs, nach Rückkehr vom Auslandseinsatz, nach Beendigung ein- bis dreimonatiger Abwicklungsaufgaben im In- und Ausland.

Ich wäre Ihnen sehr verbunden, wenn Sie in diesem Sinne eine politische Grundsatzentscheidung fällen könnten. Ich würde dann mit Herrn Bertele, den Sie dankenswerterweise zum Leiter der Abwicklungsstelle berufen haben, die weiteren Einzelheiten diskutieren.[486]

Die Qualität des Einigungsprozesses wird daran zu messen sein, inwieweit es der Politik gelingt, die Einzelschicksale der Menschen im Auge zu behalten.

Mit freundlichen Grüßen
gez. Lothar de Maizière

Quelle: BArchP, DC 20, 6069.

Dokument 88

Schreiben von Lothar de Maizière an Helmut Kohl vom 26. September 1990

Sehr geehrter Herr Bundeskanzler,
im Zuge der deutschen Einheit hat der Naturschutz eine besondere Bedeutung für das Gebiet der heutigen DDR erhalten. Die Entscheidung, eine große Anzahl von Naturschutzgebieten auszuweisen, halte ich für richtig und notwendig.

Ein besonders herausragendes Projekt ist das internationale Naturschutzzentrum „Insel Vilm", das für den gesamten Ostseeraum eine große Bedeutung hat. Die Finanzierung dieses Zentrums ist durch den Einigungsvertrag bis Ende 1990 gewährleistet. Nach diesem Zeitpunkt ist es offen, wie dieses Zentrum weiter betrieben werden soll. Auch wenn der Naturschutz eine Aufgabe der Länder ist, so halte ich das im Falle der „Insel Vilm" nicht für die richtige Lösung.[487]

---

485 Vgl. die Anlagen z. B. in: Einigungsvertrag. Sonderdruck aus der Sammlung Das Deutsche Bundesrecht. Baden-Baden 1990, S. 39 ff.

486 Eine Antwort Genschers konnte nicht aufgefunden werden. Sollte sie im Archiv des Auswärtigen Amtes vorhanden sein, unterliegt sie – wie auch alle Akten des MfAA – prinzipiell einer dreißigjährigen Sperrfrist.

487 Viele Jahre diente die Insel Vilm nur dem SED-Politbüro als Ferienort.

Ich bitte Sie daher, dieses internationale Zentrum auf Dauer in Bundesträgerschaft zu übernehmen und im Nachtragshaushalt entsprechend abzusichern.

Von einer solchen Entscheidung ginge ein wichtiges Signal für die Naturschutzpolitik des geeinten Deutschlands aus.

Mit freundlichen Grüßen
gez. Lothar de Maizière

Quelle: BArchP, DC 20, 6060.

Dokument 89

Fernschreiben von Lothar de Maizière an UdSSR-Ministerpräsident Nikolai Ryshkow vom 26. September 1990

Sehr geehrter Herr Ryshkow,
ich gestatte mir, mich in einer für die Mineralölindustrie der DDR dringenden Angelegenheit persönlich an Sie zu wenden.

Die sowjetische Außenhandelsorganisation Sojuzneftexport teilte der PCK AG Schwedt[488] der DDR mit, daß die gemäß Vertrag 1990 aus der UdSSR in die DDR zu liefernden 17.081 kt um insgesamt 4.524 kt (gleich 26,5 % der Jahresmenge) gekürzt werden. Damit müßte die Produktion der mineralölverarbeitenden Betriebe der DDR im Zeitraum bis Ende dieses Jahres auf ca. 57 % zurückgefahren werden. Für den Monat September wurden die Lieferungen am 25.9.1990 eingestellt und sollen erst Anfang Oktober wieder aufgenommen werden.

Die Auswirkungen auf eingegangene Absatzverpflichtungen, Marktanteile, Arbeitsplätze und die Liquidität der DDR-Betriebe wären enorm. Im Interesse der Sicherung der Produktion in den DDR-Betrieben und der Erhaltung des Absatzmarktes für sowjetisches Erdöl in den Folgejahren bitte ich Sie, sehr geehrter Herr Ryshkow, Schritte einzuleiten, daß die Lieferungen sofort wieder aufgenommen und in den Monaten Oktober bis Dezember 1990 mindestens 1.088 kt Erdöl pro Monat geliefert werden.

Das damit erreichte Liefervolumen würde die Vertragsverpflichtungen der UdSSR gegenüber der DDR 1990 immer noch um 3,6 Mio. t Erdöl unterschreiten.

Mit vorzüglicher Hochachtung
gez. de Maizière

Quelle: BArchP, DC 20, 6075.

---

488 „PCK AG": „Petrolchemisches Kombinat Aktiengesellschaft" in Schwedt.

Ausführungen von Lothar de Maizière zur politischen Lage im Ministerrat am 26. September 1990

Der Ministerpräsident würdigte die Verabschiedung des Einigungsvertrages durch die Volkskammer der DDR, den Bundestag und den Bundesrat als das hervorragende politische Ereignis der vergangenen Woche.[489] Allen Ressorts, die am Zustandekommen dieses Vertrages einen wesentlichen Anteil hatten sowie den Mitarbeitern dieser Bereiche wurde der Dank ausgesprochen.

Zur Problematik der Staatssicherheit sowie zu den personellen Konsequenzen aus den vom Ausschuß der Volkskammer übergebenen Listen über Offiziere im besonderen Einsatz verwies der Ministerpräsident auf das schwere Erbe, welches damit in die deutsche Einheit übernommen wird.[490] Er sprach die Erwartung aus, daß diese Fragen mit politischem Verantwortungsbewußtsein, Ruhe und Sachlichkeit weiter behandelt werden.

Hinsichtlich der Forderung nach einer generellen Amnestie für Strafgefangene wurde der Standpunkt bekräftigt, daß eine undifferenzierte Entscheidung aus Anlaß der deutschen Einheit nicht gerechtfertigt ist. Es wurde auf die Kompetenzen des Präsidiums der Volkskammer in dieser Angelegenheit verwiesen.

Die Mitglieder des Ministerrates wurden über die vorgesehenen Feierlichkeiten am 2. und 3. Oktober 1990 informiert. Die entsprechenden Einladungen werden herausgegeben, zugleich wurde um Verständnis gebeten, daß aus Kapazitätsgründen nicht allen Wünschen entsprochen werden kann.

Quelle: BArchP, DC 20, I/3 - 3070.

---

489 Am 20. September 1990 verabschiedeten Volkskammer und Bundestag jeweils mit der notwendigen Zweidrittelmehrheit den Einigungsvertrag. Am 21. September 1990 stimmte auch der Bundesrat in Bonn zu.

490 Vgl. zur MfS-Problematik: Deutschland Archiv, H. 10/1990, S. 1490 ff.

Abkürzungsverzeichnis

ABM-Vertrag	Vertrag über die Begrenzung der Raketenabwehrsysteme
ADN	Allgemeiner Deutscher Nachrichtendienst (DDR)
AG	Aktiengesellschaft
BFD	Bund Freier Demokraten
BMF	Bundesministerium der Finanzen
CDU	Christlich-Demokratische Union
COCOM	Koordinierungsausschuß für die Ost-West-Handelspolitik
CSFR	Tschechoslowakische Föderative Republik
CSSR	Tschechoslowakische Sozialistische Republik
CSU	Christlich-Soziale Union
C-Waffen	Chemische Waffen
DA	Demokratischer Aufbruch
DBD	Demokratische Bauernpartei Deutschlands
DFD	Demokratischer Frauenbund Deutschlands
DIW	Deutsches Institut für Wirtschaftsforschung, Westberlin
DSF	Gesellschaft für Deutsch-Sowjetische Freundschaft
DSU	Deutsche Soziale Union
DVU	Deutsche Volksunion
ECE	UNO-Wirtschaftskommission für Europa
ERP	European Recovery Program (Marshall-Plan)
E(W)G	Europäische (Wirtschafts-) Gemeinschaft
FDGB	Freier Deutscher Gewerkschaftsbund
FDJ	Freie Deutsche Jugend
FDP	Freie Demokratische Partei
IBA	Internationale Buchausstellung, Leipzig
INF	Intermediate Nuclear Forces (Nukleare Mittelstreckenraketen)
IPW	Institut für Internationale Politik und Wirtschaft, Berlin
KPdSU	Kommunistische Partei der Sowjetunion
KPTsch	Kommunistische Partei der Tschechoslowakei
KSZE	Konferenz über Sicherheit und Zusammenarbeit in Europa
LDPD	Liberaldemokratische Partei Deutschlands
MdF	Ministerium der Finanzen (DDR)
MfAA	Ministerium für Auswärtige Angelegenheiten (DDR)
MfS	Ministerium für Staatssicherheit (DDR)
NATO	Nordatlantikpaktorganisation

NDPD	Nationaldemokratische Partei Deutschlands
NSW	Nichtsozialistisches Wirtschaftsgebiet
NVA	Nationale Volksarmee (DDR)
PDS	Partei des Demokratischen Sozialismus
PEN	Internationale Schriftstellerorganisation
PVAP	Polnische Vereinigte Arbeiterpartei
RGW	Rat für gegenseitige Wirtschaftshilfe (Comecon)
SALT	Strategic Arms Limitation Talks (Verhandlungen über die Begrenzung strategischer Waffen)
SDAG	Sowjetisch-Deutsche Aktiengesellschaft
SDI	Strategic Defense Initiative (Strategische Verteidigungsinitiative)
SDP	Sozialdemokratische Partei (DDR)
SED	Sozialistische Einheitspartei Deutschlands
SMAD	Sowjetische Militäradministration in Deutschland
SPD	Sozialdemokratische Partei Deutschlands
START	Strategic Arms Reduction Talks (Verhandlungen über die Verminderung strategischer Waffen)
StGB	Strafgesetzbuch (DDR)
TASS	Nachrichtenagentur der UdSSR
UdSSR/SU	Union der Sozialistischen Sowjetrepubliken
UFV	Unabhängiger Frauenverband
UN/UNO	Organisation der Vereinten Nationen
US/USA	Vereinigte Staaten von Amerika
USAP	Ungarische Sozialistische Arbeiterpartei
UVR	Ungarische Volksrepublik
VE	Verrechnungseinheit
VEB	Volkseigener Betrieb (DDR)
VPKA	Volkspolizeikreisamt
VR	Volksrepublik
VW	Volkswagen
WEU	Westeuropäische Union
WVO	Warschauer Vertragsorganisation
ZAIG	Zentrale Auswertungs- und Informationsgruppe (MfS)
ZK	Zentralkomitee
ZKG	Zentrale Koordinierungsgruppe (MfS)

Personenregister

In den Dokumentenpublikationen zur
deutschen Zeitgeschichte sind bisher u. a. erschienen:

Daniel Küchenmeister (Hrsg.)

Honecker – Gorbatschow
Vieraugengespräche

271 Seiten, 32,- DM, ISBN 3-320-01804-3

„Eine in mancher Hinsicht außergewöhnliche Lektüre."*(Wochenpost)*
„Ein ausführliches, zeitgeschichtlich instruktives Vorwort. ... Das Ganze
macht einen ordentlichen Eindruck." *(Frankfurter Allgemeine Zeitung)*
„Dem zeithistorisch interessierten wie dem politisch engagierten Publikum bietet die Edition Authentisches." *(Deutschland Archiv)*

Gerd-Rüdiger Stephan (Hrsg.)

„Vorwärts immer, rückwärts nimmer!"
Interne Dokumente zum Zerfall von SED und DDR 1988/89

302 Seiten, 34,- DM, ISBN 3-320-01859-0

„Die Aktenstücke bieten insgesamt einen geradezu fesselnden Lese-
stoff." *(Das Parlament)*
„Material in einer Fülle, die eine Anschaffung des Buches als unum-
gänglich erscheinen läßt." *(Neues Deutschland)*
„Das Buch sei jedem empfohlen, der sich für die Hintergründe der
Entwicklung im Herbst 1989 interessiert." *(Zeitschrift für Geschichtswis-
senschaft)*

Detlef Nakath/Gerd-Rüdiger Stephan

Von Hubertusstock nach Bonn
Eine dokumentierte Geschichte der deutsch-deutschen Beziehungen
auf höchster Ebene 1980-1987

351 Seiten, 36,- DM, ISBN 3-320-01893-3

„Fundus von spannenden und gut kommentierten Quellen." *(Süd-
deutsche Zeitung)*
„Die Dokumente erklären mancherlei für gestern und auch heute." *(Die
Zeit)*
„Das Buch gehört zu den bemerkenswertesten Neuerscheinungen von
1995." *(Wiener Zeitung)*

Dietz Verlag Berlin
Weydingerstraße 14-16, 10178 Berlin